UTB 3911

Eine Arbeitsgemeinschaft der Verlage

Böhlau Verlag · Wien · Köln · Weimar
Verlag Barbara Budrich · Opladen · Toronto
facultas.wuv · Wien
Wilhelm Fink · München
A. Francke Verlag · Tübingen und Basel
Haupt Verlag · Bern · Stuttgart · Wien
Julius Klinkhardt Verlagsbuchhandlung · Bad Heilbrunn
Mohr Siebeck · Tübingen
Nomos Verlagsgesellschaft · Baden-Baden
Ernst Reinhardt Verlag · München · Basel
Ferdinand Schöningh · Paderborn · München · Wien · Zürich
Eugen Ulmer Verlag · Stuttgart
UVK Verlagsgesellschaft · Konstanz, mit UVK / Lucius · München
Vandenhoeck & Ruprecht · Göttingen · Bristol
vdf Hochschulverlag AG an der ETH Zürich

Christian Danz

Grundprobleme der Christologie

Mohr Siebeck

Christian Danz, geboren 1962; 1994 Promotion; 1999 Habilitation; 2000–2002 Vertretung des Lehrstuhls für Systematische Theologie an der Gesamthochschule Essen; seit 2002 Professor für Systematische Theologie an der Evangelisch-Theologischen Fakultät der Universität Wien.

ISBN 978-3-8252-3911-4 (UTB Band 3911)

Online-Angebote oder elektronische Ausgaben sind erhältlich unter www.utb-shop.de.

Die Deutsche Nationalbibliothek verzeichnet diese Publikation in der Deutschen Nationalbibliographie; detaillierte bibliographische Daten sind im Internet über *http://dnb.dnb.de* abrufbar.

© 2013 Mohr Siebeck, Tübingen. www.mohr.de

Das Werk einschließlich aller seiner Teile ist urheberrechtlich geschützt. Jede Verwertung außerhalb der engen Grenzen des Urheberrechtsgesetzes ist ohne Zustimmung des Verlags unzulässig und strafbar. Das gilt insbesondere für Vervielfältigungen, Übersetzungen, Mikroverfilmungen und die Einspeicherung und Verarbeitung in elektronischen Systemen.

Das Buch wurde von Computersatz Staiger in Rottenburg a.N. gesetzt, von Hubert & Co. in Göttingen auf alterungsbeständiges Werkdruckpapier gedruckt und gebunden.

Vorwort

Der vorliegende Band thematisiert Grundprobleme der dogmatischen Christologie vor dem Hintergrund der Erkenntnisbedingungen und Anforderungen der Moderne. Die europäische Aufklärung und deren Rezeption in der protestantischen Theologie haben die überlieferte altkirchliche Christologie aufgelöst. An die Stelle des Christusbildes trat der historische Jesus als Grundlage der Christologie. Die voranschreitende historische Kritik im 19. und 20. Jahrhundert hat jedoch auch den Mann aus Nazareth als Bezugspunkt der dogmatischen Christologie entzaubert. Er entschwand hinter den neutestamentlichen Quellen. Für die Christologie resultiert hieraus eine eigentümliche Problemlage. Womit beschäftigt sie sich überhaupt? Mit Jesus von Nazareth oder dem nachösterlichen Glauben der ersten Christen? Während die Theologie des 20. Jahrhunderts weitgehend beim österlichen Kerygma einsetzte und historische Fragen ausklammerte, hat seit den 1980er Jahren die historische Jesusforschung einen neuen Aufschwung erfahren. Mit der neueren Forschung ist das spannungsvolle Verhältnis von Glaube und Geschichte in das theologische Bewusstsein zurückgekehrt. Allerdings wurden diese Forschungen bislang kaum in der dogmatischen Theologie rezipiert. Der Band *Grundprobleme der Christologie* setzt bei den von der neueren Jesusforschung formulierten Fragen nach dem Verhältnis von Glaube und Geschichte an und lotet auf der Grundlage der Problemgeschichte der Christologie von den neutestamentlichen Anfängen bis zur gegenwärtigen Diskussion die Möglichkeiten einer zeitgemäßen Christologie aus, die sowohl den erkenntnistheoretischen als auch den historischen Anfragen an die überlieferte dogmatische Christologie Rechnung trägt.

Zu danken habe ich an erster Stelle meiner Frau Uta-Marina Danz. Ohne ihre Unterstützung und Hilfe wäre der vorliegende Band nicht zustande gekommen. Meine Wiener Kollegen Markus Öhler und Rudolf Leeb haben sich der Mühe unterzogen, die neutestamentlichen und dogmengeschichtlichen Teile dieses Buches zu lesen. Für ihre Hinweise zu den komplexen Debattenlagen, die der Nichtfachmann kaum noch zu überschauen vermag, danke ich ihnen. Herrn stud. theol. Alexander Schubach habe ich für seine Korrekturarbeiten sowie die Erstellung der Register zu danken. Herrn Henning Ziebritzki vom Verlag Mohr Siebeck möchte ich nicht nur für sein Interesse danken, das er meinem Vorhaben von Anfang an entgegen gebracht hat, sondern auch für die hervorragende Lektorierung sowie die Aufnahme des Bandes in das Verlagsprogramm von Mohr Siebeck.

Wien, im Juni 2012   Christian Danz

Inhaltsverzeichnis

Vorwort V

1. Der Problemhorizont der Christologie in der Moderne 1
2. Die Suche nach dem historischen Jesus 13
    2.1. Jesusforschung als Kritik am dogmatischen Christusbild 13
    2.2. Die dogmatische Konstruktion des historischen Jesus 25
    2.3. Die dritte Runde der Suche nach dem historischen Jesus 30
    2.4. Jesus und das frühe Christentum in der Sicht der neueren Forschung 41
        2.4.1. Jesus der Jude aus Galiläa 42
            a. Der Mythos 44
            b. Das Ethos 45
            c. Die jüdischen Riten 47
        2.4.2. Die Entstehung des frühen Christentums 49

3. Die dogmatische Christologie und ihre Auflösung seit der Aufklärung 55
    3.1. Das christologische Dogma 56
        3.1.1. Die Herausbildung des christologischen Dogmas in der patristischen Theologie 56
        3.1.2. Die christologische Lehrentwicklung im Mittelalter 79
        3.1.3. Das Christusbild Martin Luthers 85
        3.1.4. Die Lehrform der Christologie in der altprotestantischen Theologie 93
            a. Die Lehre von der Person des Erlösers 94
            b. Das dreifache Amt des Erlösers 99
            c. Die Stände Christi 103
    3.2. Die Auflösung der altkirchlichen Christologie in der Aufklärung 106
        3.2.1. Ewige Vernunftwahrheiten und kontingente Geschichtswahrheiten 109
        3.2.2. Christus als Ideal der Vernunft bei Immanuel Kant 115

3.2.3. Friedrich Schleiermachers Reformulierung der
Christologie: Das Urbild als Individuum 118
3.2.4. Die Realisierung des Urbildes in der Menschheit, oder:
die Aporien der Personchristologie 123
3.2.5. Vom ‚Leben' zum ‚Bild' Jesu – die Christologie
im Schatten von David Friedrich Strauß 128

4. Vom historischen Jesus zum Christus des Glaubens 143

4.1. Enthistorisierung der Christologie? 143
    4.1.1. Christus als Realbild des Glaubens bei Paul Tillich 146
    4.1.2. Jesus Christus als Offenbarung Gottes bei Karl Barth 152
4.2. Die hermeneutische Reformulierung der Christologie 158
    4.2.1. Jesus als Zeuge und Grund des Glaubens
bei Gerhard Ebeling 159
    4.2.2. Jesus als der Gott entsprechende Mensch
bei Eberhard Jüngel 164
4.3. Wolfhart Pannenbergs universalhistorische Begründung
der Christologie 167
4.4. Trinitätstheologie und Christologie 172
4.5. Problemfelder der gegenwärtigen Christologie 181
    4.5.1. Christologie ‚von oben' oder ‚von unten'? 181
    4.5.2. Implizite und explizite Christologie 185
    4.5.3. Die Aporien der Personchristologie 189

5. Dogmatische Christologie als Selbstdarstellung des Glaubens 193

5.1. Das Verständnis der Geschichte 194
    5.1.1. Geschichte als objektives Realgeschehen 196
    5.1.2. Geschichte als gegenwartsbezogene Konstruktion 197
    5.1.3. Christologie als Geschichtsdeutung 202
    5.1.4. Wirklicher, historischer und geglaubter Jesus 205
5.2. Christusbild und religiöse Selbstdeutung 209
    5.2.1. Jesus Christus als Offenbarung Gottes 210
    5.2.2. Der Glaube an Jesus Christus 214
    5.2.3. Das Christusbild als Erschlossenheit Gottes 220
5.3. Christologie als Religionshermeneutik 223
    5.3.1. Deabsolutierung der Christologie? 223
    5.3.2. Christologie im christlich-jüdischen Dialog 231
    5.3.3. Christologie als theologische Religionstheorie 237

Bibliographie	241
Glossar	269
Personenregister	273
Sachregister	277

1. Der Problemhorizont der Christologie in der Moderne

Die theologische Tradition des Christentums ist nahezu 1700 Jahre lang davon ausgegangen, dass der irdische Jesus und das dogmatische Christusbild identisch sind. Der Christus des Glaubens in seinen beiden Naturen war der Mann aus Nazareth, dessen Leben und Geschick in den neutestamentlichen Evangelien dargestellt ist. Auch Martin Luther (1483–1546), der den Menschen Jesus Christus in den Mittelpunkt seiner Christologie gerückt hatte, ging noch fraglos von dieser Überzeugung aus. Sie änderte sich erst im Zeitalter der Aufklärung.[1] Bereits davor hatten im 16. Jahrhundert die Sozinianer und Arminianer das kirchliche Dogma von den zwei Naturen des Gottmenschen einer vernichtenden Kritik unterzogen. In der Aufklärung machte diese Kritik dann Schule und wurde von der Aufklärungstheologie rezipiert. Die sich im 18. Jahrhundert in der deutschen protestantischen Theologie durchsetzende historische Kritik an den biblischen Schriften hatte den vom Himmel herabgestiegenen Gottessohn, der für die Spanne eines kurzen Menschenlebens über die Erde wandelte, als eine dogmatische Konstruktion entlarvt. Immer häufiger wurde nun die altkirchliche Zweinaturenlehre als problematisch und vor allem als ungeeignet empfunden, die religiöse Bedeutung des Nazareners angemessen zum Ausdruck zu bringen. Dieser Wandel im Frömmigkeitsverständnis motivierte nicht zuletzt die Suche nach dem historischen Jesus, der im letzten Drittel des 18. Jahrhunderts schließlich an die Stelle des dogmatischen Christusbildes der Kirche getreten ist. Die Voraussetzungen, Konsequenzen und vor allem die Folgeprobleme der historischen Anfragen an das christologische Dogma markieren einen Problemzusammenhang, in dem die gedankliche Auseinandersetzung mit der religiösen Bedeutung Jesu Christi auch am Anfang des 21. Jahrhunderts noch steht. Mit ihnen sind mindestens drei Problemkreise verbunden:

Zunächst stellt sich das methodische Problem, dass es zwei Ausgangspunkte für die Christologie gibt. Sie kann sowohl beim geschichtlichen Jesus als auch beim dogmatischen Christusbild ansetzen. Mit der methodischen Alternative einer Christologie ‚von unten' oder ‚von oben' ist sodann die Aufgabe verbunden, entweder den Weg von dem Wanderprediger aus Nazareth zu dem geglaub-

---

[1] Einen prägnanten Überblick über die Umformung des Christentums seit der europäischen Aufklärung bietet nach wie vor: E. Hirsch, Geschichte der neuern evangelischen Theologie im Zusammenhang mit den allgemeinen Bewegungen des europäischen Denkens, 5 Bde., Gütersloh 1949–1954. Hervorhebungen in Zitaten werden im Folgenden, wenn nicht anders vermerkt, mit Kursive wiedergegeben.

ten Christus aufzuzeigen oder umgekehrt. Und schließlich wurden drittens das ‚Thema' und der ‚Gegenstand' der Christologie fraglich. Thematisiert die dogmatische Christologie Jesus von Nazareth? Ist also er, wie der moderne Protestantismus behauptete, der Gegenstand der Christologie? Oder geht es in ihr um den Glauben und sein Bild der Geschichte? Oder fragt die Theologie womöglich in der Christologie nach sich selbst und der Einheit ihres Themas?[2]

Die Differenz zwischen dem historischen Jesus und dem dogmatischen Christus markiert den spezifisch modernen Problemhorizont der Christologie. Mit ihm verbindet sich die Aufgabe, das Verhältnis von Glaube und Geschichte oder von Dogmatik und historischer Forschung neu zu bestimmen. Für das Christentum ist der Bezug auf die geschichtliche Gestalt Jesus von Nazareth konstitutiv. Ohne Beziehung auf ihn gibt es kein Christentum. Aber was ist mit solchen Behauptungen gemeint? Welche Bedeutung kann eine geschichtliche Gestalt wie der Mann aus Nazareth für uns heute noch haben? Für die alte Dogmatik des 16. und 17. Jahrhunderts stellte sich dieses Problem überhaupt nicht. Für sie war der irdische Jesus der Mensch gewordene Gottessohn. Der Inkarnationsgedanke verbürgte seine gleichsam überzeitliche Bedeutung, und die Erbsündenlehre erforderte die Notwendigkeit seines stellvertretenden Versöhnungsopfers für die Sünden der Menschheit.[3] Die Voraussetzungen einer solchen Lösung des Problems von Glaube und Geschichte sind unter den Bedingungen des historischen Bewusstseins unerschwinglich geworden – wenn man sich den gegenwärtigen Erkenntnisbedingungen stellt.[4] Dann wird nämlich aus dem inkarnierten Gottmenschen, wie er in den neutestamentlichen Evangelien und der theologischen Lehrtradition beschrieben wird, ein Mensch aus einer fremden, längst vergangenen Zeit, der gestorben und damit unwiederbringlich vergangen ist. Wie lässt sich aber die Bedeutung eines Individuums, das vor 2000 Jahren in einem fernen Winkel dieser Erde lebte, für uns heute gedanklich begründen? Hierin liegt das Kernproblem der Christologie, und es lässt sich nicht so lösen, dass man den Stachel der historischen Erkenntnis sistiert. Die geschichtliche Kritik gehört nämlich zu den Konstitutionsbedingungen neu-

---

[2] Vgl. F. Wagner, Vorlesung über Christologie (Wintersemester 1989/90 in Wien), in: C. Danz/M. Murrmann-Kahl (Hrsg.), Zwischen historischem Jesus und dogmatischem Christus. Zum Stand der Christologie im 21. Jahrhundert, Tübingen ²2011, S. 309–401, bes. S. 313–324; M. Laube, Theologische Selbstklärung im Angesicht des Historismus. Überlegungen zur theologischen Funktion der Frage nach dem historischen Jesus, in: KuD 54 (2008), S. 114–137.
[3] Vgl. E. Troeltsch, Die Bedeutung der Geschichtlichkeit Jesu für den Glauben, in: ders., Die Absolutheit des Christentums und die Religionsgeschichte und zwei Schriften zur Theologie, hrsg. v. T. Rendtorff, Gütersloh ²1985, S. 132–163, bes. S. 134f.
[4] Vgl. W. Stegemann, Jesus und seine Zeit, Stuttgart 2010, S. 393–399.

zeitlicher Theologie. Von Anfang an ist die Rekonstruktion der Stiftergestalt des Christentums eine ihrer grundlegendsten Aufgaben.[5] Seit den 1980er Jahren hat die geschichtliche Forschung zu Jesus von Nazareth einen kräftigen Aufschwung erfahren, der sich in einer Fülle von Publikationen niedergeschlagen hat.[6] Inzwischen spricht man von der ‚Third Quest' nach dem historischen Jesus.[7] Die Suche nach ihm hat längst die Grenzen der theologischen Fachwissenschaft überschritten und wird interdisziplinär von Historikern, Judaisten und Religionswissenschaftlern betrieben. Diese Forschungen haben es zwar nicht vermocht, den ‚wirklichen' Mann aus Nazareth zu finden, aber sie haben die Bedeutung der Geschichte für die Theologie wieder bewusst gemacht.

Das neu erwachte Interesse an dem historischen Jesus und die inzwischen vorgelegten Forschungsresultate haben in der systematischen Theologie der Gegenwart bisher kaum einen Widerhall gefunden.[8] So konstatierte vor einigen Jahren der Neutestamentler Ruben Zimmermann (geb. 1968): „Während innerhalb der neutestamentlichen Wissenschaft die Diskussion um den so genannten ‚third quest' nach dem historischen Jesus im vollen Gang ist, stellt sich ein entsprechender Neuansatz im Blick auf die christologische Interpretation der Verkündigung und des Lebens Jesu nur zögerlich ein. In der Systematischen Theologie hat man den Eindruck, dass die Christologie als Teilaspekt der Trinitätslehre, Soteriologie oder Anthropologie behandelt wird, aber kaum eigenständige Aufmerksamkeit erhält."[9] Eine Durchsicht der zahlreichen Neu-

---

[5] Zur Forschungsgeschichte vgl. A. Schweitzer, Geschichte der Leben-Jesu-Forschung, Tübingen ⁹1984; A. J. M. Wedderburn, Jesus and the Historians, Tübingen 2010.

[6] Vgl. J. D. Crossan, The Historical Jesus. The Life of a Mediterranean Jewish Peasant, San Francisco 1991; ders., Der historische Jesus, München ²1995; ders., Jesus. Ein revolutionäres Leben, München 1996; G. Vermes, Jesus der Jude. Ein Historiker liest die Evangelien, Neukirchen-Vluyn 1993; G. Theißen/A. Merz, Der historische Jesus. Ein Lehrbuch, Göttingen 1996; J. Schröter, Jesus von Nazaret. Jude aus Galiläa – Retter der Welt, Leipzig 2006. ²2009.

[7] Vgl. T. Wright/S. Neill, The Interpretation of the New Testament 1861–1986, Oxford ²1988, S. 379. Zur Diskussion vgl. T. Schramm, Die dritte Runde. Der historische Jesus im Spiegel der neueren Forschung, in: E. Brandt/P. S. Fiddes/J. Molthagen (Hrsg.), Gemeinschaft am Evangelium. Festschrift für Wiard Popkes, Leipzig 1996, S. 257–280.

[8] Der Münchner Systematiker Gunther Wenz hat inzwischen eine christologische Konzeption vorgelegt, welche die Third Quest einbezieht. Vgl. G. Wenz, Christus. Jesus und die Anfänge der Christologie, Göttingen 2011. Vgl. auch M. Welker, Gottes Offenbarung. Christologie, Neukirchen-Vluyn 2012, S. 54–62. 83–90. Welker überführt die ‚dritte Runde' in das Programm einer vierfachen Multikontextualität, um Reduktionismen der bisherigen Debatte zu überwinden.

[9] R. Zimmermann, Paradigmen einer metaphorischen Christologie. Eine Leseanleitung, in: J. Frey/J. Rohls/R. Zimmermann (Hrsg.), Metaphorik und Christologie, Berlin/New York 2003, S. 1–34, hier S. 18 f. Vgl. auch das Resümee von A. v. Scheliha, Kyniker, Prophet, Revolutionär oder Sohn Gottes? Die ‚dritte Runde' der Frage nach dem historischen Jesus und ihre christologische Bedeutung, in: ZNT 2 (1999), S. 22–31, hier S. 22.

erscheinungen zur Christologie bestätigt diese Einschätzung.[10] In seinem im Jahre 2003 erschienenen Lehrbuch der *Christologie* bietet Ulrich Kühn (geb. 1932) im zweiten Teil eine Darstellung des biblischen Zeugnisses von Jesus dem Christus.[11] In diesem Zusammenhang geht Kühn zwar auch auf die neuere historische Jesusforschung ein,[12] aber sie spielt für die von ihm im letzten Teil seines Buches skizzierte dogmatische Christologie keine Rolle. Kühns Christologie ist nicht nur an der Forschung aus der Mitte des vorigen Jahrhunderts orientiert, sondern sie reproduziert auch lediglich die christologischen Formeln der altprotestantischen Theologie. Gleiches gilt für andere Christologien aus den letzten Jahren, etwa die 2004 von dem in Freiburg im Breisgau lehrenden katholischen Theologen Helmut Hoping (geb. 1956) publizierte *Einführung in die Christologie*.[13] Sein Buch zeichnet sich durch das Fehlen jeglichen Problembewusstseins für historische und erkenntnistheoretische Fragen aus und bietet im Grunde genommen nichts anderes als eine leicht modifizierte Reproduktion der Zweinaturenchristologie, wie sie für die Alte Kirche signifikant war. Ralf K. Wüstenberg (geb. 1965) hat im Jahr 2009 sein Buch *Christologie. Wie man heute theologisch von Jesus sprechen kann* vorgelegt.[14] Auch Wüstenberg widmet einen Abschnitt den historischen Anfragen an die überlieferte Christologie,[15] beschränkt sich jedoch ansonsten auf eine Wiederholung der dogmatischen Christologie und deren Verteidigung gegen Einwände. Die Christologie in Wilfried Härles (geb. 1941) *Dogmatik* kommt ganz ohne Bezug auf die einschlägigen historischen Forschungen aus.[16] Er beschränkt sich darauf, das christologische Lehrschema der altlutherischen Dogmatik mit seiner Unterscheidung von Person-, Werk- und Ständelehre (*de persona Christi, de munere Christi, de statibus Christi*), welches bereits Friedrich Schleiermacher (1768– 1834) als unbrauchbar verworfen hatte, neu aufzulegen. Dietz Lange (geb. 1933) räumt in seiner im Jahre 2001 erschienenen *Glaubenslehre* den die Christologie betreffenden historischen Fragen im Unterschied zu den meisten seiner Fach-

---

[10] Vgl. C. Danz, Zur Christologie. Tendenzen der gegenwärtigen Debatte (Teil I und II), in: ThR 74 (2009), S. 194–218. 263–289.
[11] U. Kühn, Christologie, Göttingen 2003.
[12] Vgl. U. Kühn, Christologie, S. 105 f.
[13] H. Hoping, Einführung in die Christologie, Darmstadt 2004.
[14] R. K. Wüstenberg, Christologie. Wie man heute theologisch von Jesus sprechen kann, Gütersloh 2009.
[15] Vgl. R. K. Wüstenberg, Christologie, S. 45 f. Ausgeblendet wird die neuere Jesusforschung auch bei G. Fackre, Christology in Context. The Christian Story. A Pastoral Systematics, Grand Rapids 2006; J. Ringleben, Jesus. Ein Versuch zu begreifen, Tübingen 2008; K.-H. Menke, Jesus ist Gott der Sohn. Denkformen und Brennpunkte der Christologie, Regensburg 2008.
[16] Vgl. W. Härle, Dogmatik, Berlin/New York ²2000, S. 303–356.

kollegen viel Raum ein, aber dass sich dies in der systematischen Darstellung niederschlägt, wird man kaum behaupten können.[17] Die gegenwärtige christologische Dikussionslage zeichnet sich durch eine eigentümliche Spaltung aus. Auf der einen Seite entwickelt sich eine intensive historische Jesusforschung, die längst über den engeren Kreis der theologischen Exegese hinausgewachsen ist, und auf der anderen Seite steht die systematisch-theologische Christologie, die, von diesen Forschungsresultaten unbeeindruckt, die überlieferten „kirchlichen Lehrformeln zwar vorsichtig modernisiert, aber im Ergebnis reproduziert".[18]

Wie direkt die Fragen nach dem Verhältnis von Glaube und Geschichte, von historischem und dogmatischem Christus gleichsam auf den innersten Kern des Christentums zielen, auf seine Identität, das lässt sich an zwei Beispielen illustrieren: Im Jahre 1994 veröffentlichte der in Göttingen lehrende Neutestamentler Gerd Lüdemann (geb. 1946) ein Buch mit dem Titel *Die Auferstehung Jesu. Historie, Erfahrung, Theologie*.[19] Er kommt zu dem Resultat, dass nach Maßgabe der modernen Geschichtswissenschaft und ihrer Methoden die Auferstehung Jesu nicht als ein historisches Ereignis verstanden werden könne. Dieses Ergebnis fasst nun lediglich den Forschungsstand nach 200 Jahre währenden Auseinandersetzungen um die Auferstehung Jesu zusammen. Gleichwohl beschließt Lüdemann sein Buch mit einem Kapitel, in dem er die Differenz zwischen dem frühen Christentum und der eigenen Gegenwart thematisiert. Es trägt die Überschrift „Der Auferstehungsglaube der ältesten Gemeinde und wir – oder: Können wir noch Christen sein?".[20] Die an David Friedrich Strauß (1808–1874) angelehnte Formulierung will suggerieren,[21] dass die historische Forschung den christlichen Glauben und seine Vorstellungsgehalte restlos auflöst, wenn sie ihn vorbehaltlos analysiert. Es waren diese vermeintlichen Konsequenzen, und natürlich auch die medienwirksame Präsentation von Lüdemanns Position, die dem Buch zu einer ungewöhnlichen Aufmerksamkeit verholfen und eine rege Kontroverse angestoßen haben.[22]

---

[17] D. Lange, Glaubenslehre, Bd. II, Tübingen 2001, S. 1–261.
[18] A. v. Scheliha, Kyniker, Prophet, Revolutionär oder Sohn Gottes?, S. 22.
[19] G. Lüdemann, Die Auferstehung Jesu. Historie, Erfahrung, Theologie, Göttingen 1994.
[20] G. Lüdemann, Die Auferstehung Jesu, S. 198–202.
[21] Vgl. D. F. Strauß, Der alte und der neue Glaube. Ein Bekenntniß, Leipzig 1872, S. 13–91.
[22] Vgl. nur A. Bommarius (Hrsg.), Fand die Auferstehung wirklich statt? Eine Diskussion mit Gerd Lüdemann, Düsseldorf/Bonn 1995; H. Verweyen (Hrsg.), Osterglaube ohne Auferstehung? Diskussion mit Gerd Lüdemann, Freiburg i.Br./Basel/Wien ²1995; U. B. Müller, Die Entstehung des Glaubens an die Auferstehung Jesu. Historische Aspekte und Bedingungen, Stuttgart 1998; H.-J. Eckstein/M. Welker (Hrsg.), Die Wirklichkeit der Auferstehung, Neukirchen-Vluyn 2002.

Wie auch immer man die Thesen von Lüdemann und vor allem die von ihm aus der historischen Forschung gezogenen Konsequenzen beurteilen mag, sie beleuchten den Problemkomplex ‚Glaube und Geschichte' unter den Bedingungen der Moderne auf eine geradezu exemplarische Weise. So werfen sie die Frage auf, wie das Verhältnis von historischer Kritik und den Inhalten des christlichen Glaubens zu bestimmen ist. Für die Geschichtswissenschaft kann nur das als ein geschichtlich wahrscheinliches Ereignis gelten, was mit unserer Welterfahrung in Übereinstimmung ist. Wie steht es dann aber um die Auferstehung eines Toten? „Die historische Methode", so hatte bereits Ernst Troeltsch (1865–1923) 1898 in seinem berühmten Aufsatz *Ueber historische und dogmatische Methode in der Theologie* resümiert, „einmal auf die biblische Wissenschaft und auf die Kirchengeschichte angewandt, ist ein Sauerteig, der alles verwandelt und der schließlich die ganze bisherige Form theologischer Methoden zersprengt".[23] Die historisch-kritische Rekonstruktion der Geschichte des frühen Christentums ist weiterhin deshalb so zentral, weil sie die Differenz zwischen dem frühen Christentum und unserer Gegenwart bewusst macht. Damit ist der zweite Problemkreis benannt, an dem sich die Bedeutung der historischen Erkenntnis für das Verständnis der Identität des Christentums beleuchten lässt.

Die Untersuchungen zu dem Mann aus Nazareth haben in den letzten dreißig Jahren – im Unterschied zu denen aus der Mitte des vorigen Jahrhunderts – zunehmend herausgearbeitet und wahrscheinlich gemacht, dass Jesus ein Jude war und dass weder seine Verkündigung noch seine zweifellos vorhandene Kritik an dem zeitgenössischen Judentum den Rahmen des antiken Judentums überschreitet. Während die ältere Forschung die Differenz zwischen Jesus und dem Judentum betonte, zuweilen sogar von einer tiefen Kluft zwischen beiden ausging, besteht in der gegenwärtigen Debatte u.a. aufgrund neuer Kenntnisse über das antike Judentum ein breiter Konsens in der Einschätzung, dass der Mann aus Nazareth voll und ganz aus dem zeitgenössischen Judentum zu verstehen ist. Wenn aber sowohl Jesus als auch die Anfänge des Christentums den Rahmen des Judentums weder überschreiten noch diesen überschreiten wollten, dann ist damit zumindest die Konsequenz verbunden, dass sich das gegenwärtige Christentum nicht nur anders versteht als das frühe Christentum, sondern auch anders als Jesus sich selbst vielleicht verstanden hat. Warum – so hatte schon Friedrich Schleiermacher gefragt – heftet sich dann aber der christliche Glaube an Jesus von Nazareth?[24]

---

[23] E. Troeltsch, Ueber historische und dogmatische Methode in der Theologie. Bemerkungen zu dem Aufsatze „Über die Absolutheit des Christentums" von Niebergall, in: ders., Zur religiösen Lage, Religionsphilosophie und Ethik (= Gesammelte Schriften, Bd. 2), Tübingen 1913. ²1922, S. 729–753, hier S. 730.

[24] Vgl. F. Schleiermacher, Der christliche Glaube 1821–1822, hrsg. v. H. Peiter, Studienausgabe Bd. 2, Berlin/New York 1984, § 109. 2, S. 8.

1. Der Problemhorizont der Christologie in der Moderne

Unter den Erkenntnisbedingungen der Moderne kann eine theologische Christologie nur unter Einbeziehung der historisch-kritischen Forschung konstruiert werden, aber ihre Anwendung auf die biblischen Schriften führt dazu, dass der Jesus der Geschichte und der Christus des Glaubens „unwiederbringlich" auseinander treten.[25] Die gedankliche Auseinandersetzung mit diesem Dilemma begleitet die Theologie seit der Aufklärung und sie hat zu den unterschiedlichsten Lösungsvorschlägen geführt. Drei prinzipielle Möglichkeiten der Bewältigung des historischen Dilemmas wurden in der Debatte diskutiert.[26]

Eine Möglichkeit der Lösung besteht in der strikten Trennung der Sphären von Glaube und Geschichte: Das Historische und mithin die historische Forschung seien – so die Verfechter dieses Lösungsmodells – zwar ernst zu nehmen, für den Glauben an Jesus Christus aber ohne fundierende Bedeutung. Denn der Glaube beruhe nicht auf historischen Fakten und könne darum durch geschichtliche Untersuchungen weder begründet noch erschüttert werden. Vielmehr gründet der Glaube auf dem inneren Überwältigtwerden durch den verkündigten Christus. Mit einer solchen Fassung der Christologie gewinnt so zum einen der Christus des Glaubens eine Stellung, die ganz unabhängig von der historischen Forschung zu dem Nazarener bestehen kann. Zum anderen ist der Ausgangspunkt einer solchen Christologie dann auch nicht mehr der historische Jesus, sondern der gegenwärtige oder der verkündigte Christus. Der bekannteste Vertreter dieser Position ist der Neutestamentler Rudolf Bultmann (1884–1976).[27] Das einzige, was Bultmann an Jesus interessiert, ist das „dass" des Gekommenseins des Christus. Noch in seinem Hauptwerk, der *Theologie des Neuen Testaments*, kann Bultmann sagen, die *„Verkündigung Jesu gehört zu den Voraussetzungen der Theologie des NT und ist nicht ein Teil dieser selbst"*.[28] Der von der Geschichtswissenschaft rekonstruierbare Jesus und seine Persönlichkeit haben hier jedes Interesse für die Theologie verloren.

Einen anderen Weg der Problemlösung hat zuletzt Papst Benedikt XVI. (geb. 1927) noch einmal eingeschlagen.[29] Er möchte in seinem Buch *Jesus von Nazareth* nichts Geringeres zeigen, als dass der Christus, der von der römischen

---

[25] D. F. Strauß, Der Christus des Glaubens und der Jesus der Geschichte. Eine Kritik des Schleiermacher'schen Lebens Jesu, Berlin 1865 (ND Waltrop 2000), S. 223.
[26] Vgl. auch W. Stegemann, Jesus und seine Zeit, S. 392–421.
[27] Vgl. R. Bultmann, Jesus, Tübingen 1926. Zu Bultmanns Jesus-Buch vgl. U. H. J. Körtner (Hrsg.), Jesus im 21. Jahrhundert. Bultmanns Jesusbuch und die heutige Forschung, Neukirchen-Vluyn ²2006.
[28] R. Bultmann, Theologie des Neuen Testaments, hrsg. v. O. Merk, Tübingen ⁷1977, S. 1.
[29] J. Ratzinger/Benedikt XVI., Jesus von Nazareth. Erster Teil: Von der Taufe im Jordan bis zur Verklärung, Freiburg i.Br./Basel/Wien 2007; ders., Jesus von Nazareth. Zweiter Teil: Vom Einzug in Jerusalem bis zur Auferstehung, Freiburg i.Br./Basel/Wien 2011. Vgl. T. Söding (Hrsg.), Das Jesus-Buch des Papstes. Die Antwort der Neutestamentler, Freiburg i.Br. 2007; J. Schröter, Rez.: J. Ratzinger/Benedikt XVI., Jesus von Nazareth. Erster Teil, in:

Kirche geglaubt wird, auch der wahre Jesus der Geschichte sei.[30] Ein solcher Umgang mit den historischen Problemen ist nicht neu. Bereits Martin Kähler (1835–1912) hatte in seinem berühmten Vortrag *Der sogenannte historische Jesus und der geschichtliche, biblische Christus* 1892 einen vergleichbaren Nachweis antreten wollen. Allerdings ist bei Kähler im Unterschied zu Ratzinger der biblische Christus nicht der historische Jesus und soll es auch nicht sein. Methodisch versucht Ratzinger seinen hohen Anspruch so einzulösen, dass er zwar der historisch-kritischen Methode ein gewisses Recht einräumt, aber dann schnell ihre Grenzen benennt und sie durch die „kanonische Exegese'" ergänzt. Erst durch die kanonische Exegese, eine Methode, die in den letzten 30 Jahren vor allem in den USA im Rahmen der neueren Kanon-Diskussion in den exegetischen Disziplinen etabliert wurde, werde, so Ratzinger wörtlich, die historisch-kritische Methode zu „eigentlicher Theologie".[31] Mit einer solch rigiden theologischen Domestizierung der historischen Kritik ist dieser freilich die Spitze abgebrochen. Im Resultat wird denn auch von Ratzinger die katholische Dogmatik in den Mann aus Nazareth projiziert. Das Jesus-Buch des Papstes bestätigt jedenfalls auf eindrucksvolle Weise das Urteil Albert Schweitzers (1875– 1965) über die katholische Jesus-Literatur. In seinem Klassiker *Geschichte der Leben-Jesu-Forschung* schrieb er vor 100 Jahren: „Die katholische Leben-Jesu-Forschung ist bis auf den heutigen Tag von allem Skeptizismus frei geblieben. Das liegt daran, daß sie im Prinzip auf vorstraußischem Standpunkt stehen geblieben ist und weder in der Wunderfrage noch in der johanneischen Frage bis ans Ende der historischen Erwägungen gehen darf, naturgemäß aber dann auch darauf verzichtet, die großen historischen Probleme zu rekognoszieren und zu erörtern."[32] Das historische Problem wird durch seine Ausklammerung gelöst.

Und schließlich kann drittens die Christologie vollständig auf den von der historischen Forschung rekonstruierten Mann aus Nazareth eingestellt werden. Einen solchen Versuch hat in den letzten Jahren im Anschluss an den liberalen Protestantismus des 19. Jahrhunderts von David Friedrich Strauß bis Adolf von Harnack (1851–1930) der Neutestamentler Werner Zager (geb. 1959) in seinem Buch *Jesus aus Nazareth – Lehrer und Prophet* ausgeführt.[33] Unter den Bedingungen der Aufklärung könne sich die Theologie von den historischen Fragen

---

ThLZ 132 (2007), Sp. 798–800; K.-W. Niebuhr, Rez.: J. Ratzinger/Benedikt XVI., Jesus von Nazareth. Erster Teil, in: ThLZ 132 (2007), Sp. 800–803.

[30] Vgl. J. Ratzinger/Benedikt XVI., Jesus von Nazareth. Erster Teil, S. 20. Vgl. B. Körner, Der wirkliche, der ‚historische Jesus' im eigentlichen Sinne. Überlegungen zu einer Aussage im Jesus-Buch des Papstes, in: ThPh 86 (2011), S. 95–112.

[31] Vgl. J. Ratzinger/Benedikt XVI., Jesus von Nazareth. Erster Teil, S. 18.

[32] A. Schweitzer, Geschichte der Leben-Jesu-Forschung, S. 342 Anm. 2.

[33] W. Zager, Jesus aus Nazareth – Lehrer und Prophet. Auf dem Weg zu einer neuen liberalen Christologie, Neukirchen-Vluyn 2007. ²2008. Vgl. auch ders., Jesus und die früh-

nicht mehr suspendieren, ja eine aufgeklärte Theologie und Christologie bestehe gerade in der konsequenten Historisierung ihres Themas. Folglich könne der Bezugspunkt und Maßstab einer modernegemäßen Christologie nur der geschichtliche Mann aus Nazareth sein, der von allen mythischen und metaphysischen Übermalungen zu befreien sei.[34] Die Bedeutung Jesu für das gegenwärtige Christentum liege weder in seinem Gottsein noch in seinem Kreuzestod, seiner Auferstehung oder gar seiner dem antiken Weltbild verpflichteten Verkündigung beschlossen, sondern allein in seiner „unbefangene[n] Menschlichkeit", der durch ihn ermöglichten „Erfahrung eines barmherzigen Gottes", dem „Doppelgebot der Liebe in seiner Konzentration auf das Wesentliche" sowie der „Eröffnung eines erfüllten Lebens".[35]

Mit den skizzierten drei Modellen der Zuordnung von Glaube und Geschichte versucht die Theologie seit der Auflärung das Problem des Historismus in der Christologie zu bewältigen. Zu fragen ist freilich, ob sich nicht ein anderes Modell ausarbeiten lässt, welches sowohl den Einsichten der Geschichtswissenschaft als auch der Christologie Rechnung trägt. Es gehört zu den fundamentalen Ergebnissen sowohl der historischen als auch der christologischen Debatte in der Moderne, dass sich das empirische und das religiöse Bild der Geschichte nicht mehr zusammenführen lassen. Beide Perspektiven auf die Vergangenheit sind nicht nur gleichermaßen notwendig, sondern stehen auch in einem Wechselverhältnis. Die theologische Christologie hat allein die Funktion einer Selbstbeschreibung des Glaubens und seines geschichtlichen Eingebundenseins. Deshalb ist die systematisch-theologische Christologie als ein notwendiger Ausdruck der Selbstverständigung der christlichen Religion über sich selbst zu verstehen. Das Bild des Glaubens von seiner eigenen Geschichte fällt jedoch nicht mit der empirischen Historie zusammen. Die geschichtswissenschaftliche Rekonstruktion der Stiftergestalt des Christentums – das haben die diversen Etappen der Forschung deutlich gemacht – wird zwar nie zu einem abschließenden historischen Portrait führen, aber sie hat doch Jesus von Nazareth in die jüdische Religionsgeschichte eingeordnet. Zwischen der Geschichtswissenschaft und der Dogmatik – so die zu entfaltende These – besteht ein unreduzierbares Wechselverhältnis.

Eine modernegemäße Christologie ist folglich sowohl im Durchgang durch die historiographischen Bemühungen um den Nazarener als auch durch dessen dogmatische Deutung zu begründen. Eingesetzt wird im nächsten, dem zweiten Abschnitt mit den geschichtswissenschaftlichen Untersuchungen zu

---

christliche Verkündigung. Historische Rückfragen nach den Anfängen, Neukirchen-Vluyn 1999; ders., Bergpredigt und Reich Gottes, Neukirchen-Vluyn 2002.

[34] Vgl. W. Zager, Jesus aus Nazareth, S. 20.
[35] W. Zager, Jesus aus Nazareth, S. 110.

der Stiftergestalt des Christentums. Die Suche nach dem historischen Jesus, die in der Aufklärungstheologie aufkam und sich zunächst gegen das kirchliche Dogma richtete, gehört, wie Albert Schweitzer betont hat, zu den großen Leistungen der protestantischen Theologie. Um heute die Diskussionen im Kontext der Third Quest nach dem Mann aus Nazareth verstehen und in ihrer Tragweite würdigen zu können, müssen sowohl die erste als auch die zweite Runde dieser Suche – und zwar insbesondere ihre jeweiligen methodischen Grundlagen – in Erinnerung gerufen werden. Zunächst ist die Forschung von der Aufklärung bis zum Beginn des 20. Jahrhunderts darzustellen und sodann die zu Beginn der 1950er Jahre einsetzende zweite Runde der Suche nach dem historischen Jesus. Erst vor diesem Hintergrund wird die gegenwärtige Debatte verständlich. Sie ist im dritten Unterabschnitt vorzustellen. Abschließend ist das Bild von Jesus sowie vom frühen Christentum zu besprechen, welches die neuere Forschung zeichnet.

Der dritte Abschnitt dieser Untersuchung wird der dogmatischen Christologie, ihrer Entstehung in der Alten Kirche und ihrer Ausgestaltung bei Martin Luther sowie in der altprotestantischen Theologie gewidmet sein. Anschließend thematisiert der zweite Unterabschnitt die Auflösung der altkirchlichen Zweinaturenchristologie in der Aufklärung. In gewisser Weise wird damit der Bogen zum zweiten Abschnitt geschlagen, in dem die Frage nach dem historischen Jesus behandelt wurde. Allerdings wird es nun um die systematisch-theologischen Konsequenzen für die Christologie gehen, die man aus der historischen Forschung gezogen hat.

Mit der die Zweinaturenlehre ersetzenden Frage nach dem Verhältnis von Offenbarung und Geschichte beziehungsweise historischem Jesus und dogmatischem Christusbild, wie sie seit der Aufklärung die Theologie begleitet hat, ist der Problemhorizont umrissen, in dem die theologischen Christologien auch in unseren Tagen noch stehen. Um die Lösungen des Problems ‚Glaube und Geschichte' in der gegenwärtigen Theologie wird es im vierten Abschnitt gehen. Dabei interessieren vor allem die Umgangsstrategien, die von der Theologie ausgearbeitet wurden, um die Spannung zwischen dem jüdischen Wanderprediger und christlichen Erlöser zu bewältigen.

Der Gang durch die Problemgeschichte soll die Anforderungen ausloten, unter denen die Ausgestaltung einer zeitgemäßen Christologie steht. Deren Ausführung ist der fünfte und letzte Abschnitt gewidmet. Er gliedert sich in drei Unterabschnitte. Zunächst ist den Problemen und Voraussetzungen des Geschichtsverständnisses nachzugehen, also einem Thema, welches sich wie ein roter Faden durch die gesamte Beschäftigung mit der Christologie in der Moderne zieht. Auf der erarbeiteten geschichtsmethodologischen Grundlage wird sodann in dem zweiten Unterabschnitt eine Neubestimmung der Christologie ausgearbeitet. Sie zielt darauf, die dogmatische Christologie als eine Selbstbeschreibung des Glaubensaktes – verstanden als Geschehen in der Geschichte – zu reformulieren. Mit dem Christusbild klärt sich der Glaube über sich selbst sowie seine eigene Geschichtlichkeit auf. Die christologische Reflexion erhält dadurch eine religionshermeneutische Funktion. Die Stichworte Religionshermeneutik und religions-kultureller Pluralismus führen zum Gegenstand des dritten Unterabschnitts. Hier wird es um die Konsequenzen aus der vorgestellten Christologie für eine Theologie des religiösen Pluralismus gehen.

2. Die Suche nach dem historischen Jesus

Literatur:

M. Baumotte (Hrsg.), Die Frage nach dem historischen Jesus. Texte aus drei Jahrhunderten, Gütersloh 1984.
M. Bockmuehl (Ed.), The Cambridge Companion to Jesus, Cambridge 2001.
A. Schweitzer, Geschichte der Leben-Jesu-Forschung, Tübingen ⁹1984 (ND der 7. Auflage).
G. Theißen/A. Merz, Der historische Jesus. Ein Lehrbuch, Göttingen 1996.
A. J. M. Wedderburn, Jesus and the Historians, Tübingen 2010.

Die Geschichte der Jesusforschung vom 18. bis zum 21. Jahrhundert lässt sich unterschiedlich strukturieren. Zumeist unterscheidet man drei Phasen: (1.) die vielfältigen Bemühungen von der Aufklärung bis zum Beginn des 20. Jahrhunderts, (2.) die in den 1950er Jahren einsetzende neue Frage und (3.) die in den 1980er Jahren anhebende dritte Runde in der Suche nach dem historischen Jesus.[1] Die Gliederung des Abschnitts folgt diesen Phasen. Dabei soll es um einen Überblick über die wichtigsten Fragestellungen und Positionen gehen, aber auch um die in der Forschung angewandten Methoden. Es zeigt sich nämlich, dass von der ersten bis zur dritten Runde das Methodeninventar der Forschung zunehmend erweitert wurde.

2.1. Jesusforschung als Kritik am dogmatischen Christusbild

Literatur:

F. C. Baur, Kritische Untersuchungen über die kanonischen Evangelien, ihr Verhältnis zueinander, ihren Charakter und Ursprung, Tübingen 1847.
H. J. Holtzmann, Die synoptischen Evangelien. Ihr Ursprung und ihr geschichtlicher Charakter, Leipzig 1863.
H. S. Reimarus, Von dem Zwecke Jesu und seiner Jünger, in: M. Baumotte (Hrsg.), Die Frage nach dem historischen Jesus. Texte aus drei Jahrhunderten, Gütersloh 1984, S. 11–21.
[H. S. Reimarus,] Von dem Zwecke Jesu und seiner Jünger. Noch ein Fragment des Wolfenbüttelschen Ungenannten, hrsg. v. G. E. Lessing, Braunschweig 1778.

---

[1] Einen Überblick über unterschiedliche Strukturierungsvorschläge der historischen Jesusforschung bieten W. Stegemann, Jesus und seine Zeit, S. 86–88; G. Theißen/A. Merz, Der historische Jesus, S. 25 f.

F. Schleiermacher, Das Leben Jesu, hrsg. v. K. A. Rütenik, Berlin 1864.
J. S. Semler, Beantwortung der Fragmente eines Ungenanten insbesondere vom Zweck Jesu und seiner Jünger, Halle 1779 (ND Waltrop 2003).
D. F. Strauß, Das Leben Jesu, kritisch bearbeitet, Bd. 1 und 2, Tübingen (1835/36) ²1837.
D. F. Strauß, Der Christus des Glaubens und der Jesus der Geschichte. Eine Kritik des Schleiermacher'schen Lebens Jesu, Berlin 1865 (ND Waltrop 2000).
J. Weiß, Die Predigt Jesu vom Reiche Gottes, Göttingen 1892. ²1900.
W. Wrede, Das Messiasgeheimnis in den Evangelien. Zugleich ein Beitrag zum Verständnis des Markusevangeliums, Göttingen 1901.

Bis in die Zeit der europäischen Aufklärung ging man davon aus, dass die kirchliche Lehre von Jesus Christus den geschichtlichen Jesus von Nazareth meinte. Dass die neutestamentlichen Evangelien unterschiedliche und zum Teil einander widersprechende Nachrichten über Jesus präsentierten, war zwar einzelnen Gelehrten durchaus bewusst, führte aber vor der Aufklärung nicht zu grundsätzlichen kritischen Rückfragen an das kirchliche Dogma beziehungsweise den biblischen Text. Die theologische Voraussetzung dafür, dass das Spannungsverhältnis von Glaube und Geschichte vorerst beherrschbar blieb, liegt in dem autoritativen Charakter der Bibel, welcher von der altprotestantischen Theologie des 16. und 17. Jahrhunderts dann zum Schriftprinzip ausgebaut wurde. Nun galten sowohl der Text als auch der Umfang der Bibel als von Gott inspiriert, und zwar im Sinne einer Verbalinspiration. Mit dieser Voraussetzung ist die Konsequenz verbunden, dass die gesamte Bibel, also Altes und Neues Testament, sich in allen ihren Aussagen nicht nur nicht widerspricht, sondern auch nur einen einzigen Gehalt hat, nämlich Jesus Christus. Unstimmigkeiten und Widersprüche in den biblischen Texten wurden mit dem Akkommodationsgedanken erklärt.[2] Der altprotestantischen Vorstellung zufolge hat sich der Heilige Geist bei der Übermittlung der göttlichen Wahrheit den Verstehensbedingungen der Zeugen angepasst. Mit der Durchsetzung der historischen Kritik in der Aufklärung kommt es zu einer grundlegenden Änderung. Das kirchliche Dogma wird von den gebildeten Zeitgenossen des 18. Jahrhunderts zunehmend als Verstehenshindernis der christlichen Religion empfunden. Die Besinnung auf den historischen Jesus erscheint als eine Möglichkeit, den religiösen und moralischen Gehalt des Christentums unter den Bedingungen der Gegenwart zur Geltung zu bringen.[3] Die Kritik am christologischen Dogma ist vor allem religiös motiviert. Durch die Befreiung Jesu von den Banden der Kirchenlehre will man dem christlichen Glauben neue Impulse und eine neue, tragfähige Begründung geben.

---

[2] Zur Akkommodationsvorstellung vgl. U. H. J. Körtner, Art.: Akkommodation I., in: RGG⁴, Bd. 1, Tübingen 1998, Sp. 254.
[3] Vgl. hierzu auch A. v. Scheliha, Kyniker, Prophet, Revolutionär oder Sohn Gottes? S. 22 f.

2.1. Jesusforschung als Kritik am dogmatischen Christusbild 15

Die wissenschaftliche Rückfrage nach Jesus von Nazareth setzt also erst in der Aufklärung ein, und dieses Bemühen, unabhängig von dem durch die antike griechische Philosophie ‚infizierten' Dogma ein Bild des Mannes aus Nazareth zu zeichnen, erscheint in der heutigen Diskussion als die erste Runde der Suche nach dem historischen Jesus. Albert Schweitzer hat dieser älteren Suche in seinem Buch *Von Reimarus bis Wrede* (1906), das 1913 in der zweiten Auflage unter dem Titel *Geschichte der Leben-Jesu-Forschung* erschien, nicht nur ein beeindruckendes Denkmal gesetzt, sondern in gewisser Weise auch ihr Scheitern konstatiert.[4] Hierauf ist später noch einmal zurückzukommen. Schweitzer hat die Debatten um den historischen Jesus von der Aufklärung bis 1906 „eine Wahrhaftigkeitstat des protestantischen Christentums" genannt und in ihr eines der bedeutendsten Ereignisse in der Geistesgeschichte der Menschheit gesehen.[5] Seine Darstellung der Forschungsgeschichte von der Aufklärung bis zu seiner eigenen Gegenwart strukturiert er durch drei große Entweder-Oder, die schließlich die historische Forschung alle entscheiden konnte.

Diese drei großen Entweder-Oder sind:

1. die Frage, ob die Gestalt Jesu entweder rein geschichtlich oder rein übernatürlich aufzufassen ist,
2. das Entweder-Oder von synoptisch oder johanneisch und schließlich
3. die Frage, ob Jesus eschatologisch oder uneschatologisch zu verstehen ist.[6]

Die Gestalt Jesu ist nur geschichtlich zu begreifen, das Johannes-Evangelium bietet im Unterschied zu den synoptischen Evangelien keinen historischen Bericht der evangelischen Geschichte, und schließlich, hier baut Schweitzer auf die Forschungsergebnisse von Johannes Weiß (1863–1914) auf,[7] ist die Gestalt Jesu eschatologisch zu verstehen. Mit den drei großen ‚Entweder-Oder' ist eine Struktur gegeben, an der sich die folgende Darstellung orientiert.

Der erste, der das Leben Jesu rein historisch zu erfassen versucht hat, war der Hamburger Orientalist und Theologe Hermann Samuel Reimarus (1694–1768).[8] Reimarus, in seinem Denken durch den Rationalismus der Aufklärungs-

---

[4] Vgl. T. Koch, Die sachgemäße Form einer gegenwärtigen Beziehung auf den geschichtlichen Jesus – Erwägungen im Anschluß an Albert Schweitzers Kritik des christologischen Denkens, in: K.-M. Kodalle (Hrsg.), Gegenwart des Absoluten – philosophisch-theologische Diskurse zur Christologie, Gütersloh 1984, S. 37–67.
[5] A. Schweitzer, Geschichte der Leben-Jesu-Forschung, S. 42.
[6] Vgl. A. Schweitzer, Geschichte der Leben-Jesu-Forschung, S. 254: „Das erste hatte Strauß gestellt: entweder rein geschichtlich oder rein übernatürlich; das zweite hatten die Tübinger und Holtzmann durchgekämpft: entweder synoptisch oder johanneisch; nun [sc. bei Weiß und Schweitzer] das dritte: entweder eschatologisch oder uneschatologisch!"
[7] J. Weiß, Die Predigt Jesu vom Reiche Gottes, Göttingen 1892. ²1900.
[8] Zu Vorläufern von Reimarus vgl. W. Stegemann, Jesus und seine Zeit, S. 82–85. Zu Rei-

philosophie Christian Wolffs (1679–1754) geprägt, gehörte zu den entschiedensten Verteidigern der sogenannten ‚natürlichen Religion'. In dem Manuskript *Apologie oder Schutzschrift für die vernünftigen Verehrer Gottes*,[9] das er freilich zu seinen Lebzeiten nicht veröffentlichte, legte er eine historisch-kritische Rekonstruktion der Gestalt Jesu vor. Erst Gotthold Ephraim Lessing (1729–1781), der von den Kindern des Gelehrten das Manuskript erhielt, publizierte zwischen 1774 und 1778 sieben Texte von Reimarus als *Fragmente des Wolfenbüttelschen Ungenannten*: 1. Von der Duldung der Deisten; 2. Von der Verschreiung der Vernunft auf den Kanzeln; 3. Unmöglichkeit einer Offenbarung, die alle Menschen auf eine gegründete Art glauben können; 4. Durchgang der Israeliten durchs Rote Meer; 5. Daß die Bücher des Alten Testaments nicht geschrieben wurden, eine Religion zu offenbaren; 6. Über die Auferstehungsgeschichte; 7. Von dem Zwecke Jesu und seiner Jünger. Die Publikation dieser Fragmente löste eine der großen literarischen Streitsachen im letzten Drittel des 18. Jahrhunderts aus. Zahlreiche Gelehrte, unter anderen der Hallenser Aufklärungstheologe Johann Salomo Semler (1725–1791) und der Göttinger Orientalist Johann Gottfried Eichhorn (1752–1827), griffen in den sogenannten Fragmentenstreit ein.[10]

Bei Reimarus geht es um das erste große Entweder-Oder in der Leben-Jesu-Forschung, nämlich um die Frage, ob die Gestalt Jesu von Nazareth rein geschichtlich oder rein übernatürlich zu verstehen sei. Die Antwort von Reimarus ist eindeutig: Jesus kann nur historisch aus seinem zeitgenössischen Kontext heraus verstanden werden. Der Hamburger Gelehrte verfährt historisch-kritisch und unterzieht die neutestamentlichen Schriften der Literar- und Quellenkritik. Die apostolische Briefliteratur scheidet für ihn aufgrund ihres dogmatisch-lehrhaften Charakters als Quelle für Informationen über den geschichtlichen Jesus aus. Als brauchbare Geschichtsquelle bleiben nur die vier Evangelien. Die kritische Lektüre der Quellen lässt nun aber erkennen, dass der Nazarener Jude war und der Zentralinhalt seiner Verkündigung in der irdisch-politischen Reich-Gottes-Vorstellung des antiken Judentums zu sehen ist.

---

marus vgl. W. Schmidt-Biggemann, Einleitung, in: H. S. Reimarus, Kleine gelehrte Schriften. Vorstufen zur Apologie oder Schutzschrift für die vernünftigen Verehrer Gottes, Göttingen 1994, S. 9–65; A. Schweitzer, Geschichte der Leben-Jesu-Forschung, S. 56–68; D. Klein, Hermann Samuel Reimarus (1694–1768). Das theologische Werk, Tübingen 2009.

[9] H. S. Reimarus, Apologie oder Schutzschrift für die vernünftigen Verehrer Gottes, 2 Bde., hrsg. v. G. Alexander, Frankfurt a.M. 1972.

[10] Zum Fragmentenstreit vgl. E. Hirsch, Geschichte der neuern evangelischen Theologie im Zusammenhang mit den allgemeinen Bewegungen des europäischen Denkens, Bd. IV, Gütersloh 1952, S. 120–165; D. Fleischer, Auf der Suche nach der Wahrheit. Johann Salomo Semlers Position im Fragmentenstreit, in: J. S. Semler, Beantwortung der Fragmente eines Ungenanten insbesondere vom Zweck Jesu und seiner Jünger, neu hrsg. v. D. Fleischer, Waltrop 2003, S. 1–106.

2.1. Jesusforschung als Kritik am dogmatischen Christusbild   17

„Die Reden Jesu bey den vier Evangelisten sind nicht allein bald durchzulaufen, sondern wir finden alsobald den ganzen Inhalt und die ganze Absicht der Lehre Jesu in seinen eigenen Worten entdecket und zu sammen gefasset. *Bekehret euch und gläubet dem Evangelio*; oder wie es sonst heisset: *Bekehret euch, denn das Himmelreich ist nahe herbeykommen.* [...] Beides, das Himmelreich und die Bekehrung, hänget so zusammen, daß das Himmelreich der Zweck ist, und die Bekehrung ein Mittel oder eine Vorbereitung zu diesem Himmelreich. Durch das Himmelreich, so jetzt nahe herbeykommen war, und wovon das Evangelium oder die fröhliche Bothschaft, denen Juden verkündiget ward, verstehen wir, nach Jüdischer Redensart, das Reich Christi oder des Meßias, worauf die Juden so lange gewartet und gehoffet hatten."[11]

Jesu Botschaft ist also eschatologisch, und sie ist nur vor dem Hintergrund der damaligen jüdisch-messianischen Hoffnungen zu verstehen.[12] Reimarus rückt Jesus in das Judentum ein. Das damit aufgeworfene Folgeproblem, wie es zur Entstehung des Christentums gekommen ist, wird von ihm auch bearbeitet. Er hat es in dem Fragment *Von dem Zwecke Jesu und seiner Jünger* dargestellt: Jesus ist mit seiner jüdisch-messianischen Botschaft von dem bald hereinbrechenden Reich Gottes nicht nur in Galiläa, sondern auch in Jerusalem gescheitert. Seine Jünger bewältigen ihre Enttäuschung auf eine zweifache Weise. Zum einen prägen sie die jüdisch-messianische Erwartung eines göttlichen Reiches in eine geistige Vorstellung um und geben dem Tod Jesu die Bedeutung einer geistigen Erlösung. Zum anderen erfinden sie zu dieser mit dem Tod Jesu verbundenen geistigen Erlösung seine Auferstehung hinzu. Deshalb stehlen sie den Leichnam des Nazareners, verstecken ihn und verkündigen, er sei auferstanden und werde bald wiederkehren.[13]

Reimarus, und hierin liegt seine bahnbrechende Leistung, unterscheidet zwischen der Religion Jesu, die er rein historisch rekonstruiert, und der christlichen Religion. Die christliche Religion – „das Neue veränderte Systema der Apostel" – ist eine Erfindung der Jünger des Nazareners, und sie hat sich in den neutestamentlichen Schriften über Jesus von Nazareth gelegt und ihn bis zur Unkenntlichkeit verhüllt. David Friedrich Strauß hat in seinem 1835 erschienenen *Leben Jesu* diese Einsicht von Reimarus weiter untermauert und die Alter-

---

[11] H. S. Reimarus, Von dem Zwecke Jesu und seiner Jünger, §. 4. = M. Baumotte (Hrsg.), Die Frage nach dem historischen Jesus. Texte aus drei Jahrhunderten, Gütersloh 1984, S. 13 f.

[12] Vgl. hierzu A. Schweitzer, Geschichte der Leben-Jesu-Forschung, S. 65: „Sein Werk ist vielleicht die großartigste Leistung in der Leben-Jesu-Forschung überhaupt, denn er hat zuerst die Vorstellungswelt Jesu historisch, d.h. als eschatologische Weltanschauung erfaßt."

[13] Vgl. H. S. Reimarus, Von dem Zwecke Jesu und seiner Jünger, §. 36. = M. Baumotte (Hrsg.), Die Frage nach dem historischen Jesus, S. 17: „Es ist bisher gezeiget worden, daß das Neue veränderte Systema der Apostel von einem geistlichen leidenden Erlöser, der vom Tode auferstehen solle, und nach seiner Himmelfahrth bald mit großer Kraft und Herrlichkeit vom Himmel wiederkommen werde, in seinem ersten Hauptgrunde, nemlich der Auferstehung von den Todten, erdichtet und falsch sey [...], daß nemlich die Jünger Jesu des Nachts gekommen und den Leichnam gestohlen, und darnach gesagt, er sey auferstanden".

native zwischen einem geschichtlichen oder einem übernatürlichen Verständnis der Gestalt Jesu zugunsten der historischen Betrachtungsweise entschieden.[14] Die gesamte Geschichte Jesu, wie sie in den neutestamentlichen Schriften überliefert ist, stuft Strauß als einen Mythos ein, der auf die frühchristliche Gemeinde zurückgeht. Von dem Leben Jesu bleibt nur ein dürres Gerüst übrig, das seine Anhänger mit ihren eigenen religiösen Phantasien ausgeschmückt haben.

„Das einfache historische Gerüste des Lebens Jesu, daß er zu Nazaret aufgewachsen sei, von Johannes sich habe taufen lassen, Jünger gesammelt habe, im jüdischen Lande lehrend umhergezogen sei, überall dem Pharisäismus sich entgegengestellt und zum Messiasreiche eingeladen habe, daß er aber am Ende dem Haß und Neid der pharisäischen Partei erlegen, und am Kreuze gestorben sei: – dieses Gerüste wurde mit den manchfaltigsten und sinnvollsten Gewinden frommer Reflexionen und Phantasieen umgeben, indem alle Ideen, welche die erste Christenheit über ihren entrissenen Meister hatte, in Thatsachen verwandelt, seinem Lebenslaufe eingewoben wurden."[15]

Methodisch verfährt Strauß literarkritisch und geht mit Johann Gottfried Herder (1744–1803) davon aus,[16] dass die neutestamentlichen Berichte in einem längeren mündlichen Überlieferungsprozess entstanden sind und keinesfalls, wie von dem theologischen Rationalismus und dem Supranaturalismus gleichermaßen vorausgesetzt, von Augenzeugen des Lebens Jesu verfasst wurden. Zudem greift Strauß den von dem Göttinger Altphilologen Christian Gottlob Heyne (1729–1812) sowie dem Göttinger Orientalisten und Theologen Johann Gottfried Eichhorn ausgearbeiteten methodischen Leitbegriff des Mythos auf und wendet ihn in voller Konsequenz auf die neutestamentlichen Schriften an. Unter einem Mythos versteht Strauß mit der ‚mythischen Schule' (Heyne und Eichhorn) das Denken der Menschheit auf der Stufe ihrer Kindheit. Deshalb ist der Mythos kein absichtlich hervorgebrachtes Kunstprodukt, sondern, wie Strauß formuliert, eine „absichtslos dichtende[] Sage".[17] Bei den neutestamentlichen Evangelien handelt es sich also weder um historische Berichte noch um mythische Einkleidungen eines historischen Geschehens, sondern sie sind von der frühen Christenheit gleichsam absichtslos unter Aufnahme von Motiven des Alten Testaments geschaffen worden. Damit lässt Strauß die von der gesamten theologischen Tradition gemachte Voraussetzung fallen, dass den neu-

---

[14] D. F. Strauß, Das Leben Jesu, kritisch bearbeitet, 2 Bde., Tübingen 1835/36. Zum Jesusbild von Strauß und seiner Ausgestaltung in den verschiedenen Auflagen seines Klassikers vgl. H. Moxnes, Jesus and the Rise of Nationalism. A New Quest for the Nineteenth-Century Historical Jesus, London/New York 2012, S. 95–120.
[15] D. F. Strauß, Das Leben Jesu, Bd. 1, S. 72.
[16] Vgl. J. G. Herder, Sämmtliche Werke, Bd. XIX, hrsg. v. B. Suphan, Berlin 1880.
[17] D. F. Strauß, Das Leben Jesu, Bd. 1, S. 75. Vgl. hierzu C. Hartlich/W. Sachs, Der Ursprung des Mythosbegriffs in der modernen Bibelwissenschaft, Tübingen 1952; A. Horstmann, Der Mythosbegriff vom frühen Christentum bis zur Gegenwart, in: Archiv für Begriffsgeschichte 23 (1979), S. 7–54. 60–85.

2.1. Jesusforschung als Kritik am dogmatischen Christusbild 19

testamentlichen Berichten von Jesus von Nazareth historische Begebenheiten zugrunde liegen. Sorgte dieses Resultat noch für einen Skandal in der zeitgenössischen Theologie, so beschreibt es bereits 66 Jahre später den Konsens der Forschung. Ausgesprochen hat ihn William Wrede (1859–1906) in seinem 1901 erschienenen Buch *Das Messiasgeheimnis in den Evangelien*.[18] Nach Wrede sind die neutestamentlichen Evangelien durch und durch Gemeindedogmatik und scheiden somit als Geschichtsquelle aus. Damit haben sich die Ergebnisse von Strauß in der neutestamentlichen Jesusforschung endgültig durchgesetzt. Allerdings hatte Strauß noch an dem Messiasbewusstsein Jesu festgehalten. Wrede und die ihm folgende Exegese erklären es als Konstrukt der frühchristlichen Gemeinde.[19]

Strauß ist auch der erste, der das zweite große Entweder-Oder der Leben-Jesu-Forschung in Angriff genommen und einer Lösung zugeführt hat. Es betrifft die Frage, ob das Johannes-Evangelium als Geschichtsquelle in Betracht kommt oder nicht. Die theologische Tradition ist seit der Antike davon ausgegangen, dass das Johannes-Evangelium von einem Augenzeugen verfasst, nämlich dem Lieblingsjünger Jesu (vgl. Joh 21,24), und deshalb ein historisch zuverlässiger Augenzeugenbericht ist, dessen Authentizität über den synoptischen Evangelien steht. Noch Friedrich Schleiermacher, der 1819 an der Berliner Universität eine Vorlesung über das Leben Jesu gehalten hat, akzeptiert diese Vorrangstellung des Johannes-Evangeliums in historischer Hinsicht ganz ohne Einschränkungen.[20] Strauß weist auf die Unhaltbarkeit dieser Annahme hin und macht wahrscheinlich, dass die synoptischen Evangelien dem Johannes-Evangelium zugrunde liegen.[21] Das älteste Evangelium ist für ihn das des Matthäus, und das Markinische bietet lediglich einen kurzen Auszug aus Matthäus und Lukas. Die weitere Evangelienforschung hat die Einsichten von Strauß zum Teil bestätigt und zum Teil korrigiert. Christian Hermann Weiße (1801–1866), der

---

[18] W. Wrede, Das Messiasgeheimnis in den Evangelien. Zugleich ein Beitrag zum Verständnis des Markusevangeliums, Göttingen 1901. ⁴1969, S. 2 f.

[19] Vgl. R. Bultmann, Theologie des Neuen Testaments, S. 26–34

[20] F. Schleiermacher, Das Leben Jesu, hrsg. v. K. A. Rütenik, Berlin 1864. Zu Schleiermachers Jesusbild vgl. H. Moxnes, Jesus and the Rise of Nationalism, S. 61–93. Gegen Albert Schweitzers Darstellung (Geschichte der Leben-Jesu-Forschung, S. 100) ist freilich daran zu erinnern, dass Schleiermacher nicht als erster Theologe ein Kolleg über das Leben Jesu gehalten hat. In den 1790er Jahren bot Johann Wilhelm Schmid (1744–1798) in Jena regelmäßig Vorlesungen zu diesem Thema an, zuletzt 1797. Heinrich Eberhard Gottlob Paulus (1761–1851) las im Sommersemester 1819 wie im Wintersemester 1819/20 in Heidelberg über das Leben Jesu, und in den 1820 Jahren kam es dann zu einem regelrechten Boom thematisch einschlägiger Vorlesungen. Vgl. M. Ohst, Der theologie- und kirchengeschichtliche Hintergrund des Atheismusstreits, in: K.-M. Kodalle/M. Ohst (Hrsg.), Fichtes Entlassung. Der Atheismusstreit vor 200 Jahren, Würzburg 1999, S. 31–47, hier S. 32 Anm. 4.

[21] Vgl. hierzu D. F. Strauß, Der Christus des Glaubens und der Jesus der Geschichte, S. 45–54.

an Strauß anknüpft, kam in seinen Schriften *Die Evangelische Geschichte kritisch und philosophisch bearbeitet* (1838) und *Die Evangelienfrage in ihrem gegenwärtigen Stadium* (1856) zu dem Ergebnis, dass das Markus-Evangelium als das älteste uns erhaltene Evangelium zu gelten hat.[22] Die von Strauß vorgenommene Priorisierung des Matthäus-Evangeliums gegenüber dem Markus-Evangelium beruhe, so Weiße, auf einer dogmatisch voreingenommenen Haltung gegenüber den von Markus berichteten Wundern. Das Argument von Weiße für seine These, dass das Markus-Evangelium das ‚Urevangelium' sei, ist die Einfachheit seines Aufbaus.[23] In der Forschung durchsetzen konnte sich dagegen die These von Strauß, dass das Johannes-Evangelium nicht als Geschichtsquelle in Betracht kommt. Ferdinand Christian Baur (1792–1860) und Heinrich Julius Holtzmann (1832–1910) haben die bereits von Strauß vorgebrachten Argumente weiter vertieft und das Johannes-Evangelium als Quelle für die Rückfrage nach dem historischen Jesus zurückgewiesen.

Mit den Untersuchungen von Strauß, Baur und Holtzmann ist das zweite große Entweder-Oder zugunsten der Synoptiker entschieden. Die Entscheidung im Streit um das dritte große Entweder-Oder der Leben-Jesu-Forschung fällt Ende des 19. Jahrhunderts und betrifft die Frage, ob die Weltanschauung Jesu eschatologisch oder uneschatologisch sei. Johannes Weiß hat 1892 in seiner Studie *Die Predigt Jesu vom Reiche Gottes* die bereits von Reimarus geltend gemachte Einsicht, dass die Weltanschauung Jesu messianisch-apokalyptisch ist, mit den Mitteln der modernen Geschichtswissenschaft untermauert.[24] Albert Schweitzer knüpft in seinem forschungsgeschichtlichen Überblick über die moderne Leben-Jesu-Forschung an die Ergebnisse von Weiß an. Sie bieten ihm den methodischen Schlüssel für seine These, dass die gesamte Leben-Jesu-Forschung nichts anderes als ein grandioses Scheitern sei.[25]

Die eschatologische Deutung verstand Jesus von Nazareth als einen Apokalyptiker aus dem 1. Jahrhundert, der das nahe Weltende erwartete und den von der Gegenwart des ausgehenden 19. Jahrhunderts Welten trennen. Die Leben-Jesu-Darstellungen beschreiben jedoch, so die Beobachtung von Schweitzer, den Nazarener durchgehend mit modernen Zügen. Er repräsentiert Ideale der modernen Kultur und der modernen Ethik. Seine Fremdheit und zeitliche

---

[22] C. H. Weiße, Die Evangelische Geschichte kritisch und philosophisch bearbeitet, 2 Bde., Leipzig 1838; ders., Die Evangelienfrage in ihrem gegenwärtigen Stadium, Leipzig 1856. Vgl. A. Schweitzer, Geschichte der Leben-Jesu-Forschung, S. 155–170.
[23] Vgl. A. Schweitzer, Geschichte der Leben-Jesu-Forschung, S. 157.
[24] J. Weiß, Die Predigt Jesu vom Reiche Gottes, Göttingen 1892. ²1900.
[25] Zu Schweitzers Rekonstruktion der Forschungsgeschichte und seiner eigenen Position vgl. H. Moxnes, Jesus and the Rise of Nationalism, S. 4–7; W. Blanton, Displacing Christian Origins. Philosophy, Secularity and the New Testament, Chicago 2007, S. 129–165; T. Koch, Die sachgemäße Form einer gegenwärtigen Beziehung auf den geschichtlichen Jesus, S. 37–67.

2.1. Jesusforschung als Kritik am dogmatischen Christusbild 21

Ferne wird also regelmäßig unterschlagen. Schweitzer nennt auch den Grund hierfür. Er besteht darin, dass sich in der modernen Leben-Jesu-Forschung zwei Interessen überlagern, ein historisches und ein religiöses. Während das historische Interesse auf die Aufdeckung der Vergangenheit zielt, verbindet sich mit dem religiösen Interesse die Emanzipation Jesu von dem kirchlichen Dogma zugunsten seiner religiösen und sittlichen Bedeutung für das Christentum.[26] Schweitzers grundlegende Beobachtung ist nun die, dass in der modernen Leben-Jesu-Forschung das religiöse Interesse das historische steuert. Die Jesusbilder der modernen Wissenschaft sind also durchweg Projektionen der jeweiligen Gegenwart. In den historischen Jesus werden auf die unterschiedlichste Weise moderne Vorstellungen eingetragen, so dass dieser völlig entstellt wird. Schweitzer selbst versucht dieses Problem der Jesusforschung durch eine methodische Differenzierung von Religion und Historie zu bewältigen.

„Es ist geradezu ein Verhängnis der modernen Theologie, daß sie alles mit Geschichte vermischt vorträgt und zuletzt noch auf die Virtuosität stolz ist, mit der sie ihre eignen Gedanken in der Vergangenheit wieder findet. Darum bedeutet es etwas, daß sie in der Leben-Jesu-Forschung, mag sie sich noch so lange sträuben und immer neue Auswege suchen, zuletzt durch die wahre Geschichte an der gemachten, auf die sie ihre Religion gründen will, irre werden muß, und von den Tatsachen, die nach W. Wredes schönem Wort selber manchmal am radikalsten sind, überwältigt werden wird."[27]

Religion kann nicht auf Geschichte gegründet werden, sondern sie hat einen eigenen Ursprung. Mit diesem Resultat von Schweitzers *Geschichte der Leben-Jesu-Forschung* verliert der historische Jesus seine Begründungsfunktion für die dogmatische Christologie. Sie kann nicht mehr im Rückgriff auf den historisch rekonstruierbaren Jesus gegründet werden, sondern hat einen anderen geltungstheoretischen Ursprung.

Schweitzers forschungsgeschichtlicher Überblick ist als ein Paradigmenwechsel und als Schlussstrich unter die liberale Leben-Jesu-Forschung verstanden worden.[28] Das ist allerdings nur bedingt richtig. Schweitzer hat zum einen selbst ein Bild des historischen Jesus entworfen, zum anderen kam die historische Jesusforschung auch nach seinem Meisterwerk nicht zum Erliegen. In der

---

[26] Vgl. A. Schweitzer, Geschichte der Leben-Jesu-Forschung, S. 47: „Die geschichtliche Erforschung des Lebens Jesu ging nicht von dem rein geschichtlichen Interesse aus, sondern sie suchte den Jesus der Geschichte als Helfer im Befreiungskampf vom Dogma." Vgl. A. v. Scheliha, Kyniker, Prophet, Revolutionär oder Sohn Gottes?, S. 23.
[27] A. Schweitzer, Geschichte der Leben-Jesu-Forschung, S. 622.
[28] Vgl. A. Schweitzer, Geschichte der Leben-Jesu-Forschung, S. 620: „Der Jesus von Nazareth, der als Messias auftrat, die Sittlichkeit des Gottesreiches verkündete, das Himmelreich auf Erden gründete und starb, um seinem Werke die Weihe zu geben, hat nie existiert. Sie ist eine Gestalt, die vom Rationalismus entworfen, vom Liberalismus belebt und von der modernen Theologie in ein geschichtliches Gewand gekleidet wurde."

Schlussbetrachtung seines Werkes präsentiert Schweitzer ein konsequent eschatologisches Bild des Mannes aus Nazareth, welches freilich in der einschlägigen Fachwissenschaft seiner Zeit umstritten blieb. Jesus entschwindet hier in eine der bürgerlichen Welt des ausgehenden 19. Jahrhunderts fremd gewordene Zeit. Diese Fremdsetzung des Nazareners hat jedoch auch bei Schweitzer vor allem die Funktion, seine religiöse Gegenwartsbedeutung herauszuarbeiten. Im Mittelpunkt steht nicht mehr die inhaltliche Botschaft Jesu, seine jüdisch gefärbte und damit zeitbedingte Weltanschauung, sondern sein Wille und seine Persönlichkeit. Der als ein gleichsam übergeschichtliches Existential gefasste Wille des galiläischen Apokalyptikers wird bei Schweitzer zum Anknüpfungspunkt für die Gegenwartsreligion.[29]

Erst in der Theologie des 20. Jahrhunderts macht Schweitzers Entkopplung von historischer Jesusforschung und Religion Schule, und zwar derart, dass seine methodische Differenzierung von Historie und Religion zur Diastase radikalisiert wird. Vorbereitet hat diese Entwicklung der Hallenser Theologe Martin Kähler, der in seinem Vortrag *Der sogenannte historische Jesus und der geschichtliche, biblische Christus* 1892, also bereits vor Schweitzer, die historische Jesusforschung als Holzweg deklariert. Der „*wirkliche Christus*", so Kähler in seinem wirkungsgeschichtlich überaus einflussreichen Text, sei allein „*der gepredigte Christus*".[30] Das dogmatische Christusbild wird damit von Kähler an die Funktionsstelle des historischen Jesus gesetzt und als theologisch maßgeblich ausgezeichnet. Fünf Jahre nach Schweitzers forschungsgeschichtlicher Bilanz der Leben-Jesu-Forschung erklärt dann der junge Theologe Paul Tillich (1886–1965) in einem vor studentischen Freunden gehaltenen Vortrag mit dem Titel *Die christliche Gewißheit und der historische Jesus*, dass die „notwendige[] Ungewißheit über den historischen Jesus [...] die letzte Konsequenz der Rechtfertigungslehre" sei. Folglich führe eine Begründung der christlichen Gewissheit auf den historischen Jesus mit „unvermeidlicher Konsequenz zum Papst" zurück.[31] Mit der Zurückweisung der Begründungsfunktion des geschichtlichen Jesus für die dogmatische Christologie bezieht sich Tillich auf den von Wilhelm Herrmann (1846–1922) unternommenen Versuch, den Glauben an den historischen Jesus zurückzubinden.[32] Schon zuvor hat Ernst Troeltsch in sei-

---

[29] Vgl. A. Schweitzer, Geschichte der Leben-Jesu-Forschung, S. 624.
[30] M. Kähler, Der sogenannte historische Jesus und der geschichtliche, biblische Christus, hrsg. v. E. Wolf, München ²1956, S. 44.
[31] P. Tillich, Die christliche Gewißheit und der historische Jesus, in: ders., Briefwechsel und Streitschriften. Theologische, philosophische und politische Stellungnahmen und Gespräche, hrsg. v. R. Albrecht/R. Trautmann, Frankfurt a.M. 1983, S. 31–50, hier S. 44 f.
[32] Vgl. W. Herrmann, Der geschichtliche Christus, der Grund unseres Glaubens, in: ders., Schriften zur Grundlegung der Theologie, Bd. 1, hrsg. v. P. Fischer-Appelt, München 1966, S. 149–185. Vgl. dazu F. Wittekind, Christologie im 20. Jahrhundert, in: C. Danz/M. Murr-

2.1. Jesusforschung als Kritik am dogmatischen Christusbild 23

nen Überlegungen zu den methodologischen Problemen einer Wesensbestimmung des Christentums gegenüber Harnack[33] die Differenz zwischen der historischen Forschung und dem Geschichtsbild des Glaubens hervorgehoben.[34]
Dass der Glaube nicht auf die historische Forschung gegründet werden könne, ist um die Wende zum 20. Jahrhundert keine Einzelposition, sondern diese Überzeugung spiegelt einen weiten Konsens in der protestantischen Theologie wider. Der Geschichtswissenschaft wird zwar eine Bedeutung für den christlichen Glauben zugemessen, aber so, dass die historische Rekonstruktion Jesu keine Begründungsfunktion für den Glauben an Christus mehr hat.

In der sich nach dem Ersten Weltkrieg formierenden Dialektischen Theologie wird Kählers Kritik an der Leben-Jesu-Forschung ebenso aufgenommen wie Schweitzers Entkopplung von Historie und Religion. Karl Barth (1886–1968) und Rudolf Bultmann erklären den historischen Jesus für theologisch bedeutungslos. Dass wir von der geschichtlichen Gestalt Jesu von Nazareth nichts wissen, wie Bultmann in seinem *Jesus*-Buch von 1926 schreibt,[35] ist weder nur der Quellenlage noch dem gegenwärtigen Forschungsstand geschuldet, sondern hat selbst einen prinzipiellen Status. Man könne nämlich, so Bultmanns Überzeugung, die er mit seinem Lehrer Wilhelm Herrmann teilt, nicht „hinter das Kerygma zurückgehen", um auf den historischen Jesus den Glauben an Christus zu bauen. Der Christus nach dem Fleisch sei vielmehr vergangen, so dass nicht der historische Jesus, sondern „Jesus Christus, der Gepredigte" der Herr ist.[36] Das Entscheidende an Jesus ist für Bultmann nicht mehr sein historisch rekonstruierbares Leben und Wirken, sondern die Verkündigung von seinem Tod und seiner Auferstehung. Bultmanns christologische Leitkategorie ist das Kerygma, das existentielle Angesprochensein im Hier und Heute von der Verkündigung Christi. Damit nimmt Bultmann Schweitzers Gedanken auf, dass die Weltanschauung Jesu für uns unwiederbringlich vergangen ist und die Christologie nicht an den Mann aus Nazareth, sondern lediglich an den „Urgedanken[] jener Weltanschauung" anknüpfen könne.[37]

---

mann-Kahl (Hrsg.), Zwischen historischem Jesus und dogmatischem Christus. Zum Stand der Christologie im 21. Jahrhundert, Tübingen 2010. ²2011, S. 13–45, bes. S. 16–24.
[33] Vgl. A. v. Harnack, Das Wesen des Christentums. Sechzehn Vorlesungen vor Studierenden aller Fakultäten im Wintersemester 1899/1900 an der Universität Berlin (1900), hrsg. v. C.-D. Osthövener, Tübingen 2005.
[34] Vgl. E. Troeltsch, Was heißt „Wesen des Christentums"?, in: ders., Gesammelte Schriften, Bd. 2, Tübingen 1913, S. 386–451, bes. S. 449–451. Vgl. auch ders., Glaubenslehre. Nach Heidelberger Vorlesungen aus den Jahren 1911 und 1912, hrsg. v. G. v. le Fort, München/Leipzig 1925.
[35] R. Bultmann, Jesus, S. 11. Vgl. U. H. J. Körtner (Hrsg.), Jesus im 21. Jahrhundert.
[36] R. Bultmann, Die Bedeutung des geschichtlichen Jesus für die Theologie des Paulus, in: ders., Glauben und Verstehen, Bd. 1, Tübingen ⁸1980, S. 188–213, hier S. 208.
[37] A. Schweitzer, Geschichte der Leben-Jesu-Forschung, S. 623.

In der von Bultmann geprägten neutestamentlichen Wissenschaft wird die Frage nach dem historischen Jesus für eine ganze Generation ausgeklammert beziehungsweise für theologisch illegitim erklärt. Bis in die 1950er Jahre ist man in der deutschsprachigen Theologie geradezu davon überzeugt, dass das Thema erledigt sei.[38] Das hat auch methodische Gründe. Während die Leben-Jesu-Forschung im 19. Jahrhundert quellen- und literarkritisch verfährt und nach der Qualität der Quellen und ihrer Echtheit fragt, setzt sich zu Beginn des 20. Jahrhunderts die sogenannte Formgeschichte durch und wird zur dominierenden exegetischen Methode in der neutestamentlichen Forschung.[39] Ihre Wegbereiter sind die Neutestamentler Karl-Ludwig Schmidt (1891–1956), Martin Dibelius (1883–1946) und Rudolf Bultmann.[40] Die Formgeschichte fragt, hinter die neutestamentlichen Evangelien in ihrer Endgestalt zurückgehend, nach den dieser letzten Fassung zugrunde liegenden kleineren Formen und Einheiten der mündlichen Überlieferung wie Weisheitsworten, Gleichnissen, Wundergeschichten etc., die zunächst etwa als mündliche Überlieferungen in spezifischen soziokulturellen Kontexten (,Sitz im Leben') zirkulierten und dann in die Evangelien eingebaut wurden. Sie interessiert sich nicht primär für den historischen Jesus, sondern allein für die formgeschichtlich bestimmbaren Elemente, aus denen die neutestamentlichen Evangelien sowie die Briefliteratur in einem längeren Redaktionsprozess zusammengesetzt wurden. Sie möchte Aufschlüsse über deren Herkunft, Entwicklungsgeschichte und Aussagegehalt gewinnen.

Formgeschichte/Formkritik:
ist „die übergreifende Bezeichnung für jene Arbeitsmethode, die aus dem gegebenen Zusammenhang zwischen einer geprägten sprachlichen Einheit und einem bestimmten sozio-kulturellen Kontext Folgerungen zieht hinsichtlich der Herkunft, der Entwicklungsgeschichte und des Aussagegehalts von Texten".[41]

---

[38] Eine Ausnahme in der christologischen Debatte der ersten Hälfte des 20. Jahrhunderts bildete Emanuel Hirsch, der in seiner Christologie die historische Forschung aufnahm. Vgl. E. Hirsch, Jesus Christus der Herr. Theologische Vorlesungen, Göttingen ²1929. Zur Christologie Hirschs vgl. U. Barth, Die Christologie Emanuel Hirschs. Eine systematische und problemgeschichtliche Darstellung ihrer geschichtsmethodologischen, erkenntnistheoretischen und subjektivitätstheoretischen Grundlagen, Berlin/New York 1992.
[39] Zur Formgeschichte vgl. D. Dormeyer, Art.: Form/Gattung. III. Neues Testament, in: RGG⁴, Bd. 3, Tübingen 2000, Sp. 190–196; H. Köster, Art.: Formgeschichte/Formkritik II., in: TRE, Bd. 11, Berlin/New York 1983, S. 286–299.
[40] Vgl. K.-L. Schmidt, Der Rahmen der Geschichte Jesu, Berlin 1919; M. Dibelius, Die Formgeschichte des Evangeliums, Tübingen 1919; R. Bultmann, Die Geschichte der synoptischen Tradition, Göttingen 1921.
[41] J. Roloff, Neues Testament, Neukirchen-Vluyn ⁶1995, S. 14.

Im Fokus des methodischen Interesses steht die Zeit *zwischen* dem Nazarener und den von den frühchristlichen Gemeinden konzipierten Evangelien. Ganz in diesem Sinne geht es in dem *Jesus*-Buch von Bultmann um das, „was uns die *Quellen* bieten", und das sei „zunächst die Verkündigung der Gemeinde, die sie freilich zum größten Teil auf Jesus zurückführt".[42]

Die historische Jesus-Forschung wollte dem christlichen Glauben ein neues Fundament geben. Im 19. Jahrhundert führte sie jedoch zunehmend zu der Einsicht in die Unmöglichkeit, ein halbwegs zuverlässiges Bild des historischen Jesus aus den Quellen zu rekonstruieren, welches als Grundlage des christlichen Glaubens fungieren könnte. Die erste Runde der Leben-Jesu-Forschung endet damit in Skepsis. Signifikant wird das in dem *Jesus*-Buch von Bultmann. Über dieses Buch hatte der mit Bultmann befreundete, ihm gegenüber jedoch eigenständige Greifswalder Neutestamentler Ernst Lohmeyer (1890–1946) geurteilt, es sei ein „Buch von Jesus ohne Jesus".[43]

2.2. Die dogmatische Konstruktion des historischen Jesus

Literatur:

G. Bornkamm, Jesus von Nazareth, Stuttgart 1956. [3]1959.
H. Braun, Jesus. Der Mann aus Nazareth und seine Zeit, Stuttgart 1964. [2]1969.
E. Käsemann, Das Problem des historischen Jesus, in: ders., Exegetische Versuche und Besinnungen, Bd. 1, Göttingen [6]1976, S. 187–214.
E. Käsemann, Sackgassen im Streit um den historischen Jesus, in: ders., Exegetische Versuche und Besinnungen, Bd. 2, Göttingen [2]1965, S. 31–68.
H. Ristow/K. Matthiae (Hrsg.), Der historische Jesus und der kerygmatische Christus. Beiträge zum Christusverständnis in Forschung und Verkündigung, Berlin (Ost) 1960. [2]1961.

Der Gong zur zweiten Runde der Suche nach dem historischen Jesus erklang am 20. Oktober 1953 auf einer Tagung der Bultmann-Schule, der ‚alten Marburger' in Jugenheim: Angeschlagen hatte ihn Ernst Käsemann (1906–1998) mit seinem Vortrag *Das Problem des historischen Jesus*.[44] Es waren also gerade die Schüler von Rudolf Bultmann, die dessen Auffassung, dass wir „vom Leben und von

---

[42] R. Bultmann, Jesus, S. 14.
[43] E. Lohmeyer, Rez.: R. Bultmann, Jesus, in: ThLZ 52 (1927), Sp. 433–439, zitiert nach: T. Schramm, Der historische Jesus im Spiegel der neueren Forschung, S. 262. Zu Ernst Lohmeyer vgl. A. Köhn, Der Neutestamentler Ernst Lohmeyer. Studien zu Biographie und Theologie, Tübingen 2004.
[44] E. Käsemann, Das Problem des historischen Jesus, in: ders., Exegetische Versuche und Besinnungen, Bd. 1, Göttingen [6]1976, S. 187–214.

der Persönlichkeit Jesu so gut wie nichts mehr wissen können",[45] nicht mehr zu teilen vermochten. Die neue Suchbewegung ist allerdings weniger durch historische als durch systematisch-theologische Gründe motiviert. Erst sie erklären die dritte Runde in der historischen Jesus-Forschung – und sie sind nicht zu trennen von dem Profil wie der Intention der hier involvierten Theologen, die zwar nicht die historische Skepsis von Bultmann übernehmen, wohl aber dessen theologische Grundausrichtung. Weder Ernst Käsemann noch Günther Bornkamm (1905–1990) oder Hans Conzelmann (1915–1989) wollen die Absicht der Liberalen Theologie weiterführen und den historischen Jesus als Begründung des Glaubens beziehungsweise des Kerygmas rekonstruieren. Die Notwendigkeit der historischen Rückfrage resultiert für sie allein aus einem begründungslogischen Defizit der Kerygma-Theologie ihres Lehrers. Bultmann hatte die Begründung des Glaubens mit dem christlichen Kerygma verknüpft. Ohne Rückbindung des Christusglaubens der Gemeinde an die Geschichte schien nun den Schülern das Kerygma selbst zu einem Mythos zu werden.[46]

Der ‚neuen Frage' geht es vor allem um die Kontinuität zwischen der Verkündigung des vorösterlichen Jesus und der Verkündigung der nachösterlichen Gemeinde.[47] Die nun vorgelegten Rekonstruktionen gelten der Herausarbeitung dieser Kontinuität. Ohne Anhalt an dem historischen Jesus, an dessen Verkündigung und Geschick werde der verkündigte Christus zu einer bloßen Projektion der frühchristlichen Gemeinden. Ging es der Jesusforschung seit der Aufklärung um die Befreiung des historischen Jesus von dessen dogmatischer Übermalung, so richtet sich das Interesse der Forschung seit den 1950er Jahren geradezu umgekehrt auf die Rückbindung des dogmatischen Christusbildes an den historischen Jesus. So jedenfalls hat Bultmann die Debatte wahrgenommen.[48]

---

[45] R. Bultmann, Jesus, S. 11.
[46] Vgl. E. Käsemann, Das Problem des historischen Jesus, S. 196. 203; G. Bornkamm, Jesus von Nazareth, Stuttgart 1955. ³1959, S. 20. Vgl. dazu F. Wagner, Systematisch-theologische Erwägungen zur neuen Frage nach dem historischen Jesus, in: ders., Was ist Theologie? Studien zu ihrem Begriff und Thema in der Neuzeit, Gütersloh 1989, S. 289–308; G. Wenz, Christus, S. 104–113.
[47] Vgl. E. Käsemann, Das Problem des historischen Jesus, S. 213: „Die Frage nach dem historischen Jesus ist legitim die Frage nach der Kontinuität des Evangeliums in der Diskontinuität der Zeiten und in der Variation des Kerygmas." Zu den mit dem Kontinuitätsgedanken verbundenen methodologischen Problemen vgl. M. Öhler, Die Evangelien als Kontinuitätskonstrukte, in: C. Danz/M. Murrmann-Kahl (Hrsg.), Zwischen historischem Jesus und dogmatischem Christus. Zum Stand der Christologie im 21. Jahrhundert, Tübingen 2010. ²2011, S. 87–109. Vgl. dazu unten S. 194–208 (5.1. Das Verständnis der Geschichte).
[48] Vgl. R. Bultmann, Das Verhältnis der urchristlichen Christusbotschaft zum historischen Jesus, in: ders., Exegetica. Aufsätze zur Erforschung des Neuen Testaments, hrsg. v. E. Dinkler, Tübingen 1967, S. 445–469, bes. S. 465 f. Vgl. dazu A. Lindemann, Zur Einführung. Die Frage nach dem historischen Jesus als historisches und theologisches Problem, in: U. H.

Die neue Frage nach dem Mann aus Nazareth verdankt sich auch einer methodischen Erneuerung. Während die erste Phase der Leben-Jesu-Forschung primär Quellenkritik betrieb und sich in der Phase der historischen Skepsis die Formkritik etablierte, wird jetzt die Redaktionskritik als methodisches Verfahren auf die neutestamentliche Überlieferung angewandt. Willi Marxen (1919–1993)[49] und Hans Conzelmann[50] hatten sie in den 1950er Jahren entwickelt, und so gelang es, im Unterschied zur Formkritik wieder die Evangelien als Gesamtkonzeptionen in den Blick zu nehmen.[51]

Redaktionsgeschichte:
„ist die Geschichte einer sprachlichen Einheit von ihrer ersten Verschriftung bis hin zu ihrer literarischen Endgestalt unter besonderer Berücksichtigung der diese Geschichte bestimmenden äußeren Kräfte und Faktoren".[52]

Die Evangelisten werden also nicht nur als Sammler und Tradenten von Überlieferungsmaterial verstanden, sondern vor allem als theologische Autoren, die in ihren Evangelien jeweils eigenständige theologische Konzeptionen entwerfen. Damit kommt die bereits von William Wrede formulierte Einsicht wieder zur Geltung, dass es sich bei den Evangelien um Gemeindedogmatik handelt. Markus, Matthäus und Lukas sowie Johannes konstruieren, wie nun herausgestellt wird, in ihren Evangelien höchst unterschiedliche Jesusdarstellungen, die sich nicht harmonisieren lassen. Die vier Evangelisten entwerfen jedoch nicht nur unterschiedliche Jesusbilder, sondern sie stellen ihre Evangelien auch in einen Gegensatz zu den jeweils anderen. Jedes Evangelium versucht, die anderen zu überbieten.[53] Hinter den Evangelien steht der Jesus der Geschichte, an dem sich die unterschiedlichsten Deutungen kristallisieren.

In den 1950er Jahren ist die Quellenbasis, auf der die Forschung betrieben wurde, noch fast identisch mit der zu Beginn des 20. Jahrhunderts. In erster Linie fungieren die kanonischen Evangelien – und hier wieder das Markus-Evangelium und die sogenannte Spruchquelle Q[54] – als Quellen für den Rückschluss auf den historischen Jesus. Die Auswertung der Textfunde von Qumran und

---

J. Körtner (Hrsg.), Jesus im 21. Jahrhundert. Bultmanns Jesusbuch und die heutige Jesusforschung, Neukirchen-Vluyn ²2006, S. 1–21.
[49] W. Marxen, Der Evangelist Markus. Studien zur Redaktionsgeschichte des Evangeliums, Göttingen 1956. ²1959.
[50] H. Conzelmann, Die Mitte der Zeit. Studien zur Theologie des Lukas, Tübingen 1954. ⁷1993.
[51] Zur Redaktionskritik vgl. J. Roloff, Neues Testament, S. 30; R. G. Kratz/O. Merk, Art.: Redaktionsgeschichte/Redaktionskritik I. und II., in: TRE, Bd. 28, Berlin/New York 1997, S. 367–384.
[52] J. Roloff, Neues Testament, S. 31.
[53] Vgl. G. Theißen, Die Religion der ersten Christen, S. 233–236.
[54] Zur Spruchquelle Q vgl. S. Schulz, Q. Die Spruchquelle der Evangelisten, Zürich 1972; D. Dormeyer, Einführung in die Theologie des Neuen Testaments, Darmstadt 2010, S. 63–70.

Nag Hammadi war, als Käsemann seinen berühmten Vortrag hielt, gerade erst in Gang gekommen. Resultate lagen noch nicht vor. Und die, die vorlagen, wurden im weiteren Forschungsprozess von einigen Gelehrten in Frage gestellt, etwa die These, dass es sich bei den in Qumran gefundenen Texten um Schriften der Essener handelte.[55]

In der thematischen und methodischen Fokussierung auf die Verkündigung Jesu spiegelt sich die dogmatische Orientierung der Forscher an der Wort-Gottes-Theologie von Karl Barth und Rudolf Bultmann. In dem bedeutendsten Jesus-Buch dieser Epoche, der Darstellung von Günther Bornkamm, die bereits drei Jahre nach Käsemanns Vortrag erschien, geht es ausschließlich um Jesu Predigt vom Anbruch der Gottesherrschaft. Die Erzähltraditionen und vor allem die neutestamentlichen Wundergeschichten werden von Bornkamm nur am Rande behandelt. Dem religions- und zeitgeschichtlichen Kontext von Jesu Wirken und seiner Botschaft widmet er nur wenige Seiten am Anfang seiner Darstellung.[56]

Die Forschungsperspektive ist eine theologische. Es geht um die Sicht des Glaubens und dessen Deutung der Geschichte, nicht jedoch um „bruta facta".[57] Käsemann hebt diesen methodischen Zugang zum historischen Jesus in seinem programmatischen Text ausdrücklich hervor.[58] Geschichte sei stets Erzählung und damit Deutung und Interpretation. Erzählt wird freilich immer in einer Gegenwart und vor allem das, was in ihr als bedeutsam erscheint. Das Erzählen, durch das Geschichte erst entsteht, steht allerdings selbst in einer bestimmten Geschichte, ist mithin schon geschichtlich bestimmt und eingebunden.

„Denn Historie wird eben nicht durch Tradition als solche, sondern durch Interpretation, nicht durch das einfache Feststellen von Tatsachen, sondern durch das Verstehen der in Fakten gegenständlich gewordenen und erstarrten Ereignisse der Vergangenheit geschichtlich belangreich. [...] Geschichtliche Bedeutung besitzt Historie nur soweit, wie sie fragend und antwortend in unsere Gegenwart hineinspricht, also Interpreten findet, welche ihre Frage und Antwort für unsere Gegenwart hören und vertreten."[59]

Die Frage nach dem historischen Jesus wird damit von Käsemann als Frage nach dem geschichtlichen Eingebundensein und Bestimmtsein der Interpretationen der Geschichte verstanden. Käsemann kann deshalb seine historische Rückfrage rechtfertigungstheologisch beschreiben. Ebenso wie die Rechtferti-

---

[55] Etwa von J. Schröter, Jesus von Nazaret, S. 118–127. Zur Debatte vgl. J. Frey/H. Stegemann (Hrsg.), Qumran kontrovers. Beiträge zu den Textfunden vom Toten Meer, Paderborn 2002.
[56] Vgl. G. Bornkamm, Jesus von Nazareth, S. 24–47.
[57] E. Käsemann, Das Problem des historischen Jesus, S. 191. Vgl. auch G. Ebeling, Theologie und Verkündigung. Ein Gespräch mit Rudolf Bultmann, Tübingen ²1963, S. 55 f.
[58] Vgl. E. Käsemann, Das Problem des historischen Jesus, S. 190–195.
[59] E. Käsemann, Das Problem des historischen Jesus, S. 192.

2.2. Die dogmatische Konstruktion des historischen Jesus 29

gung des Sünders von außen zugesprochen wird und eine fremde Gerechtigkeit bleibt, so repräsentiert der historische Jesus das geschichtliche Eingebundensein des gegenwärtigen Glaubens und dessen Sicht der Geschichte.[60]

Für die Eruierung echter jesuanischer Verkündigung inmitten des neutestamentlichen Gesamtbestands, der auf das Konto der frühchristlichen Gemeinde zu buchen ist, wird ein Kriterium aufgestellt. Es ist das sogenannte *Differenzkriterium*. Durch dieses Kriterium sollen die echten Jesus-Worte aus der Überlieferung kritisch erhoben werden. Es bestimmt eine ganze Epoche der Jesus-Forschung innerhalb der deutschen protestantischen Theologie.[61]

Käsemanns Bestimmung des Differenzkriteriums lautet:
„Einigermaßen sicheren Boden haben wir nur in einem einzigen Fall unter den Füßen, wenn nämlich Tradition aus irgendwelchen Gründen weder aus dem Judentum abgeleitet noch der Urchristenheit zugeschrieben werden kann, speziell dann, wenn die Judenchristenheit ihr überkommenes Gut als zu kühn gemildert oder umgebogen hat."[62]

Das Differenzkriterium, auch Unähnlichkeits- und Unableitbarkeitskriterium genannt, nimmt eine doppelte Abgrenzung vor, nämlich zum einen gegenüber dem Judentum und zum anderen gegenüber dem frühen Christentum. Als unauthentisches Jesusgut wird alles ausgesondert, was Parallelen und Entsprechungen im zeitgenössischen Judentum hat. Ebenso gilt das als unecht, was sich aus dem frühen Christentum herleiten lässt, zum Beispiel Aussagen im Munde des irdischen Christus über seine Auferstehung. Freilich ist sich Käsemann darüber im Klaren, dass dieses Kriterium keine eindeutigen Aufschlüsse darüber gewährt, „was Jesus mit seiner palästinischen Umwelt und seiner späteren Gemeinde verbunden hat".[63] Gleichwohl wird Jesus mit dem Kriterium in einen Kontrast zum Judentum seiner Zeit gerückt. Er sprengt, wie zahlreiche Forscher seit den 1950er Jahren bis in die Gegenwart unermüdlich betonen, den Frömmigkeitsrahmen des antiken Judentums.[64] Die Forschung der zweiten Runde zeichnet ein Bild von Jesus, welches seine unableitbare Einzigartigkeit in den Vordergrund rückt. Dadurch wird der Nazarener aber nicht nur aus seinem

---

[60] Vgl. E. Käsemann, Das Problem des historischen Jesus, S. 202: „Das Festhalten an der Historie ist eine Weise, in welcher das extra nos des Heiles seinen Ausdruck findet."
[61] Vgl. H. Braun, Jesus. Der Mann aus Nazareth und seine Zeit, Stuttgart 1969, S. 34–37; W. Pannenberg, Grundzüge der Christologie, Gütersloh ²1966, S. 18–24; G. Wenz, Christus, S. 119–123.
[62] E. Käsemann, Das Problem des historischen Jesus, S. 205.
[63] Ebd.
[64] So schon Käsemann selbst. Vgl. E. Käsemann, Das Problem des historischen Jesus, S. 206: „Er ist wohl Jude gewesen und setzt spätjüdische Frömmigkeit voraus, aber er zerbricht gleichzeitig mit seinem Anspruch diese Sphäre." Dieses Verständnis Jesu und seines Verhältnisses zum zeitgenössischen Judentum begegnet auch noch in neueren Darstellungen. Vgl. nur T. Koch, Jesus von Nazareth, der Mensch Gottes. Eine gegenwärtige Besinnung, Tübingen 2004, S. 36 f.; U. Kühn, Christologie, S. 285.

zeitgeschichtlichen Kontext isoliert und im Grunde genommen unverständlich, sondern er wird auch tendenziell nicht mehr als Jude verstanden. Ein solcher Jesus ist jedoch nicht nur völlig ungeschichtlich, sondern auch eine dogmatische Konstruktion. Er ist eine ebenso historisch unwahrscheinliche Illusion wie der dogmatische Christus in seinen zwei Naturen. Das Differenzkriterium, mit dessen Hilfe die Forscher der zweiten Runde authentische Jesus-Worte erheben wollten, wird von dem Heidelberger Neutestamentler Gerd Theißen (geb. 1943) als „verkappte Dogmatik" bezeichnet.[65] Theißens Kritik zielt, so wird man sagen können, auf eine Vermischung von historisch-empirischer Perspektive und der des Glaubens. Beides wird von den Forschern nicht sorgfältig genug unterschieden. Die in der deutschen protestantischen Theologie seit den 1950er Jahren geführten Debatten über Glaube und Geschichte wurden indes schon bald durch neue Fragestellungen überholt.

2.3. Die dritte Runde der Suche nach dem historischen Jesus

Literatur:

J. K. Beilby/P. R. Eddy (Ed.), The Historical Jesus. Five Views, Downers Grove 2009.
S. Ben-Chorin, Bruder Jesus. Der Nazarener in jüdischer Sicht, München 1967.
J. D. Crossan, The Historical Jesus. The Life of a Mediterranean Jewish Peasant, San Francisco 1991.
J. D. G. Dunn, Jesus Remembered. Christianity in the Making, Vol. I, Grand Rapids/ Cambridge 2003.
W. Homolka, Jesus von Nazareth. Im Spiegel jüdischer Forschung, Berlin/Teetz 2009.
E. P. Sanders, The Historical Figure of Jesus, London/New York 1993.
J. Schröter, Jesus von Nazaret. Jude aus Galiläa – Retter der Welt, Leipzig ²2009.
G. Theißen/A. Merz, Der historische Jesus. Ein Lehrbuch, Göttingen 1996.
G. Vermes, Jesus der Jude. Ein Historiker liest die Evangelien, Neukirchen-Vluyn 1993.

Die dritte Runde der Suche nach dem historischen Jesus, wie sie seit den 1980er Jahren vor allem in den USA im Gange ist, hätte nicht beginnen und schon gar nicht ihre über die Fachwissenschaft hinauswirkende Strahlkraft gewinnen können ohne drei Voraussetzungen: die Erweiterung der Quellenbasis gegenüber der bisherigen Forschung, die Erweiterung des Methodenspektrums und die Preisgabe der dogmatisch verengten Perspektive der zweiten Phase der Jesus-Forschung.[66] In Folge der genannten drei Entwicklungen hat das Diffe-

---

[65] G. Theißen, Der Schatten des Galiläers. Historische Jesusforschung in erzählender Form, München ²1987, S. 199.
[66] Vgl. A. v. Scheliha, Kyniker, Prophet, Revolutionär oder Sohn Gottes?, S. 22–31; T. Schramm, Der historische Jesus im Spiegel der neueren Forschung, S. 257–280; D. du Toit,

renzkriterium, welches die zweite Runde bestimmte, weithin seine Überzeugungskraft für die Forscher verloren. Wo es nicht ganz aufgegeben wird, bleibt es lediglich noch in einer modifizierten Weise präsent.[67]

Merkmale der dritten Runde:
- Erweiterung der Quellenbasis gegenüber der bisherigen Forschung
- Erweiterung des Methodenspektrums
- Verlassen der dogmatisch verengten Perspektive der zweiten Phase der Jesus-Forschung; z. T. antitheologische Stoßrichtung
- *Konsequenz:* Ersetzung des Differenzkriteriums durch andere Kriterien (Plausibilitätskriterium, vielfache Bezeugung von Überlieferungen etc.)

Zunächst stehen der neueren Forschung weitaus mehr Quellen zur Verfügung als in der ersten und zweiten Runde. Diese Erweiterung der Quellenbasis verdankt sich der Auswertung der Funde von Qumran (1947–1956) und Nag Hammadi (1945).[68] Dadurch ergibt sich für die Forschung in der dritten Runde eine wesentlich differenziertere Quellenlage. In die exegetische Arbeit werden also nicht mehr nur die synoptischen Evangelien einbezogen, sondern auch frühjüdische Quellen, besonders die Texte aus Qumran. Diese stehen zwar nicht in einem Bezug zur Jesusüberlieferung, erlauben aber Aufschlüsse über diverse religiöse Strömungen im Frühjudentum. Dadurch werden sowohl die hohe innere Komplexität des antiken Judentums sichtbar als auch ältere Vorstellungen von einem normativen Judentum als historisch unhaltbare Fiktionen korrigiert. Inzwischen wird in der Forschung diskutiert, ob die moderne Kategorie der Religion angemessen sei, um das antike Judentum zu beschreiben, oder ob das Religionsmodell nicht durch ein Ethnizitätsmodell ersetzt werden solle.[69] Religion, so das Argument, sei in antiken Gesellschaften nicht, wie es für die Moderne signifikant ist, von anderen gesellschaftlichen Systemen unterschieden.

Erneut auf der Suche nach Jesus. Eine kritische Bestandsaufnahme der Jesusforschung am Anfang des 21. Jahrhunderts, in: U. H. J. Körtner (Hrsg.), Jesus im 21. Jahrhundert. Bultmanns Jesusbuch und die heutige Forschung, Neukirchen-Vluyn ²2006, S. 91–134; W. Stegemann, Jesus und seine Zeit, S. 113–124.

[67] J. Becker, Jesus von Nazaret, Berlin/New York 1996, S. 17, verwendet das Differenzkriterium als „Einstiegs- und Fundamentalkriterium" für die Analyse von Überlieferungen. Zur Debatte vgl. G. Theißen/D. Winter, Die Kriterienfrage in der Jesusforschung. Vom Differenzkriterium zum Plausibilitätskriterium, Fribourg 1997.

[68] P. R. Davies/G. J. Brooke/P. R. Callway, Qumran. Die Schriftrollen vom Toten Meer, Darmstadt 2002.

[69] Zur Diskussion vgl. W. Stegemann, Jesus und seine Zeit, S. 207–236. Vgl. auch S. Mason, Jews, Judaeans, Judaizing, Judaism: Problems of Categorization in Ancient History, in: JSJ 38 (2007), S. 457–512; ders., Josephus, Judea, and Christian Origins. Methods and Categories, Peabody 2009; M. Öhler, Essen, Ethnos, Identität – der antiochenische Zwischenfall (Gal 2,11–14), in: W. Weiß (Hrsg.), Der eine Gott und das gemeinschaftliche Mahl. Inklusion und Exklusion biblischer Vorstellungen von Mahl und Gemeinschaft im Kontext antiker Festkultur, Neukirchen-Vluyn 2011, S. 158–199.

2. Die Suche nach dem historischen Jesus

Deshalb könne die Identität des nachexilischen Judentums nicht hinreichend durch gemeinsame Glaubensvorstellungen erfasst werden, sondern allein durch grundlegende Dimensionen wie die gemeinsame Ethnie, so sehr auch diese ein kulturelles Konstrukt ist.[70]

Aufschlussreich für die Jesus-Forschung sind auch die Funde von Nag Hammadi.[71] Hier ist insbesondere auf die sogenannten apokryphen Evangelienschriften hinzuweisen, u.a. das 1946/47 gefundene Thomas-Evangelium, welches nach Meinung einiger Forscher authentische Jesusüberlieferungen enthält.[72] So stuft der amerikanische Forscher John Dominic Crossan (geb. 1934) das Thomas-Evangelium als eine alte und zuverlässige Quelle ein. Der Quellenwert des Thomas-Evangeliums sowie anderer apokrypher Texte wird jedoch von der neuesten Forschung so nicht bestätigt. Jens Schröter (geb. 1961) etwa versteht das Thomas-Evangelium als ein Zeugnis aus dem 2. Jahrhundert und misst den vier kanonischen Evangelien eine Priorität für die Rekonstruktion des historischen Jesus zu.[73]

In der Third Quest spielt also wie bereits in der ersten Runde die Quellenkritik wieder eine zentrale Rolle, und man hat wesentlich mehr Vertrauen in die historische Zuverlässigkeit der vorliegenden Quellen als in der zweiten Runde. Die Quellenlage hinsichtlich des historischen Jesus stellt sich zwar gegenüber anderen antiken Gestalten – etwa Alexander dem Großen – als äußerst günstig dar. Über kaum eine antike Gestalt haben wir mehr Quellen als über Jesus von Nazareth, aber diese Quellen sind nicht – wie andere antike Quellen auch – an einem historischen Ablauf oder einer Entwicklungsgeschichte der Person in einem modernen Sinne interessiert. Die Bilder, welche bereits die neutestamentlichen Quellen von dem Nazarener zeichnen, stellen theologische Konstrukte aus der zweiten Generation des frühen Christentums dar. Meinte man in den 1950er Jahren, authentisches Jesusgut durch das Differenzkriterium aus den vielfältigen Überlieferungssträngen herausschälen zu können, so werden nun in alten Quellen mehrfach bezeugte Überlieferungen als zuverlässig eingeschätzt. Damit rückt man von dem älteren Kriterium ab und ersetzt es durch das der „vielfachen unabhängigen Bezeugung".[74]

---

[70] Vgl. W. Stegemann, Jesus und seine Zeit, S. 222.
[71] Die Bibliothek ist einsehbar im Internet: http://www.gnosis.org/naghamm/nhl.html.
[72] Die apokryphen Texte sind greifbar in: E. Hennecke, Neutestamentliche Apokryphen in deutscher Übersetzung, 2 Bde., hrsg. v. W. Schneemelcher, Tübingen [6]1997.
[73] Vgl. J. Schröter, Jesus von Nazaret, S. 59. 61: „Aus diesem Befund folgt, dass die vier kanonisch gewordenen Evangelien sowohl aufgrund ihres Alters als auch der Tatsache, dass sie ein Profil der Wirksamkeit Jesu in ihrem historischen Kontext entwerfen, Priorität für eine historische Jesusdarstellung besitzen." Vgl. auch W. Stegemann, Jesus und seine Zeit, S. 140–145.
[74] So J. D. Crossan, Jesus, S. 16 f.

2.3. Die dritte Runde der Suche nach dem historischen Jesus

Neue Quellen:
- Erweiterung der Quellenbasis durch Auswertung der Funde von Qumran (1947–1956) und Nag Hammadi (1945)
- stärkere Berücksichtigung der apokryphen Evangelien neben den kanonischen
- jüdische Schriftsteller (Flavius Josephus, Philo von Alexandrien u.a.)
- Qumran: Vertiefung der Sicht des antiken Judentums
- Nag Hammadi: apokryphes Thomas-Evangelium u.a.

Allerdings verfährt man in der dritten Runde nicht nur quellenkritisch, sondern das Methodenspektrum wird durch sozialgeschichtliche und kulturanthropologische Verfahren erweitert. Archäologie und Geschichtswissenschaft sind nun wesentlich stärker in die Forschung einbezogen, als dies zuvor der Fall war. Dadurch lässt sich der geschichtliche Hintergrund der Wirksamkeit Jesu wesentlich genauer rekonstruieren. Ausgrabungen in Galiläa haben gezeigt, dass die ältere These eines zu Beginn des 1. Jahrhunderts stark hellenistisch beeinflussten Galiläas[75] sich nicht bestätigen lässt. Vielmehr hatte Galiläa unter der Regierungszeit von Herodes Antipas (4–39), in die die Wirksamkeit Jesu fällt, eine jüdische Prägung.[76] Galiläa, das vom jüdischen Kernland Judäa geographisch getrennt war, erlebte unter der Regierungszeit von Antipas eine Phase der wirtschaftlichen und politischen Stabilität, wenn nicht sogar des Aufschwungs.[77] In Galiläa waren auch keine römischen Truppen stationiert, und Unruhen sind aus der Regierungszeit von Antipas nicht belegt. Antipas schien Rücksicht auf die religiösen Anschauungen seiner Untertanen genommen zu haben. Mit diesen Befunden entfällt der sozialpolitische Hintergrund für so manche ältere Deutung der Wirksamkeit Jesu, etwa für eine unterstellte antirömische Zielsetzung seiner Botschaft oder die Sicht der Jesusbewegung als sozial-revolutionärer Avantgarde.[78]

Methoden und Forschungsperspektiven:
- Quellen-Kritik
- sozialwissenschaftliche Methoden
- kulturhermeneutische Methoden
- Religionsgeschichte
- Archäologie – Ausgrabungen in Galiläa

---

[75] So noch G. Bornkamm, Jesus von Nazareth, S. 48.
[76] Vgl. S. Freyne, Galilee from Alexander the Great to Hadrian. A Study of Second Temple Judaism, Notre Dame-Wilmington 1980; J. Schröter, Jesus im Kontext. Die hermeneutische Relevanz der Frage nach dem historischen Jesus in der gegenwärtigen Diskussion, in: ThLZ 134 (2009), Sp. 905–928, bes. Sp. 908–915; ders., Jesus von Nazaret, S. 79–105.
[77] Vgl. K.-H. Ostermeyer, Armenhaus und Räuberhöhle? Galiläa zur Zeit Jesu, in: ZNW 96 (2005), S. 147–170.
[78] So R. A. Horsley, The Message and the Kingdom, Minneapolis 1997.

Und schließlich ist es für die dritte Runde der Suche nach dem historischen Jesus signifikant, dass die Forschung nicht mehr ausschließlich an Theologischen Fakultäten betrieben wird, sondern insbesondere in den USA – wo die dritte Runde eingeläutet wurde – an Departments of Religion. Eine gewisse Vorreiterrolle spielt hier die jüdische Jesus-Forschung, die bereits im 19. Jahrhundert einsetzte[79] und deren bekannteste Vertreter in der Mitte des 20. Jahrhunderts Schalom Ben-Chorin (1913–1999),[80] Pinchas Lapide (1922–1997)[81] und David Flusser (1917–2000) sind.[82] Die Jesus-Forschung ist nun zu einem interreligiösen, interdisziplinären Unternehmen geworden, das sich von spezifisch theologischen Fragen emanzipiert hat. Zu Beginn der dritten Runde werden die antitheologische und antichristologische Ausrichtung der Forschungen und deren rein historischer Charakter deutlich unterstrichen.

„Unlike the earlier quests, the Third Quest is not driven by theological-philosophical concerns. There has been a shift away from a philosophical orientation to a historical orientation." (C. A. Evans)[83]

Charakteristisch für die dritte Runde der Jesusforschung ist der programmatische Verzicht auf theologische Fragen. Ging es in der ersten Runde noch um die Erneuerung des Christentums durch den Mann aus Nazareth und in der zweiten um dessen dogmatische Konstruktion, so ist dieser Zugang zur Problemstellung in der dritten Runde obsolet geworden.[84] Jesus von Nazareth soll jetzt rein historisch rekonstruiert werden. Man versteht ihn im Kontext des zeitgenössischen Judentums und erneuert damit die alte Einsicht der liberalen Theologie, wie sie Julius Wellhausen (1844–1918) bereits am Anfang des 20. Jahrhunderts

---

[79] So bei Abraham Geiger (1810–1874). Vgl. A. Geiger, Das Judenthum und seine Geschichte von der Zerstörung des zweiten Tempels bis zum Ende des zwölften Jahrhunderts. In zwölf Vorlesungen. Nebst einem Anhange: Offenes Sendschreiben an Herrn Professor Dr. Holtzmann, Breslau 1865–1871. Einen Überblick über die jüdische Jesusforschung bieten W. Vogler, Jüdische Jesusinterpretationen in christlicher Sicht, Weimar 1988; W. Homolka, Jesus von Nazareth. Im Spiegel jüdischer Forschungen, Berlin/Teetz 2009; U. Kühn, Christologie, S. 18–22.
[80] S. Ben-Chorin, Bruder Jesus. Der Nazarener in jüdischer Sicht, München 1967; ders., Jesus im Judentum, Wuppertal 1970.
[81] P. Lapide, Ist das nicht Josephs Sohn? Jesus im heutigen Judentum, Stuttgart 1976; ders./U. Luz, Der Jude Jesus. Thesen eines Juden, Antworten eines Christen, Düsseldorf/Zürich 1970.
[82] D. Flusser, Jesus. Mit Selbstzeugnissen, Reinbek bei Hamburg 1968.
[83] C. A. Evans, Jesus and his Contemporaries. Comparative Studies, Leiden 1995, S. 10 f. Vgl. auch J. D. Crossan, The Historical Jesus, S. XXVII: *„Historical Jesus research* is becoming something of a scholarly bad joke. There were always historians who said it could not be done because of historical problems. There were always theologians who said it should not be done because of theological objections. And there were always scholars who said the former when they meant the latter."
[84] Vgl. auch D. du Toit, Erneut auf der Suche nach Jesus, S. 114–116.

aussprach: „Jesus war kein Christ, sondern Jude. Er verkündigte keinen neuen Glauben, sondern er lehrte den Willen Gottes tun."[85]

Die veränderte Forschungsrichtung schlägt sich in dem Aufbau der Jesusdarstellungen nieder. Während Bultmann und Bornkamm in ihren Büchern lediglich mit einem knappen Überblick über die religionsgeschichtliche Umwelt der Wirksamkeit Jesu einsetzen,[86] nimmt in den neueren Darstellungen das politische, kulturelle, soziale und religiöse Umfeld des Nazareners einen wesentlich breiteren Raum ein. Er wird jetzt in seinem zeit-, religions- und sozialgeschichtlichen Kontext begriffen und dargestellt.[87] Dadurch tritt das bei Bultmann und Bornkamm zentrale Interesse an der Verkündigung Jesu in den neueren Darstellungen zurück.

Mit dem Hinweis, dass Jesus von Nazareth in der gegenwärtigen Forschung vollständig in das zeitgenössische Judentum eingerückt wird, erschöpft sich freilich der inhaltliche Konsens in der Debatte. Mit diesem Resultat wurde das Differenzkriterium der zweiten Runde revidiert – jedoch keineswegs vollständig ausgelöscht. Denn mit der Einordnung Jesu in das zeitgenössische Judentum werden nun gerade der Abstand und die Differenz zwischen dem Nazarener und dem frühen Christentum betont.[88]

Aber auch die Herausarbeitung der Kontinuität zwischen Jesus und dem Judentum führt nicht zu einem einheitlichen Bild des Mannes aus Nazareth, sondern zu höchst unterschiedlichen Darstellungen, die sich gegenseitig widersprechen. Die Gründe hierfür sind natürlich vielschichtig. Zum einen sind sie bedingt durch ein hohes Maß an Komplexität im antiken Judentum. Je nach der jüdischen Strömung, aus der man Jesus verstehen zu können meint, ergibt sich auch ein je eigenes Bild. Zum anderen besteht ein grundsätzliches Problem hermeneutischer Art. Jede Rekonstruktion der geschichtlichen Gestalt des Nazareners ist eine gegenwärtige Konstruktion und Deutung, die bereits ein Gesamtbild Jesu voraussetzt, welches sich gerade nicht den Einzelzügen entnehmen lässt und in das spezifische Interessen und Voraussetzungen des jeweiligen Forschers zum Teil unbewusst einfließen. Insofern ist es nicht überraschend, dass

---

[85] J. Wellhausen, Einleitung in die drei ersten Evangelien, Berlin 1905, S. 113. Auch Bultmann rückte in seinem Jesus-Buch Jesus in das Judentum ein.

[86] R. Bultmann, Jesus, S. 19–26 (Der zeitgeschichtliche Rahmen des Auftretens Jesu); G. Bornkamm, Jesus von Nazareth, S. 24–47 (Zeit und Umwelt).

[87] Vgl. nur die Darstellungen von W. Stegemann, Jesus und seine Zeit; J. D. Crossan, Jesus.

[88] Vgl. auch D. du Toit, Erneut auf der Suche nach Jesus, S. 116 Anm. 106: „Weil Forscher der zweiten Phase von dem Interesse geleitet wurden, das Verhältnis zwischen dem historischen Jesus und dem verkündigten Christus zu bestimmen, neigten sie dazu, einerseits die Elemente der Kontinuität zwischen Jesus und der frühen Kirche und andererseits die Diskontinuität zum Judentum zu betonen. In der gegenwärtigen Jesusforschung besteht nun teilweise die umgekehrte Tendenz, Jesu Kontinuität zum Judentum und seine Diskontinuität zum frühen Christentum hervorzuheben."

die Jesus-Forschung sehr verschiedene Darstellungen produziert. Von theologisch-exegetischer Seite wird daher gegenüber der neueren Forschung der bereits von Albert Schweitzer gegen die liberale Leben-Jesu-Forschung erhobene Projektionsvorwurf erneuert.[89] Die von den Forschern der dritten Runde konstruierten Jesusdarstellungen, so der Einwand, verraten mehr über ihre Urheber als über den Nazarener. In dieser Form ist der Projektionsvorwurf allerdings viel zu pauschal.[90] Das hinter der Projektionsthese stehende grundsätzliche Problem muss deshalb in Abschnitt 5.1., wo es um den Geschichtsbegriff gehen soll, auf der Grundlage der geschichtstheoretischen und kulturhermeneutischen Debatten der Gegenwart noch genauer diskutiert werden.

Unumstritten ist in der gegenwärtigen Debatte, dass Jesus nur im Kontext des antiken Judentums zu verstehen ist. Ob es nun als Religion oder als Ethnie angemessen rekonstruiert werden muss, ist freilich schon nicht mehr konsensfähig. Vor diesem Hintergrund heben sich dann die unterschiedlichsten Bilder ab. Ich deute abschließend – ohne Anspruch auf Vollständigkeit – einige repräsentative an. In seinem Buch *Der historische Jesus*, welches 1991 in englischer und 1994 in deutscher Sprache erschien, versteht der Bibelwissenschaftler John Dominic Crossan Jesus als einen jüdischen Kyniker.[91] Crossan erarbeitete seine These auf der Basis einer detaillierten Quellenkritik, welche die kanonischen wie die nicht-kanonischen Schriften ebenso einbezieht wie sie kultur- und epochenübergreifende Fragestellungen der Sozialanthropologie aufgreift. Den übergeordneten Rahmen seiner Jesus-Rekonstruktion bilden Beobachtungen zur sozialen Struktur der antiken Mittelmeerkultur.[92] Sie sei durch das Gegenüber von ‚Patron' und ‚Client' charakterisiert. In diese übergreifende mediterrane Sozialstruktur zeichnet Crossan den Mann aus Nazareth ein. Jesus, der nach Crossan in einem hellenistisch geprägten Galiläa agierte, stellte die herrschenden sozialen Verhältnisse radikal in Frage und proklamierte das Reich Gottes als ein Reich ohne Mittler. Um nicht selbst als Mittler instrumentalisiert zu werden, zog Jesus von einem Ort zum anderen und erprobte eine Lebensform, welche gegen gesellschaftliche und kulturelle Zwänge rebellierte. Sahen Schweitzer und ihm folgend die gesamte protestantische Theologie des 20. Jahrhunderts den Kern des Selbstverständnisses Jesu in seiner eschatologi-

---

[89] So R. Heiligenthal, Der verfälschte Jesus. Eine Kritik moderner Jesusbilder, Darmstadt ²1999.
[90] Vgl. A. v. Scheliha, Kyniker, Prophet, Revolutionär oder Sohn Gottes?, S. 25.
[91] J. D. Crossan, Der historische Jesus, S. 533: Jesus war „vielmehr ein Vertreter jener bäuerlichen, volkstümlichen, mündlichen philosophischen Praxis, die man als jüdischen Kynismus (oder kynisches Judentum) bezeichnen könnte". Vgl. auch B. Lang, Jesus der Hund. Leben und Lehre eines jüdischen Kynikers, München 2010.
[92] Vgl. J. D. Crossan, Jesus, S. 130–133.

schen Weltanschauung, so zeichnet Crossan einen völlig uneschatologischen Kyniker.

Während Jesus bei Crossan als Kyniker erscheint, wird er von dem jüdischen Historiker Geza Vermes (geb. 1924) als ein jüdischer Charismatiker verstanden.[93] Methodisch setzt Vermes in seinem Buch *Jesus der Jude* bei den neutestamentlichen Quellen ein, liest diese jedoch im Licht der zeitgenössischen jüdischen Texte und Schriften. Der Nazarener kann Vermes zufolge nur als geschichtliche Figur im Galiläa des 1. Jahrhunderts verstanden werden. Vor diesem geographischen und religiösen Hintergrund nimmt „Jesus, der galiläische Chassid oder heilige Mann" Gestalt an.[94] Vermes zeichnet den Wanderprediger also in die charismatisch-religiösen Bewegungen im Judentum des 1. Jahrhunderts ein und interessiert sich wie andere Forscher der dritten Runde nicht mehr ausschließlich für seine Verkündigung. Im Zentrum der Aufmerksamkeit stehen bei ihm – wie auch bei anderen Autoren – die Wunderhandlungen Jesu, sein Wirken als Heiler und Exorzist.[95] Zentral sei für den Mann aus Nazareth die Vorstellung einer Umkehr der Menschen zu Gott, und diese habe er völlig uneschatologisch verstanden.[96]

Aber auch eschatologische Deutungen der Gestalt Jesu, wie sie für die deutschsprachige theologische Debatte seit Johannes Weiß und Albert Schweitzer signifikant sind, begegnen in der neueren Jesusforschung. Besonders pointiert vertritt Ed Parish Sanders (geb. 1937) diesen Ansatz in seinem Buch *Sohn Gottes. Eine historische Biographie*, welches 1993 in englischer und 1996 in deutscher Sprache erschien.[97] Für ihn ist Jesus ein eschatologischer Prophet, der durch sein Zeichenhandeln auf das bevorstehende und von Gott herbeigeführte Reich Gottes verweist.

Konsens der neueren Forschung:
– Jesus gehört in das antike Judentum.
– Das antike Judentum ist keine homogene Größe, sondern vielfältig differenziert.

Unterschiedliche Jesusbilder:
– Jesus als jüdischer Kyniker (John Dominic Crossan)
– Jesus als jüdischer Charismatiker (Geza Vermes; Marcus J. Borg)
– Jesus als eschatologischer Prophet und Apokalyptiker (Ed Parish Sanders; Jens Schröter)

---

[93] G. Vermes, Jesus der Jude.
[94] G. Vermes, Jesus der Jude, S. V.
[95] Vgl. G. Vermes, Jesus der Jude, S. 45–68.
[96] Vgl. G. Vermes, Jesus der Jude, S. 245.
[97] E. P. Sanders, Jesus and Judaism, London ³1991; ders., The Historical Figure of Jesus, London/New York 1993; ders., Sohn Gottes. Eine historische Biographie, Stuttgart 1996.

2. Die Suche nach dem historischen Jesus

Eine der methodisch reflektiertesten Jesusdarstellungen mit einer ebenfalls eschatologischen Zuspitzung hat in jüngster Zeit Jens Schröter vorgelegt. In seinem Buch *Jesus von Nazaret. Jude aus Galiläa – Retter der Welt*[98] skizziert er eine geschichtsmethodologisch fundierte Rekonstruktion des Nazareners in ihrem zeitgeschichtlichen Kontext. Dadurch kommt es zu einigen gewichtigen Korrekturen im Hinblick auf das methodische Verfahren der neueren Jesusforschung. Die Third Quest war zunächst mit dem Impetus angetreten, gegenüber den theologischen Verzerrungen des Mannes aus Nazareth ein authentisches und d.h. rein historisches Bild zu gewinnen. In der ersten Phase der so begründeten Forschungsrichtung bleiben methodologische Reflexionen zum Verständnis von Geschichte und zur Objektivität von historischen Konstruktionen allerdings weitgehend ausgeblendet.[99] In den letzten Jahren hingegen kommt in der historischen Forschung den geschichtsmethodologischen Voraussetzungen des Geschichtsverständnisses eine breitere Aufmerksamkeit zu.[100] Jens Schröter[101] lässt sich in seinen Forschungen von dem Bewusstsein leiten, dass die historische Jesusforschung „auf der Grundlage eines geschichtsmethodologisch reflektierten Modells geführt werden [muss], welches Vergangenheit und deren spätere Rekonstruktion zueinander in Beziehung setzt".[102] Dabei geht es Schröter darum, die für die neuzeitliche Christologie signifikante methodische Alternative von historischem Jesus oder kerygmatischem Christusbild zu überwinden. Während nämlich das Ausgehen vom geschichtlichen Jesus zu einer Enttheologisierung der Christologie tendiert, führt der Ansatz beim Kerygma zu einer Enthistorisierung der Christologie. Beides ist, so Schröter, gleichermaßen verhängnisvoll für die theologische Christologie. Der Theologie

---

[98] J. Schröter, Jesus von Nazaret. Eine eschatologische Deutung Jesu legte auch J. Frey, Der historische Jesus und der Christus der Evangelien, in: J. Schröter/R. Brucker (Hrsg.), Der historische Jesus. Tendenzen und Perspektiven der gegenwärtigen Forschung, Berlin/New York 2002, S. 273–336, bes. S. 316–336, vor.

[99] So das Urteil von J. Schröter, Jesus und die Anfänge der Christologie, S. 13: „Die hermeneutische Frage nach der Aneignung der Vergangenheit ist in der neueren Diskussion dagegen weitgehend in den Hintergrund getreten."

[100] So bei G. Theißen, Die Religion der ersten Christen; ders., Jesus als historische Gestalt. Beiträge zur Jesusforschung. Zum 60. Geburtstag von Gerd Theißen hrsg. v. A. Merz, Göttingen 2003; W. Stegemann, Jesus und seine Zeit; J. D. G. Dunn, Jesus Remembered. Christianity in the Making. Vol. 1, Grand Rapids/Cambridge 2003; J. Schröter, Jesus und die Anfänge der Christologie, S. 6–36.

[101] Vgl. J. Schröter, Jesus und die Anfänge der Christologie, S. 6–36; ders./A. Eddelbüttel (Hrsg.), Konstruktion von Wirklichkeit. Beiträge aus geschichtstheoretischer, philosophischer und theologischer Perspektive, Berlin/New York 2004; ders., Die aktuelle Diskussion über den historischen Jesus und ihre Bedeutung für die Christologie, in: C. Danz/M. Murrmann-Kahl (Hrsg.), Zwischen historischem Jesus und dogmatischem Christus. Zum Stand der Christologie im 21. Jahrhundert, Tübingen ²2011, S. 67–86.

[102] J. Schröter, Jesus und die Anfänge der Christologie, S. 13.

2.3. Die dritte Runde der Suche nach dem historischen Jesus

stellt sich damit die Aufgabe, „das Problem dieser (angeblichen) Diastase" zu lösen, „um historisch-kritische Jesusforschung und systematisch-theologische Reflexionen über Grundlage und Tragweite der Christologie miteinander ins Verhältnis zu setzen".[103]

Um das Dilemma der neuzeitlichen Christologie konstruktiv zu bearbeiten, setzt Schröter bei den geschichtshermeneutischen Grundlagen der Geschichtsforschung an. Im Anschluss an die Debatten um die hermeneutischen Voraussetzungen der Geschichtswissenschaft, wie sie seit Johann Gustav Droysen (1808–1884) und in der analytischen Philosophie bei Arthur C. Danto (geb. 1924) und Hayden White (geb. 1928) geführt werden, versteht Schröter Geschichte als eine gegenwärtige Konstruktion.[104] „Die Interpretation des historischen Materials wird so zu einer ‚Konstruktion der Vergangenheit' [...], die Gegenwart und Vergangenheit in ein dialektisches Verhältnis zueinander setzt, ohne letztere dem eigenen Vorverständnis unreflektiert anzugleichen."[105] Damit löst Schröter die Vorstellung einer fixierten, objektiven Realgeschichte auf, die vom Historiker gleichsam als objektive Größe nur freizulegen wäre. Die Grundoperation der Geschichtswissenschaft ist die Narration. Das Erzählen der Vergangenheit ist jedoch nicht nur ein Vehikel zur Präsentation des Vergangenen, sondern für die Geschichte geradezu konstitutiv. Es „ist keine sekundäre Erkenntnisoperation, sondern eine kreative, poetische Leistung des Historikers, die das Verstehen der Vergangenheit allererst ermöglicht."[106] Geschichte als ein Sinnzusammenhang entsteht im Akt des Erzählens von Geschichte und liegt nicht als objektive Größe schon vor.[107] Damit wird deutlich, dass für das Verständnis der Geschichte Perspektivität und Deutungsabhängigkeit konstitutiv sind. Jedes Bild der Vergangenheit stellt eine gegenwartsgebundene Konstruktion dar und ist aufgrund seiner Deutungsabhängigkeit prinzipiell revidierbar, ja muss es sogar sein.

Diese geschichtsmethodologische Einsicht hat Konsequenzen für die historische Jesusforschung. Sie bestehen im Wesentlichen darin, dass der Versuch, einen wirklichen Jesus hinter den Quellen zu suchen, von vornherein zum Scheitern verurteilt ist. „Die Vorstellung des ‚wirklichen Jesus' *hinter* den Quellen

---

[103] J. Schröter, Die aktuelle Diskussion über den historischen Jesus und ihre Bedeutung für die Christologie, S. 78.
[104] Vgl. J. Schröter, Konstruktion von Geschichte und die Anfänge des Christentums: Reflexionen zur christlichen Geschichtsdeutung aus neutestamentlicher Perspektive, in: ders./A. Eddelbüttel (Hrsg.), Konstruktion von Wirklichkeit. Beiträge aus geschichtstheoretischer, philosophischer und theologischer Perspektive, Berlin/New York 2004, S. 201–219.
[105] J. Schröter, Jesus und die Anfänge der Christologie, S. 16.
[106] J. Schröter, Jesus und die Anfänge der Christologie, S. 21.
[107] Vgl. auch J. Rüsen, Geschichte und Norm – Wahrheitskriterien der historischen Erkenntnis, in: W. Oelmüller (Hrsg.), Normen und Geschichte, Paderborn u.a. 1979, S. 110–139.

erweist sich dabei als obsolet, die Jesusfrage ist mithin umzuformulieren in diejenige nach einem an die Quellen gebundenen Entwurf des *erinnerten* Jesus als Inhalt des sozialen Gedächtnisses des Urchristentums."[108]

„Vielleicht ist die exegetische und theologische Forschung zu sehr auf den *einen* Impuls hinter den Texten und – analog dazu – auf den *einen* Text hinter den verschiedenen Manuskripten fixiert. Es könnte sich jedoch herausstellen, dass das Modell einer anfänglichen Pluralität von Erinnerungen, die nicht auf die *eine* ‚originale' Textversion hinter den Manuskripten, nicht auf den *einen* Jesus hinter den vielfältigen Erinnerungen und nicht auf den *einen* Ursprung der vielfältigen Ausprägungen christlichen Glaubens zurückgeführt wird, den Quellen angemessener ist. Historisch gesehen gab es natürlich den *einen* irdischen Jesus hinter den verschiedenen Erzählungen, die ihn als den ‚erinnerten Jesus' repräsentieren. Daraus folgt jedoch nicht notwendig, dass die Reduktion der vielfältigen Texte und Erinnerungen auf das *eine* Jesusbild – das mit dem tatsächlichen, irdischen Jesus ohnehin niemals zur Deckung zu bringen ist – uns der ‚Wirklichkeit' oder gar der ‚Wahrheit' über Jesus näherbringt."[109]

Die historische Forschung gelangt lediglich zu einem aus den Quellen rekonstruierbaren ‚erinnerten Jesus', der aufgrund der Pluralität der neutestamentlichen Erinnerungen keine Rückschlüsse auf einen hinter den Bildern stehenden ‚wirklichen Jesus' erlaubt. Zwischen dem ‚Wirklichen' und dem ‚Erinnerten' ist folglich zu unterscheiden. Der historische und der erinnerte Jesus sind wissenschaftliche Konstruktionen. Unklar bleibt jedoch bei der genannten Unterscheidung, wie man angesichts der nicht reduzierbaren Pluralität der neutestamentlichen Überlieferung an dem Postulat eines ‚wirklichen' Jesus hinter all den Bildern methodisch kontrolliert festhalten kann. Einen methodischen Ausweg aus diesem Dilemma bietet auch die Behauptung einer Jesustradition als Implikat beziehungsweise einer impliziten Voraussetzung des Christusglaubens nicht wirklich.[110]

Das Bild, welches die Geschichtswissenschaft von dem Wanderprediger aus Nazareth entwirft, muss sich freilich an den Quellen bewähren lassen und in dem geschichtlichen Kontext des 1. Jahrhunderts plausibel sein. Damit kann die historische Jesusforschung zwar zeigen, dass der christliche Glaube „auf dem Wirken und Geschick einer Person gründet, die sich, wenn auch nicht in jedem Detail, so doch in wichtigen Facetten auch heute noch nachzeichnen lassen", aber diesen Glauben „begründen oder gar seine Richtigkeit beweisen" kann sie

---

[108] J. Schröter, Jesus und die Anfänge der Christologie, S. 34; vgl. auch ders., Die aktuelle Diskussion über den historischen Jesus, S. 85; ders., Jesus von Nazaret, S. 36.

[109] J. Schröter, Der erinnerte Jesus als Begründer des Christentums? Bemerkungen zu James D. G. Dunns Ansatz in der Jesusforschung, in: ZNT 10 (2007), S. 47–53, hier S. 53. Vgl. auch die kritischen Bemerkungen zum Konzept des erinnerten Jesus von C. Strecker, Der erinnerte Jesus aus kulturwissenschaftlicher Perspektive, in: ZNT 10 (2007), S. 18–27.

[110] So der Vorschlag von G. Wenz, Christus, S. 46–64.

nicht.[111] Die methodische Reflexion des Zugriffs auf die Quellen in der neueren historischen Jesusforschung führt auf der einen Seite zu einem Bewusstsein von dem Konstruktionscharakter der Vergangenheit und auf der anderen zu der Einsicht in die Pluralität der frühchristlichen Jesusüberlieferung. Mit dem genannten Resultat treten nun jedoch der ‚erinnerte' und der ‚wirkliche' Jesus auseinander. Auch der gegenwärtigen Forschung entschwindet, wie es Albert Schweitzer formulierte, der Mann aus Nazareth in seine eigene Zeit.

2.4. Jesus und das frühe Christentum in der Sicht der neueren Forschung

Literatur:

J. Becker, Jesus von Nazaret, Berlin/New York 1996.
J. D. Crossan, Jesus. Ein revolutionäres Leben, München 1996.
J. Schröter, Jesus von Nazaret. Jude aus Galiläa – Retter der Welt, Leipzig 2006. ²2009.
J. Schröter, Jesus und die Anfänge der Christologie, Neukirchen-Vluyn 2001.
J. Schröter/R. Brucker (Hrsg.), Der historische Jesus. Tendenzen und Perspektiven der gegenwärtigen Forschung, Berlin/New York 2002.
W. Stegemann, Jesus und seine Zeit, Stuttgart 2010.
G. Theißen, Die Religion der ersten Christen. Eine Theorie des Urchristentums, Gütersloh 2000.
G. Theißen/A. Merz, Der historische Jesus. Ein Lehrbuch, Göttingen 1996.

Die Nachrichten von Jesus, die uns überliefert sind, stammen fast ausschließlich aus dem frühen Christentum. Das heißt: die Jesus-Darstellungen der Evangelien, seien diese nun kanonisch oder apokryph, sind in jedem Fall bereits religiöse Deutungen der Gestalt Jesu durch dessen erste Anhänger. Das frühe Christentum war allerdings, wie die Forschungsgeschichte gezeigt hat, alles andere als eine homogene Gruppe, sondern eine äußerst komplexe und differenzierte geschichtliche Erscheinung. Seine Vielschichtigkeit spiegelt sich nicht nur in den vier neutestamentlichen Evangelien, sondern auch in denjenigen Evangelien wider, die nicht in den neutestamentlichen Kanon aufgenommen wurden. Diese Pluralität der Jesusüberlieferung und vor allem die hohe Heterogenität des frühen Christentums mit seinen höchst unterschiedlichen Sichtweisen und Darstellungen Jesu werden in den Christologien häufig zugunsten dogmatischer Eindeutigkeit reduziert – auch in dem in der gegenwärtigen christologischen Debatte verwendeten Schema von impliziter und expliziter Christologie kommt diese Pluralität nur sehr unzureichend zum Ausdruck.

---

[111] J. Schröter, Jesus von Nazaret, S. 36.

Die neutestamentlichen Evangelien stammen ausschließlich aus der zweiten und dritten Generation des frühen Christentums, also aus der Zeit zwischen 70 und 100 n. Chr. Die erste Generation der Christen ist, wie wir etwa aus den Briefen des Paulus wissen, nicht sonderlich an ausführlicheren Erzählungen der Geschichte Jesu interessiert gewesen. Wir finden hier nur einzelne Notizen, wie den Hinweis, dass Jesus als ein Nachkomme Davids verstanden wird (Röm 1,3), dass er vor seinem Tod ein Gedächtnismahl gestiftet hat (1. Kor 11,23–25), dass er am Kreuz gestorben ist und seinen Jüngern als ein Lebendiger erschien (1. Kor 15,3–8).[112] Ein umfassenderes Bild von Jesus wurde erst in der nächsten Generation geschaffen, und zwar in Form der Evangelien.[113] Die zweite Generation der Christen hat jedoch nicht nur aus den verstreuten Nachrichten über den Nazarener, seine Handlungen und überlieferten Sprüche facettenreiche Geschichtserzählungen gestaltet, sondern in ihr beginnt auch die Ausstoßung der christlichen Gruppen aus dem antiken Judentum und deren Entwicklung hin zu einer eigenständigen Religion. Auch das lässt sich anhand der neutestamentlichen Evangelien gut verfolgen, etwa wenn man die Entwicklung vom Markus- hin zum Johannes-Evangelium betrachtet.[114] Während im Markus-Evangelium eine rituelle Abgrenzung zum Judentum ausgearbeitet wird, konstruiert das Matthäus-Evangelium eine ethische Überbietung des jüdischen Ethos, und Lukas nimmt eine narrativ-historische Abgrenzung des Christentums vom Judentum vor. Im Johannes-Evangelium schließlich erscheint das Christentum in vollständigem Kontrast zum Judentum. Die ‚Juden' repräsentieren hier ‚die ungläubige Welt' und das ‚Reich des Satans'. Das war weder bei Jesus selbst noch in der ersten Generation des Christentums der Fall.

2.4.1. Jesus der Jude aus Galiläa

Ein Grundproblem der dritten Runde der Jesusforschung besteht in der Klärung, welche Aneignungsprozesse und Ausgrenzungsmechanismen das Wirken des Juden Jesus mit der Entstehung des frühen Christentums und des Christentums als einer eigenständigen Religion verbinden. Diese Frage wird naturgemäß von den einzelnen Forschern je nach Interessenlage unterschiedlich beantwortet. Während der jüdische Historiker Geza Vermes den Abstand zwischen Jesus und dem frühen Christentum in den Blickpunkt rückt,[115] versuchen Autoren wie Jens Schröter oder James D. G. Dunn (geb. 1939) die Entstehung des Chris-

---

[112] Vgl. G. Theißen, Die Religion der ersten Christen, S. 48.
[113] Zur Evangelienforschung vgl. D. Dormeyer, Einführung in die Theologie der Neuen Testaments, S. 61 f.
[114] Vgl. G. Theißen, Die Religion der ersten Christen, S. 233–280.
[115] G. Vermes, Jesus der Jude.

2.4. Jesus und das frühe Christentum in der Sicht der neueren Forschung 43

tentums auf die ‚Erinnerungen' der ersten Christen an den Mann aus Nazareth zurückzuführen.[116] Unterschiedlich bewertet wird allerdings, ob dieser Impuls von dem vorösterlichen Jesus von Nazareth ausgegangen ist[117] oder sich dem Osterglauben seiner Anhänger verdankt.[118]

Auch der Heidelberger Neutestamentler Gerd Theißen hat sich in den letzten Jahren dieser Frage angenommen. In seinem Buch *Die Religion der ersten Christen. Eine Theorie des Urchristentums* hat er in konzentrierter Form eine Theorie der Entstehung des frühen Christentums aus dem Judentum vorgelegt. Theißen ordnet wie auch andere Forscher unserer Tage den Mann aus Nazareth ganz in die Anschauungen des antiken Judentums ein. Von einer Begründung des Christentums durch den historischen Jesus kann also keine Rede sein.[119] Er gehört sowohl dem antiken Judentum als auch dem Christentum an, so lässt sich die 200-jährige historische Erforschung der christlichen Zentralgestalt bündig zusammenfassen. Jesus selbst war durch und durch Jude, und seine jüdischen Anhänger gaben ihm nach seinem Tod eine Deutung, die zur Entstehung einer neuen Religion führte.

Theißen versteht Wirken und Botschaft Jesu als eine Revitalisierung der jüdischen Religion. Damit teilt er einen breiten Konsens in der gegenwärtigen Forschung.[120] Methodisch geht er davon aus, dass Religionen kulturelle Zeichensysteme sind, die ihren Ausdruck in einem Mythos, einem Ethos und einem Ritus finden.[121] Hier nimmt Theißen grundlegende Einsichten der Symboltheorie Ernst Cassirers (1874–1945) und der Kulturanthropologie von Clifford Geertz (1926–2006) auf. Die drei Ausdrucksformen von Religion – Mythos, Ethos und Ritus – sind wie für alle Religionen so auch für das Judentum grundlegend. Um die Stellung Jesu zum zeitgenössischen Judentum zu bestimmen, untersucht Theißen, wie der Nazarener zu den drei Ausdrucksformen in ihrer spezifisch jüdischen Prägung steht. Nur so kann eine methodisch kontrollierte Auskunft darüber gegeben werden, wie Jesus von Nazareth sich im Rahmen des antiken Judentums verstehen lässt oder ob das Christentum bereits in seinem Wirken angelegt ist.

---

[116] Vgl. J. Schröter, Jesus von Nazaret; J. Becker, Jesus von Nazaret.
[117] So J. D. G. Dunn, Jesus Remembered.
[118] So J. Schröter, Der erinnerte Jesus als Begründer des Christentums, S. 47–53.
[119] Vgl. G. Theißen, Die Religion der ersten Christen, S. 49: „Dazu vertreten wir die These, dass bei ihm [sc. Jesus] von der Grundlegung einer neuen religiösen Zeichensprache nicht die Rede sein kann. Was wir beobachten können, ist eine Revitalisierung der Zeichensprache der jüdischen Religion. Mit anderen Worten: Jesus lebte, dachte, wirkte und starb als Jude."
[120] Vgl. J. Schröter, Jesus von Nazaret, S. 105: „Die Einzeichnung Jesu in sein jüdisches Umfeld kann als das wichtigste Charakteristikum der neueren Jesusforschung gelten."
[121] Zu den religionstheoretischen Grundlagen von Theißen vgl. G. Theißen, Die Religion der ersten Christen, S. 17–44.

2. Die Suche nach dem historischen Jesus

a. Der Mythos

Im Zentrum der Verkündigung Jesu steht die Botschaft von der nahe herbeigekommenen Gottesherrschaft. Die Form seiner Botschaft ist, worauf bereits David Friedrich Strauß hingewiesen hat, ein Mythos – also mithin der narrative Ausdruck einer Weltsicht mit eigenen Denkstrukturen, die sich von der Alltagswelt unterscheidet. Entscheidend ist nun die Funktion des Mythos. Sie besteht darin, dass „übernatürliche[] Handlungsträger[] [...] einen instabilen Zustand in einen stabilen überführen".[122] Der Mythos ist eine eigene Weise der Artikulation von Wirklichkeit. Er transformiert Kontingenzerfahrungen, indem er sie in einen übergeordneten Rahmen einordnet und von ihm her sinnstiftend neu bestimmt. Dadurch kommt es zum Aufbau einer stabilen Weltsicht. Der Nazarener lebte gleichsam in diesem Mythos und ist, auch und gerade als historische Gestalt, gar nicht ohne diesen Mythos von der hereinbrechenden Gottesherrschaft zu verstehen. In dem geschichtlichen Jesus sind bereits Geschichte und Mythos ineinander verwoben und lassen sich nicht voneinander separieren. Die Eigentümlichkeit seiner Verkündigung der anbrechenden Gottesherrschaft liegt nun nicht darin, dass sie aus dem Judentum herausführt, sondern dass sie den jüdischen Monotheismus erneuert. Der Mythos von der Herrschaft Gottes ist „konsequenter jüdischer Monotheismus".[123] Jesu Proklamation der anbrechenden Gottesherrschaft greift die alte Tradition vom Königtum Gottes aus den nachexilischen Jahwe-König-Psalmen (Ps 47; 93; 96–99) auf.[124] Mit seiner Botschaft organisiert er folglich die jüdische Religion von dem ersten Gebot aus neu. Gott erscheint in seiner Verkündigung als der, der allein das Reich Gottes herbeiführt und sich gegen alle Mächte wie den Satan und seine Dämonen durchsetzt. Darin wird der gegenwärtige instabile Zustand in einen stabilen verwandelt.

Den Mythos von der Gottesherrschaft teilt der Wanderprediger aus Nazareth mit anderen Juden seiner Zeit. Die βασιλεία του θεοῦ gehört also zum gemeinsamen Bildervorrat der Zeit.[125] Jesus muss deshalb an keiner Stelle diese Metapher erläutern. Auch seine Verbindung der Gottesherrschaft mit dem Bild

---

[122] G. Theißen, Die Religion der ersten Christen, S. 49. Vgl. schon R. Bultmann, Theologie des Neuen Testaments, S. 2–10.

[123] G. Theißen, Die Religion der ersten Christen, S. 50. Vgl. auch W. Stegemann, Jesus und seine Zeit, S. 296–353.

[124] Zu den Jahwe-König-Psalmen vgl. W. H. Schmidt, Alttestamentlicher Glaube in seiner Geschichte, Berlin (Ost) ³1987, S. 170 f.; J. Jeremias, Das Königtum Gottes in den Psalmen. Israels Begegnung mit dem kanaanäischen Mythos in den Jahwe-König-Psalmen, Göttingen 1987. Zum Ganzen vgl. G. Theißen/A. Merz, Der historische Jesus, S. 226–228.

[125] Vgl. W. Zager, Gottesherrschaft und Endgericht in der Verkündigung Jesu. Eine Untersuchung zur markinischen Jesusüberlieferung einschließlich der Q-Parallelen, Berlin/ New York 1996.

2.4. Jesus und das frühe Christentum in der Sicht der neueren Forschung 45

Gottes als Vater greift auf den kollektiven Bilderbestand der jüdischen Religion zurück. Zwar redet Jesus, so weit man erkennen kann, nie von Gott als König, sondern ausschließlich vom Königtum Gottes. Die dadurch entstehende Leerstelle wird aber mit der Vatermetaphorik gefüllt: Gott kommt als Vater zur Herrschaft.[126]

Jesus und der jüdische Mythos:
– Botschaft von der unmittelbar kommenden Gottesherrschaft = Mythos
– Funktion des Mythos = Herstellung eines stabilen Zustands
– Mythos von der Herrschaft Gottes = „konsequenter jüdischer Monotheismus"
– Historisierung des Mythos = durch Bezug auf Jesus

Auch die Historisierung des jüdischen Mythos durch dessen Identifizierung mit seiner eigenen Person – indem der Nazarener das Kommen der Gottesherrschaft mit seinem eigenen Auftreten verbindet – bedeutet noch keinen Bruch mit dem Judentum. Denn zu ihr bietet der Mythos selbst die Mittel dar. Gerade seinen Denkstrukturen zufolge ist Jesu Gegenwartshandeln identisch mit der zukünftigen Gottesherrschaft.[127]

b. Das Ethos

Betrachtet man die biblischen Berichte über Jesus und seine Stellung zum jüdischen Ethos, also insbesondere zur Thora, so scheint hier nun ein Bruch mit dem Judentum vorzuliegen.[128] Und in der Tat wurde die Thorakritik des Nazareners, die Verschärfung des Ethos in der Bergpredigt oder die Kritik an der Kasuistik in der Forschung als Beleg für sein Verlassen des jüdischen Ethos angeführt. So versteht etwa Günther Bornkamm in seinem Jesus-Buch Jesu Kritik an der jüdischen Sabbat-Kasuistik als einen „offene[n] Konflikt mit dem Gesetz, der die sich steigernde Feindschaft der Pharisäer und Schriftgelehrten begründet".[129] Seine Stellung zum jüdischen Ethos würde also dieser Sicht zufolge das Judentum sprengen, so dass hier etwas Neues, nämlich das Christentum beginnt.[130]

Nun ist Jesu Kritik und seine Auseinandersetzung mit dem jüdischen Ethos nicht zu bestreiten. In der Thora heißt es: „Du sollst nicht töten!" Der Naza-

---

[126] Vgl. G. Theißen, Die Religion der ersten Christen, S. 51; ders./A. Merz, Der historische Jesus, S. 458 f.
[127] Vgl. G. Theißen, Die Religion der ersten Christen, S. 52.
[128] Vgl. G. Theißen/A. Merz, Der historische Jesus, S. 311–358; J. Schröter, Jesus von Nazaret, S. 215–245; W. Stegemann, Jesus und seine Zeit, S. 262–296.
[129] G. Bornkamm, Jesus von Nazareth, Stuttgart ³1959, S. 89.
[130] So noch T. Koch, Jesus von Nazareth, der Mensch Gottes. Eine gegenwärtige Besinnung, Tübingen 2004, S. 36 f.: „Jesus hat in den alttestamentlich-jüdischen Vorstellungen gelebt und sie doch gesprengt." Ebenso J. Frey, Der historische Jesus und der Christus der Evangelien, S. 318.

rener bezieht in der Bergpredigt auch den Zorn als Impuls zum Töten mit ein. „Wer seinem Bruder zürnt, macht sich schuldig" (Mt 5,21 f.). Oder: In der Thora heißt es: „Du sollst nicht ehebrechen!" Jesus bezieht hier bereits die Gesinnung mit ein. Wer eine andere Frau begehrt, der hat schon die Ehe gebrochen (Mt 5,28). Diese Verschärfung des jüdischen Ethos lässt sich allerdings auch als eine Konsequenz der Revitalisierung der jüdischen Religion aus der Perspektive der Gottesherrschaft verstehen. Gottes Wille gilt unbedingt. Das schlägt sich vor allem im Ethos nieder. In dem Ethos des Mannes aus Nazareth, und gerade in der von ihm eingeforderten Verschärfung, setzt sich eine in der jüdischen Religion selbst angelegte Grundtendenz fort. „Die Verbindung mit dem Unbedingten hat eine ‚radikalisierende' Tendenz."[131] Insofern stellt die von Jesus vorgenommene Radikalisierung des Ethos keinen Bruch mit dem Judentum dar, sondern sie bleibt im Horizont der Möglichkeiten, welche die jüdische Tradition selbst schon bereitstellte.

Die die Thora verschärfenden Aussagen Jesu begegnen in der Regel in Logien, d.h. in direkten Formulierungen von Imperativen und Regeln. Daneben gibt es aber auch Formulierungen, die der Thoraverschärfung scheinbar widersprechen, nämlich solche, in denen Toleranz gegenüber Normverstößen im Mittelpunkt steht. Derartige Aussagen finden sich häufig in der erzählenden Überlieferung. So steht der Verschärfung der Sexualmoral in der Bergpredigt mit der Erzählung von der verhinderten Steinigung der Ehebrecherin (Joh 8,2–11) eine tolerante Sexualmoral gegenüber. Auch wenn solche Erzählungen von der späteren Gemeinde stammen und deren moralische Konflikte widerspiegeln, könnte sich in ihnen eine charakteristische Tendenz des Wirkens Jesu andeuten. Auch die Toleranz gegenüber Normverstößen fällt nicht aus dem Rahmen des im Judentum Möglichen heraus, sondern stellt einen Grundzug jüdischer Ethik dar.

Jesus und das jüdische Ethos:
– Verschärfung oder Radikalisierung der Thoraforderung
– Toleranz gegenüber Normverfehlung

Jesu Ethos, so zeigt sich zusammenfassend, ist durch ein Nebeneinander von Normverschärfung und Normentschärfung beziehungsweise Radikalisierung des Ethos und Toleranz geprägt. Beides stellt keinen Bruch mit der Ethik des Judentums dar, sondern kann als Intensivierung von Möglichkeiten verstanden werden, die bereits im jüdischen Ethos angelegt sind. Das jüdische Ethos wird also von dem Nazarener nicht in Frage gestellt, sondern im Lichte der anbrechenden Gottesherrschaft neu interpretiert.

---

[131] G. Theißen, Die Religion der ersten Christen, S. 56. Vgl. ders./A. Merz, Der historische Jesus, S. 456–458.

2.4. Jesus und das frühe Christentum in der Sicht der neueren Forschung 47

c. Die jüdischen Riten

Während Jesus weder hinsichtlich des Mythos noch hinsichtlich des Ethos aus dem Judentum herausfällt, so könnte ein Bruch mit den rituellen Elementen der jüdischen Religion vorliegen. Das Judentum ist wie jede andere Religion durch bestimmte Riten charakterisiert. Durch ihre rituellen Formen unterscheidet sich eine Religion von der anderen. Sie stiften als kultische Repräsentation des kollektiven Gedächtnisses gleichsam deren Identität. Insofern lässt sich mit der Untersuchung von Jesu Stellung zu den rituellen Formen des Judentums die Frage beantworten, ob er im Zentrum des Judentums oder an seinen Rändern oder gar jenseits der Grenzen steht.[132] Im nachexilischen Judentum haben sich drei identitätsstiftende rituelle Handlungsweisen herausgebildet: die Beschneidung, die Speisegebote und die Sabbatheiligung. Die Speisegebote und die Sabbatheiligung stehen denn auch immer wieder im Mittelpunkt der Debatten, wenn es um Jesu Verhältnis zum Judentum geht. So kam etwa Ernst Käsemann zu dem zusammenfassenden Resultat: „Jesus hat mit einer unerhörten Souveränität am Wortlaut der Tora [sic!] und der Autorität des Moses vorübergehen können. Diese Souveränität erschüttert nicht nur die Grundlagen des Spätjudentums und verursacht darum entscheidend seinen Tod, sondern hebt darüber hinaus die Weltanschauung der Antike mit ihrer Antithese von kultisch und profan und ihrer Dämonologie aus den Angeln."[133] Wie steht nun der Nazarener zu diesen identitätsstiftenden rituellen Handlungen des antiken Judentums?

Was zunächst die Beschneidung betrifft, so fällt auf, dass sie an keiner Stelle in den Evangelien problematisiert wird. Sie wird als selbstverständlich vorausgesetzt und nicht eigens thematisiert. Erst in den 40er Jahren, also schon kurz nach dem Tode Jesu, ist die Beschneidung umstritten. Das Thomas-Evangelium lässt Jesus durch ein Wort die Beschneidung in ihrer Bedeutung relativieren (EvThom 53).

Anders ist es bei den Speisegeboten und den Sabbatbestimmungen.[134] Hier liegen deutlich erkennbare Konflikte und Auseinandersetzungen vor. So heißt es in Mk 3,4: „Und er sprach zu ihnen: Soll man am Sabbat Gutes tun oder Böses tun, Leben erhalten oder töten?" Scheinbar setzt Jesus hier die Sabbatbestimmungen außer Geltung.[135] Eine Entfernung vom zeitgenössischen Judentum kann man indes seiner Forderung, am Sabbat Gutes zu tun, nicht entneh-

---

[132] So G. Theißen, Die Religion der ersten Christen, S. 59.
[133] Vgl. E. Käsemann, Das Problem des historischen Jesus, S. 208.
[134] Vgl. J. Schröter, Jesus von Nazaret, S. 236–242; W. Stegemann, Jesus und seine Zeit, S. 284–286.
[135] So E. Käsemann, Das Problem des historischen Jesus, S. 206: „Dabei wird man schwerlich sagen dürfen, Jesus habe die Thora als solche nicht angetastet, sondern ihre Forderung nur radikalisiert." Ähnlich G. Bornkamm, Jesus von Nazareth, S. 83.

men. Zur Zeit Jesu gab es im Judentum eine lebhafte Debatte darüber, was am Sabbat erlaubt war und was nicht. Seit den Makkabäerkriegen war es gestattet, in Kriegszeiten auch am Sabbat aus Notwehr zu töten. Berücksichtigt man den angedeuteten Kontext, dann steht Jesu Kritik an den Sabbatbestimmungen völlig im Rahmen der innerjüdischen Diskussion um die Sabbatbestimmungen. Der Nazarener stellt „die Geltung des Sabbats demnach nicht grundsätzlich in Frage", da andernfalls „die Diskussionen über seinen Geltungsbereich nicht zu erklären" wären.[136]

Gleiches gilt auch für die jesuanische Kritik an den jüdischen Reinheitsgeboten.[137] Ihnen kommt für die jüdische Religion eine geradezu konstitutive Funktion zu, da sie die Differenz von Judentum und Heidentum markieren. In Galiläa, dem Wirkungsfeld Jesu, wurde Wert auf eine strikte Einhaltung der Reinheitsvorschriften gelegt.[138] In Mk 7,15 heißt es: „Es gibt nichts, was von außen in den Menschen hineingeht, das ihn unrein machen könnte; sondern was aus dem Menschen herauskommt, das ist's, was den Menschen unrein macht." Hier liegt allerdings keine Aufforderung vor, die jüdischen Speisegebote zu brechen.[139] Jesus interpretiert die rituellen Formen des Judentums, gestaltet sie aus, aber er bricht nicht mit ihnen. Dass die „Reinheitsgebote übertreten werden sollten, findet sich an keiner Stelle in der Jesusüberlieferung, wohl aber die Aufforderung, Reinheit nicht als etwas Ausgrenzendes zu interpretieren".[140] Auch die Kritik Jesu am Jerusalemer Tempelkult und der Tempelaristokratie fällt nicht aus dem Rahmen des im Judentum Üblichen, sondern findet sich ebenso bei anderen jüdischen Gruppen wie den Essenern. Die Abgrenzung gegenüber dem übrigen Judentum, so kann man sagen, ist bei dem Nazarener hinsichtlich des Ritus wesentlich geringer ausgeprägt als bei Johannes dem Täufer oder den Essenern. Jesus wollte den Jerusalemer Tempel reformieren und ihn durch einen neuen, eschatologischen Tempel ersetzen.[141]

Jesus und der jüdische Ritus:
– Riten stiften als kultische Repräsentation des kollektiven Gedächtnisses die Identität des Judentums.

---

[136] J. Schröter, Jesus von Nazaret, S. 242.
[137] Vgl. J. Schröter, Jesus von Nazaret, S. 242–245; W. Stegemann, Jesus und seine Zeit, S. 288–290.
[138] Vgl. J. Schröter, Jesus von Nazaret, S. 101.
[139] Vgl. hingegen die Deutung von E. Käsemann, Das Problem des historischen Jesus, S. 207: „Aber wer bestreitet, daß die Unreinheit von außen auf den Menschen eindringt, trifft die Voraussetzungen und den Wortlaut der Thora und die Autorität des Moses selbst. Er trifft darüber hinaus die Voraussetzungen des gesamten antiken Kultwesens mit seiner Opfer- und Sühnepraxis." So auch H. Braun, Jesus, S. 73 f.
[140] J. Schröter, Jesus von Nazaret, S. 244.
[141] Vgl. G. Theißen, Die Religion der ersten Christen, S. 61 f.

2.4. Jesus und das frühe Christentum in der Sicht der neueren Forschung 49

- Im nachexilischen Judentum haben sich drei identitätsstiftende rituelle Handlungsweisen herausgebildet: Beschneidung, Speisegebote, Sabbatheiligung.
- Die Beschneidung wird von Jesus nicht thematisiert.
- In den Debatten um die Speisegebote und die Sabbatbestimmungen spiegeln sich zeitgenössische Kontroversen innerhalb des Judentums.

Nimmt man die drei genannten Ausdrucksformen einer Religion – Mythos, Ethos und Ritus – zusammen, dann zeigt sich, dass Jesus ebenso ins Judentum gehört wie andere jüdische Gruppierungen, etwa die Essener, die Pharisäer, die Sadduzäer. Jesus hatte, wie die gegenwärtige Forschung durchweg betont, „eine jüdische Identität".[142] „Seine Konflikte mit Zeitgenossen waren Konflikte im Judentum und nicht mit dem Judentum. Er repräsentierte keinen Exodus aus dem Judentum, sondern eine Erneuerungsbewegung in ihm."[143] Der Nazarener revitalisierte die jüdische Religion vom Glauben an den einen und einzigen Gott her und bezog den Anbruch der Gottesherrschaft auf seine eigene Person. Aber das bedeutet an keiner Stelle einen Bruch mit dem zeitgenössischen Judentum. Denn das antike Judentum war keine homogene Größe, wie die Forschung noch in den 1950er Jahren voraussetzte, sondern differenziert in unterschiedliche religiöse Gruppierungen, denen es ähnlich wie Jesus um religiöse Erneuerung ging. Erst nach der Zerstörung des Tempels im Jüdischen Krieg änderte sich diese Situation.

- Jesus gehört ebenso ins Judentum wie andere jüdische Gruppierungen (Essener, Pharisäer, Sadduzäer).

2.4.2. Die Entstehung des frühen Christentums

Wie ist es zur Entstehung des Christentums gekommen, wenn es dessen Gründergestalt lediglich um eine Erneuerung der jüdischen Religion gegangen sein soll? Muss man dann das Christentum nicht als ein grandioses Missverständnis der Intention und Lehre Jesu verstehen? Wir können an dieser Stelle die komplizierten und komplexen Entwicklungslinien von den ersten Christen, die noch vollständig im Judentum verwurzelt sind, hin zu einer eigenständigen Weltreligion nicht im Einzelnen darstellen.[144] Im Folgenden sollen lediglich einige Resultate der neueren Forschung vorgestellt und diskutiert werden.

Die Entstehung des Christentums als einer eigenständigen Religion beginnt im Judentum. Jesus stellte die jüdische Grundüberzeugung von dem einen und einzigen Gott auf eine neue Weise in den Mittelpunkt seiner Verkündigung.

---

[142] G. Theißen, Die Religion der ersten Christen, S. 62.
[143] Ebd.
[144] Vgl. G. Theißen, Die Religion der ersten Christen, S. 71–222; J. Schröter, Jesus und die Anfänge der Christologie; W.-D. Hauschild, Lehrbuch der Kirchen- und Dogmengeschichte, Bd. 1, Gütersloh 1995, S. 5–9.

2. Die Suche nach dem historischen Jesus

Ihm ging es nach allem, was sich gegenwärtig historisch rekonstruieren lässt, um eine Erneuerung der jüdischen Religion. Die ersten Christen hingegen stellten Jesus in das Zentrum ihrer religiösen Symbolwelt, damit tendenziell auf eine Ebene mit Gott, und sagten mehr über den Wanderprediger aus Galiläa aus, als er selbst je über sich ausgesagt hatte. Das bedeutete zunächst noch keinen Bruch mit dem Judentum, wohl aber war mit dieser Transformation der Grund zur Trennung von ihm gelegt.

- Jesus stellte die jüdische Grundüberzeugung von dem einen und einzigen Gott auf eine neue Weise ins Zentrum der religiösen Symbolwelt.
- Die ersten Christen hingegen rückten Jesus in das Zentrum ihrer religiösen Symbolwelt.

Historisch wird es sich mit hoher Wahrscheinlichkeit nicht mehr aufklären lassen, welche Motive die ersten jüdischen Anhänger des Mannes aus Nazareth bewogen haben, ihn selbst in den Mittelpunkt ihres religiösen Kosmos zu rücken.[145] Die historischen Antworten, die auf dieses Grundproblem der Entstehung des Christentums und der frühchristlichen Christologie gegeben wurden, bewegen sich seit der Aufklärung um die Alternative, dass das Christentum entweder in dem Wirken des irdischen Jesus selbst schon angelegt[146] oder sein Entstehen als Werk der ersten Christen zu erklären sei. Ein solches Entweder-Oder stellt indes eine ungeschichtliche Abstraktion dar. Der Mann aus Nazareth gehört vielmehr, wie die Forschungsgeschichte der letzten 200 Jahre gezeigt hat, sowohl dem antiken Judentum als auch dem Christentum an. Rekonstruierbar ist der historische Jesus allerdings nur über die Deutungen, die ihm seine ersten Anhänger gegeben haben.[147]

Bereits in den ältesten Überlieferungsschichten wird Jesus eine grundlegende religiöse Bedeutung beigemessen. So räumt etwa die von Paulus in 1. Kor 15,5–8 zitierte vorpaulinische Formel von den Erscheinungen des auferstandenen Christus vor Kephas, dem Zwölferkreis, Jakobus, den über 500 und schließlich auch ihm selbst Jesus einen religiösen Status ein, der die Grenzen des im Rahmen des Judentums Möglichen streift.

---

[145] Vgl. auch S. Vollenweider, Christozentrisch oder Theozentrisch? Christologie im Neuen Testament, in: Marburger Jahrbuch Theologie, Bd. XXIII: Christologie, Leipzig 2011, S. 19–40.

[146] So J. Frey, Der historische Jesus und der Christus der Evangelien, S. 273–336; J. D. G. Dunn, Jesus Remembered, Grand Rapids/Cambridge 2003, S. 881–893.

[147] Vgl. auch J. Schröter, Jesus von Nazaret, S. 300 f.: „Jesus ist uns nur in der Weise zugänglich, in der er auf die Menschen seiner Zeit gewirkt hat, die die Zeugnisse über ihn gesammelt und weitergegeben haben. Vergangene Ereignisse sind stets nur als *gedeutete* Ereignisse zugänglich, ohne diese Deutungen gehörten sie dagegen zur nicht mehr verfügbaren Vergangenheit."

2.4. Jesus und das frühe Christentum in der Sicht der neueren Forschung 51

Während die Forschung zu Beginn des 20. Jahrhunderts die Transformation Jesu in ein gottgleiches Wesen auf den Hellenismus beziehungsweise hellenistisch-orientalische Religionen zurückführte,[148] geht die neutestamentliche Exegese seit den Studien von Carsten Colpe (1929–2009) und Martin Hengel (1926–2009) eher davon aus, dass die grundlegenden Motive für diese Transformation im zeitgenössischen Judentum zu suchen sind, welches freilich selbst schon unter dem Einfluss des Hellenismus stand.[149] An diese forschungsgeschichtliche Weichenstellung knüpft Gerd Theißen an, wenn er religionsgeschichtlich argumentierend darlegt, dass nur „innerhalb eines religiösen Bezugsrahmens, in dem ein ‚Programm' vorhanden war, Niederlagen in Siege und extreme Erniedrigung in Erhöhung umzuinterpretieren"[150], eine Deutung Jesu, wie sie sich in den Auferstehungs- und Hoheitsaussagen niedergeschlagen hat, möglich gewesen sei. Zwar mussten hierzu elementare Grundüberzeugungen des Judentums wie der Glaube an die strikte Distanz zwischen Gott und Mensch abgemildert werden, aber die jüdische Religion stellte Schemata bereit, die eine solche Deutung Jesu erlaubten. Bei der Transformation der jüdischen Religion in den Christusglauben der ersten Christen greift zweierlei ineinander: zum einen Erfahrungen, welche das religiöse System erschütterten, zum anderen Deutungsschemata des religiösen Systems, die es erlaubten, diese Erschütterungen zu verarbeiten.[151] Die Anhänger des Nazareners hatten die Dissonanz zwischen dem Charisma Jesu, der Proklamation des anbrechenden Gottesreiches, welches er mit seiner Person verknüpft hatte, und seinem Scheitern am Kreuz zu bewältigen.[152] Theißen betont, wie bereits Reimarus, dass die Kreuzigung Jesu eine grundlegende Erschütterung all der vielfältigen Erwartungen ausgelöst haben muss, die sich mit seinem Auftreten verbunden hatten. Die ihrer Hoffnungen Beraubten konnten also gar nicht anders mit ihrer Dissonanzerfahrung umgehen, als sie religiös zu bearbeiten. Freilich lässt der Heidelberger Neutestament-

---

[148] Vgl. W. Bousset, Kyrios Christos. Geschichte des Christusglaubens von den Anfängen des Christentums bis Irenaeus, Göttingen 1913. ²1921; R. Bultmann, Die Frage nach dem messianischen Bewußtsein Jesu und das Petrus-Bekenntnis, in: ZNW 19 (1919/20), S. 165–174; ders., Theologie des Neuen Testaments, S. 26–39. 45–56. 123–135.

[149] C. Colpe, Die religionsgeschichtliche Schule. Darstellung und Kritik ihres Bildes vom gnostischen Erlösermythos, Göttingen 1961; ders., Art.: ὁ υἱός τοῦ ἀνθρώπου, in: ThWNT 8 (1969), S. 403–481; M. Hengel, Der Sohn Gottes. Die Entstehung der Christologie und die jüdisch-hellenistische Religionsgeschichte, Tübingen 1975. Vgl. auch S. Vollenweider, Christozentrisch oder Theozentrisch?, S. 22; ders. (Hrsg.), Horizonte neutestamentlicher Christologie. Studien zu Paulus und zur frühchristlichen Theologie, Tübingen 2002.

[150] G. Theißen, Die Religion der ersten Christen, S. 75.

[151] Vgl. dazu aus religionstheoretischer Perspektive C. Geertz, Dichte Beschreibung. Beiträge zum Verstehen kultureller Systeme, Frankfurt a.M. 1987, bes. S. 68–72.

[152] Anders die Deutung von J. Schröter, Jesus von Nazaret, S. 295: „Jesus hat zwar seinen Tod nicht als notwendigen Bestandteil seiner Sendung verstanden, er hat ihn aber auch nicht als Scheitern seines Wirkens betrachtet."

ler im Unterschied zu dem Hamburger Orientalisten die Jünger den Leichnam Jesu nicht stehlen.

Die Dissonanzerfahrung der schmählichen Kreuzigung Jesu war demnach – so Theißens These – durch dessen Anhänger nur dadurch zu überwinden, dass der Gekreuzigte einen noch höheren Wert und Rang erhielt, als ihm ursprünglich zugeschrieben worden war.[153] „Durch Überwindung des Todes erwies er sich endgültig als mächtiger als seine Richter und Henker."[154] Das Judentum stellte, wie Theißen zu zeigen versucht, die Möglichkeit bereit, Dissonanzen durch Überbietungen zu bearbeiten. Denn der exklusive jüdische Monotheismus sei selbst das Resultat einer Dissonanzbewältigung durch das nachexilische Judentum, entstanden aus der Krisenerfahrung des Exils im 6. Jahrhundert v. Chr. Die Zerstörung Jerusalems, die Deportation der Oberschicht und das Exil stellten das Judentum vor die Alternative, ob man die siegreichen Völker und ihre Götter als überlegen anerkennen oder am Glauben an Jahwe festhalten sollte, indem man die irdische Katastrophe des Volkes Israel durch einen metaphysischen Sieg im Himmel ausglich und die anderen Götter für nichtexistent erklärte. Die großen exilischen und nachexilischen Propheten, allen voran Deuterojesaja, wählten den zweiten Weg. Nicht die fremden Völker haben Israel besiegt, sondern der eine und einzige Gott hat sich ihrer als Werkzeug bedient, um Israel zu strafen und es nach vollzogenem Gericht in eine neue Zukunft zu führen.[155]

Die Bewältigungsstrategie für die mit der Kreuzigung Jesu verbundene Dissonanzerfahrung griff diese Möglichkeit auf, Niederlagen in Siege umzuinterpretieren. Die Erniedrigung durch den Kreuzestod wird von den ersten Christen als Erhöhung zu Gott verstanden und damit als Sieg Jesu über seine Feinde. Da eine solche Deutungsmöglichkeit in dem jüdischen Bezugsrahmen bereitlag, wird verständlich, dass die ersten Christen, obwohl sie Jesus in einen gleichsam göttlichen Rang erhoben, nicht das Bewusstsein haben mussten, dadurch als Juden in einen Widerspruch zum jüdischen Monotheismus zu treten. Im Gegenteil: Seine Erhöhung ließ sich als „konsequenter ‚Ausbau' und ‚Vollendung'" des monotheistischen Systems verstehen.[156]

- Dissonanz zwischen dem Charisma Jesu, seiner Botschaft von dem hereinbrechenden Gottesreich und seinem Scheitern am Kreuz
- Dissonanzbewältigung: Zuschreibung eines noch höheren Wertes und Ranges Jesu durch seine Anhänger

---

[153] Vgl. G. Theißen, Die Religion der ersten Christen, S. 72.
[154] Ebd.
[155] Vgl. G. Theißen, Die Religion der ersten Christen, S. 73 f.; H.-P. Müller, Art.: Monotheismus und Polytheismus II. Altes Testament, in: RGG⁴, Bd. 5, Tübingen 2002, Sp. 1459–1462.
[156] G. Theißen, Die Religion der ersten Christen, S. 73.

2.4. Jesus und das frühe Christentum in der Sicht der neueren Forschung 53

Die Konflikte mit dem Judentum beginnen erst in den vierziger Jahren, und sie entzünden sich signifikanter Weise an den rituellen Formen des Judentums, insbesondere an der Beschneidung und den Speisegeboten. Die Ausstoßung des Christentums aus dem Judentum und seine Etablierung als eigenständige Religion vollzogen sich freilich nicht auf einen Schlag, sondern man kann mindestens drei Phasen unterscheiden, die sich bis ans Ende des 1. Jahrhunderts hinziehen. Am Anfang steht der Konflikt mit den rituellen Zeichen des Judentums durch die Öffnung des Judenchristentums für Nichtjuden. Infrage stand, ob man Nichtjuden, die sich der Jesusbewegung anschlossen, die Beschneidung und die Speisegebote auferlegen sollte. Es ging also darum, ob die rituellen Identitätsmerkmale des Judentums auch für die Heidenchristen gelten sollen. Seinen Austrag hat dieser Konflikt auf dem sogenannten Apostelkonvent gefunden, auf dem es Paulus und Barnabas gelang, gegenüber der Jerusalemer Gemeinde die Anerkennung der unbeschnittenen Heidenchristen durchzusetzen (vgl. Gal 2,1–10). Das Problem der Speisegebote fand unterschiedliche Lösungen.[157] In der Apostelgeschichte werden die unreinen Speisen von Gott selbst für rein erklärt (Apg 10,15), und Paulus rät, um der ‚Schwachen' in der Gemeinde willen, auf Speisefragen Rücksicht zu nehmen (1. Kor 8; Röm 14). Bei den Vertretern des Judenchristentums stieß die Öffnung gegenüber Nichtjuden auf verständlichen Widerstand, einen Bruch zwischen dem frühen Christentum und dem Judentum bedeutete dieses erste Schisma allerdings noch nicht.

Einen zweiten Schritt hin zur Entstehung des Christentums markieren eine Generation später der Jüdische Krieg und die Zerstörung des Jerusalemer Tempels. Bis zum Jahre 70 n. Chr. besaßen Juden und Christen im Jerusalemer Tempel, der rituellen Unterschiede ungeachtet, ein gemeinsames kultisches Zentrum (vgl. Apg 2,46; 22,17).[158] Die Zerstörung Jerusalems und des Tempels durch die römischen Truppen im Jahre 70 bedeutete für das Judentum den Verlust des bisherigen Kultmittelpunktes und erzwang damit eine Neuorganisation der jüdischen Religion. Gelöst wurde diese Aufgabe durch den Rückgriff auf solche religiösen Elemente, die man auch ohne den Tempel praktizieren konnte. In erster Linie betraf das den Thoragehorsam mit allen zu ihm gehörenden rituellen, ethischen und religiösen Forderungen. Mehr noch: Die Thora wurde schließlich zum alleinigen Identitätsmerkmal des Judentums. Zur gleichen Zeit schufen die Christen mit den Evangelien eine eigene Form von Ursprungsgeschichten und schieden aus der Erzählgemeinschaft des Judentums aus. Erst mit diesen neuen

---

[157] Vgl. M. Ebner, Art.: Speisegebote/Speiseverbote/Speisegesetze. III. Neues Testament, in: RGG⁴, Bd. 7, Tübingen 2004, Sp. 1552 f.
[158] Vgl. R. G. Kratz, Art.: Tempel/Heiligtum, in: A. Berlejung/C. Frevel (Hrsg.), Handbuch theologischer Grundbegriffe zum Alten und Neuen Testament, Darmstadt 2006, S. 385–389; G. Theißen, Die Religion der ersten Christen, S. 226.

Narrativen konstituierte sich das Christentum faktisch als Religion mit einem eigenen identitätsbildenden kollektiven Gedächtnis.

Zur völligen Loslösung des frühen Christentums vom Judentum kam es erst in einem dritten Schritt am Ende des 1. Jahrhunderts, als sich parallel zur faktischen Trennung auch ein Bewusstsein der Autonomie gegenüber dem Judentum entwickelte. Nun erst organisierte man den symbolischen Kosmos der neuen Religion von der Zentralgestalt Jesus von Nazareth aus. Dadurch erhielt Jesus als der eine Offenbarer Gottes selbst einen göttlichen Status. Spätestens im Johannes-Evangelium ist das der Fall. Im Prolog des Evangeliums nimmt der Offenbarer Jesus Christus seinen Ausgang bei Gott selbst und wird dadurch zu einem über die Erde wandelnden Gott (Joh 1,1–18). Die Abgrenzung vom Judentum wird nun zum Thema der christlichen Ursprungsgeschichten und in den irdischen Jesus zurückprojiziert. Freilich überdeckt der Antijudaismus, der sich in manchen frühchristlichen Schriften findet und der sich religionsgeschichtlich aus dem für religiöse Gruppenidentitäten konstitutiven Verhältnis von Exklusion und Inklusion erklärt,[159] dass das Christentum selbst als jüdische Sekte seinen Weg in die Geschichte begann. Seine Entstehung, so wird man sagen können, stellt nichts anderes als die Geschichte eines gescheiterten Universalisierungsversuchs des Judentums dar.[160]

Etappen der Ausstoßung des Christentums aus dem Judentum:
- *Erste Phase (um 40):* Konflikte mit den rituellen Zeichen des Judentums treten durch die Öffnung des frühen Christentums für Heiden auf.
- *Zweite Phase (um 70):* Reorganisation des Judentums infolge der Zerstörung des Jerusalemer Tempels (Thora tritt an dessen Stelle); das frühe Christentum schafft mit den Evangelien eigene Ursprungsgeschichten und trennt sich faktisch vom Judentum.
- *Dritte Phase (Ende des 1. Jahrhunderts):* Herausbildung eines christlichen Autonomiebewusstseins; der symbolische Kosmos der neuen Religion wird um den Offenbarer reorganisiert (Johannes-Evangelium).

---

[159] Vgl. W. Weiß (Hrsg.), Der eine Gott und das gemeinschaftliche Mahl. Inklusion und Exklusion biblischer Vorstellungen von Mahl und Gemeinschaft im Kontext antiker Festkultur, Neukirchen-Vluyn 2011.
[160] So G. Theißen, Die Religion der ersten Christen, S. 227.

3. Die dogmatische Christologie und ihre Auflösung seit der Aufklärung

Der Berliner Kirchenhistoriker Adolf von Harnack hat in seinem *Lehrbuch der Dogmengeschichte* das von der Alten Kirche im 5. Jahrhundert geschaffene christologische Dogma als eine Hellenisierung des Christentums gedeutet.[1] Harnacks komplexe Hellenisierungsthese versteht den entwicklungsgeschichtlichen Umformungsprozess des Christentums in den ersten Jahrhunderten als eine Entstellung seines wahren Wesens, welches er in dem schlichten Evangelium Jesu erblickte. Zwar steht hinter diesem Urteil Harnacks die Metaphysik-Kritik der Ritschl-Schule und die von dieser beeinflusste Dogmengeschichtsschreibung, aber davon ist die grundlegende Einsicht Harnacks unbetroffen, dass erst die platonische Philosophie dem jungen Christentum die Mittel bereitstellte, das Verhältnis von Gott und Christus begrifflich genauer zu bestimmen.

In diesem Abschnitt wird die Überlieferungsgeschichte der Ursprungsgeschichten des Christentums dargestellt, also die Herausbildung des christologischen Dogmas im 5. Jahrhundert und die christologische Lehrbildung im Bereich des Protestantismus. Die von der Alten Kirche geschaffenen christologischen Formeln bilden auch noch für die gegenwärtige systematisch-theologische Christologie den bestimmenden Bezugsrahmen. Die altkirchliche Christologie ist nicht unproblematisch. In der Aufklärung geriet sie in eine tiefgreifende Krise.

---

[1] A. v. Harnack, Lehrbuch der Dogmengeschichte, 3 Bde., Darmstadt 1980 (ND der 4. Auflage Tübingen 1909), Bd. 1, S. 20. Vgl. auch ders., Grundriß der Dogmengeschichte, Tübingen 1889. ⁷1931, S. 4: Das dogmatische Christentum ist „*ein Werk des griechischen Geistes auf dem Boden des Evangeliums*". Zur theologiegeschichtlichen Einordnung Harnacks vgl. K. Nowak, Bürgerliche Bildungsreligion? Zur Stellung Adolf von Harnacks in der protestantischen Frömmigkeitsgeschichte der Moderne, in: ZKG 99 (1988), S. 326–353.

3. Die dogmatische Christologie und ihre Auflösung seit der Aufklärung

3.1. Das christologische Dogma

3.1.1. Die Herausbildung des christologischen Dogmas in der patristischen Theologie

Literatur:

F. Dünzl, Kleine Geschichte des trinitarischen Dogmas in der Alten Kirche, Freiburg i.Br./Basel/Wien 2006.
A. Gilg, Weg und Bedeutung der altkirchlichen Christologie, München 1989.
A. Grillmeier, Jesus der Christus im Glauben der Kirche, Bd. 1, Freiburg i.Br./Basel/ Wien ³1990; Bd. 2/1, Freiburg i.Br./Basel/Wien ²1991; Bd. 2/2, Freiburg i.Br./Basel/ Wien 1989.
W.-D. Hauschild, Lehrbuch der Kirchen- und Dogmengeschichte, Bd. 1, Gütersloh 1995, S. 153–207.
H. Karpp (Hrsg.), Textbuch zur altkirchlichen Christologie. Theologia und Oikonomia, Neukirchen-Vluyn 1972.
A. M. Ritter, Dogma und Lehre in der alten Kirche, in: C. Andresen/ders. (Hrsg.), Handbuch der Dogmen- und Theologiegeschichte, Bd. 1: Die Lehrentwicklung im Rahmen der Katholizität, Göttingen ²1999, S. 99–283.

Die ersten Christen teilten den Glauben an den einen Gott, und zugleich gaben sie Jesus nach seinem Tod Deutungen, welche Grundüberzeugungen des jüdischen Monotheismus tendenziell außer Kraft setzten und die schließlich zur Entstehung einer eigenständigen neuen Religion führten. Im Johannes-Evangelium ist die Trennung des frühen Christentums vom Judentum vollzogen. Der johanneische Jesus nimmt nicht nur seinen Ausgang von Gott, sondern kann – für das Judentum undenkbar – seine Einheit mit Gott behaupten (Joh 10,30). Mit der Herausbildung einer ‚hohen Christologie' bereits im Neuen Testament stellte sich jedoch für das frühe Christentum die Aufgabe, das Verhältnis zwischen Jesus Christus und Gott genauer zu klären. Dieser Klärungsprozess zog sich über mehrere Jahrhunderte hin, in denen die unterschiedlichsten christologischen Modelle vorgeschlagen und verworfen wurden. Am Ende standen die Formulierungen der Trinitätslehre auf dem Konzil von Nicäa 325 sowie des christologischen Dogmas in Chalcedon 451. Aber auch Chalcedon beendete die altkirchliche christologische Debatte nur vorläufig. Zum Abschluss kam sie erst mit dem dritten Konzil von Konstantinopel im Jahre 681, auf dem der Dyotheletismus dogmatisch fixiert wurde. Die begrifflichen Mittel zur Formulierung des christologischen Dogmas bot die Philosophie des sogenannten mittleren Platonismus.[2] Die Rezeption der antiken Philosophie hatte indes auch ihren

---

[2] Zum mittleren Platonismus vgl. C. Zintzen (Hrsg.), Der Mittelplatonismus, Darmstadt 1981.

Preis. Er bestand in einer kosmologischen und metaphysischen Überlagerung der religiösen Dimension der Christologie.

Man kann drei Phasen in der Herausbildung des christologischen Dogmas beziehungsweise der lehrmäßigen Fixierung der Christologie in der Alten Kirche unterscheiden: (1.) Die in der christologischen Diskussion zwischen dem 2. und 4. Jahrhundert ausgetragenen Kontroversen führten zur dogmatischen Fixierung der Trinität auf den Konzilien von Nicäa im Jahre 325 und Konstantinopel im Jahre 381. (2.) Die auf der Grundlage der Formulierungen von Nicäa und Konstantinopel über die Wesensgleichheit von Vater und Sohn im 5. Jahrhundert ausgetragenen Streitigkeiten über das Verhältnis von Gott und Mensch in der Person des Christus wurden auf dem Konzil von Chalcedon im Jahre 451 zu einer Lösung gebracht. (3.) Die Formulierungen des Konzils von Chalcedon riefen den monophysitischen und monotheletischen Streit hervor, der auf dem Konzil von Konstantinopel in die dogmatische Fixierung des Dyotheletismus mündete. An den drei genannten Phasen der Entwicklung des christologischen Dogmas in der antiken Kirche orientiert sich die folgende Darstellung.

- Das frühe Christentum war vor die Aufgabe gestellt, das Verhältnis von Jesus Christus zu Gott zu klären.
- Am Ende dieses Klärungsprozesses stehen die Formulierungen der Trinitätslehre (Nicäa 325) sowie des christologischen Dogmas (Chalcedon 451) und des Dyotheletismus (Konstantinopel 681).

(1.) In der frühchristlichen Literatur, etwa den Texten, die später ins Neue Testament aufgenommen wurden, oder in apokryphen Schriften finden sich sehr unterschiedliche und sich widersprechende religiöse Deutungen Jesu von Nazareth. In diesen Texten spiegelt sich die hohe religiöse und kulturelle Komplexität des frühen Christentums. In ihm „hat man es mit einer eigentümlichen Spannung zu tun: Die Christusgläubigen verstehen sich auf der einen Seite als getreue Monotheisten, die im Kontrast zu den Heiden ihrer Umgebung auf den einen ‚lebendigen und wahren Gott' setzen (1. Thess 1,9), bilden aber auf der anderen Seite schon sehr früh vielfältige Formen einer ‚hohen Christologie' aus, die Jesus eine nahezu göttliche Position zuschreibt."[3] Aber sowohl in den Evangelien als auch in der neutestamentlichen Briefliteratur wird sein Menschsein betont. Signifikant für diesen Zusammenhang ist die vorpaulinische Formel, welche Paulus in Röm 1,3 f. zitiert. Hier findet sich eine doppelte Beurteilung Jesu „nach dem Fleisch" und „nach dem Geist". Die weitere Ausgestaltung der altkirchlichen Christologien hat, wie die Dogmengeschichte zeigen konnte, an dieses doppelte Beurteilungsschema angeknüpft.[4] Es lässt freilich sehr verschie-

---

[3] S. Vollenweider, Christozentrisch oder Theozentrisch?, S. 21.
[4] Vgl. W.-D. Hauschild, Lehrbuch der Kirchen- und Dogmengeschichte, Bd. 1, S. 5 f.; F.

dene Auslegungen und Deutungen zu. Andere relevante Stellen sind der Prolog des Johannes-Evangeliums und die Aussage der Fleischwerdung des Logos (Joh 1,14) sowie der Hymnus im Philipperbrief, in dem von der Erniedrigung und Erhöhung des präexistenten Christus die Rede ist (Phil 2,5–11). Aber auch jüdische Theologumena, wie das ‚Gesetz‘ oder die Vorstellung vom ‚Boten Gottes‘, wurden von den ersten Christen aufgegriffen und auf Jesus angewandt.

Die Herausbildung der altkirchlichen Christologie im 2. Jahrhundert knüpft an solche biblischen Metaphern und Bilder sowie die sogenannten christologischen Hoheitstitel an,[5] in denen von den frühchristlichen Schriftstellern die religiöse Bedeutung Jesu zum Ausdruck gebracht worden ist. Dabei stand die altkirchliche Christologie vor dem Problem, zunächst den Glauben an Jesus Christus mit dem jüdischen Monotheismus zu verbinden und später, mit der Ausbreitung und Inkulturation des Christentums in der hellenistischen Welt, mit dem Gottesgedanken der griechischen Philosophie, der das Göttliche als letzte Ursache verstand.[6] Diese Vorgaben führten im 2. und 3. Jahrhundert zu unterschiedlichen christologischen Konzeptionen: dem Adoptianismus, dem gnostischen Doketismus, der Logos-Christologie sowie dem modalistischen Monarchianismus.

In der altkirchlichen Theologie wurden sehr unterschiedliche christologische Modelle diskutiert:
– Adoption Jesu zum Sohn Gottes (Ebioniten, Paul von Samosata)
– gnostischer Doketismus
– Logos-Christologien (Justin der Märtyrer)
– Jesus Christus als eine Erscheinungsweise Gottes = Modalismus (Sabellius).

Adoptianische Christologien begegnen vor allem im Bereich des sogenannten Judenchristentums.[7] Die Quellenlage bezüglich dieser urchristlichen Gruppen ist indes sehr schwierig. Erhalten sind nur wenige Texte wie das *Ebionäer-Evangelium* und das *Hebräer-Evangelium*. Die Judenchristen und die ihnen

---

Loofs, Leitfaden zum Studium der Dogmengeschichte, Teil 1, hrsg. v. K. Aland, Halle 1950, S. 70. 109.

[5] Klassisch hierzu F. Hahn, Christologische Hoheitstitel. Ihre Geschichte im frühen Christentum, Göttingen 1964. Zur neueren Diskussion der christologischen Hoheitstitel vgl. P. Müller, Sohn und Sohn Gottes: Übergänge zwischen Metapher und Titel. Verbindungslinien zwischen Metaphorik und Titelchristologie am Beispiel des Sohnestitels, in: J. Frey/J. Rohls/R. Zimmermann (Hrsg.), Metaphorik und Christologie, Berlin/New York 2003, S. 75–92.

[6] Vgl. W. Jaeger, Die Theologie der frühen griechischen Denker, Stuttgart 1953.

[7] Zu dieser vielschichtigen Gruppe innerhalb des Urchristentums vgl. F. Loofs, Leitfaden zum Studium der Dogmengeschichte, Teil 1, S. 60–63; W.-D. Hauschild, Lehrbuch der Kirchen- und Dogmengeschichte, Bd. 1, S. 6 f.; J. C. Paget, Art.: Judenchristentum. II. Alte Kirche, in: RGG[4], Bd. 4, Tübingen 2001, Sp. 603–605.

folgenden Ebioniten (= die Armen) sowie die Elkesaiten oder Elchasäer[8] hielten am mosaischen Gesetz fest und verstanden Jesus als den wahren Propheten oder als den obersten Engel Gottes, jedoch stets als Menschen. So konnte der jüdische Monotheismus unangetastet bleiben und zugleich die besondere Stellung des Mannes aus Nazareth gegenüber Gott betont werden, die allerdings nicht durch die Vorstellung der Menschwerdung des präexistenten Logos begründet wurde, sondern durch die Idee einer Adoption Jesu durch Gott. Durch die von Johannes dem Täufer vorgenommene Taufe habe Jesus von Nazareth den Heiligen Geist empfangen und sei zum Messias und Gottessohn erwählt (Mk 1,9–11), also gleichsam von Gott adoptiert worden. Aufgrund seiner Adoption ist er der besondere Gesandte Gottes des Vaters oder der Auserwählte. Ganz entsprechend dieser Vorstellung wird noch in der in der ersten Hälfte des 2. Jahrhunderts in Rom entstandenen Schrift *„Hirt" des Hermas* das alttestamentliche Rollenbild von dem Boten Gottes auf Jesus angewandt. „Und ein herrlicher Engel des Herrn von ungeheurer Größe stand neben der Weide mit einer großen Sichel und hieb Zweige von der Weide ab und gab sie dem Volk, das in ihrem Schatten versammelt war."[9]

Der Adoptianismus begegnet jedoch nicht nur im Judenchristentum, sondern auch im hellenistischen Heidenchristentum des 2. und 3. Jahrhunderts. Hier ist der Ausgangspunkt der Gottesgedanke der griechischen Philosophie, nämlich das Eine als letzte Ursache des Kosmos. Die wichtigsten Vertreter dieser hellenistischen Variante des Adoptianismus sind: Theodotus von Byzanz (Theodor der Gerber, um 190), Theodotus der Wechsler (Theodor der Jüngere, um 190),[10] Artemon (um 230), Paul von Samosata (gest. nach 272). Sie betonen die nicht aufzuhebende Differenz zwischen dem transzendenten Gott und der Welt. Ganz im Geist eines strikten Monotheismus wird Jesus als ein Mensch verstanden, der von Gott als Sohn angenommen wurde und bei der Taufe den göttlichen Geist empfangen hat. Die von Paul von Samosata vertretene adoptianische Lehre bezeichnet man auch als *dynamischen Monarchianismus.*[11] Damit

---

[8] Vgl. F. Loofs, Leitfaden zum Studium der Dogmengeschichte, Teil 1, S. 63; J. van Oort, Art.: Elkesaiten, in: RGG⁴, Bd. 2, Tübingen 1999, Sp. 1227 f.

[9] „Hirt" des Hermas, Sim. VIII, 1,2, in: Die apostolischen Väter. Griechisch-deutsche Parallelausgabe auf der Grundlage der Ausgaben von F. X. Funk/K. Bihlmeyer/M. Whittaker mit Übersetzungen v. M. Dibelius/D.-A. Koch neu übersetzt u. hrsg. v. A. Lindemann/H. Paulsen, Tübingen 1992, S. 330–555, hier S. 463.

[10] Vgl. W. A. Löhr, Theodotus der Lederarbeiter und Theodotus der Bankier – ein Beitrag zur römischen Theologiegeschichte des zweiten und dritten Jahrhunderts, in: ZNW 87 (1996), S. 101–125.

[11] Zum Monarchianismus insgesamt vgl. A. v. Harnack, Art.: Monarchianismus, in: RE³, Bd. 13, Leipzig 1903, S. 303–336; W.-D. Hauschild, Lehrbuch der Kirchen- und Dogmengeschichte, Bd. 1, S. 13 f.; T. Böhm, Art: Monarchianismus, in: RGG⁴, Bd. 5, Tübingen 2002, Sp. 1405–1408.

ist eine christologische Konzeption gemeint, die an der Monarchie Gottes festhält und für die Jesus zwar nicht selbst Gott, wohl aber seit seiner Empfängnis (Lk 1,35) vom Geist Gottes inspiriert ist. Dadurch stimmt er in seinem Willen mit dem Gottes überein. Die Einheit von Gott und dem Menschen Jesus ist also keine substantielle Einheit, sondern eine moralische.

Auch im sogenannten *Gnostizismus* wurden christologische Konzeptionen entwickelt. Der Gnostizismus ist keine christliche Sonderrichtung und auch keine einheitliche Gruppierung, sondern eine vielschichtige synkretistische religionsgeschichtliche Erscheinung in der Antike.[12] Wo der antike Gnostizismus seinen Ursprung genommen hat, lässt sich nicht mehr genau erschließen. Bei einigen Kirchenvätern begegnet die Meinung, der Gnostizismus entstamme den Denk- und Glaubenswelten jüdischer Sekten. Für andere Kirchenväter wurzelt er in der griechischen Philosophie. Mit hoher Wahrscheinlichkeit ist er, wie die neuere Forschung gezeigt hat, im Orient entstanden. Die Grundzüge und Kennzeichen des Gnostizismus sind: (1.) ein strikter Dualismus von Geist und Materie, (2.) die in der Befreiung des Geistes aus dem Kerker der Materie bestehende Erlösung, (3.) Mysterienkulte und (4.) eine asketische Ethik. Während die ältere Forschung in Satornil (wirkte zwischen 100 und 120 in Syrien), Basilides (wirkte um 125 in Ägypten) und Valentin (wirkte um 135–160 in Rom) wichtige Vertreter der Gnosis identifizierte, hat die neuere Forschung gezeigt, dass Basilides und Valentin wohl selbst nicht dem Gnostizismus zuzurechnen sind.[13] Erst die von ‚Schülern' des Valentin höchst unterschiedlich weitergeführte valentinianische Gnosis (Valentinianismus) wird gegenwärtig als die klassische Form des Gnostizismus betrachtet.[14]

Auf der Basis der Grundzüge des gnostischen Systems wurden im Bereich der christlichen Gnosis Christologien entwickelt, in denen Christus als Mittler und Erlöser fungiert. Christus bringt den in der Materie gefangenen Menschen die Botschaft von der Erlösung von der Materie, und diese Botschaft besteht in der wahren Erkenntnis, der Gnosis. Wenn Christus nun die wahre Erkenntnis vermittelt, dann kann er selbst nicht der sichtbaren Welt entstammen, sondern ist ein himmlisches Geistwesen. Der Dualismus von Geist und Materie wird in

---

[12] Vgl. K. Rudolph, Die Gnosis. Wesen und Geschichte einer spätantiken Religion, Leipzig ²1980; K. Berger/R. McLachlan Wilson, Art.: Gnosis/Gnostizismus I. und II., in: TRE, Bd. 13, Berlin/New York 1984, S. 519–550; C. Markschies, Die Gnosis, München ³2010; ders., Art.: Gnosis/Gnostizismus. II. Christentum, in: RGG⁴, Bd. 3, Tübingen 2000, Sp. 1045–1053.

[13] C. Markschies, Valentinus Gnosticus? Untersuchungen zur valentinianischen Gnosis mit einem Kommentar zu den Fragmenten Valentins, Tübingen 1992; W. A. Löhr, Basilides und seine Schule. Eine Studie zur Theologie- und Kirchengeschichte des zweiten Jahrhunderts, Tübingen 1996.

[14] Vgl. A. Wucherpfennig, Art.: Valentinianismus, in: RGG⁴, Bd. 8, Tübingen 2005, Sp. 873–875.

der gnostischen Christologie so aufgenommen, dass Christus nur zum Schein ein Mensch war. Eine solche Position kritisieren die Kirchenväter als *Doketismus*: Um die in den Körper eingesperrten Menschen zu retten, hat Christus einen Scheinleib angenommen und auch nur scheinbar gelitten. Der menschliche Leib Christi wird also als ein Vehikel verstanden, um sein Erlösungswerk zu vollbringen. Im Zentrum der gnostischen Christologien stehen nicht Tod und Auferstehung Christi, sondern die Vermittlung der Erlösung, die wiederum in der wahren Erkenntnis besteht und den Menschen den Rückweg in die Lichtwelt eröffnet.

In den frühen adoptianischen Christologien bilden der Monotheismus der jüdischen Religion und der Gottesgedanke der griechischen Philosophie die Grundlage. Der geschichtliche Christus ist der „Mensch, den Gott sich erwählt, in dem die Gottheit oder der Geist gewohnt hat, und der nach seiner Bewährung von Gott adoptirt und in die volle Herrscherstellung eingesetzt worden ist".[15] Eine andere Konzeption liegt in den sogenannten *Logos-Christologien* vor, wie sie vor allem von dem Apologeten Justin der Märtyrer (ca. 100–165) und ihm folgend von Tatian (um 125–um 185), Theophilus von Antiochia (gest. um 180/191) sowie Antenagoras (133–190) ausgearbeitet wurden. Aufgenommen und weitergeführt wurde die Logos-Christologie dann vor allem von Irenäus (135–202), Hippolyt von Rom (170–235), Tertullian (gest. nach 220), Clemens von Alexandrien (um 140–um 215) und Origenes (185–254).[16] Die Grundlage dieser Christologien bilden der mittlere Platonismus sowie die Stoa. So knüpft Justin an den Logosgedanken beider an und versteht Christus als den ewigen Logos Gottes, der zunächst bei Gott war (λόγος ἐνδιάθετος = logos endiathetos), in der Schöpfung aus Gott hervorging (λόγος προφορικός = logos prophorikos) und als göttliche Weltvernunft gleichsam in der Welt und ihren vernünftigen Strukturen waltet. Diese Weltvernunft, die erklärt, dass sich auch bei den Heiden Wahrheit findet, ist in Christus zur vollendeten Darstellung und Offenbarung gekommen.

„Daher ist offenbar unsere Religion erhabener als jede menschliche Lehre, weil der unsertwegen erschienene Christus der ganze Logos, sowohl Leib als auch Logos und Seele ist. Denn was auch immer die Denker und Gesetzgeber jemals Treffliches gesagt und gefunden haben, das ist von ihnen nach dem Teilchen vom Logos, das ihnen zuteil geworden war, durch Forschen und Anschauen mit Mühe erarbeitet worden. Da sie aber nicht das Ganze des Logos, der Christus ist, erkannten, so sprachen sie oft einander Widersprechendes aus."[17]

---

[15] A. v. Harnack, Lehrbuch der Dogmengeschichte, Bd. 1, S. 211.
[16] Zur Logos-Christologie vgl. W.-D. Hauschild, Lehrbuch der Kirchen- und Dogmengeschichte, Bd. 1, S. 9–11.
[17] Justin der Märtyrer, Apologie II, 10, in: Bibliothek der Kirchenväter. Frühchristliche Apologeten und Märtyrerakten. Aus dem Griechischen und Lateinischen übersetzt, Bd. 1, Kempten/München 1913, S. 150. Vgl. C. Andresen, Logos und Nomos, Berlin 1955.

Justin versteht Christus als die fleischgewordene göttliche Vernunft. Dabei tritt der göttliche Logos in Jesus an die Stelle der menschlichen Seele. Allerdings wird das Verhältnis von Fleisch und Logos in der Person Christi von Justin noch nicht näher bestimmt. Zugleich soll der Logos ewig und präexistent sein, aber doch Gott untergeordnet, also subordiniert.

Eine Form des Monarchianismus begegnet auch in dem sogenannten *Modalismus*. Die wichtigsten Vertreter des Modalismus sind: Sabellius (nach 200), Noetus von Smyrna (um 190) und Praxeas (um 220). Der Modalismus richtet sich gegen vermeintlich polytheistische Implikationen der Logoslehre der Apologeten (Justin der Märtyrer u.a.) und behauptet einen strikten Monotheismus.[18] Das christologische Problem, also das Verhältnis von Gott und Christus wird im Modalismus so bearbeitet, dass der Sohn als ein Modus, als eine Erscheinung Gottes verstanden wird. Sabellius bezeichnet Gott als ‚Sohn-Vater' (υἱοπάτηρ), der sich nacheinander in drei Erscheinungsweisen (Prosopon = Person/Rolle im antiken Theater) offenbart hat: bei der Schöpfung als Vater, in Christus als Sohn und nach Ostern im Heiligen Geist. Auch im Modalismus wird am Monotheismus festgehalten, aber im Unterschied zum Adoptianismus wird Christus als Erscheinungsweise des einen Gottes aufgefasst. Wenn Christus jedoch selbst eine Erscheinungsweise des Vatergottes ist, dann hat in der Passion der Vater selbst gelitten. Diese christologische Deutung nannten die Kirchenväter *Patripassianismus*.

Eine Schlüsselstellung in der Herausbildung der altkirchlichen Christologie kommt dem alexandrinischen Theologen Origenes zu. Er führt auf der einen Seite die Logostheologie zu ihrem gedanklichen Höhepunkt und bildet mit seinem Werk auf der anderen Seite den Ausgangspunkt für die weiteren christologischen Debatten im 3. und 4. Jahrhundert.[19] Origenes, der in seinem Denken durch den Neuplatoniker Ammonius Sakkas (gest. 241/42) geprägt wurde und mit der Philosophie seiner Zeit vertraut war, verdanken wir die semantische Klärung des Begriffs Hypostase (von griech. ὑφίσταμαι = bestehen), mit dem er gegen den Modalismus die Wirklichkeit von Vater, Sohn und Geist als drei eigenständig bestehende Hypostasen betont. Die Einheit der drei Hypostasen bezeichnet Origenes im Anschluss an die Logostheologie als Gott. In seinem Hauptwerk *De principiis*, welches in der lateinischen Bearbeitung durch Ru-

---

[18] Vgl. F. Dünzl, Kleine Geschichte des trinitarischen Dogmas in der Alten Kirche, Freiburg i.Br./Basel/Wien 2006, S. 30–51; W. A. Bienert, Art.: Modalismus, in: RGG⁴, Bd. 5, Tübingen 2002, Sp. 1370 f.
[19] Zur Theologie des Origenes vgl. H. Strutwolf, Gnosis als System. Zur Rezeption der valentinianischen Gnosis bei Origenes, Göttingen 1993; H. Ziebritzki, Heiliger Geist und Weltseele. Das Problem der dritten Hypostase bei Origenes, Plotin und ihren Vorläufern, Tübingen 1994; C. Markschies, Art.: Origenes, in: RGG⁴, Bd. 6, Tübingen 2003, Sp. 657–662.

3.1. Das christologische Dogma 63

finus von Aquileia (ca. 345–411/12) überliefert ist, entwickelt er im Horizont einer Trinitätslehre seine Christologie. Der Logos ist für Origenes vom Vater in Ewigkeit als sein Abbild gezeugt. Die Zeugung des Logos ist eine ewige und immerwährende, so dass Vater und Sohn von Ewigkeit sind.[20] Diese Bestimmung des Zeugungsbegriffs stellt eine Konsequenz von Origenes' Verständnis der Unveränderlichkeit Gottes dar. Allerdings ist auch in der Logostheologie des Origenes der Logos dem Vater subordiniert.

Die sichtbare Welt ist, wie Origenes in *De principiis* ausführt, nicht das Resultat von Gottes Schöpferwillen, sondern sie verdankt sich dem Fall des Menschen. Die materiale Schöpfung mit ihrer Vielfalt ist der Aufbewahrungsort, an dem die gefallenen Geister erzogen und durch den Logos erlöst werden sollen.[21] In diesen Rahmen zeichnet Origenes seine Christologie ein, die an dem Gedanken der Rückführung der gefallenen Schöpfung zu Gott als ihrem Ursprung orientiert ist. Die Mittlerfunktion des Gottmenschen („deus-homo") konstruiert Origenes durch eine Verbindung des Logos mit der Seele Jesu, die er von dem präexistenten Fall der geistigen Geschöpfe ausnimmt.[22] Der Seele kommt geradezu eine Mittelstellung zwischen dem unwandelbaren Göttlichen und der Materie zu. Nur so kann sich der Logos mit der Seele vereinigen und sie vergöttlichen.[23] Origenes formuliert damit gleichsam eine Zweinaturenchristologie, die freilich in der Folgezeit zu neuen Kontroversen führte.[24]

Einen ersten Abschluss der christologischen Auseinandersetzungen in der Alten Kirche brachte die dogmatische Fixierung der Trinitätslehre auf den Konzilien von Nicäa im Jahre 325 und Konstantinopel im Jahre 381. Die Formulierung der Wesensgleichheit der drei göttlichen Personen reagierte auf die mit der frühen Logos-Christologie verbundene Unterordnung Christi unter Gott und das in dieser Subordination virulente Problem des Monotheismus.

In Antiochien wurde durch Lucian (gest. 312) die Adoptionschristologie des Paul von Samosata aufgenommen.[25] Lucian unterscheidet allerdings zwischen dem ewigen und unveränderlichen Logos Gottes und einem geschaffenen Logos (λόγος κτίσμα). An die Stelle des adoptianischen Bildes vom erwählten Menschen tritt bei ihm die Logoslehre. Auf diese Weise kann Lucian sowohl an dem

---

[20] Vgl. Origenes, Vier Bücher von den Prinzipien, hrsg. v. H. Görgemanns/H. Karpp, Darmstadt 1976. ²1985, I,2,2–4, S. 123–131.
[21] Vgl. F. Dünzl, Kleine Geschichte des trinitarischen Dogmas in der Alten Kirche, S. 48.
[22] Origenes, Vier Bücher von den Prinzipien, II,6,3, S. 361–365.
[23] Vgl. H. Strutwolf, Gnosis als System, S. 272 f.
[24] Zu den Streitigkeiten um die Theologie des Origenes vgl. L. Perrone, Art.: Origenistische Streitigkeiten, in: RGG⁴, Bd. 6, Tübingen 2003, Sp. 666–668.
[25] Zu Lucian von Antiochien vgl. A. v. Harnack, Lehrbuch der Dogmengeschichte, Bd. 2, S. 186–190; H. C. Brennecke, Art.: Lucian von Antiochien, in: TRE, Bd. 21, Berlin/New York 1991, S. 474–479.

monarchischen Gottesgedanken und seiner Bestimmung der Unveränderlichkeit, als auch an dem biblischen Christusbild und den von Christus ausgesagten menschlichen Eigenschaften, die ja Veränderlichkeit implizieren, festhalten und sie in seine Christologie aufnehmen. Lucians christologische Konzeption wurde von seinem Schüler Arius (gest. 336), Diakon und Presbyter in Alexandrien, übernommen und weiter ausgestaltet.[26]

Arius, der in die Theologiegeschichte als der Erzhäretiker eingegangen ist, betonte die absolute Einheit und Unterschiedslosigkeit Gottes sowie seine weltenthobene Transzendenz. Mit einem solchen Gottesgedanken ist nun die Konsequenz verbunden, dass der Logos beziehungsweise der Sohn Gottes keinen Ort in Gott selbst haben kann. Die absolute Einheit Gottes schließt jegliche Zweiheit in ihm aus. Der Logos kann folglich nur ein Geschöpf sein, das durch den Willen Gottes aus dem Nichts geschaffen wurde. Zwar erkennt auch Arius im Sohn Gottes das Höchste der Geschöpfe, aber doch ein Gott untergeordnetes. Der Sohn ist geworden und hat einen Anfang vor aller Zeit. Es gab also eine Zeit, in der der Sohn noch nicht war (ἦν ποτε ὅτε οὐκ ἦν ὁ υἱός τοῦ θεοῦ).

„Verfolgt werden wir, weil wir gesagt haben: Der Sohn hat einen Anfang, Gott aber ist ohne Anfang. Auch deshalb werden wir verfolgt, weil wir gesagt haben: Er ist aus Nichtseiendem (ἐξ οὐκ ὄντων ἐστίν). So haben wir uns aber deshalb ausgedrückt, weil er weder ein Teil von Gott noch aus irgendeinem vorgegebenen Seienden (ἐξ ὑποκειμένου τινός) ist."[27]

Der Monotheismus und die absolute Einheit Gottes werden damit auch von Arius betont. In seiner Christologie muss dann freilich der Logos Gott untergeordnet – subordiniert – werden und kann mithin als geschaffenes Wesen weder Gott noch wesensgleich mit ihm sein. Der am Anfang der Zeit geschaffene Logos hat in dem Menschen Jesus von Nazareth einen Leib angenommen. Das Subjekt des geschichtlichen Christus und seiner Entwicklung ist der Logos, der in dem Menschgewordenen die Seele ersetzt.

Die arianische Christologie versteht Christus als ein Gott untergeordnetes Mittlerwesen. Zunächst trat gegen Arius dessen Bischof Alexander von Alexandrien (amt. 312–328) auf, dessen christologische Position Arius als Sabellianismus kritisierte. Um 320 wurde Arius exkommuniziert, aber er fand gewichtige Unterstützung durch Eusebius von Nikomedien (gest. 341) und Eusebius von Caesarea (um 264–um 340). Die Folge war, dass sich der Streit im Orient zunehmend aus-

---

[26] Zu Arius vgl. A. M. Ritter, Art.: Arianismus, in: TRE, Bd. 3, Berlin/New York 1978, S. 692–719. Zur Christologie von Arius vgl. T. Böhm, Die Christologie des Arius. Dogmengeschichtliche Überlegungen unter besonderer Berücksichtigung der Hellenisierungsfrage, St. Ottilien 1991.

[27] Arius' Brief an Euseb von Nikomedien (um 318). Text: Epiphanius: Panarion 69, 6 = GCS 37, 1933. Zitiert nach H. Karpp, Textbuch zur altkirchlichen Christologie. Theologia und Oikonomia, Neukirchen-Vluyn 1972, S. 83.

3.1. Das christologische Dogma

weitete.[28] Gegen die arianische Christologie optierten im Osten vor allem Marcell von Ancyra (ca. 280–374)[29] und Athanasius von Alexandrien (um 298–373), der nach dem Tod Alexanders 328 Patriarch von Alexandrien wurde.[30] Gott ist selbst in die Menschheit eingegangen: Das ist der beherrschende Grundgedanke, aus dem Athanasius seine Christologie entwickelt.[31] Der Horizont seiner Christologie ist die Soteriologie. Christus kann die Menschen nur dann erlösen, wenn er selbst Gott ist. Die Erlösung versteht Athanasius als Vergöttlichung des Menschen. Darum wird Gott Mensch, damit der Mensch Anteil an der Unsterblichkeit erhält. Zwischen Gott und dem Geschaffenen besteht für Athanasius ebenso wie für Arius eine strikte Differenz, aber im Unterschied zu Arius platziert der Kirchenvater den Sohn auf der Ebene Gottes. Christus ist folglich in die Einheit Gottes, des ungezeugten Prinzips, aufzunehmen. Gott ist Vater, und das heißt für Athanasius: Er ist von Ewigkeit mit dem Sohn, da er ohne den Sohn nicht Vater sein kann. Der Sohn ist jedoch nicht geschaffen, sondern gezeugt, und zwar aus dem Wesen Gottes, und deshalb hat er an der ganzen Natur des Vaters teil.

„3 Aber die Bischöfe, die [...] die Heuchelei erkannten, sahen sich gezwungen, selber aus den (heiligen) Schriften den Sinn zu erheben und das früher Gesagte noch einmal deutlicher auszusprechen und niederzuschreiben: der Sohn sei mit dem Vater eines Wesens (homoousios). Damit wollten sie anzeigen, der Sohn sei aus dem Vater und nicht nur gleich (homoios), sondern in der Gleichheit (mit ihm) identisch (ταὐτόν), und sie wollten darauf hinweisen, daß die Gleichheit (Homoiosis) und Unwandelbarkeit des Sohnes eine andere ist als die an uns festzustellende Abbildlichkeit (Mimesis), die wir aufgrund von Bewährung erwerben, indem wir die Gebote halten. 5 [...] die Geburt des Sohnes aus dem Vater ist anders als bei der Menschennatur, und er ist nicht nur gleich, sondern auch von der Substanz des Vaters nicht trennbar, und er und der Vater sind Eines, wie er selber gesagt hat (Joh. 10,30); immer ist der Logos in dem Vater und der Vater in dem Logos, so wie sich der Abglanz zum Licht verhält".[32]

Die Synode von Nicäa wurde im Juni 325 durch Kaiser Konstantin I. (reg. 306–337) eingesetzt und sollte die durch den arianischen Streit hervorgerufenen Spaltungen überwinden.[33] Vorangegangene Vermittlungsversuche durch Hosius von Cordoba (gest. 357/58) in Alexandrien schlugen fehl. Auf der Synode waren

---

[28] Zum arianischen Streit vgl. A. M. Ritter, Art.: Arianismus, S. 692–719; F. Dünzl, Kleine Geschichte des trinitarischen Dogmas in der Alten Kirche, S. 51–59.
[29] Zu Marcell von Ancyra vgl. K. Seibt, Art.: Marcell von Ancyra, in: TRE, Bd. 22, Berlin/New York 1992, S. 83–89; W.-D. Hauschild, Lehrbuch der Kirchen- und Dogmengeschichte, Bd. 1, S. 31.
[30] Zu Athanasius vgl. M. Tetz, Art.: Athanasius von Alexandrien, in: TRE, Bd. 4, Berlin/New York 1979, S. 333–349.
[31] Vgl. A. v. Harnack, Lehrbuch der Dogmengeschichte, Bd. 2, S. 208.
[32] Athanasius, Über die Beschlüsse der nicänischen Synode 20, 3. 5 (350/51). Zitiert nach H. Karpp, Textbuch zur altkirchlichen Christologie, S. 92.
[33] Vgl. F. Dünzl, Kleine Geschichte des trinitarischen Dogmas in der Alten Kirche, S. 60–72.

drei Parteien vertreten: die Anhänger des Arius (Eusebius von Nikomedien), eine vermittelnde Richtung (Eusebius von Caesarea) und die Gegner des Arius (Alexander, Athanasius und Hosius). Der orthodoxen Partei gelang es, die Verurteilung der Position des Arius durchzusetzen und der Kirche ein antiarianisches Glaubensbekenntnis aufzuzwingen. Ob die für Nicäa signifikante Formel des *homoousios* (lat. consubstantialis) auf Hosius zurückgeht, wie die ältere Forschung annahm, ist völlig unsicher.

In den Kirchen des Ostens hatte das homoousios, die Wesenseinheit von Vater und Sohn, wenig Rückhalt. Man empfand die Formel als unbiblisch und dem Sabellianismus verhaftet. Auch Athanasius, der große Widersacher der Arianer, hat sich den Begriff homoousios erst in der Mitte des Jahrhunderts aneignen können. Zunächst beschreibt er seinen christologischen Grundgedanken – Gott selbst ist in die Menschheit eingegangen – mit der später verworfenen Formel des *homoios* (= wesensgleich). Auf der Synode von Nicäa, die den Arianismus verurteilte, wurden in ältere Taufbekenntnisse vier antiarianische Einschübe aufgenommen. Das Credo formuliert:

„Wir glauben an Einen Gott, den Vater, den Allmächtigen,
den Schöpfer alles Sichtbaren und Unsichtbaren.
Und an Einen Herrn, Jesus Christus, den Sohn Gottes,
der gezeugt wurde aus dem Vater als einziggeborener
– d.h. *aus dem Wesen (Usia) des Vaters* –,
Gott aus Gott, Licht aus Licht – *wahrer Gott aus wahrem Gott*,
gezeugt, nicht geschaffen, wesenseins mit dem Vater –,
durch den alles geworden ist, sowohl das im Himmel
wie das auf Erden,
der wegen unser, der Menschen, und unsres Heiles wegen herabgekommen ist und Fleisch geworden, Mensch geworden ist, gelitten hat und auferstanden ist am dritten Tage, aufgestiegen ist in den Himmel und kommt, zu richten die Lebendigen und die Toten.
Und an den heiligen Geist."[34]

Die vier antiarianischen Einschübe in dem Bekenntnis sind:
1. aus dem Wesen des Vaters
2. wahrer Gott aus wahrem Gott
3. gezeugt, nicht geschaffen
4. wesenseins mit dem Vater.

---

[34] Das Symbol von Nicäa (19. Juni 325). Zitiert nach H. Karpp, Textbuch zur altkirchlichen Christologie, S. 87 f. (Hervorhebungen vom Vf.)

Das Nizänische Glaubensbekenntnis unterstreicht gegen Arius die Wesenseinheit des Logos oder Sohn Gottes mit dem Vater (*homoousios*). Von einer Subordination des Sohnes gegenüber dem Vater kann also keine Rede sein. Vielmehr ist der Sohn in gleicher Weise Gott wie der Vater. Gleichzeitig will das Konzil an der Einheit Gottes festhalten. Die kirchliche Trinitätslehre behauptet: 1. die Einheit Gottes, 2. eine Mehrheit von Personen in Gott und 3. die Wesenseinheit der drei Personen. Auf der Synode von Nicäa wurde die kirchliche Trinitätslehre fixiert und staatlich sanktioniert. Die Orthodoxie hatte mit Unterstützung des Kaisers den Sieg davongetragen. Die Probleme waren indes nicht gelöst. Das homoousios stieß aufgrund seiner sabellianischen Anklänge auf den Widerstand der orientalischen Kirchen, und der arianischen Partei gelang es, Arius beim Kaiser zu rehabilitieren. Allerdings hatte das Konzil von Nicäa auch nur die Wesenseinheit von Vater und Sohn fixiert. Die Stellung des Heiligen Geistes wird in dem Glaubensbekenntnis nicht eigens thematisiert. Erst die weiteren Kontroversen in der Zeit nach dem Konzil sowie die Formierung des sogenannten Neonizänianismus um Meletius von Antiochia (gest. 381) und Basilius von Cäsarea (gest. 378) führten zu einer Klärung.[35] Das Konzil von Konstantinopel schließlich bestätigte das Symbol von Nicäa und fixiert im Jahre 381 die Homoousie des Heiligen Geistes mit Gott und dem Sohn.[36] In dem nicäno-konstantinopolitanischen Symbol heißt es:

„Wir glauben an Einen Gott ... Und an Einen Herrn, Jesus Christus, den Sohn Gottes ..., der aus dem Vater vor allen Äonen gezeugt ist, ... wesensgleich mit dem Vater ..., der ... Fleisch geworden ist aus dem Heiligen Geist und Maria, der Jungfrau, und Mensch geworden ... und wieder kommt in Herrlichkeit, zu richten die Lebendigen und die Toten, dessen Herrschaft kein Ende haben wird. Und an den Heilgen Geist ..., der aus dem Vater ausgeht, der mit dem Vater und dem Sohn zusammen angebetet und verherrlicht wird".[37]

(2.) Die trinitarischen Auseinandersetzungen der frühen Kirche fanden zwischen 318 und 381 statt und sind mit dem Konzil von Konstantinopel 381 zu ihrem Abschluss gekommen. Damit war das Verhältnis zwischen Gott und dem Logos beziehungsweise dem Sohn Gottes geklärt. Allerdings wurde in den Kontroversen der strenge Monotheismus im Sinne einer in sich differenzierten

---

[35] Vgl. W.-D. Hauschild, Lehrbuch der Kirchen- und Dogmengeschichte, Bd. 1, S. 39–46; F. Dünzl, Kleine Geschichte des trinitarischen Dogmas, S. 72–136; C. Markschies, Gibt es eine einheitliche „kappadozische Trinitätstheologie"? Vorläufige Erwägungen zu Einheit und Differenzen neunizänischer Theologie, in: Marburger Jahrbuch Theologie, Bd. X: Trinität, Marburg 1998, S. 51–94; ders., Alta trinità beata. Gesammelte Studien zur altkirchlichen Trinitätstheologie, Tübingen 2000.
[36] Vgl. F. Dünzl, Kleine Geschichte des trinitarischen Dogmas in der Alten Kirche, S. 137–146.
[37] Das nicäno-konstantinopolitanische Symbol (381). Zitiert nach H. Karpp, Textbuch zur altkirchlichen Christologie, S. 106.

3. Die dogmatische Christologie und ihre Auflösung seit der Aufklärung

Einheit umgeformt. Nicht geklärt war mit den trinitarischen Formeln jedoch, wie die Person Jesu, die wahrer Gott und wahrer Mensch sein sollte, genauer zu verstehen ist. Das Problem des Menschseins des Gottessohnes trat nun in das Blickfeld. Auf dem Konzil von Nicäa konnte sich die Position des Athanasius durchsetzen. Im Interesse der Soteriologie hatte er die Auffassung vertreten, dass Christus aus dem Wesen Gottes und mit ihm eins sein muss. Die Folgeprobleme seiner Christologie wurden von Athanasius nicht reflektiert. Aufgegriffen und einer Lösung zugeführt wurden sie von dem ihm nahe stehenden Apollinaris von Laodicea (um 315–ca. 392).[38] Schon für Athanasius ist in dem geschichtlichen Christus nur ein Subjekt, der Logos. Apollinaris zog die Konsequenzen aus dieser Grundanschauung für die Christologie in einer Schärfe, die für die weitere Diskussion bestimmend blieb.[39] Das Wort wurde Fleisch und dadurch wurde das Fleisch des Gottessohnes göttlich. Für Apollinaris bilden Gott und Fleisch „Eine (und dieselbe) Natur".[40] Die Stelle der menschlichen Seele in dem geschichtlichen Christus füllt der Logos aus. In der Christologie des Apollinaris erhält die altkirchliche Erlösungslehre ein unumstößliches Fundament – allerdings um einen hohen Preis: das Menschsein Christi wird verflüchtigt. Das vehemente Interesse an der Begründung der Erlösungslehre lässt im Resultat Christus den Menschen nicht mehr gleich sein.

„1. Wir bekennen [...] daß (ein und) derselbe nach dem Geiste Sohn Gottes und Gott, aber Sohn des Menschen nach dem Fleische ist; daß der Eine Sohn nicht zwei Naturen ist, Eine anbetungswürdige und Eine nicht anbetungswürdige, sondern Eine Natur des Gott-Logos, die Fleisch geworden ist und mit seinem Fleische in Einer Anbetung angebetet wird; und daß es nicht zwei Söhne gibt, der eine wahrhaftiger und angebeteter Sohn Gottes, der andere ein Mensch aus Maria, der nicht angebetet wird, der (nur) aus Gnade Sohn Gottes geworden ist wie die Menschen; sondern, wie gesagt, den Einen Sohn Gottes aus Gott, und (wir bekennen,) daß derselbe und kein anderer auch aus Maria in den letzten Tagen dem Fleische nach geboren worden ist. So hat ja der Engel der Gottesmutter (Theotokos) Maria gesagt: (Luk. 1,34 f.) [...] 2. Der aus der Jungfrau Maria Geborene ist von Natur und nicht durch Gnade und Teilhabe Sohn Gottes und wahrhaftiger Gott, nur nach dem

---

[38] Zu Apollinaris von Laodicea vgl. E. Mühlenberg, Art.: Apollinaris von Laodicea, in: TRE, Bd. 3, Berlin/New York 1978, S. 362–371; W.-D. Hauschild, Lehrbuch der Kirchen- und Dogmengeschichte, Bd. 1, S. 163–165; K.-H. Menke, Jesus ist Gott der Sohn, S. 230 f.

[39] Vgl. F. Loofs, Leitfaden zum Studium der Dogmengeschichte, Teil 1, S. 209 f.: „Ja, Apollinaris hat die Fragen, die sich hier ergaben, mit solchem Scharfsinn und in solcher Vollständigkeit dargelegt, daß die mehr als dreihundertjährige Diskussion des Problems bis hin zur Synode von 680 nur wenige wirklich neue Gesichtspunkte in die Debatte zu bringen vermocht hat. Auch die Schlagwörter der späteren Kämpfe finden sich der Mehrzahl nach schon bei ihm vor." Vgl. auch I. R. Torrance, Chemists or terminologists? The Christological debate from Apollinaris to Severus of Antioch, in: S. G. Hall (Ed.), Jesus Christ Today. Studies of Christology in Various Contexts, Berlin/New York 2009, S. 125–139.

[40] Apollinaris von Laodicea, Fragment 10. Zitiert nach H. Karpp, Textbuch zur altkirchlichen Christologie, S. 98.

3.1. Das christologische Dogma

aus Maria stammenden Fleische Mensch, aber nach dem Geiste ist derselbe Sohn Gottes und Gott, der unsre Leiden am Fleische erfahren hat, wie geschrieben steht: ‚Christus hat für uns gelitten am Fleische' (1. Petr. 4,1) [...] Leidensunfähig ist er geblieben und unwandelbar nach der Gottheit, gemäß dem Worte des Propheten: ‚Ich bin Gott und habe mich nicht gewandelt' (vgl. Mal. 3,6); gestorben ist er unsren Tod nach dem Fleische für unsre Sünden".[41]

Die Einheit der Person des menschgewordenen Gottessohnes ist bei Apollinaris zwar gedanklich konstruiert, aber dieser Christus ist kein wirklicher Mensch mehr. Die Kappadozier sind ihm entgegengetreten. Im Westen wurde er bereits 377 persönlich verurteilt, im Osten blieb ihm das auf der Synode von Konstantinopel im Jahre 381 noch erspart.[42] Hier verfallen seine Positionen erst sieben Jahre später, 388, dem synodalen Anathem.

Mit der Christologie von Apollinaris war das Problem virulent geworden, wie auf der Grundlage der Ablehnung des Arianismus und der Festlegung auf das homoousios das Menschsein des mit dem Vater wesenseinen Gottessohnes zu verstehen ist. Die Alte Kirche hat dieses Problem durch die Zweinaturenlehre zu lösen versucht. Sie ist das Resultat der christologischen Auseinandersetzungen in den Jahren zwischen 428 und 681. Das kirchen- und dogmengeschichtlich wichtigste Ereignis in diesen Auseinandersetzungen war das Konzil von Chalcedon im Herbst des Jahres 451. Die weitere christologische Diskussion geht von seinen Formulierungen aus.

Die zentrale christologische Frage der Alten Kirche im 5. Jahrhundert, die schließlich zu den Formeln von Chalcedon führte, lautete: Wie kann man, wenn man Jesus Christus sowohl als wahren Gott als auch als wahren Menschen versteht, das Verhältnis von Göttlichem und Menschlichem in seiner Person genauer formulieren?

In Chalcedon wurde unter maßgeblichem Einfluss des Kaisers Marcian (gest. 457) eine dogmatische Formel fixiert und staatlich sanktioniert, welche die christologischen Streitigkeiten in den Kirchen des Ostens und Westens klären sollte. Es gelang freilich nur durch einen schlechten Kompromiss.[43] Vorausge-

---

[41] Apollinaris von Laodicea, Brief an Kaiser Jovian 1–2 (363). Zitiert nach H. Karpp, Textbuch zur altkirchlichen Christologie, S. 100 f.

[42] Vgl. F. Loofs, Leitfaden zum Studium der Dogmengeschichte, Teil 1, S. 213; E. Mühlenberg, Art.: Apollinaris von Laodicea, S. 364 f.; ders., Apollinaris von Laodicea, Göttingen 1968.

[43] So das zutreffende Urteil Adolf von Harnacks. Vgl. A. v. Harnack, Lehrbuch der Dogmengeschichte, Bd. 2, S. 396 f.: „Das konnte kein frommer Grieche, der bei Athanasius und Cyrill in die Schule gegangen war, als die ‚rechte Mitte' anerkennen; das war nicht einmal eine Compromissformel wie die v. J. 433; das war der Verzicht darauf, die christologische Formel streng nach der Soteriologie auszubilden". Eine Analyse des Konzils bietet E. Mühlenberg, Das Dogma von Chalkedon: Ängste und Überzeugungen, in: J. van Oort/J. Roldanus (Hrsg.), Chalkedon: Geschichte und Aktualität. Studien zur Rezeption der christologischen Formel von Chalkedon, Leiden 1997, S. 1–23.

gangen war der Konzilsentscheidung von 451 der sogenannte nestorianische Streit. Er wurde zwischen Nestorius (gest. um 450) und Cyrill von Alexandrien (ca. 380–444) ausgetragen und führte auf der Synode von Ephesus 431 zur Verurteilung des Nestorius.[44] Der konkrete Anlass der Kontroverse war die Frage, ob man Maria als *theotokos* (Gottesgebärerin) zu bezeichnen habe, wie Cyrill behauptete, oder als *christotokos* (Christusgebärerin), wie Nestorius meinte.

In diesem Konflikt prallten die wichtigsten christologischen Konzeptionen der Alten Kirche aufeinander: die alexandrinische Christologie und die antiochenische. Während die Christologie der Alexandriner in ihrer Ausrichtung auf die Soteriologie die göttliche und menschliche Natur in der Person des Christus stärker verband und die substantielle Einheit der Person Christi betonte, rückten die Antiochener die beiden Naturen weiter auseinander und hoben deren Zweiheit hervor. Die ältere Dogmengeschichtsschreibung differenzierte beide Schulen durch die missverständliche Unterscheidung von alexandrinischer Einigungs- und antiochenischer Trennungschristologie.[45] Beide Seiten gehen jedoch von dem Inkarnationsgedanken und von der Unterscheidung der menschlichen und der göttlichen Natur aus. Sie stimmen der in Nicäa formulierten Wesensgleichheit von Gott Vater und dem Logos zu und weisen mithin die arianischen Aussagen über den Sohn zurück. Ebenso arbeiten beide Schulen die Christologie im Interesse des Erlösungsgedankens aus, der als Vergöttlichung des Menschen verstanden wird. Man hat versucht, den Gegensatz der Schulen von Alexandrien und Antiochien dadurch zu erklären, dass die gemeinsamen Voraussetzungen in unterschiedliche konzeptionelle Rahmen eingefügt werden. Während die alexandrinische Christologie die zwei Naturen in das *Logos-Sarx-Schema* (die göttliche Natur durchdringt das menschliche Fleisch) einzeichne, operiere die antiochenische Christologie mit einem *Logos-Mensch-Schema* (Annahme eines ganzen Menschen).[46] Diese Schemata stellen jedoch eine dogmatische Fiktion dar, durch die die komplexe dogmengeschichtliche Entwicklung in der Alten Kirche gleichsam auf eine fortschreitende Offenbarung der Wahrheit reduziert wird.[47]

---

[44] Vgl. J. Famerée, Ephesus and Nestorius: A Christological misunderstanding. The contribution of André de Halleux, in: S. G. Hall (Ed.), Jesus Christ Today. Studies of Christology in Various Contexts, Berlin/New York 2009, S. 105–124.

[45] So W. Pannenberg, Grundzüge der Christologie, S. 295–301; B. Hägglund, Geschichte der Theologie. Ein Abriß, Gütersloh ²1993, S. 67–81.

[46] So die grundlegende Auffassung von A. Grillmeier, Jesus der Christus im Glauben der Kirche, Bd. 1, Freiburg i.Br. 1979, S. 765–768. Dieser Auffassung und der mit ihr verbundenen Kritik an Harnacks Deutung der dogmengeschichtlichen Entwicklung hat sich K.-H. Menke, Jesus ist Gott der Sohn, S. 204–273, angeschlossen. Ebenso W. Pannenberg, Grundzüge der Christologie, S. 295–301.

[47] So die berechtigte Kritik an Alois Grillmeiers Deutung der Dogmengeschichte von E. Mühlenberg, Das Dogma von Chalkedon: Ängste und Überzeugungen, S. 4 f.

3.1. Das christologische Dogma

Die Christologie der Alexandriner knüpft an sehr unterschiedliche Motive und Traditionslinien an, und sie kommt, wie oft herausgestellt wurde, mit ihrer Konzeption der populären Frömmigkeit sehr nahe.[48] Denn sie legt im Anschluss an Origenes, Athanasius und Gregor von Nazianz (um 329–390) alles Interesse auf die Einheit des Logos mit dem geschichtlichen Christus. Die konsequenteste Durchführung dieser Christologie liegt bei Apollinaris vor, dessen Lehre am Ende des 4. Jahrhunderts verurteilt wurde. Aber seine Grundanschauung, die mit der des Athanasius übereinstimmt, wird von den alexandrinischen Theologen mit terminologischen Änderungen übernommen und weiterentwickelt. Eine grundlegende Rolle nehmen hierbei die drei Kappadozier Gregor von Nazianz, Gregor von Nyssa (um 335/340–nach 394) und Basilius von Caesarea ein, welche die terminologische Unterscheidung zwischen *hypostasis* und *ousia* einführen und auf die Christologie anwenden. Während allerdings der Begriff *hypostasis* in der Trinitätslehre die Idiomata/Eigenschaften der Person bezeichnet, soll er in der Christologie das Einende der beiden Naturen (= die φύσεις) ausdrücken, also das, wofür in der Trinitätslehre der Begriff *ousia* (= οὐσία) verwendet wurde (= das göttliche Wesen oder die göttliche Natur im Allgemeinen).

In der Christologie gehen die Alexandriner von dem Logos aus, der in Jesus Fleisch geworden ist. Für Cyrill von Alexandrien[49] ist der Logos das Personbildende in dem geschichtlichen Christus. Auch in der Menschwerdung, in der der Logos einen Leib annimmt, bleibt der Logos dieselbe eine Persönlichkeit, die er auch zuvor war. Im Unterschied zu Athanasius und Apollinaris und mit den Kappadoziern spricht er von zwei Naturen. Die zwei Naturen bilden indes lediglich den Rahmen.

„Wenn wir die Teile, aus denen der eine und einzige Sohn und Herr Jesus Christus ist, in der gedanklichen Ordnung (hes en ennoiais) nehmen, sagen wir, dass zwei Naturen geeint wurden, nach der Einigung aber […], glauben wir, dass die Natur des Sohnes eine ist, da er einer ist, obwohl Mensch und Fleisch geworden".[50]

Der menschgewordene Christus sei ἐκ δύο φύσεων εἰς (aus zwei Naturen). Zwischen den beiden Naturen in der Person Christi soll ein Austausch der Idiomata der Naturen stattfinden, aber keine Vermischung. Gleichwohl behauptet Cyrill gegen die Christologie der Antiochener – und ihre Betonung der zwei Naturen

---

[48] Vgl. nur W.-D. Hauschild, Lehrbuch der Kirchen- und Dogmengeschichte, Bd. 1, S. 177.

[49] Zu Cyrill von Alexandrien vgl. E. R. Hardy, Art.: Cyrillus von Alexandrien, in: TRE, Bd. 8, Berlin/New York 1981, S. 254–260; J. A. McGuckin, St. Cyril of Alexandria, the Christological Controversy. Its history, theology, and texts, Leiden 1994; W.-D. Hauschild, Lehrbuch der Kirchen- und Dogmengeschichte, Bd. 1, S. 176–178.

[50] Cyrill von Alexandrien, in: E. Schwartz, Acta conciliorum oecumenicorum, 1, 1, 4, S. 26, 6–9. Zitiert nach G. Münch-Labacher, Cyrill von Alexandrien. Gottessohnschaft Jesu, in: W. Geerlings (Hrsg.), Theologen der christlichen Antike. Eine Einführung, Darmstadt 2002, S. 115–128, hier S. 125.

in dem Menschgewordenenen – die physische Einheit in Christus. Hierzu kann er die apollinarische Formel von der „einen Fleisch gewordenen Natur des Logos" aufgreifen.[51] Dadurch wird freilich die menschliche Natur Christi unterminiert. Sie ist nicht nur unpersönlich, sondern sie ist auch nur das Kleid des Logos, welches er sich einverleibt hat.[52]

Das Interesse an der substantiellen Einheit der beiden Naturen führt bei den Alexandrinern zur tendenziellen Aufhebung der menschlichen Natur. Die antiochenischen Theologen Diodor von Tarsus (gest. 394) und Theodor von Mopsuestia (gest. 428) betonen hingegen den Unterschied der beiden Naturen in dem menschgewordenen Christus und verstehen deren Einheit nicht – wie die Alexandriner – als eine physische oder substantielle Einheit, sondern als eine moralische Vereinigung, eine Einheit im Willen.[53] Ihre Christologie ist also anti-apollinarisch. Sie wollen ebenso die Wesenseinheit des Logos mit dem Vater als auch die Menschheit des irdischen Christus betonen. Diese doppelte Betrachtung des geschichtlichen Christus zog nicht nur den Verdacht auf sich, als würden in der antiochenischen Christologie zwei Söhne gelehrt, nämlich der Logos und der von Maria geborene Jesus, sondern belebte auch das alte Schreckgespenst des von Paul von Samosata gelehrten dynamischen Monarchianismus, demzufolge Marias Sohn ein zu göttlicher Würde erhobener Mensch wäre. So gewiss es den Antiochenern gelang, Züge des biblischen Christusbildes, wie seine menschlichen Bedürfnisse, sein Zagen und seine Angst, aufzunehmen, so ungelöst blieb doch das grundlegende Problem dieser Christologie, die Einheit der Person des geschichtlichen Christus in seinen beiden Naturen deutlich zu machen.

An die antiochenische Tradition knüpfte Nestorius an, der seit April 428 Patriarch von Konstantinopel war. Auch er lehrt die Eigentümlichkeit der beiden Naturen beziehungsweise Hypostasen in der einen Person (Prosopon) Christi. Den Menschgewordenen bezeichnet er als Christus, Sohn, Herrn, und auf ihn bezieht er die christologischen Aussagen. Dabei ist in dem geschichtlichen Christus der Sohn der eigentlich Präexistente.[54] Gegen Nestorius und

---

[51] So G. Münch-Labacher, Cyrill von Alexandrien, S. 125.
[52] Vgl. Cyrill von Alexandrien, ep. 45,2, in: ders., Select Letters, ed. and transl. by L. R. Wickham, Oxford 1983, S. 70–83. Vgl. F. Loofs, Leitfaden zum Studium der Dogmengeschichte, Teil 1, S. 231: „Die Formel soll das θεωρία, aber θεωρία μόνη, διακρίνειν der beiden Naturen nach der ἕνωσις nicht verbieten, behauptet auch nicht, daß die menschliche Natur Christi vor der ἕνωσις irgendwie [...] existiert habe; sie besagt, daß Cyrill die menschliche Natur Christi nur *in abstracto*, nur im Ansatz, d.i. als für sich *betrachteten* Teil der mit der ἕνωσις erfolgten σύνθεσις, dem Logos gegenüber isolieren will."
[53] Zur Christologie der antiochenischen Schule vgl. W.-D. Hauschild, Lehrbuch der Kirchen- und Dogmengeschichte, S. 165–169. 175 ff.
[54] Vgl. W.-D. Hauschild, Lehrbuch der Kirchen- und Dogmengeschichte, Bd. 1, S. 175; F. Loofs, Leitfaden zum Studium der Dogmengeschichte, Teil 1, S. 229.

seine doppelte Betrachtungsweise des geschichtlichen Christus wandte Cyrill ein, der Patriarch von Konstantinopel lehre zwei Söhne.

„Wenn jemand die in den Evangelien und Apostelschriften vorkommenden Worte – mögen die Heiligen sie von Christus sagen oder er von sich selbst – nach zwei Prosopa oder Hypostasen aufteilt und die einen (sozusagen) dem Menschen zuschreibt, der neben dem aus Gott (kommenden) Logos besonders gedacht wird, die andern als Gott angemessene nur dem Logos aus Gott dem Vater, der sei verdammt."[55]

Auf einem vom Kaiser im Jahre 431 in Ephesus einberufenen Konzil gelang es Cyrill, seine Position durchzusetzen und Nestorius verurteilen zu lassen. Daraufhin setzten die Antiochener auf ihrem Conciliabulum Cyrill und seine Parteigenossen ab. Zwar hatte der Kaiser zunächst beide Absetzungen bestätigt, aber Nestorius starb in der Verbannung, während Cyrill restituiert wurde und sich die Gunst des Kaisers zu erwerben vermochte. Im Jahre 433 versuchte Cyrill, seinen Einfluss im Osten durch eine ‚Unionsformel' mit den Antiochenern zu stärken.[56] Die Formeln dieses Unionssymbols waren zweideutig und verschleierten eher die Gegensätze zwischen Alexandrien und Antiochia. Cyrill gelang es jedoch, Nestorius erneut verurteilen zu lassen und die gemäßigten Antiochener (Theodoret [393–460]) auf seine Seite zu ziehen. Cyrill starb 444, und sein Nachfolger Dioskur (gest. 454) versuchte, den Einfluss von Alexandria weiter auszubauen. Im Streit um die Christologie des Archimandrit Eutyches (um 380–um 456) gelang es ihm, seine Position durchzusetzen. Eutyches, der weit über Cyrill hinausgehend lehrte, dass in dem menschgewordenen Christus die menschliche Natur uns nicht gleich sei (μία φύσις nach der Vereinigung der beiden Naturen), wurde im November 448 auf einer Synode in Konstantinopel durch Flavian von Konstantinopel (amt. 446–449) abgesetzt, nachdem er von Domnus von Antiochien (amt. 441–449) und Eusebius von Dorylaeum (5. Jh.) als Valentinianer und Apollinarist angeklagt worden war.[57] Ein Jahr später gelang es Dioskur unter massivem politischen Druck auf der Synode von Ephesus, der sogenannten Räubersynode, Eutyches zu rehabilitieren und die führenden antiochenischen Theologen (Flavian, Eusebius von Doryläum, Theodoret, Domnus von Antiochien) als Nestorianer anzuklagen und abzusetzen. Die alexandrinische Position – Christus sei *aus zwei Naturen*, aber nach der Menschwerdung ist *die Natur des Sohnes eine* – hatte sich im Osten durchgesetzt. Allerdings war der Sieg des Dioskur nur von kurzer Dauer. Sowohl der römische Bischof als auch der Kaiser versuchten, den Einfluss der alexandrini-

---

[55] Cyrill von Alexandrien, Anathematismen gegen Nestorius Nr. 4 (Nov. 430). Zitiert nach H. Karpp, Textbuch zur altkirchlichen Christologie, S. 121 f.
[56] Vgl. W.-D. Hauschild, Lehrbuch der Kirchen- und Dogmengeschichte, Bd. 1, S. 180 f.
[57] Zu Eutyches und dem Streit um seine Christologie vgl. L. R. Wickham, Art.: Eutyches/Eutychianischer Streit, in: TRE, Bd. 10, Berlin/New York 1982, S. 558–565.

3. Die dogmatische Christologie und ihre Auflösung seit der Aufklärung

schen Kirche zu brechen. Dies gelang auf der Synode von Chalcedon, die vom 8. Oktober bis 22. Oktober 451 tagte.
Das Konzil sollte eine Einigung herbeiführen. Im Konzilstext heißt es:

„Den heiligen Vätern folgend, lehren wir alle übereinstimmend, (I) als *einen und denselben Sohn*[58] unsern Herrn Jesus Christus zu bekennen, denselben *vollkommen in der Gottheit*[59] und denselben vollkommen in der Menschheit, wahrhaft Gott und denselben wahrhaft Mensch, *aus Vernunftseele und Leib*,[60] *wesensgleich* [ὁμοούσιον] *dem Vater nach der Gottheit*[61] und denselben *uns wesensgleich nach der Menschheit*,[62] in allem uns gleich, ausgenommen die Sünde [vgl. Hebr. 4, 15], vor den Äonen aus dem Vater geboren nach der Gottheit, aber in den letzten Tagen denselben um unsertwillen und um unsres Heils willen (geboren) aus Maria, der Jungfrau, der *Gottesmutter* [θεοτόκου],[63] nach der Menschheit, einen und denselben Christus, Sohn, Herrn, Einziggeborenen, *in zwei Naturen*[64] *unvermischt, unverwandelt*,[65] *ungetrennt, unzerteilt*[66] [ἐν δύο ψύσεσιν ἀσυγχύτως ἀτρέπτως ἀδιαιρέτως ἀχωρίστως] erkannt, wobei keinesfalls die Verschiedenheit der Naturen wegen der Einigung aufgehoben ist, vielmehr die Eigentümlichkeit jeder Natur erhalten bleibt und zu Einer Person und Einer Hypostase [εἰς ἕν πρόσωπον καὶ μίαν ὑπόστασιν] vereinigt wird, nicht in zwei Personen geteilt oder getrennt, sondern einen und denselben einziggeborenen Sohn, Gott-Logos, Herrn Jesus Christus, wie von alters her die Propheten von ihm und Jesus Christus selber uns gelehrt haben und das Bekenntnis der Väter uns überliefert hat."[67]

Das Konzil von Chalcedon bestätigte das Symbol der Synoden von Nicäa und Konstantinopel (325/381) sowie von Ephesus (431), behauptete die volle Gottheit Christi und ergänzte diese Lehrmeinung durch das Bekenntnis zur vollen Menschheit: Christus ist wahrer Gott und seiner Gottheit nach wesenseins (homoousios) mit dem Vater; er ist zugleich wahrer Mensch und seiner Menschheit nach wesenseins (homoousios) mit uns. Die Erweiterungen erschienen angesichts der neuen Häresien als notwendig. Bezüglich der Person des Gottmenschen hält das Konzil mit der antiochenischen Schule an zwei Naturen in Christus fest (ἐν δύο φύσεσιν), die unvermischt und unverändert seien. Gegen die antiochenische Schule betont die Formel von Chalcedon im Hinblick auf die Personeinheit die Ungeteiltheit und Ungetrenntheit der beiden Naturen. Mit dem 451 erzielten Kompromiss wird allerdings, wie Adolf von Harnack zu Recht hervorgehoben

---

[58] Gegen Nestorius und seine Unterscheidung von David- und Gottessohn.
[59] Gegen den Dynamismus, Arius und Nestorianismus.
[60] Gegen Apollinaris, der an die Stelle der menschlichen Vernunft den Logos setzt.
[61] Bekenntnis von Nicäa.
[62] Gegen Eutyches.
[63] Cyrill gegen Nestorius.
[64] Entspricht der abendländischen Christologie: Tertullian.
[65] Gegen Eutyches und Apollinaris.
[66] Gegen Nestorius.
[67] Das Symbol von Chalcedon, 25. Oktober 451, in: H. Karpp, Textbuch zur altkirchlichen Christologie, S. 138–140 (Hervorhebungen vom Vf.).

hat, die religiöse Dimension der Christologie in das logische Problem transformiert, wie zwei Naturen in einer Person eins sein können.[68]

(3.) Das auf dem Konzil von Chalcedon formulierte christologische Dogma bietet keine positive Beschreibung der Personeinheit von Jesus Christus, sondern es lehnt lediglich einseitige Bestimmungen als unangemessen ab. Insgesamt ist die Formel ein Kompromiss zwischen der alexandrinischen und antiochenischen Schule, der schon bald zu neuen Kontroversen führte. Sie fußen nicht nur auf unterschiedlichen Interpretationen, sondern vor allem darauf, dass die Formel von Chalcedon nicht den christologischen Anschauungen des Ostens entsprach. Denn die Formulierung ging im Wesentlichen auf den *Tomus Leonis* vom 13. Juni 449 zurück und damit auf die christologische Tradition des Abendlandes.[69] Zahlreiche orientalische Kirchen empfanden bestimmte Formulierungen des Konzils als monophysitische Häresie und opponierten gegen sie. Die alexandrinischen Theologen sahen in dem Text die Einheit der Person Christi nicht angemessen zum Ausdruck gebracht und somit in der Formel einen Sieg der antiochenischen Christologie.

Die wichtigsten Oppositionsgruppen waren ‚monophysitische' Fraktionen, von denen man zwei Hauptgruppierungen unterscheidet, eine gemäßigte und eine radikalere.[70] Severus von Antiochia (ca. 456–538) – der wichtigste Vertreter der Gemäßigten – knüpft an Cyrill von Alexandrien an.[71] Das Symbol von Chalcedon lehnt er als Neuerung ab. Mit Cyrill besteht Severus auf einer begrifflichen Unterscheidung der beiden Naturen. Er interpretiert die φύσις der fleischgewordenen Natur des einigen Logos Gottes im Sinne von Hypostase oder Person und nicht als Wesen. Es soll also die Einheit der Person Christi betont werden, die Severus und seine Mitstreiter durch die Formulierung des Chalcedonense – in zwei Naturen – nicht gewährleistet sahen.[72]

---

[68] Vgl. A. v. Harnack, Grundriß der Dogmengeschichte, S. 258. Harnacks Deutung hat E. Mühlenberg, Das Dogma von Chalkedon, S. 1–23, aufgenommen.

[69] Der Brief von Papst Leo I. an Flavian von Konstantinopel, der Tomus Leonis, ist abgedruckt in: H. Karpp, Textbuch zur altkirchlichen Christologie, S. 135–137. Vgl. W.-D. Hauschild, Lehrbuch der Kirchen- und Dogmengeschichte, S. 181–183.

[70] Vgl. W.-D. Hauschild, Lehrbuch der Kirchen- und Dogmengeschichte, Bd. 1, S. 187–189. Von der älteren Literatur ist heranzuziehen A. v. Harnack, Lehrbuch der Dogmengeschichte, Bd. 2, S. 400–424.

[71] Vgl. I. R. Torrance, Art.: Severus von Antiochien, in: TRE, Bd. 31, Berlin/New York 2000, S. 184–186.

[72] Vgl. F. Loofs, Leitfaden zum Studium der Dogmengeschichte, Teil 1, S. 240: *„Das Götzenbild mit zwei Gesichtern, das von Leon und der Versammlung zu Chalkedon aufgerichtet war*, wollten freilich auch die Severianer nicht anbeten. Aber Severus tadelte am Chalcedonense nur das, was nicht cyrillisch war: das ἐν δύο φύσεσιν und die Anerkennung des Briefes Leos."

3. Die dogmatische Christologie und ihre Auflösung seit der Aufklärung

Die andere, radikalere Gruppe meint, die menschliche Natur Christi sei im Einklang mit der göttlichen verwandelt worden. Christus sei zwar einer ‚aus zwei Naturen', aber eben nicht ‚in zwei Naturen'. Durch die Menschwerdung des Logos wird auch das menschliche Fleisch Christi vergöttlicht. Damit ist freilich das Menschsein Christi aufgehoben. Ein wichtiger Vertreter dieser radikaleren monophysitischen Position ist Julian von Halikarnassus (gest. nach 527). Für ihn gehen die Idiome der Gottheit auf die menschliche Natur über, so dass auch der Leib Christi seit seiner Menschwerdung unvergänglich ist. Die affektiven Momente des biblischen Christusbildes können dann freilich nicht mehr auf einer notwendigen Folge seines Wesens beruhen, sondern sie verdanken sich allein ihrer freien Übernahme durch den Gottmenschen. Die monophysitischen Richtungen, die sich im 5. Jahrhundert herausgebildet haben, kritisieren die chalcedonensische Rede von den zwei Naturen in der einen Person des Christus, da sie befürchten, durch das Chalcedonense werde dessen personale Einheit preisgegeben. Ihr Vorschlag, die Fleischwerdung des Logos als Vergöttlichung der menschlichen Natur zu verstehen, ist indes nicht weniger problematisch und kaum noch mit dem biblischen Christusbild in Einklang zu bringen.

Monophysitische Christologien:
- Die Einheit der Person wird betont.
- Christus ist ‚aus zwei Naturen', aber nicht ‚in zwei Naturen'.
- Gemäßigte Richtung (Severus von Antiochia): Chalcedonense wird als Neuerung kritisiert; begriffliche Unterscheidung der beiden Naturen wird zugestanden.
- Radikalere Richtung (Julian von Halikarnassus): Durch die Menschwerdung wird die menschliche Natur Christi im Einklang mit der göttlichen verwandelt; die Idiome der Gottheit gehen auf die menschliche Natur über.

Leontius von Byzanz (ca. 500–543) – so die ältere Forschung – hatte die von den Monophysiten markierten Probleme aufgenommen und mit dem Enhypostasie- beziehungsweise Anhypostasiebegriff eine Lösung des Gegensatzes von monophysitischer und dyophysitischer Christologie gegeben.[73] In der neueren Forschung werden die einschlägigen Texte jedoch nicht mehr ausschließlich Leontius von Byzanz, sondern auch Leontius von Jerusalem zugeschrieben, und man spricht vom Corpus Leontianum.[74] Jenes greift auf den in der Trinitätslehre gebräuchlichen Begriff der *Hypostasis* und die aristotelische Philosophie zu-

---

[73] Vgl. C. Markschies, Art.: Enhypostasie/Anhypostasie, in: RGG⁴, Bd. 2, Tübingen 1999, Sp. 1315 f.

[74] Zur neueren Debatte um Leontius von Byzanz und das Corpus Leontianum vgl. D. B. Evans, Art.: Leontius von Byzanz, in: TRE, Bd. 21, Berlin/New York 1991, S. 5–10; K.-H. Menke, Jesus ist Gott der Sohn, S. 265–268; W.-D. Hauschild, Lehrbuch der Kirchen- und Dogmengeschichte, Bd. 1, S. 192; K.-H. Uthemann, Art.: Leontius von Byzanz, in: RGG⁴, Bd. 5, Tübingen 2002, Sp. 272 f.; ders., Leontius von Jerusalem, in: RGG⁴, Bd. 5, Tübingen 2002, Sp. 273 f.

rück, wodurch sich die Möglichkeit eröffnet, die chalcedonensische Unterscheidung von Natur und Person im Sinne Cyrills zu interpretieren. Das griechische Wort Hypostasis bedeutet, dass etwas für sich selbst als selbständiges Subjekt existiert. In der christologischen Debatte der Alten Kirche wurde Christus als eine Hypostase (= Person) in zwei Naturen (= Wesen) verstanden. Werden die beiden Naturen, also die menschliche und die göttliche, als vollständig gesehen, dann ist nicht zu verstehen, wie sie eine Person bilden sollen. Fasst man eine der beiden Naturen als nicht vollständig auf, dann ist aufgrund dieses Defektes Christus entweder nicht mehr wahrer Mensch oder nicht mehr wahrer Gott. Im Corpus Leontianum wird der Vorschlag unterbreitet, eine Natur zu denken, die kein selbständiges Sein hat (griech. ἀνυπόστατος), sondern in einem anderen existiert. Das aber sei bei der menschlichen Natur, die der ewige Logos in der Zeit angenommen habe, der Fall. Die menschliche Natur ist also nicht ohne Hypostase, sie hat nur diese nicht in sich selbst, sondern im Logos (griech. ἐνυπόστατος). Christus ist somit zwar in zwei Naturen, aber das Personbildende ist allein der Logos. Folglich hat Christus auch nur eine Hypostase. Wie bereits bei Apollinaris, so wird auch im Corpus Leontianum die Vorstellung der Idiomenkommunikation (Mitteilung der Eigenschaften) zum grundlegenden Gedanken.[75]

En- und Anhypostasie:
– Die menschliche Natur in Christus hat kein selbständiges Sein (ἀνυπόστατος).
– Die menschliche Natur in der Person Christi hat ihre Hypostase im Logos (ἐνυπόστατος).

Durch Justinian I. (um 482–565) wurde die von den beiden Namensvettern konzipierte Enhypostasie- und Anhypostasielehre im Osten durchgesetzt. Sie diente als Vermittlungsversuch zwischen den monophysitischen und den dyophysitischen Anschauungen, brachte aber kein Ende der christologischen Streitigkeiten. Denn nach wie vor empfand der Osten die Formel von Chalcedon als aufgezwungen. Gravierender war freilich der Umstand, dass das Chalcedonense für mehr als eine Auslegung offen war. Im 7. Jahrhundert wurde so zum Beispiel die Frage aufgeworfen, ob in Christus nur ein einziger Wille sei oder aufgrund seiner beiden Naturen zwei Willen. Die biblische Szene, welche die Debatte motivierte, ist die Gethsemaneerzählung in Lk 22,42: „Vater, willst du, so nimm diesen Kelch von mir; *doch nicht mein, sondern dein Wille geschehe!*" Die Kontroverse kam in Gang durch den Patriarchen Sergius von Konstantinopel (amt. 610–638). Er schlug, um die Monophysiten zu gewinnen, dem Kaiser Heraklius (610–641) eine Formel vor, derzufolge der aus zwei Naturen bestehende Christus alles mit einer gottmenschlichen Energie gewirkt habe. Die sogenannten

---

[75] Vgl. A. v. Harnack, Grundriß der Dogmengeschichte, S. 261.

Monotheleten akzeptierten zwar die Zweinaturenlehre, nahmen aber nur einen Willen in Christus an. Das Personbildende in ihm ist der als Wille gedeutete Logos. Der Monotheletismus möchte also wie auch der Monophysitismus der Einheit der Person Rechnung tragen. Er konstruiert allerdings die menschliche Natur des Gottmenschen ohne einen eigenen Willen und handelt sich nicht geringe Schwierigkeiten ein, Lk 22,42 zu erklären.

Widerstand gegen die Formeln von Sergius kam von dem Jerusalemer Bischof Sophronius (gest. 638). Er hielt die Position von Sergius nicht ohne Grund für tendenziell apollinarisch und hatte mit seiner Argumentation Erfolg: Eine römische Synode verurteilte bereits im Jahre 641 den Monotheletismus.

Die aristotelische Philosophie sowie die Theologie des Corpus Leontianum erlaubten dagegen eine Deutung des Chalcedonense, die es ermöglichte, das Willensproblem auf der Ebene der Naturen und nicht auf der der Person zu erörtern. Der *Dyotheletismus* erschien seinen Verfechtern als notwendige Konsequenz des Chalcedonense. Den Monotheleten warfen die Dyotheleten – nicht ohne biblischen Grund – Doketismus vor. Wenn die menschliche Natur in Christus vollständig ist, dann muss ihr auch ein Wille zukommen. Allerdings standen sie mit der Annahme von zwei Willen in der einen Person des Christus vor dem Problem, deutlich machen zu müssen, wie die beiden Willen durchweg harmonieren und in ihrem Handeln übereinstimmen. Sie lösten das intrikate Problem durch die Behauptung, der göttliche Wille bestimme in dem Gottmenschen den menschlichen und wirke durch ihn. Der bedeutendste Vertreter des Dyotheletismus war Maximus Confessor (ca. 580–662).[76] Seine Auffassung von den beiden Willen in Christus wurde auf dem 3. Konzil von Konstantinopel im Jahre 681, der sogenannten Trullanischen Synode, dogmatisch fixiert.

Mit der dogmatischen Feststellung von zwei Willen in der einen Person des Christus kam die altkirchliche christologische Debatte zu einem Abschluss. Die Formeln, die in der Alten Kirche aufgestellt wurden, haben die christologische Debatte bis in die Moderne geprägt. Dem Anspruch nach möchte das altkirchliche christologische Dogma die biblische Geschichte Jesu von Nazareth gleichsam auf den Begriff bringen. Die Mittel, die es hierzu aufbietet, sind freilich höchst unzureichend. Sie entstammen der antiken griechischen Philosophie, insbesondere dem mittleren Platonismus. Problematisch ist nicht nur die Orientierung der altkirchlichen Christologie am Naturbegriff, sondern auch der Versuch, eine Theorie der gottmenschlichen Person zu konstruieren. Dieser Versuch treibt, wie bereits die altkirchliche christologische Debatte zeigte, von

---

[76] Zu Maximus Confessor vgl. C. De Vocht, Art.: Maximus Confessor, in: TRE, Bd. 22, Berlin/New York 1992, S. 298–304.

einer Aporie in die andere. Eine Lösung des christologischen Problems ist, wie es scheint, in diesem Rahmen nicht möglich.

3.1.2. Die christologische Lehrentwicklung im Mittelalter

Literatur:

W.-D. Hauschild, Lehrbuch der Kirchen- und Dogmengeschichte. Bd. 1: Alte Kirche und Mittelalter, Gütersloh 1995, S. 549–636.

G. Plasger, Die Not-wendigkeit der Gerechtigkeit. Eine Interpretation zu „Cur deus homo" von Anselm von Canterbury, Münster 1993.

R. Schwarz, Gott ist Mensch. Zur Lehre von der Person Christi bei den Ockhamisten und bei Luther, in: ZThK 63 (1966), S. 289–351.

Die mittelalterliche Theologie hat an die altkirchlichen christologischen Formeln angeknüpft, aber von einer eigentlichen Weiterentwicklung der christologischen Problemstellungen im Hinblick auf die Personchristologie kann nicht die Rede sein. Das zentrale Thema der christologischen Debatten im Mittelalter bleibt die Vereinigung der beiden Naturen in der Person des Gottmenschen. Allerdings tritt mit der von Anselm von Canterbury (um 1033–1109) ausgearbeiteten Versöhnungslehre ein gegenüber den antiken Konzeptionen der Erlösung neuer Aspekt in die Debatten, der bis in die Gegenwart zu Kontroversen führte.

(1.) Die für die westliche Theologie wirkungsgeschichtlich bedeutsamste Versöhnungslehre stammt von Anselm von Canterbury. In seiner Schrift *Cur Deus homo* aus dem Jahre 1098 geht es ihm um den Nachweis der Notwendigkeit der Menschwerdung Gottes in Christus.[77] Sie wird von Anselm in seinem Text in aufeinander aufbauenden Argumentationsschritten *sola ratione* begründet.

Anselm setzt in *Cur Deus homo* mit dem Gedanken ein, dass der Mensch Gott die Unterwerfung unter seinen Willen schuldet. Durch die Sünde hat der Mensch jedoch das, was er Gott schuldet, verweigert und dadurch die von Gott gesetzte Ordnung der Schöpfung zerstört sowie die Ehre des Schöpfers verletzt.

„Aller Wille der vernunftbegabten Schöpfung muß dem Willen Gottes unterworfen sein. [...] Das ist das Geschuldete, was Engel und Mensch Gott schulden; keiner, der es einlöst, sündigt, und jeder, der es nicht einlöst, sündigt. [...] Wer diese schuldige Ehre Gott nicht erweist, nimmt Gott, was ihm gebührt, und entehrt Gott; und das heißt ‚sündigen'. Solange er aber nicht einlöst, was er geraubt, bleibt er in Schuld. Und es genügt nicht, nur das zurückzugeben, was geraubt wurde, sondern wegen der zugefügten Entehrung muß er

---

[77] Anselm von Canterbury, Cur deus homo. Warum Gott Mensch geworden, lateinisch-deutsch, Darmstadt ⁵1993. Vgl. G. Plasger, Die Not-wendigkeit der Gerechtigkeit. Eine Interpretation zu „Cur deus homo" von Anselm von Canterbury, Münster 1993; H.-M. Rieger, Anselm von Canterbury, Cur Deus homo (1098), in: C. Danz (Hrsg.), Kanon der Theologie, Darmstadt ³2012, S. 59–65.

mehr erstatten, als er genommen hat. [...] So muß also jeder, der sündigt, bei Gott die geraubte Ehre einlösen, und das ist die ‚Genugtuung', die jeder Sünder Gott leisten muß."[78]

Die durch den Fall des Menschen verursachte Störung der Schöpfungsordnung kann Gott jedoch nicht einfach vergeben, da das seiner Gerechtigkeit widersprechen würde. Die Gerechtigkeit Gottes verlangt vielmehr die Bestrafung der Sünder, damit der verletzten Ehre Genugtuung geleistet werden kann. Die hieraus resultierende Alternative von Strafe oder Genugtuung (*poena aut satisfactio*) entscheidet Anselm zugunsten der satisfactio, da eine Bestrafung des Sünders dem Heilsziel der Schöpfung widersprechen würde. Die Notwendigkeit der Menschwerdung Gottes resultiert aus der Überlegung, dass der Mensch zur Wiedergutmachung seiner Schuld zwar verpflichtet ist, jedoch selbst nicht die durch die Störung der Schöpfungsordnung verletzte Ehre Gottes wieder herstellen kann. Denn einerseits ist der Mensch bereits zum Gehorsam gegenüber Gott verpflichtet, und andererseits müsste der Mensch eine Genugtuung leisten, zu der es gerade nicht ausreicht, wenn er Gott lediglich das zurückgibt, was er ihm geraubt hat. Wegen der Schwere der Schuld kann die Satisfaktion nur im Aufbringen von etwas bestehen, das größer ist als alles, was außerhalb von Gott existiert.

„Das aber kann nicht geschehen, wenn es nicht jemanden gibt, der Gott für die Sünde des Menschen etwas Größeres gibt, als alles, was außerhalb Gottes existiert. [...] Auch ist es notwendig, daß der, der aus seinem Eigenen Gott etwas wird geben können, das alles, was unter Gott steht, überragt, größer ist als alles, was Gott nicht ist. [...] Nichts aber ist über allem, was Gott nicht ist, außer Gott. [...] Also kann diese Genugtuung nur Gott leisten. [...] Es darf sie aber niemand leisten außer dem Menschen. [...] Wenn also, wie es feststeht, notwendig ist, daß aus den Menschen jene himmlische Stadt vollendet wird und das nicht geschehen kann, wenn nicht die erwähnte Genugtuung erfolgt, die einerseits nur Gott leisten kann und andererseits nur der Mensch leisten darf: so ist es notwendig, daß sie ein Gott-Mensch leiste."[79]

Der abschließende Gedanke Anselms zieht nun lediglich die Konsequenz aus den vorangehenden Überlegungen: Die geforderte Genugtuung kann nur von Gott selbst geleistet werden, sie muss jedoch vom Menschen geleistet werden. Aufgrund dieser Konstellation kann die Genugtuung für die Verletzung der Ehre Gottes nur von einem Gottmenschen erbracht werden, eben von Jesus Christus. Die von Christus geleistete satisfactio besteht in der Hinnahme des Todes am Kreuz als des schwerstmöglichen Opfers. Da er aber sündlos ist, benötigt er das Opfer nicht für sich selbst. Deshalb kann der Ertrag den Menschen zugute kommen, die mit ihm im Glauben verbunden sind.[80] Christus „opferte

---

[78] Anselm von Canterbury, Cur deus homo, S. 41.
[79] Anselm von Canterbury, Cur deus homo, S. 97–99.
[80] Anselm von Canterbury, Cur deus homo, S. 115: „Nichts Härteres aber und Schwereres

dem Vater freiwillig, was er durch keine Notwendigkeit jemals verlieren sollte, und löste für die Sünder ein, was er für sich nicht schuldig war".[81]

Gegenüber der antiken Christologie, welche an der Gestaltung der Personchristologie orientiert war und diese im Interesse des soteriologischen Motivs der Vergottung des Menschen ausarbeitete, rückt Anselm mit dem Schuldgedanken einen ethischen Aspekt in den Mittelpunkt der christologischen Konstruktion. Die Menschwerdung Gottes ist die Konsequenz des Sündenfalls des Menschen. Der Gedankengang von Anselm zielt auf die Bußlehre der Kirche, die wiederum die durch Christus in seinem Leiden erbrachten überschüssigen Verdienste (*thesaurus ecclesiae*) verwaltet. Obwohl Anselms Neuansatz für die weitere Geschichte der Versöhnungslehre bestimmend blieb, ist er bis in die Gegenwart umstritten gewesen.[82] Insbesondere die Vorstellung eines beleidigten Gottes, der zur Wiederherstellung seiner Ehre eines äquivalenten Opfers bedarf, ist nur äußerst schwer mit dem christlichen Gottesgedanken zu vereinbaren.[83]

Der Anselmschen Versöhnungslehre hat schon Petrus Abaelard (1079–1142) scharf widersprochen und den Kreuzestod Christi als Darstellung der Liebe Gottes interpretiert. Gott wird nicht Mensch, um die Menschheit vom Teufel zu befreien oder Gott eine Satisfaktionsleistung darzubringen, sondern um durch Christus die Liebe zu Gott und zum Nächsten zu wecken.[84]

(2.) Die christologische Debatte in der mittelalterlichen Theologie knüpft – vermittelt durch Augustin (354–430) – an die altkirchlichen Formeln der Christologie an.[85] Das Grundthema der mittelalterlichen Christologie ist mit

---

kann der Mensch zur Ehre Gottes freiwillig und ohne Schuldigkeit erleiden als den Tod; und der Mensch kann sich selber in keiner Weise mehr Gott hingeben, als wenn er sich zu seiner Ehre dem Tode ausliefert."

[81] Anselm von Canterbury, Cur deus homo, S. 145.

[82] Zur neueren Debatte um die Versöhnungslehre von Anselm vgl. G. Plasger, Die Not-wendigkeit der Gerechtigkeit; H.-M. Rieger, Der Gottesdienst des Gekreuzigten. Zum systematisch-theologischen Problemniveau von Anselms „Cur deus homo", in: NZSTh 47 (2005), S. 173–197.

[83] Vgl. nur Adolf von Harnacks zusammenfassende Beurteilung der Versöhnungslehre Anselms: Der von Anselm seiner Versöhnungslehre zugrunde gelegte Gottesbegriff sei, so Harnack, ein „mythologische[r] Begriff Gottes als des mächtigen Privatmanns, der seiner beleidigten Ehre wegen zürnt und den Zorn nicht eher aufgibt, als bis er irgend ein mindestens gleich grosses Aequivalent erhalten hat" (A. v. Harnack, Lehrbuch der Dogmengeschichte, Bd. 3, S. 408).

[84] Vgl. R. Peppermüller, Art.: Abaelard, in: TRE, Bd. 1, Berlin/New York 1977, S. 7–17, bes. S. 13.

[85] Einen ersten Überblick über die christologische Debatte im Mittelalter bietet: R. Williams, Art.: Jesus Christus III., in: TRE, Bd. 16, Berlin/New York 1987, S. 745–759. Zur Christologie von Augustin vgl. K. Ruhstorfer, Christologie, Paderborn/München/Wien/Zürich 2008, S. 195–202; H. R. Drobner, Person-Exegese und Christologie bei Augustinus.

dem Inkarnationsgedanken vorgegeben: Wie kann der unveränderliche Gott etwas werden, ohne dass es zu einer Veränderung oder Wandlung Gottes kommt? Damit steht das Problem der Konstruktion des Gottmenschen in seinen beiden Naturen im Fokus der Debatten. In seinem *Liber Sententiarum* unterscheidet der Abaelard-Schüler Petrus Lombardus (1095/1100–1160) drei Theorien, in denen das Verhältnis von Gott und Mensch in der Person des Gottmenschen bestimmt wird: (1) Assumptions-, (2) Subsistenz- und (3) Habitustheorie.[86]

Die Ausgestaltung der Zweinaturenlehre im Mittelalter:
– Assumptionstheorie (Hugo von St. Victor)
– Subsistenztheorie (Gilbert von Poitiers)
– Habitustheorie (Petrus Abaelard)

Die Vereinigung der unveränderlichen göttlichen Natur mit einer veränderlichen menschlichen in einer Person Christi wird Hugo von St. Victor (um 1097–1141) zufolge durch den Logos vollzogen, der die menschliche Seele und den Leib Christi verbindet. In der *assumptio* (Aufnahme) der menschlichen Natur in die göttliche durch den Logos ist dieser personbildend.[87] Hugos *Assumptionstheorie* knüpft an die überlieferten Bestimmungen der Zweinaturen- und der Enhypostasielehre an und betont die Einheit der beiden Naturen in der Person Christi. „Propterea quod facit Deus facit homo, et quod facit homo facit Deus; quia non duo, sed unus, Deus et homo".[88] Die Aufnahme der menschlichen Natur in die göttliche wirft freilich wie bereits die alexandrinische Christologie die Frage auf, wie unter diesen Voraussetzungen noch das Menschsein Jesu Christi behauptet werden kann.

In der Franziskanerschule wurde die Christologie Hugo von St. Victors durch Alexander von Hales (1185–1245), Bonaventura (1221–1274) und mit Modifikationen von Johannes Duns Scotus (1266–1308) weitergeführt,[89] aber sie fand auch scharfe Kritiker. Gilbert von Poitiers (um 1080–1155) wandte gegen sie ein, wie man von einer Aufnahme der Menschheit durch den göttlichen Logos sprechen könne, wenn doch beide identisch sein sollen.[90] Er selbst möchte

---

Zur Herkunft der Formel Una Persona, Leiden 1986; W. Geerlings, Christus exemplum. Studien zur Christologie und Christusverkündigung Augustins, Mainz 1978.
  [86] Vgl. Petrus Lombardus, Sententie in IV Libris Distinctae. Editiones Collegii S. Bonaventurae ad Claras Aquas Grottaferrata, Rom 1971, Sent. III, d. 6, c. 1–6.
  [87] Hugo von St. Victor, De sacramentis II,1, 9 = PL 176, 394 BC: „Assumens et assumptus una persona est." Zitiert nach K.-H. Menke, Jesus ist Gott der Sohn, S. 279 Anm. 568. Zu Hugo von St. Victor vgl. J. Châtillon, Art.: Hugo von St. Viktor, in: TRE, Bd. 15, Berlin/New York 1986, S. 629–635.
  [88] Hugo von St. Victor, De sacramentis II,1, 9 = PL 176, 395 A. Zitiert nach K.-H. Menke, Jesus ist Gott der Sohn, S. 279 Anm. 569.
  [89] Vgl. K.-H. Menke, Jesus ist Gott der Sohn, S. 280.
  [90] Vgl. R. Williams, Jesus Christus III, S. 748. Zu Gilbert von Poitiers vgl. N. Häring, Art.: Gilbert Porreta, in: TRE, Bd. 13, Berlin/New York 1984, S. 266–268.

die Eigenständigkeit der beiden Naturen in der Person Christi betonen und versteht deshalb den Gottmenschen als ein *compositum*. Gilberts Fassung der Personchristologie klassifizierte Petrus Lombardus mit dem Begriff *Subsistenztheorie*: Die beiden Naturen sind in der Person Christi verbunden, ohne ihre Eigentümlichkeiten zu verlieren.[91]

Thomas von Aquin (um 1225–1274) hat die von Gilbert formulierte Christologie aufgenommen und weitergeführt[92] – und zwar im dritten Teil der *Summa theologiae*, also im Anschluss an die Gotteslehre (I. Teil) und den Weg des Menschen zu Gott als seinem Ziel (II. Teil). Schon dieser Aufbau lässt erkennen, wie Thomas seine Christologie, in enger Verbindung mit der Gnadenlehre, akzentuiert: Christus ist für die Menschen der Weg zu Gott. Thomas konstruiert die Christologie ausgehend von dem Inkarnationsgedanken, der als Folge des Falls des Menschen verstanden wird. Die Menschwerdung Gottes ist notwendig, weil sie angemessen für die Wiederherstellung des Menschen ist. In der Inkarnation nimmt der Logos die menschliche Natur auf, wobei jedoch ihre Eigentümlichkeiten erhalten bleiben sollen.[93] Gott und Mensch sind in der Person Christi vereinigt und bilden eine hypostatische Union, die weder als substantielle noch als akzidentielle Vereinigung verstanden werden soll.[94]

„Was immer also eine Person in sich schließt, mag es zu ihrer Wesenheit [naturam] gehören oder nicht, ist dieser in der Person verbunden. Vereinigt sich also die menschliche Natur mit dem WORT Gottes nicht in der Person, so ist sie überhaupt nicht mit Ihm verbunden. Damit wäre jeder Glaube an eine Menschwerdung [incarnationis fides] aufgehoben und zugleich das ganze Gebäude des christlichen Glaubens untergraben."[95]

Von dem Menschsein Jesu Christi bleibt auch in der Thomasischen Christologie lediglich dessen Behauptung übrig. Thomas behandelt in der Christologie der *Summa theologiae* nicht nur die überlieferte Inkarnationslehre sowie die Personchristologie, sondern geht auch auf das Leben Jesu ein. Dabei setzt er jedoch

---

[91] Zur Christologie von Gilbert von Poitiers vgl. K.-H. Menke, Jesus ist Gott der Sohn, S. 280; R. Williams, Jesus Christus III, S. 748 f.

[92] Zur Christologie von Thomas von Aquin vgl. O. H. Pesch, Thomas von Aquin. Grenze und Größe mittelalterlicher Theologie, Mainz 1988; H. Dörnemann, Freundschaft als Paradigma der Erlösung. Eine Reflexion auf die Verbindung von Gnadenlehre, Tugendlehre und Christologie in der Summa theologiae des Thomas von Aquin, Würzburg 1997; K. Ruhstorfer, Christologie, S. 179–195.

[93] Vgl. Thomas von Aquin, Summa theologica, Bd. 25, Salzburg/Leipzig 1934, S. 49 f., III q.2 a.3 ad 1: „Und wenn nun Christus bald so, bald anders [bald Gott, bald Mensch] genannt wird, so besagt das nicht verschiedene Hypostasen oder Träger, sondern nur verschiedene Naturen. ‚Eines und ein anderes' [Aliud et aliud] ist es, woraus der Erlöser besteht, nicht ‚einer und ein anderer' [alius et alius]."

[94] Vgl. R. Williams, Jesus Christus III, S. 751 f.

[95] Thomas von Aquin, Summa theologica, S. 42 f., III q.2 a.2 r.

noch selbstverständlich voraus, dass die Evangelien ohne Einschränkung ein historisches Geschehen wiedergeben.

Am Inkarnationsgedanken ist auch die von Petrus Abaelard konzipierte *Habitustheorie* orientiert.[96] Die Inkarnation des Gottessohnes kann aufgrund der Unveränderlichkeit des göttlichen Wesens allerdings nicht als eine Veränderung oder Wandlung Gottes verstanden werden, sondern lediglich als eine Wirkung. Die Bestimmung der Unveränderlichkeit impliziert die des unveränderlichen Wirkens Gottes. Die Inkarnation des Logos ist daher bildlich aufzufassen,[97] da er keine menschliche Natur werden kann. Abaelards Deutung der Inkarnation hat Folgen für die Auffassung der Person des Christus, da der große Dialektiker die Einheit der beiden Naturen in ihr nicht mehr als eine seinsmäßige Einheit verstehen kann, sondern nur noch als eine *habituelle*. Petrus Lombardus hat sich der Christologie des Abaelardus im dritten Buch seines Sentenzenwerkes angeschlossen. Ihm zufolge hat der Logos in der Inkarnation die menschliche Natur wie ein Kleid angenommen, das ihn verhüllt, aber nicht verändert.[98] Damit tendiert die radikalisierte Habitustheorie von Petrus Lombardus zum Doketismus und wurde denn auch im Jahre 1170 von Papst Alexander III. verurteilt.[99]

Auch die weitere christologische Entwicklung im Mittelalter bleibt an dem durch das altkirchliche Dogma vorgegebenen Rahmen orientiert. Eine neue Nuance kommt durch den spätmittelalterlichen Nominalismus und seine Betonung der göttlichen Freiheit in die christologische Debatte.[100] Johannes Duns Scotus[101] und vor allem Wilhelm von Ockham (1285–1347)[102] rücken im Unterschied zur früh- und hochmittelalterlichen Diskussion den Willen Gottes in das Zentrum ihrer Gotteslehre und unterscheiden zwischen einer *potentia Dei absoluta* und einer *potentia Dei ordinata*: Gott handelt immer nach einer von ihm gesetzten Ordnung (= potentia Dei ordinata), aber sie steht selbst noch in seiner Macht (= potentia Dei absoluta).[103] Die von Duns Scotus und Wilhelm

---

[96] Zu Petrus Abaelardus vgl. R. Peppermüller, Art.: Abaelard, S. 7–17; I. Klitzsch, Die „Theologien" des Petrus Abaelardus. Genetisch-kontextuelle Analyse und theologiegeschichtliche Lektüre, Leipzig 2010.

[97] Vgl. R. Williams, Jesus Christus III, S. 749.

[98] Vgl. Petrus Lombardus, Sent. III, 6,4,42. Vgl. R. Williams, Jesus Christus III, S. 750; K.-H. Menke, Jesus ist Gott der Sohn, S. 281; L. Hödl, Art.: Petrus Lombardus, in: TRE, Bd. 26, Berlin/New York 1996, S. 296–303.

[99] Vgl. K.-H. Menke, Jesus ist Gott der Sohn, S. 281.

[100] Vgl. K. Flasch, Das philosophische Denken im Mittelalter. Von Augustin zu Machiavelli, Stuttgart 1987, S. 363–472.

[101] Vgl. W. Dettloff, Art.: Duns Scotus I., in: TRE, Bd. 19, Berlin/New York 1982, S. 218–231.

[102] Vgl. G. Leff/V. Leppin, Art.: Ockham/Ockhamismus, in: TRE, Bd. 25, Berlin/New York 1995, S. 6–18.

[103] Vgl. K. Bannach, Die Lehre von der doppelten Macht Gottes bei Wilhelm von Ockham. Problemgeschichtliche Voraussetzungen und Bedeutung, Wiesbaden 1975.

von Ockham betonte Freiheit Gottes in seinem Welt- und Heilshandeln bleibt nicht ohne Folgen für den Inkarnationsgedanken. Die Menschwerdung Gottes kann unter der Voraussetzung einer absoluten Freiheit Gottes nicht mehr wie bei Anselm von Canterbury als notwendige Reaktion auf den Sündenfall des Menschen verstanden werden, sondern sie muss, wie Duns Scotus ausführt, unabhängig davon beschlossen sein.[104] Auch das von Christus durch seinen Tod erworbene Verdienst wird von Duns Scotus und Wilhelm von Ockham im Unterschied zur Lehrtradition als ein endliches verstanden. Vor allem aber: Christus als das entscheidende Heilsereignis in der Geschichte kann nur noch durch die Autorität der Kirche legitimiert werden. Wenn er nur will, dann kann Gott auch einen Stein oder Esel als Heilsereignis wählen.[105]

3.1.3. Das Christusbild Martin Luthers

Literatur:

O. Bayer/B. Gleede (Hrsg.), Creator est creatura. Luthers Christologie als Lehre von der Idiomenkommunikation, Berlin/New York 2007.
M. Lienhard, Martin Luthers christologisches Zeugnis. Entwicklung und Grundzüge seiner Christologie, Göttingen 1980.
R. Schwarz, Gott ist Mensch. Zur Lehre von der Person Christi bei den Ockhamisten und bei Luther, in: ZThK 63 (1966), S. 289–351.
S. Steiff, „Novis linguis loqui". Martin Luthers Disputation über Joh 1,14 „verbum caro factum est" aus dem Jahre 1539, Göttingen 1993.
E. Vogelsang, Die Anfänge von Luthers Christologie nach der 1. Psalmenvorlesung, Berlin/Leipzig 1929.
E. Vogelsang, Der angefochtene Christus bei Luther, Berlin/Leipzig 1932.
J. Wolff, Metapher und Kreuz. Studien zu Luthers Christusbild, Tübingen 2005.

Martin Luther war durch sein Studium an der Universität Erfurt mit den spätmittelalterlichen theologischen Strömungen vertraut.[106] Das von ihm im Laufe seiner Entwicklung ausgearbeitete Glaubensverständnis darf als eine neue Antwort auf die mit dem theologischen Voluntarismus verbundene Heilsunsicherheit des Menschen verstanden werden. Der die Gerechtigkeit Gottes ergreifende

---

[104] Vgl. R. Williams, Jesus Christus III, S. 753; A. v. Harnack, Lehrbuch der Dogmengeschichte, Bd. 3, S. 540–543. Zur Christologie von Duns Scotus vgl. M. Burger, Personalität im Horizont absoluter Prädestination. Untersuchungen zur Christologie des Johannes Duns Scotus und ihrer Rezeption in modernen theologischen Ansätzen, Münster 1994.
[105] Vgl. H. Blumenberg, Säkularisierung und Selbstbehauptung, Frankfurt a.M. 1974, S. 167–211; I. U. Dalferth, Gott. Philosophisch-theologische Denkversuche, Tübingen 1992, S. 135–137.
[106] Zu Luthers Erfurter Studium vgl. M. Brecht, Martin Luther. Sein Weg zur Reformation 1483–1521, Berlin (Ost) 1981, S. 33–103; A. Beutel, Martin Luther. Eine Einführung in Leben, Werk und Wirkung, Leipzig ²2006, S. 33–48.

3. Die dogmatische Christologie und ihre Auflösung seit der Aufklärung

Glaube, so die grundlegende Einsicht des Reformators, ist bereits das Ganze des christlichen Heils im Gottesverhältnis: „glaubstu so hastu/glaubstu nit/so hastu nit".[107] Mit dem reformatorischen Glaubensverständnis geht eine Neubestimmung der Christologie einher, welche gegenüber der theologischen Lehrtradition andere, zum Teil ungewohnte Akzente setzt.[108] So verknüpft Luther nicht nur seit der ersten Psalmenvorlesung (1513–1515) die Aussagen über Christus mit Aussagen über die Glaubenden,[109] sondern in seinem Christusbild rückt die Menschheit Jesu Christi in den Mittelpunkt,[110] so fraglos er die überlieferten Bestimmungen der Zweinaturenlehre voraussetzt. Die Eigenart von Luthers Christologie erschließt sich also nicht bereits auf der Ebene der überlieferten christologischen Lehraussagen, sondern allein aus der Perspektive seines in Auseinandersetzung mit dem Bußsakrament der mittelalterlichen Kirche neu erschlossenen Verständnisses des Glaubens.

Auch Luthers Christusbild resultiert aus seiner Auseinandersetzung mit der Buße. Im Unterschied zum mittelalterlichen Bußsakrament mit seinen drei Teilen *contritio*, *confessio* und *satisfactio* (Reue, Bekenntnis und Genugtuung) versteht er die Buße schon in der ersten Psalmenvorlesung nicht mehr als einen sakramentalen Akt, sondern, wie es dann in den 95 Thesen von 1517 heißt, als Lebensbuße.[111] Sie ist für Luther dasjenige Geschehen, in dem beim Menschen das Bewusstsein seines Sünderseins vor Gott entsteht. Der Wittenberger Reformator hat diesen Aspekt seines Bußverständnisses, der auf die Selbsterkenntnis des Menschen vor Gott zielt, in der ersten Psalmenvorlesung in immer neuen Anläufen zur Sprache gebracht. Das Sündenbewusstsein bildet jedoch nur die eine Seite von Luthers Bußverständnis. Indem sich der Mensch als Sünder vor Gott erkennt und dies bekennt, gibt er Gott recht, und allein darin ist er selbst gerecht. Luther versteht die Gerechtigkeit Gottes als Glaube und nicht als eine göttliche Eigenschaft. Im Glauben hält die Seele Gott „fur warhafftig/frum vn

---

[107] M. Luther, Von der Freiheit eines Christenmenschen, BoA II, 14 = WA 7, 24.

[108] Zur Entwicklung von Luthers Christologie vgl. M. Lienhard, Martin Luthers christologisches Zeugnis. Entwicklung und Grundzüge seiner Christologie, Göttingen 1980; E. Vogelsang, Die Anfänge von Luthers Christologie nach der 1. Psalmenvorlesung, Berlin/Leipzig 1929; O. Bayer/B. Gleede (Hrsg.), Creator est creatura. Luthers Christologie als Lehre von der Idiomenkommunikation, Berlin/New York 2007.

[109] Vgl. die Praefatio zur ersten Psalmenvorlesung: M. Luther, BoA V, 47 f. = WA 3, 13.

[110] Luther hat bereits in den frühen Randbemerkungen zu Augustin (1509/10) die Menschheit Christi betont. Vgl. M. Luther, BoA V, 3 = WA 9, 17. Vgl. auch ders., WA Br 1 Nr. 145, 50–52; WA 30 I, 192, 5.

[111] Vgl. M. Luther, Disputatio pro declaratione virtutis indulgentiarum, WA 1, 233–238, hier 233 = StA lat.-dt., Bd. II, S. 2: „Als unser Herr und Meister Jesus Christus sagte: ‚Tut Buße, denn das Himmelreich ist nahe herbeigekommen', wollte er, dass das ganze Leben der Glaubenden Buße sei." Zu Luthers Bußverständnis vgl. B. Hamm, Der frühe Luther. Etappen reformatorischer Neuorientierung, Tübingen 2010, S. 1–24.

gerecht/da mit sie yhm thut die aller größsiste ehre/die sie yhm thun kann/denn da gibt sie yhm recht", und Gott, wenn er sieht, „das yhm die seel/wahrheit gibt vnd alßo ehret durch yhren glauben/ßo ehret er sie widderumb/vnd helt sie auch fur frum vnd warhafftig/vnd sie ist auch frum vnd warhafftig durch solchen glauben/denn das man gott die warheyt vn frumkeit gebe/das ist recht vnd warheit/vnnd macht recht vnd warhafftig".[112] Die beiden Aspekte seines Bußverständnisses, das Moment der Sündenerkenntnis auf der einen und das Vertrauen auf die Verheißung der Sündenvergebung auf der anderen Seite, hat Luther auf der methodischen Grundlage seiner *theologia crucis* in sein Christusbild aufgenommen.[113] Allein im Glauben liegt die Gerechtigkeit Gottes, die allerdings, wie Luther in seinem 1519 erschienenen *Sermon über die zweifache Gerechtigkeit* schreibt, „eine fremde und von außen eingegossene Gerechtigkeit" ist, nämlich „diejenige, nach der Christus gerecht ist und (die) durch den Glauben rechtfertigt".[114] Glaubensgerechtigkeit ist für den Reformator Glaube an Christus.

Christusbild und Buße bei Luther:
– Christusbild = Weiter- und Näherbestimmung des Bußverständnisses
– Gerechtigkeit Gottes im Glauben = Glaube an Jesus Christus
– Grundzüge der Christologie Luthers:
 a. Betonung der Menschheit Jesu Christi
 b. Soteriologie als Bezugspunkt der Christologie

Den charakteristischen Grundzug seiner soteriologisch ausgerichteten Christologie hat Luther häufig in der Formel ‚Jesus Christus ist mein Herr' zusammengefasst.[115] Dabei ist der Reformator vor allem in seinen Predigten auffallend unbekümmert im Hinblick auf die überlieferten dogmatischen Lehraussagen.[116] In seinem Christusbild verarbeitet er unter der religiösen Leitperspektive der Gerechtigkeit Gottes im Glauben höchst unterschiedliche christologische Motive und Traditionen und entwickelt einen ungeahnten Reichtum an Bildern und Metaphern.[117] Gegenüber dem Glauben an ‚meinen Herren Jesus Chris-

---

[112] M. Luther, Von der Freiheit eines Christenmenschen, BoA II, 15 = WA 7, 25.
[113] Vgl. dazu U. Barth, Die Dialektik des Offenbarungsgedankens. Luthers Theologia Crucis, in: ders., Aufgeklärter Protestantismus, Tübingen 2004, S. 97–123.
[114] M. Luther, Sermon über die zweifache Gerechtigkeit, StA lat.-dt., Bd. II, S. 69 = WA 2, 145.
[115] Vgl. nur Luthers Erläuterung des zweiten Artikels des Glaubensbekenntnisses im *Kleinen Katechismus*: „Ich gläube, daß Jesus Christus, wahrhaftiger Gott vom Vater in Ewigkeit geborn, und auch wahrhaftiger Mensch von der Jungfrauen Maria geborn, sei mein HERR." (M. Luther, Kleiner Katechismus, in: BSLK, Göttingen ⁹1982, S. 511)
[116] Vgl. dazu E. Hirsch, Das Wesen des reformatorischen Christentums, hrsg. v. A. v. Scheliha, Waltrop 2000, S. 87–91.
[117] Vgl. J. Wolff, Luthers Arbeit an christologischen Metaphern, in: J. Frey/J. Rohls/R. Zimmermann (Hrsg.), Metaphorik und Christologie, Berlin/New York 2003, S. 179–198;

tus' treten das christologische Dogma sowie die patristischen und mittelalterlichen Versöhnungslehren in den Hintergrund. Luthers Christusbild ist in der Tat weniger an der dogmatischen Konstruktion des Gottmenschen interessiert als an dem individuellen Vollzug des Glaubens, durch den im Inneren des Menschen Christus selbst Gestalt gewinnt, ja ihm geradezu eingebildet wird. „Darumb hab ich dis lieblich Bild und den Artikel, da wir bekennen: Ich gleube an Jhesum Christum, geborn von der Jungfraw Maria, euch wollen einbilden."[118] Von hier aus gewinnt Luthers Christologie erst ihr eigentümliches Gepräge. Sie ist durchweg an ästhetischen Kategorien wie ‚Bild', ‚Anschauen', ‚Einbildung' orientiert. Der Glaubende soll das von der Predigt gemalte Gnadenbild Christi „ynn sich bilden".[119] „Sich ßo magstu deyn sund sicher ansehen/außer deyne(m) gewißen/sich da seynd sund nymer sund/da seynd sie vberwunden/vnd yn Christo vorschlungen [...] Alßo ist Christo/des lebens vn(d) gnaden bild widder des tods ynd sund bildt/vnßer trost".[120]

Luther hat den mittelalterlichen Glaubensbegriff und seine Differenzierungen aufgelöst und durch die Unterscheidung von *fides historica* (historischer Glaube) und *fides apprehensiva* (Christus ergreifender Glaube) ersetzt. Unter dem historischen Glauben versteht Luther die Kenntnis der evangelischen Geschichte. „Der erst, ßo du wol glewbist, das Christus eyn solch man sey, wie er hie und ym gantzen Euangelio beschrieben und gepredigt, aber du glewbist nit, das er dyr eyn solch man sey, tzweyffelst dran, ob du solchs von yhm habist unnd haben werdist, unnd denckist, na, er ist wol eyn solch man den andern, [...], wer weyß, ob er myr auch alßo sey, unnd ob ich mich eben desselbigen tzu yhm solle vorsehen unnd drauff lassen wie dieselbigen heyligen."[121] Von einem solchen Glauben sagt Luther, „Sihe, dißer glaub ist nichts". Das bloße Fürwahrhalten der Geschichte Jesu, einschließlich Tod und Auferstehung sowie der dogmatischen Lehrbestimmungen, ist für den Reformator noch kein Glaube im eigentlichen Sinne, und zwar aus dem Grund, weil die Gehalte des Glaubens

---

ders., Metapher und Kreuz. Studien zu Luthers Christusbild, Tübingen 2005; J. A. Steiger, Die communicatio idiomatum als Achse und Motor der Theologie Luthers. Der ‚fröhliche Wechsel' als hermeneutischer Schlüssel zu Abendmahlslehre, Anthropologie, Seelsorge, Naturtheologie, Rhetorik und Humor, in: NZSTh 38 (1996), S. 1–28, bes. S. 10 f.

[118] M. Luther, Predigt am Weihnachtsfeiertage ueber das Evangelium Luc. 2. Anno 1530, WA 29, 650. Vgl. auch U. Barth, Hermeneutik der Evangelien als Prolegomena zur Christologie, in: C. Danz/M. Murrmann-Kahl (Hrsg.), Zwischen historischem Jesus und dogmatischem Christus. Zum Stand der Christologie im 21. Jahrhundert, Tübingen ²2011, S. 275–305, bes. S. 294–298.

[119] M. Luther, Ein Sermon von der Bereitung zum Sterben, StA, Bd. I, S. 232–243, hier S. 236 = WA 2, 685–697, hier 689.

[120] Ebd.

[121] M. Luther, Adventspostille 1522. Evangelium am 1. Adventssonntag (Mt 21,1–9), WA 10, 1/2, 24.

dem Individuum äußerlich bleiben. Der historische Glaube, der nicht über die Kenntnis der evangelischen Geschichte hinausgeht, steht ganz auf der Ebene dessen, was Luther Werkgerechtigkeit nennt.

Im Unterschied zur *notitia* kennzeichnet den Christus ergreifenden Glauben, dass durch ihn Christus im Inneren des Menschen, also in seinem Gewissen, sich einbildet und ihm klar vor Augen steht.[122] In der *Adventspostille* von 1522 hat Luther den über die bloße notitia hinausgehenden Glauben und seine Evidenz so formuliert: „Also hatt die tochter Zion von Christo tzweifaltige gutter; das erst, der glawb und den geyst ym hertzen, davon sie reyn und loß wirt von sunden; das ander, ist Christus selbs, das sie sich mag ubir die gegeben gutter rhumen von Christo, als wer es auch alles yhr eygen, das Christus selbs ist und hat, das sie sich auff Christum als auff yhr erbgutt mag vorlassen".[123] In der Aneignung Christi durch den Menschen entsteht beim Einzelnen der Glaube als die Gerechtigkeit Gottes, aber zugleich auch die Einsicht, dass Christus es ist, der, wie Luther sagt, dich sucht, „nit findistu yhn, er findet dich".[124] Christus wird also von dem Einzelnen als der, der in ihm den Glauben hervorbringt, aufgenommen beziehungsweise ergriffen.[125]

Glaubensverständnis und Christusbild bei Luther:
– *fides historica* (historischer Glaube): äußerliche Kenntnis der evangelischen Geschichte
– *fides apprehensiva* (Christus ergreifender Glaube): Christus als Gabe; Herzensglaube als Einheit von Christus und Glaubendem

Christus als Inhalt und Grund des Glaubens entsteht für Luther erst im individuellen Glaubensvollzug und ist außerhalb des Glaubensaktes bestenfalls der Gegenstand eines bloßen und damit äußerlichen Fürwahrhaltens. Im wahren Glauben, der durch Gericht und Gnade hindurchgeht, entsteht im Herzen des Glaubenden das Bild Christi, in dem beide eins sind. „Mein eigen ist, dass Christus gelebt hat, gewirkt, geredet, dass er gelitten hat und gestorben ist, nicht anders, als hätte ich es selbst gelebt, hätte so gehandelt und geredet, hätte gelitten und wäre gestorben."[126] Den Christus ergreifenden Glauben hat Luther in das Bild eines fröhlichen Wechsels und Streits zwischen Christus und dem Sün-

---

[122] Vgl. M. Luther, Predigt am Weihnachtsfeiertage ueber das Evangelium Luc. 2. Anno 1530, WA 29, 650; ders., Sermon über die zweifache Gerechtigkeit, StA lat.-dt., Bd. II, S. 73 = WA 2, 147.
[123] M. Luther, Adventspostille 1522, WA 10 I/2, 31.
[124] M. Luther, Adventspostille 1522, WA 10 I/2, 30.
[125] Vgl. U. Barth, Luthers Verständnis der Subjektivität des Glaubens, in: NZSTh 34 (1992), S. 269–291, bes. S. 287.
[126] M. Luther, Sermon über die zweifache Gerechtigkeit, StA lat.-dt., Bd. II, S. 69 = WA 2, 145.

der gekleidet.¹²⁷ Eine der eindringlichsten Formulierungen dieses Wechsels von Christus, dem Bräutigam, und seiner Braut, der Seele, findet sich in dem Freiheitstraktat von 1520.

„Hie hebt sich nu der frölich wechßel vnd streytt / Die weyl Christus ist gott vnd mensch / wilcher noch nie gesundigt hatt / vnd seyne frumkeyt vnubirwindlich / ewig / vnd allmechtig ist / ßo er denn der glaubigen seelen sund / durch yhren braudtring / das ist / d' glaub / ym selbs eygen macht vnd nit anders thut / den als hett er sie gethā / ßo mussen die sund ynn yhm vorschlunden vn erseufft werden / Denn sein vnübirwindlich gerechtigkeyt / ist allenn sunden zustark / also wirt die seele vō allen yhren sunden / lauterlich durch yhre malschatzts / das ist des glaubens halben / ledig vnd frey / vnd begabt / mit der ewigen gerechtickeit yhrs breudgamß Christi."¹²⁸

Der Glaube – von dem Reformator metaphorisch Brautring genannt – ist dasjenige Geschehen, wie Luther unter Aufnahme von Phil 2,6–8 formuliert, in dem der Glaubende „dem Beispiel Christi" nachfolgt und seinem „Bild gleichgestaltet" wird.¹²⁹ Christus ist für Luther Exempel und Gabe.¹³⁰ Wie er „sich entäußert" hat und seine „hohen Würden nicht gegen uns gebrauchen" wollte, damit er uns „nicht unähnlich" sei, so soll auch der Christ als Folge seines Glaubens dem Nächsten in selbstloser Knechtsgestalt dienen.¹³¹ Der Wittenberger Theologe verknüpft sein Christusbild so eng mit dem Glauben, dass Christus zu einer Selbstbeschreibungsform des eigenen Glaubens und des mit diesem verbundenen Sich-Verstehens des Menschen wird.¹³² Das um Kreuz und Auferstehung zentrierte Christusbild Luthers repräsentiert dem Glaubenden gleichsam die Entstehung seines eigenen Glaubens in der Buße. Denn zum Glauben, wenn anders er ein neues und tieferes Sich-Verstehen des Menschen sein soll, gehört unabdingbar das Bewusstwerden des eigenen Abstands von Gott sowie dessen Überwindung. Luthers Christusbild, so lässt sich resümieren, ist der Ausdruck des Zustandekommens des eigenen Glaubens, und dieser findet seine zusammenfassende Benennung in dem Bekenntnis „Ich glaube, dass Jesus Christus sei mein Herr".

---

¹²⁷ Vgl. dazu J. A. Steiger, Die communicatio idiomatum als Achse und Motor der Theologie Luthers, S. 1–28; U. Rieske-Braun, Duellum mirabile. Studien zum Kampfmotiv in Martin Luthers Theologie, Göttingen 1999.

¹²⁸ M. Luther, Von der Freiheit eines Christenmenschen, BoA II, 15 f. = WA 7, 25 f. Vgl. auch ders., Sermon von der zweifachen Gerechtigkeit, WA 2, 145 = StA lat.-dt., Bd. II, S. 69.

¹²⁹ M. Luther, Sermon von der zweifachen Gerechtigkeit, StA lat.-dt., Bd. II, S. 73 = WA 2, 147.

¹³⁰ Vgl. M. Luther, Ein kleiner Unterricht, was man in den Evangelien suchen und erwarten soll, in: ders., Ausgewählte Schriften, Bd. 2, hrsg. v. K. Bornkamm/G. Ebeling, Frankfurt a.M. 1982, S. 198–205.

¹³¹ M. Luther, Sermon von der zweifachen Gerechtigkeit, StA lat.-dt., Bd. II, S. 75 = WA 2, 148.

¹³² Vgl. auch J. A. Steiger, Die communicatio idiomatum als Achse und Motor der Theologie Luthers, S. 9.

3.1. Das christologische Dogma 91

Das altkirchliche christologische Dogma hat die Person des Christus als eine metaphysische Einheit von zwei unterschiedenen Naturen verstanden. In seiner eigenen Christusanschauung hat Luther an das christologische Dogma angeknüpft.

„Zum andern gleub ich/vnd weis/das die schrifft vns leret/Das die mittel person ynn Gott/nemlich der Son/allein ist wahrhafftiger mensch worden/von dem heiligen geist on mans zuthun empfangen/vnd von der reynen heiligen iungfraw Maria/als von rechter natu(e)rlichen mutter/geborn/wie das alles S(ankt) Lucas klerlich beschreibt vnd die Prophete(n) verku(e)ndigt haben. Also/das nicht der Vater oder heiliger geist sey mensch worden/ wie etliche ketzer gelehret. Auch das Gott der son/nicht allein den leib/on seele ‹wie etliche ketzer geleret› sondern auch die seele/das ist/eine gantze vo(e)llige menschheit angenommen/vnd rechter samen odder kind Abraham vnd Dauid verheissen vnd natu(e)rlicher son Marie geborn sey/ynn aller weise vnd gestalt/ein rechter mensch/wie ich selbs byn vnd alle andere/on das er on sunde/allein von der Iungfrawen durch den heiligen geist komen ist/Vnd das solcher mensch sey wahrhafftig Gott/als eine ewige vnzurtrenliche person aus Gott vnd mensch worden/also das Maria die heilige iungfraw sey eine rechte wahrhafftige mutter/nicht allein des menschen Christi/wie die Nestorianer leren/Sondern des sons Gotts/wie Lucas spricht/Das ynn dir geborn wird/sol Gotts son heissen/Das ist mein vnd aller herr/Ihesus Christus/Gottes vnd Marien einiger/rechter natu(e)rlicher son/warhafftiger Gott vnd mensch."[133]

Der Wittenberger Reformator übernimmt jedoch nicht nur die überlieferten Lehrbestimmungen, sondern transformiert sie im Horizont seines religiösen Grundgedankens von der Gerechtigkeit Gottes im Glauben zu einer ‚neuen Sprache des Glaubens', die ihr Zentrum in der Idiomenkommunikation hat.[134]

Grundlegend für Luthers Aufnahme der tradierten Zweinaturenlehre ist seine Unterscheidung zwischen der Gottheit und der Menschheit, *unabhängig von deren Vereinigung* in der konkreten Person Jesu Christi und *in deren Vereinigung* in der Person Jesu Christi.[135] Diese Unterscheidung begegnet nicht nur in der für Luthers Christologie wichtigen Schrift *Vom Abendmahl Christi, Bekenntnis* von 1528, sondern auch in anderen Texten wie der Streitschrift gegen den Löwener Theologen Latomus aus dem Jahre 1521 und in den späten chris-

---

[133] M. Luther, Vom Abendmahl Christi, Bekenntnis, StA, Bd. IV, S. 25–258, hier S. 246 f. = WA 26, 261–509, hier 500 f. Vgl. auch ders., Schmalkaldische Artikel, in: BSLK, Göttingen ⁹1982, S. 414 f.
[134] Vgl. dazu S. Steiff, „Novis linguis loqui". Martin Luthers Disputation über Joh 1,14 „verbum caro factum est" aus dem Jahre 1539, Göttingen 1993; J. A. Steiger, Die communicatio idiomatum als Achse und Motor der Theologie Luthers, S. 1–28; J. Wolff, Metapher und Kreuz. Studien zu Luthers Christusbild, Tübingen 2005; N. Slenczka, Problemgeschichte der Christologie, in: Marburger Jahrbuch Theologie, Bd. XXIII: Christologie, Leipzig 2011, S. 59–111, bes. S. 69–74.
[135] Vgl. R. Schwarz, Gott ist Mensch. Zur Lehre von der Person Christi bei den Ockhamisten und bei Luther, in: ZThK 63 (1966), S. 289–351; N. Slenczka, Christus, in: A. Beutel (Hrsg.), Luther Handbuch, Tübingen 2005, S. 381–392.

tologischen Disputationen *Verbum caro factum est* (Das Wort wurde Fleisch) aus dem Jahre 1539 sowie *De divinitate et humanitate Christi* (Von der Gottheit und Menschheit Christi) von 1540.

„Wobei sehr sorgfältig zu beachten ist, dass er beide Naturen von der ganzen Person aussagt mit all ihren Eigenschaften und sich gleichwohl davor hütet, ihm beizulegen, was Gott schlechthin oder dem Menschen schlechthin zukommt. Denn das eine ist es, vom fleischgewordenen Gott oder gottgewordenen Menschen zu reden, und ein anderes, von Gott oder dem Menschen schlechthin."[136]

In der Person Jesu Christi, wie sie Luther dem biblischen Christusbild entnimmt, liegen die beiden Naturen vereinigt vor. Im Unterschied zur theologischen Lehrtradition, welche zwar ebenfalls von der Idiomenkommunikation ausgeht, ihre Aussagen über den Gottmenschen jedoch an dem normalen Sprachgebrauch orientiert und sie so unter einen Vorbehalt stellt, nimmt Luther die biblischen Aussagen über Christus beim Wort.[137] Dadurch erweitern die Begriffe ‚Gott' und ‚Mensch' ihren semantischen Gehalt. Von der Gottheit und der Menschheit ist also ‚außerhalb' der Person Jesu Christi anders zu reden als von deren Einheit in der Person Christi. Das Interesse an der Einheit der beiden Naturen in Jesus Christus schlägt sich bei Luther in einer neuen Sprache des Glaubens nieder, wie es in den christologischen Thesen von 1539 heißt. „Bei den Artikeln des Glaubens ist die Empfindung des Glaubens zu betreiben, nicht der Verstand der Philosophen. Dann wird man wahrhaft erkennen, was es heißt: Das Wort ward Fleisch."[138]

Luthers Interesse an „neuen Sprachen", die im Reich des Glaubens zu sprechen sind, unterstreicht die soteriologische Ausrichtung der Personchristologie. Er bedient sich zwar der überlieferten christologischen Terminologie, aber sie bildet lediglich die Oberflächensemantik. Darunter wird die statische Zweinaturenlehre durch eine am Sich-Verständigen des Glaubens orientierte Sprachreflexion ersetzt.[139] Wie vom Menschen nicht unabhängig von Gott gesprochen werden kann, so kann von Gott nicht unabhängig vom Menschen die Rede sein. Diese Struktur des Glaubensverständnisses überträgt Luther auf die Personchristologie. Mit ihr sind gegenüber der christologischen Lehrtradition neue und ungewohnte Aussagen verbunden. Luther kann in seiner Deutung der *communicatio idiomatum* von Christus sagen: „Dieser Mensch hat die Welt er-

---

[136] M. Luther, Rationis Latomianae confutatio, StA lat.-dt., Bd. II, S. 395 = WA 8, 126. Vgl. auch ders., De divinitate et humanitate Christi, WA 39 II, 94 = StA lat.-dt., Bd. II, S. 473.

[137] Vgl. N. Slenczka, Problemgeschichte der Christologie, S. 70–73; J. A. Steiger, Die communicatio idiomatum als Achse und Motor der Theologie Luthers, S. 2 f.

[138] M. Luther, Verbum caro factum est, StA lat.-dt., Bd. II, S. 467 = WA 39 II, 5.

[139] Vgl. D. Korsch, Martin Luther. Eine Einführung, Tübingen ²2007, S. 61.

schaffen, und: Dieser Gott hat gelitten, ist gestorben und begraben worden".[140] Die überlieferte Zweinaturenlehre wird zu einem Ausdruck der Einheit von Gott und Mensch im Glauben. In Jesus Christus sind Gott und Mensch eins, der Mensch eignet sich diese Einheit im Glauben an. Luthers Christologie erweist sich hiermit als die Darstellung der Glaubensgerechtigkeit, in der Gott und Mensch verbunden sind.

3.1.4. Die Lehrform der Christologie in der altprotestantischen Theologie

Literatur:

T. Mahlmann, Das neue Dogma der lutherischen Christologie. Problem und Geschichte seiner Begründung, Gütersloh 1969.
H. Schmid, Die Dogmatik der evangelisch-lutherischen Kirche, dargestellt und aus den Quellen belegt, Gütersloh [7]1893, S. 210–293.
U. Wiedenroth, Krypsis und Kenosis. Studien zu Thema und Genese der Tübinger Christologie im 17. Jahrhundert, Tübingen 2011.

Ebenso wie Luther knüpft auch die christologische Lehrbildung des Altprotestantismus an die altkirchliche Christologie an. Die *Confessio Augustana* nimmt in ihrem dritten Artikel das von der Alten Kirche geschaffene christologische Dogma auf. Dort heißt es:

Confessio Augustana Artikel III:
„Item, es wird gelehret, daß Gott der Sohn sei Mensch worden, geborn aus der reinen Jungfrauen Maria, und daß die zwo Natur, die göttlich und menschlich, in einer Person also unzertrennlich vereiniget, ein Christus seind, welcher wahr Gott und wahr Mensch ist, wahrhaftig geboren, gelitten, gekreuzigt, gestorben und begraben, daß er ein Opfer wäre nicht allein fur die Erbsund, sondern auch fur alle andere Sunde und Gottes Zorn versohnet".[141]

Die altlutherische Theologie hat nicht nur in ihren Bekenntnisschriften die Zweinaturenlehre und die Lehre vom stellvertretenden Opfertod Christi beibehalten, sondern sie auch in ihren Dogmatiken systematisch entfaltet. Der Bezugspunkt der altlutherischen Christologie ist – Luther folgend – das Abendmahlsverständnis und, in Abgrenzung von der reformierten Kirche und ihrer Theologie, das Insistieren auf der leiblichen Präsenz des erhöhten Herrn im Abendmahl. In der *Concordienformel* folgt der christologische Artikel denn

---

[140] M. Luther, De divinitate et humanitate Christi, StA lat.-dt., Bd. II, S. 471 = WA 39 II, 93.
[141] Confessio Augustana, Art. III, in: BSLK, Göttingen [9]1982, S. 54.

auch signifikanterweise auf den Abendmahlsartikel.[142] Im Fokus der Neubildung der Christologie der altprotestantischen Dogmatik des 16. und 17. Jahrhunderts steht die Lehre vom Amt des Erlösers. Hieraus resultiert der Aufbau des christologischen Lehrbegriffs in drei Teilen: 1. die Lehre von der Person des Erlösers, 2. die Lehre von dem Amt des Erlösers und schließlich 3. die Lehre von den verschiedenen Ständen des Erlösers.

a. Die Lehre von der Person des Erlösers

Die protestantischen Theologen des 16. und 17. Jahrhunderts verstehen – wie die Theologen der Alten Kirche – Jesus Christus als eine Person in zwei Naturen. Eine Vereinigung der göttlichen und der menschlichen Natur zur Einheit einer Person liegt nur im Erlöser vor und bildet die Voraussetzung seines Erlösungswerkes. Der Sohn Gottes ist die zweite Person der Trinität, so dass er von Ewigkeit her die göttliche Natur besitzt; durch seine Geburt von der Jungfrau Maria erhält er dann eine menschliche Natur, die er in der Zeit angenommen hat. Beide Naturen behalten auch nach ihrer Vereinigung zur Person des Christus ihre volle Integrität, sie bleiben unvermischt und unverändert. Christus ist wahrer Gott und wahrer Mensch. Allerdings unterscheidet er sich, so sehr er wahrer Mensch sein soll, aufgrund der Einheit der beiden Naturen in ihm von allen anderen Menschen. Die besonderen Eigenschaften der menschlichen Natur in der Person des Christus sind (1.) die *Anhypostasie* oder Personlosigkeit, (2.) die ἀναμαρτησία (= Sündlosigkeit) nach Hebr 4,15[143] und (3.) die *singularis animae et corporis excellentia* der menschlichen Natur Christi. Während die Anhypostasie der menschlichen Natur aus ihrer Aufnahme durch den Logos resultiert, ergibt sich die Sündlosigkeit der menschlichen Natur Christi aus seiner Jungfrauengeburt. Da er nicht von einem menschlichen Vater gezeugt wurde, ist er nicht dem Zusammenhang der Erbsünde unterworfen. Aus der Sündlosigkeit der menschlichen Natur in Christus folgt die singularis animae et corporis excellentia. Mit diesen Besonderheiten der menschlichen Natur in Christus ist nun eine wichtige Konsequenz verbunden: Auch hinsichtlich seiner menschlichen Natur war er weder dem Gesetz noch dem Tod unterworfen. Dass sich Christus dem Gesetz und dem Todesschicksal unterworfen hat, ist folglich im Anschluss an Phil 2,6–8 als ein Akt seines freiwilligen Gehorsams zu verstehen.

---

[142] Formula Concordia, Solida Declaratio VII. De coena Domini und VIII. De persona Christi, in: BSLK, Göttingen ⁹1982, S. 796–812.

[143] Hebr 4,15: „Denn wir haben nicht einen Hohenpriester, der nicht könnte mit leiden mit unserer Schwachheit, sondern der versucht worden ist in allem wie wir, doch ohne Sünde."

Besonderheiten der menschlichen Natur in der Person des Christus sind:
(1.) die *Anhypostasie* der menschlichen Natur,
(2.) die Sündlosigkeit der menschlichen Natur nach Hebr 4,15,
(3.) die *singularis animae et corporis excellentia* der menschlichen Natur Christi.

In Christus vereinigen sich aufgrund der übernatürlichen Empfängnis göttliche und menschliche Natur zur Einheit einer Person. Den Akt der Vereinigung der beiden Naturen nennen die alten Dogmatiker *unitio personalis* (= personale Vereinigung).[144] Da die göttliche Natur die menschliche, deren Masse von der gesamten Trinität geschaffen wurde, in die Einheit der Person aufnimmt, kommt ihr Aktivität zu. Das Personenbildende und Einigende in der Person des Christus ist also die göttliche Natur. Ihr gegenüber ist die menschliche Natur durch Passivität ausgezeichnet. Mit ihrer Konstruktion der Einheit der Person des Erlösers in den beiden Naturen nehmen die altprotestantischen Theologen die im Zusammenhang des monophysitischen Streits formulierte Unterscheidung von En- und Anhypostasie auf. Die menschliche Natur in Christus ist ohne eigene Personalität, und sie wird erst dadurch eine Person, dass sie in die Person des Gottessohnes aufgenommen wird.

Die Vereinigung der beiden Naturen in der Person des Christus als Zustand bestimmen die alten Dogmatiker als *unio personalis seu hypostatica*. Während die unitio personalis vorübergehend ist, ist die unio personalis eine bleibende. In Christus bilden die beiden Naturen eine enge und unauflösliche Verbindung. Allerdings werden durch die Verbindung der beiden Naturen in Christus weder deren Wesen noch deren Eigentümlichkeiten verändert. Beide Naturen durchdringen sich, ohne sich zu vermischen. Sie bilden, wie der dogmatische Begriff lautet, eine *communicatio naturarum*.

„Die Gemeinschaft der Naturen in der Person Christi ist das aneinander Anteilhaben der göttl. und der menschl. Natur Christi, durch das die göttliche Natur des Logos, der menschlichen teilhaft geworden, diese durchdringt, vollendet, zur Wohnung nimmt und sich zueignet, die menschliche Natur aber, der göttlichen teilhaftig geworden, von dieser durchdrungen, vollendet und zur Wohnung genommen wird."[145]

Die communicatio naturarum, welche die beiden Naturen in der Person des Gottmenschen infolge der unio personalis bilden, ist die Grundlage für die

---

[144] D. Hollaz, Examinis theologici acroamatici [Leipzig 1707], Frankfurt/Leipzig 1733, Part. III, Theol. sect. I, Cap. III, S. 92: „Incarnatio est actio divina, qua filius Dei naturam humanam in utero virginis Mariae in unitatem suae personae assumsit."
[145] Vgl. D. Hollaz, Examinis theologici acroamatici, Part. III, Theol. sect. I, Cap. III, S. 107, zitiert nach E. Hirsch, Hilfsbuch zum Studium der Dogmatik. Die Dogmatik der Reformatoren und der altevangelischen Lehrer quellenmäßig belegt und verdeutscht, Berlin/Leipzig 1937, S. 324. Vgl. auch J. F. König, Theologia positiva acroamatica (Rostock 1664), hrsg. v. A. Stegmann, Tübingen 2006, S. 201.

Lehre von der *communicatio idiomatum*, der wechselseitigen Mitteilung der Eigenschaften.[146]

„,Kommunikation' wird hier im allgemeinen nicht als eine bloß verbale, sondern als eine wirkliche Mitteilung verstanden; und diese nicht als natürliche, sondern eine übernatürliche; nicht als vermischende, verwandelnde oder gleichmachende, sondern als eine zwei Teile verbindende, die aus der personalen Einheit hervorgeht, wobei die Naturen wie die Eigenheiten, die mitgeteilt werden, unterschieden bleiben."[147]

In der Ausarbeitung und systematischen Durchführung der Lehre von der Idiomenkommunikation liegt eine Besonderheit der lutherischen Christologie. Sie soll gegenüber der reformierten Theologie und Kirche die leibliche Gegenwart des erhöhten Christus im Abendmahl sicherstellen.

Grundbegriffe der altlutherischen Personchristologie:
- *unitio personalis* (= personale Vereinigung): Akt der Vereinigung der beiden Naturen
- *unio personalis seu hypostatica:* bleibende und feste Einheit der beiden Naturen
- *communicatio naturarum:* Gemeinschaft der Naturen
- *communicatio idiomatum:* wechselseitige Mitteilung der Eigenschaften der beiden Naturen

Die Lehre von der Idiomenkommunikation, mit der man Luther folgt, stellt eine Konsequenz der mit der unio personalis gegebenen Gemeinschaft der Naturen in der Person des Gottmenschen dar. Aus der Lehre von der wechselseitigen Mitteilung der Eigenschaften ergeben sich die Aussagen über die Person des Gottmenschen: Die Eigenschaften einer der beiden Naturen sind von der ganzen Person auszusagen, und an den Handlungen der einen Natur nimmt auch die andere teil. Die communicatio idiomatum findet zwischen den Naturen und der Person und zwischen den Naturen untereinander statt. Freilich soll mit der wechselseitigen Mitteilung der Eigenschaften in der Person Christi keine Veränderung der jeweiligen Natur einher gehen. Die Naturen bleiben vielmehr trotz ihrer wechselseitigen Mitteilung intakt. Die altlutherischen Dogmatiker unterscheiden in ihrer Christologie drei Arten oder Genera der communicatio idiomatum: das *genus idiomaticum*, das *genus majestaticum* oder *auchematicum* (von griech. auchema = gloria) und das *genus apotelesmaticum*.

Unter dem *genus idiomaticum* verstehen die lutherischen Theologen, dass die Eigenschaften der beiden Naturen der ganzen Person beigelegt werden.

---

[146] D. Hollaz, Examinis theologici acroamatici, Part. III, Theol. sect. I, Cap. III, S. 118: „Die Communicatio idiomatum ist das wahrhafte und reale einander Anteilgeben an den Besonderheiten der göttlichen und menschlichen Natur in dem nach einer von beiden oder beiden Naturen benannten Gottmenschen Christus, wie es aus dem persönlichen Einssein sich ergibt." Zitiert nach E. Hirsch, Hilfsbuch zum Studium der Dogmatik, S. 325 f.

[147] J. F. König, Theologia positiva acroamatica, S. 207 (§ 134); vgl. D. Hollaz, Examinis theologici acroamatici, Part. III, Theol. sect. I, Cap. III, S. 119. Vgl. N. Slenczka, Problemgeschichte der Christologie, S. 74–77.

3.1. Das christologische Dogma

„Das erste Genus der Communicatio idiomatum ist, wenn die Besonderheiten der göttlichen oder menschlichen Natur wahrhaft und real der ganzen Person Christi beigelegt werden, die nach einer von beiden oder beiden Naturen benannt wird."[148]

Von Christus als dem Gottmenschen kann dem ersten Genus zufolge wahrheitsgemäß ein Leiden prädiziert werden, obwohl die göttliche Natur leidensunfähig ist. Ebenso kann von ihm die Schöpfung der Dinge der Welt ausgesagt werden, obwohl ,schaffen' keine Eigentümlichkeit der menschlichen, sondern der göttlichen Natur ist.

Dem *genus majestaticum* zufolge empfängt die menschliche Natur realen Anteil an den Eigenschaften der göttlichen Natur.

„Das zweite Genus der Communicatio idiomatum ist, dadurch der Sohn Gottes die Idiome seiner göttlichen Natur um des persönlichen Einsseins willen an die angenommene menschliche Natur wahrhaftig und real mitgeteilt hat, daß sie sie gemeinsam mit ihr besitze, gebrauche und danach benannt werde."[149]

Von der menschlichen Natur in der Person des Gottmenschen, die sich allerdings ebenso wenig verändern soll wie die göttliche, sind aufgrund der unio personalis die Eigenschaften der göttlichen Natur auszusagen, nämlich die Allmacht, die Allwissenheit, die Allgegenwart und das Recht auf religiöse Verehrung. Die von der lutherischen Christologie mit Blick auf die reale leibliche Gegenwart Christi im Abendmahl immer wieder betonte *omnipraesentia* (Allgegenwart) der menschlichen Natur Christi schon während seiner Erdentage führte freilich vor nicht geringe Schwierigkeiten. Der von den reformierten Theologen gehegte und gepflegte Verdacht, dass aufgrund einer realen Mitteilung der göttlichen Eigenschaften an die menschliche Natur in der Person Christi von dessen Menschsein nicht mehr viel übrig blieb, ließ sich nur schwer von der Hand weisen.[150]

---

[148] D. Hollaz, Examinis theologici acroamatici, Part. III, Theol. sect. I, Cap. III, S. 122, zitiert nach E. Hirsch, Hilfsbuch zum Studium der Dogmatik, S. 326. Vgl. J. F. König, Theologia positiva acroamatica, S. 209.

[149] D. Hollaz, Examinis theologici acroamatici, Part. III, Theol. sect. I, Cap. III, S. 129, zitiert nach E. Hirsch, Hilfsbuch zum Studium der Dogmatik, S. 327.

[150] In diesem Sinne urteilt Schleiermacher in der Glaubenslehre: „Wenn man z.B. der menschlichen Natur die Identität von Allwissenheit und Allmacht beilegen wollte, so daß die eine und selbige allwissende Allmacht und allmächtige Allwissenheit der göttlichen Natur die angenommene menschliche Natur durchdrungen habe, wie die Gluth das Eisen: so könnte während dieser Mittheilung nichts menschliches mehr übrig sein in Christo, weil alles menschliche wesentlich eine Negation der allwissenden Allmacht ist." F. Schleiermacher, Der christliche Glaube 1821–1822, Bd. 2, hrsg. v. H. Peiter, Studienausgabe, Berlin/New York 1984, § 119. Zusaz 1, S. 56 f. Vgl. auch ders., Der christliche Glaube nach den Grundsätzen der Evangelischen Kirche im Zusammenhange dargestellt (1830/31), hrsg. v. M. Redeker, Berlin/New York 1999, § 97.5, T. 2, S. 74 f. Zur Kritik dieses Lehrstücks der altlutherischen Christologie vgl. auch D. F. Strauß, Die christliche Glaubenslehre in ihrer geschichtlichen Entwick-

3. Die dogmatische Christologie und ihre Auflösung seit der Aufklärung

Das Zusammenwirken der beiden Naturen aufgrund der unio personalis in den Werken und Handlungen des Gottmenschen bestimmen die altlutherischen Dogmatiker im *genus apotelesmaticum*.

„Das dritte Genus der Communicatio idiomatum ist, wenn in den Handlungen des Amts jede Natur Christi das ihr Eigene mit dem Anteilhaben der anderen Natur an der Handlung tut."[151]

Das Erlösungswerk, darauf liegt für die lutherischen Theologen im Unterschied zur mittelalterlichen Christologie der Akzent, wird von der Person des Gottmenschen in seinen beiden Naturen vollbracht. Weder nur die menschliche Natur wie in der Scholastik noch nur die göttliche Natur wie bei Andreas Osiander (ca. 1494–1552) erbringen die Satisfactio, sondern Christus als Mittler „nach beiden Naturen".[152]

Die altlutherische Lehre von der communicatio idiomatum:
(1.) Das *genus idiomaticum* – die Eigenschaften der beiden Naturen werden der ganzen Person beigelegt.
(2.) Das *genus majestaticum* – die menschliche Natur empfängt realen Anteil an den Eigenschaften der göttlichen Natur.
(3.) Das *genus apotelesmaticum* – jede der beiden Naturen ist an den besonderen Werken der anderen beteiligt.

In der Christologie des Luthertums war die Lehre von der communicatio idiomatum, insbesondere das genus majestaticum und die Bestimmung der Allgegenwart, umstritten. Die Christologie der *Concordienformel* formulierte das Schema der drei Genera der Idiomenlehre in dem Artikel VIII der *Solida Declaratio* durchaus vorsichtig, konnte aber den Streit um die Allgegenwart der menschlichen Natur in der Person des Christus nicht zum Abschluss bringen.[153] Die reformierten Dogmatiker haben das genus majestaticum aufgrund ihrer Abendmahlslehre, die auf dem *extra Calvinisticum* (= finitium non capax infinitium) fußt, zurückgewiesen. Eine Ablehnung der wechselseitigen Mitteilung der Eigenschaften in der Person des Gottmenschen unter Beibehaltung der unio naturarum in Christus ist indes nicht weniger problematisch.[154] Nicht gelehrt wurde in der altprotestantischen Orthodoxie das *genus tapeinoticum*,

---

lung und im Kampfe mit der modernen Wissenschaft, Bd. 2, Tübingen/Stuttgart 1841 (ND Darmstadt 2009), S. 116–135.
[151] D. Hollaz, Examinis theologici acroamatici, Part. III, Theol. sect. I, Cap. III, S. 159, zitiert nach E. Hirsch, Hilfsbuch zum Studium der Dogmatik, S. 329 f.
[152] Formula Concordia, Solida Declaratio VIII, S. 1031.
[153] Formula Concordia, Solida Declaratio VIII, S. 1027–1033. Vgl. hierzu H. Schmid, Die Dogmatik der evangelisch-lutherischen Kirche, dargestellt und aus den Quellen belegt, Gütersloh ⁷1893, S. 239–243; W. Sparn, Art.: Jesus Christus V., in: TRE, Bd. 17, Berlin/New York 1988, S. 1–16, bes. S. 4–7.
[154] So die Kritik von D. F. Strauß, Die christliche Glaubenslehre, Bd. 2, S. 154.

also die Teilhabe der göttlichen Natur an den Leiden der menschlichen, weil das der Vorstellung von der Unveränderlichkeit der göttlichen Natur widersprach.

b. Das dreifache Amt des Erlösers

Die dogmatischen Ausführungen zur Person Christi bilden die Grundlage für die Darstellung seines Erlösungswerkes, welches die altlutherische Christologie unter dem Titel *De officio Christi* behandelt. Das Werk der Erlösung konnte Christus nur deshalb vollbringen, weil in ihm die göttliche und die menschliche Natur in einer Person geeint sind. Der Zweck der Menschwerdung ist allein das Werk der Erlösung. Die Christologie wird unter dem Gesichtspunkt der Erlösung aufgebaut und in dem Mittleramt Christi zusammengefasst. Während Luther in seinem Freiheitstraktat von 1520 noch ganz traditionell zwischen dem Amt des Königs und des Priesters unterschied,[155] hat sich in der lutherischen Christologie seit Johann Gerhard (1582–1637) im Anschluss an Andreas Osiander und an Johannes Calvin (1509–1564)[156] die Lehre von dem dreifachen Amt Christi (*de munere Christi triplice*) zur Anordnung und Gliederung des dogmatischen Stoffs durchgesetzt.

Das Schema vom dreifachen Amt Christi nach Andreas Osiander:
„Sonder wir müssen es von seinem Amt verstehn, da er Christus, das ist Meister, König und Hohepriester, ist. Dann so Christus ein Gesalbeter heißt und allein die Propheten, König und Hochpriester gesalbt sein worden, merkt man wohl, daß ihm diese Amt alle drei gepürn: des Propheten Amt, dann er allein ist unser Lehrer und Meister, Matth. 23 (8 ff.), des Königs Gewalt, dann er regiert im Haus Jakob ewiglich, Luk. 1 (32 ff.), und das Priesteramt, dann er ist ein Priester ewiglich nach der Ordnung Melchizedek, Psalm 110 (1 f.). Da ist nun sein Amt, daß er sei unser Weisheit, Gerechtigkeit, Heiligung und Erlösung, wie Paulus 1. Kor. 1 (30) bezeuget."[157]

Die Lehre von dem dreifachen Amt Christi als Prophet, Priester und König wird aus dem Christustitel als der übergeordneten Perspektive begründet und entfaltet. Die drei Ämter fächern den Christustitel in verschiedene Dimensionen auf, die gewissermaßen ineinander übergehen und nicht nebeneinander liegen oder in einer zeitlichen Abfolge stehen sollen.[158] Mit diesen drei Funktionen

---

[155] Vgl. M. Luther, Von der Freiheit eines Christenmenschen, WA 7, 26–29 = BoA II, 16–18. Vgl. dazu K. Bornkamm, Christus – König und Priester. Das Amt Christi bei Luther im Verhältnis zur Vor- und Nachgeschichte, Tübingen 1998.
[156] J. Calvin, Catechismus Genevensis, 1545 (1541), in: E. Hirsch, Hilfsbuch zum Studium der Dogmatik, S. 69–71; ders., Institutio christianae religionis (1559), II,16, 2. 3. 5., C. R., Bd. 30, Braunschweig 1864, Sp. 368–372; ders., Opera selecta, Bd. 3, München 1967, S. 482–489. Zur geschichtlichen Entwicklung der Lehre vom dreifachen Amt Christi vgl. E. F. K. Müller, Art.: Jesu Christi dreifaches Amt, in: RE³, Bd. 8, Leipzig 1900, S. 733–741.
[157] A. Osiander, Schirmschrift zum Augsburger Reichstag, 1530, Bl. 9, zitiert nach E. Hirsch, Hilfsbuch zum Studium der Dogmatik, S. 65 f.
[158] Vgl. J. A. Quenstedt, Theologia didactico-polemica, sive sistema theologicum, in duas

beziehungsweise Ämtern wird der christologische Stoff aber nicht nur in drei Hinsichten gegliedert, sondern auch an die alttestamentlichen Funktionen des Propheten, des Priesters und des Königs zurückgebunden. In der Ämterlehre erscheint Christus als die Vollendung dieser alttestamentlichen Trias.

Unter dem *officium propheticum* (prophetisches Amt) verstehen die altprotestantischen Theologen die Lehrverkündigung des irdischen Gottmenschen.[159] Der Inhalt seiner Lehrverkündigung besteht für die altlutherische Christologie in dem Gesetz und dem Evangelium. Die Verkündigung des göttlichen Willens ist jedoch bei Christus aufgrund der unio personalis von göttlicher und menschlicher Natur in seiner Person im Unterschied zu den alttestamentlichen Propheten vollkommen. Mit der Auferstehung und Himmelfahrt Christi hört seine im prophetischen Amt festgehaltene Lehrtätigkeit nicht auf. Sie wird durch die von Christus eingesetzte Kirche fortgeführt.

Während sich das officium propheticum auf die Verkündigungstätigkeit des irdischen Christus bezieht, geht es bei dem *officium sacerdotale* (priesterliches Amt Christi) um die von Christus vollbrachte Erlösung und die dadurch bewirkte Versöhnung mit Gott.[160] Die Besonderheit des priesterlichen Amts Christi gegenüber den alttestamentlichen Priestern liegt darin, dass er nicht ein fremdes Opfer dargebracht hat, sondern sich selbst. Christus ist also Priester und Opfer in einer Person.

Bestimmung des officium sacerdotale durch Balthasar Mentzer:
„Wie führet Christus das hohepriesterliche Amt? – Indem er sich an unsrer Statt dem göttlichen Gesetz unterworfen, und vollkommenen Gehorsam geleistet, und sich selbst zum Schuldopfer für uns gegeben hat, aufdaß er uns erlöset, und vertritt uns bei Gott seinem himmlischen Vater."[161]

Die lutherische Christologie gliederte das priesterliche Amt Christi in die zwei Teile der *satisfactio* (Genugtuung) und der *intercessio* (Fürbitte). Mit der Satisfaktionslehre knüpft die altlutherische Dogmatik im Unterschied zu Luther an die Versöhnungslehre von Anselm von Canterbury an. Auch die lutherischen Bekenntnisschriften haben diese Form der Versöhnungslehre aufgenommen.

Confessio Augustana Artikel IV:
„Weiter wird gelehrt, daß wir Vergebung der Sunde und Gerechtigkeit vor Gott nicht erlangen mogen durch unser Verdienst, Werk und Genugtun, sonder daß wir Vergebung der Sunde bekommen und vor Gott gerecht werden aus Gnaden umb Christus willen

---

sectiones, didacticam et polemicam, divisum [1685], Wittenberg 1691, Pars III, Caput III, Memb. II, De Christi officio, Sect. I, S. 212–273.
[159] Vgl. H. Schmid, Die Dogmatik der evangelisch-lutherischen Kirche, S. 248–250.
[160] H. Schmid, Die Dogmatik der evangelisch-lutherischen Kirche, S. 250–266.
[161] B. Mentzer, Christlicher in Gottes Wort wohl begründeter Bericht von vier vornehmen Stücken der christlichen Lehr, Magdeburg 1616, zitiert nach E. Hirsch, Hilfsbuch zum Studium der Dogmatik, S. 336.

3.1. Das christologische Dogma

durch den Glauben [sed gratis iustificentur propter Christum per fidem], so wir glauben, daß Christus fur uns gelitten habe und daß uns umb seinen willen die Sunde vergeben, Gerechtigkeit und ewiges Leben geschenkt wird [qui sua morte pro nostris peccatis satisfecit]. Dann diesen Glauben will Gott fur Gerechtigkeit vor ihme halten und zurechnen [imputat], wie Sant Paul sagt zun Romern am 3. und 4."[162]

Die gedanklichen Voraussetzungen der Satisfaktionslehre liegen in dem Gottesbegriff sowie in der mit dem Sündenfall des Menschen verletzten Ehre Gottes. Da Gott gerecht, heilig und wahrhaftig ist, kann er seinen Zorn über den Fall des Menschen nicht zurücknehmen. Dies würde seiner Gerechtigkeit, Heiligkeit und Wahrhaftigkeit widersprechen. Will also Gott mit dem gefallenen Menschen wieder in ein Gnadenverhältnis treten, so ist das nur so möglich, dass die Schuld, welche die Menschen durch den Fall auf sich geladen haben, durch ein Lösegeld abgetragen wird. Zu einer solchen Genugtuung ist nun zwar der Mensch verpflichtet, aber aufgrund der Schwere der Beleidigung Gottes ist der Mensch zu ihr nicht in der Lage. Deshalb hat Gott durch die Sendung seines Sohnes die Genugtuung möglich gemacht, der stellvertretend für die Menschen das Lösegeld erbringt. Da Christus Gott und Mensch in einer Person ist, so hat die von ihm vollbrachte Erlösung einen unendlichen Wert, so dass die unendliche Schuld, welche auf dem Menschengeschlecht liegt, durch ihn abgetragen werden kann.

Die von Christus erbrachte Genugtuung umfasst zwei Aspekte. Zum einen steht der Mensch unter der Forderung, das Gesetz Gottes zu erfüllen, und zum anderen muss die unendliche Schuld des Menschen durch ein Lösegeld bezahlt werden. Beides ist von Christus freiwillig geleistet worden. Entsprechend unterscheiden die lutherischen Theologen zwischen *oboedientia activa* (tätiger Gehorsam) und *oboedientia passiva* Christi (passiver Gehorsam).[163] Der tätige Gehorsam Christi besteht in der stellvertretenden Erfüllung des göttlichen Gesetzes, dem er selbst nicht unterworfen war, während seines irdischen Lebens. Mit dem aktiven Gehorsam soll die von Christus erbrachte Genugtuung an sein Leben zurückgebunden werden. Im Unterschied zum aktiven Gehorsam besteht der passive Gehorsam Christi darin, dass er die Sünden der ganzen Welt auf sich übertragen und die ihnen gebührenden Strafen durch seinen Kreuzestod freiwillig übernommen hat.

---

[162] Confessio Augustana, Art. IV, S. 56.
[163] Vgl. D. Hollaz, Examinis theologici acroamatici, Part. III, Theol. sect. I, Cap. III, S. 169: „Die *Genugtuung* (satisfactio) ist ein Akt des priesterlichen Amts, dadurch Christus gemäß göttlichem Ratschluß mit allervollkommenstem tätlichem wie leidentlichem Gehorsam (oboedientia activa et passiva) der göttlichen Gerechtigkeit, die durch die Sünden der Menschen verletzt ist, genug getan hat, zu Ehren der göttlichen Gerechtigkeit und Barmherzigkeit, und zu Erwerb unsrer Gerechtigkeit und Seeligkeit". Zitiert nach E. Hirsch, Hilfsbuch zum Studium der Dogmatik, S. 337 f.

3. Die dogmatische Christologie und ihre Auflösung seit der Aufklärung

Den zweiten Teil des priesterlichen Amts bildet die *intercessio* (Fürbitte oder Vertretung).

„Die *Vertretung* (intercessio) Christi ist der andre Akt des priesterlichen Amts, dadurch der Gottmensch Christus in Kraft seines gesamten Verdienstes für alle Menschen, insonderheit aber für seine Erwählten, wahrhaftig und eigentlich, aber ohne irgendwelche Minderung seiner Majestät, eintritt (interpellat), aufdaß er für sie erlange, davon er weiß, daß es ihnen leiblich und seelisch vornehmlich und heilsam sei".[164]

Die Vertretung wird von den altlutherischen Theologen unterschieden in eine allgemeine und eine besondere Fürbitte. Durch die allgemcine Fürbitte bittet Christus den Vater für alle Menschen, dass ihnen die heilsame Frucht seines Todes zugeeignet werde. Die besondere Vertretung bezieht sich im Unterschied zur allgemeinen auf die von Christus gestiftete Gemeinde. In ihr bittet Christus für die Wiedergeborenen und Erwählten, dass sie im Glauben und in der Heiligkeit bewahrt werden und wachsen.

In dem *officium regium* (königliches Amt) erörtert die altprotestantische Dogmatik die Herrschaft Christi über die Welt.[165] Als Logos und zweite Person der Trinität übt Christus die königliche Funktion zwar von Ewigkeit her aus, aber durch seine Menschwerdung nimmt auch seine menschliche Natur an dieser Herrschaft teil. Aufgrund der unio personalis haben beide Naturen Christi Anteil an der königlichen Herrschaft. Seine königliche Funktion bezieht sich auf die Welt, die Kirche und das Reich Gottes. Folglich unterscheiden die altprotestantischen Theologen in dem officium regnum drei Dimensionen: (1.) *regnum potentiae* = das Reich der Macht, (2.) *regnum gratiae* = das Reich der Gnade, (3.) *regnum gloriae* = das Reich der Herrlichkeit.

Das Schema des dreifachen Amtes:
(1.) *officium propheticum* = Lehrtätigkeit des irdischen Christus und Einsetzung der Kirche
(2.) *officium sacerdotale* = das priesterliche Amt Christi (Erlösung und Versöhnung mit Gott)
    a.) *satisfactio* = Genugtuung
        i.) oboedientia activa = aktiver Gehorsam
        ii.) oboedientia passiva = passiver Gehorsam
    b.) *intercessio* = Fürbitte
        i.) allgemeine Fürbitte
        ii.) besondere Fürbitte

---

[164] D. Hollaz, Examinis theologici acroamatici, Part. III, Theol. sect. I, Cap. III, S. 182, zitiert nach E. Hirsch, Hilfsbuch zum Studium der Dogmatik, S. 338.
[165] H. Schmid, Die Dogmatik der evangelisch-lutherischen Kirche, S. 266–271.

(3.) *officium regium* = Christus erhält, mehrt, leitet und schützt die von ihm gestiftete Gemeinde der Erlösten im:
a.) *regnum potentiae* = Reich der Macht (Welt)
b.) *regnum gratiae* = Reich der Gnade (Kirche)
c.) *regnum gloriae* = Reich der Herrlichkeit (Reich Gottes).

c. Die Stände Christi

Die Lehre *de statibus Christi* (von den Ständen Christi), mit der der Lehrbegriff der altlutherischen Christologie seinen Abschluss findet, stellt eine Konsequenz der lutherischen Lehre von der Idiomenkommunikation dar.[166] Aufgrund der unio personalis müssen der menschlichen Natur in der Person Christi die Eigenschaften der göttlichen Natur zukommen, und zwar real, wie die lutherische Christologie betont. Damit stellt sich für die lutherische Theologie freilich das Problem, wie ihre Christologie mit den Niedrigkeitsaussagen der Schrift zu verbinden ist. Im Anschluss an Luthers Deutung des Hymnus in Phil 2,5–11 unterscheiden die altprotestantischen Theologen daher zwischen einem *status exinanitionis* (Stand der Knechtsgestalt) und einem *status exaltationis* Christi (Stand der Erhöhung).[167] Der status exinanitionis bezieht sich auf das irdische Dasein des Gottmenschen und der status exaltationis auf den auferstandenen und erhöhten Christus. Die Lehre vom dreifachen Amt Christi umfasst beide Stände Christi, so dass die drei Ämter sowohl vom Stand der Erniedrigung als auch vom Stand der Erhöhung auszusagen sind.

Die beiden Stände Christi:
(1) *status exinanitionis* = Stand der Erniedrigung/Entäußerung nach Phil 2,5–11
(2) *status exaltationis* = Stand der Erhöhung

Nun kann jedoch aufgrund der Lehre von der unio personalis der beiden Naturen in der Person des Gottmenschen die Erniedrigung nicht wie bei den Kirchenvätern mit der Menschwerdung zusammenfallen. Denn die mit dem Akt der Menschwerdung gesetzte Verbindung der beiden Naturen in Christus soll keine vorübergehende, sondern eine bleibende sein. Dann aber würde sich die Erniedrigung nicht von der Erhöhung unterscheiden. Da die göttliche Natur des Logos, das Personbildende in Christus sich nicht verändern kann, bleibt nur, die Erniedrigung und die Erhöhung von der menschlichen Natur in ihrer Vereinigung mit der göttlichen auszusagen. Dem genus majestaticum zufolge

---

[166] Vgl. H. Schmid, Die Dogmatik der evangelisch-lutherischen Kirche, S. 271–293; E. Hirsch, Hilfsbuch zum Studium der Dogmatik, S. 333–336; E. F. K. Müller, Art.: Stand Christi, doppelter, in: RE³, Bd. 18, Leipzig 1906, S. 755–759.
[167] Vgl. N. Selneccer, Praefatio zu: Martin Chemnitz, De duabus naturis in Christo. De hypostatica earum unione, Leipzig 1578; J. W. Jäger, Systema Theologicum II. De Adventu sponsoris aeterni in carnem, Tübingen 1717, S. 3 f.

kommen aber der menschlichen Natur die Eigenschaften der göttlichen real und nicht nur verbal zu. Folglich kann die Erniedrigung, welche von der menschlichen Natur ausgesagt wird, nur darin bestehen, dass diese die göttlichen Eigenschaften der Allmacht und Allgegenwärtigkeit etc., welche sie besitzt, freiwillig nicht ausübt oder gebraucht. In diesem Sinne hatte die *Concordienformel* den Unterschied zwischen dem Zustand der Erniedrigung und Erhöhung Christi festgesetzt.

Die beiden Stände Christi nach der Concordienformel (Solida Declaratio, VIII, 26): „Doher hat auch die menschliche Natur die Erhöhung nach der Auferstehung von den Toten über alle Kreatur im Himmel und auf Erden, welche nichts anders ist, dann daß er Knechtsgestalt ganz und gar von sich gelegt und gleichwohl die menschliche Natur nicht abgeleget, sunder in Ewigkeit behält und in die völlige Proffeß und Gebrauch der göttlichen Majestät nach der angenommenen menschlichen Natur eingesetzt; welche Majestät er doch gleich in seiner Entpfängnus auch in Mutterleibe gehabt, aber wie der Apostel zeuget, sich derselben geäußert und, wie D. Luther erkläret, im Stand seiner Erniedrigung heimlich gehalten und nicht allezeit, sondern wenn er gewollt, gebraucht hat."[168]

In den beiden Ständen Christi unterscheidet die altlutherische Christologie verschiedene Hauptmomente. Der Zustand der Entäußerung (*status exinanitionis*) umfasst die Ereignisse von der Empfängnis Jesu bis zu seiner Grablegung. Während dieser Zeit war der fleischgewordene Logos allen Schwächen der menschlichen Natur unterworfen. Seine Unterwerfung unter die Bedingungen des irdischen Lebens bedeutet jedoch keine Abwesenheit der göttlichen Natur. Vielmehr hat Christus während seines Erdenwirkens seine Göttlichkeit lediglich eingeschränkt zur Geltung gebracht. Die Hauptmomente des Zustands der Erniedrigung sind im Einzelnen: *conceptio* (Empfängnis), *nativitas* (Geburt), *circumcisio* (Beschneidung), *educatio* (Unterstellung unter das Familiengesetz), *conversatio visibilis Christi his in terris* (Widrigkeiten des Lebens in der Niedrigkeit), *passio magna* (das Leiden Christi in den letzten Tagen seines Lebens), *mors Christi* (Tod am Kreuz), *sepultura* (Grablegung).

Der Zustand der Erhöhung (*status exaltationis*) umfasst als Hauptmomente die *resurrectio* (Auferstehung), *ascensio* (Himmelfahrt) und die *sessio ad dextram Dei* (Sitzen Christi zur Rechten des Vaters). Durch die Überwindung des Todes hat Christus alle Schwächen der menschlichen Natur abgelegt und macht von seiner Göttlichkeit uneingeschränkt Gebrauch.

Strittig zwischen den reformierten und lutherischen Theologen war die Frage, ob der *descensus ad inferos* (Höllenfahrt Christi) nach 1. Petr 3,18–20 und Kol 2,15 zum Zustand der Erhöhung oder zum Zustand der Erniedrigung zu schlagen sei. Während die Lutheraner die Höllenfahrt Christi als Beginn

---

[168] Formula Concordia, Solida Declaratio VIII, S. 1025.

3.1. Das christologische Dogma

der Erhöhung betrachteten – da Christus in der Hölle über die Dämonen triumphiert –,[169] ordneten die Reformierten die Höllenfahrt Christi dem status exinanitionis zu.

Die *Concordienformel* hatte die Aussagen über die menschliche Natur in der Person Christi im Zustand der Erniedrigung unbestimmt gelassen und zwischen Besitz und Gebrauch der ihr mitgeteilten göttlichen Majestätseigenschaften unterschieden.[170] Die Deutung des Zustands der Erniedrigung führte 1616 zwischen den Theologen der Tübinger (Lucas Osiander [1571–1638], Melchior Nicolai [1578–1659], Theodor Thummius [1586–1630]) und der Gießener Fakultät (Balthasar Mentzer [1565–1627], Justus Feuerborn [1587–1656]) zum ersten Kenosisstreit im Luthertum.[171] Die Theologen beider Fakultäten setzen die lutherische Christologie und die wechselseitige Mitteilung der Eigenschaften in der Person Christi voraus. Sie stimmen auch darin überein, dass sie die Aussagen der Erniedrigung auf die mit dem Sohn Gottes persönlich geeinte menschliche Natur beziehen. Der Streitpunkt liegt in den verschiedenen Weisen, wie die Aussagen über die *omnipraesentia* an Jesus Christus im Stande der Erniedrigung verstanden werden sollen. Strittig sind also nicht die Inkarnation des Logos und die damit gesetzte Aufnahme der menschlichen Natur in die göttliche, sondern die Verborgenheit der göttlichen Eigenschaften im Zustand der Erniedrigung: Sollte die Verborgenheit der der menschlichen Natur zugeeigneten göttlichen Eigenschaften als eine bloße Verhüllung (κρύψις) interpretiert werden oder auf einer förmlichen Entäußerung (κένωσις) beruhen? Umstritten ist weiter die Frage, ob dieser Verzicht nur den Gebrauch (χρῆσις) oder den Besitz (κτῆσις) der göttlichen Majestät und ihrer Vollmachten betrifft. Während die Tübinger Theologen eine Verborgenheit der göttlichen Majestät im Stande der Erniedrigung Christi lehren, plädieren die Gießener für eine radikale Entäußerung der göttlichen Majestät. Der Streit wurde durch die *Decisio Saxonica* von 1624 geschlichtet, aber nicht gelöst. Er unterstreicht die Aporien, in denen sich nicht nur die lutherische Christologie verfing, sondern jede an der Zweinaturenlehre orientierte Christologie.

---

[169] Vgl. Formula Concordia, Solida Declaratio IX. Von der Hellfahrt Christi, S. 1049–1053.
[170] Vgl. Formula Concordia, Solida Declaratio VIII, S. 1025. 1038. 1041 f.
[171] Vgl. E. Hirsch, Hilfsbuch zum Studium der Dogmatik, S. 333–336; U. Wiedenroth, Krypsis und Kenosis. Studien zu Thema und Genese der Tübinger Christologie im 17. Jahrhundert, Tübingen 2011.

3.2. Die Auflösung der altkirchlichen Christologie in der Aufklärung

Literatur:

C. Danz, Die Geschichtlichkeit der Offenbarung. Die Bedeutung Schellings für die christologische Debatte der Gegenwart, in: S. Dietzsch/G. F. Frigo (Hrsg.), Vernunft und Glauben. Ein philosophischer Dialog der Moderne mit dem Christentum. Père Xavier Tilliette SJ zum 85. Geburtstag, Berlin 2006, S. 107–126.
G. Kaplan, Answering the Enlightenment. The Catholic Recovery of Historical Revelation, New York 2006.
J. Rohls, Vorbild, Urbild und Idee. Zur Christologie des 19. Jahrhunderts, in: J. Frey/J. Rohls/R. Zimmermann (Hrsg.), Metaphorik und Christologie, Berlin/New York 2003, S. 219–241.
D. F. Strauß, Die christliche Glaubenslehre in ihrer geschichtlichen Entwicklung und im Kampf mit der modernen Wissenschaft, Bd. 2, Tübingen/Stuttgart 1841 (ND Darmstadt 2009), S. 153–175.

In den Mittelpunkt der Christologie trat seit der Antike die Konstruktion der Person des Gottmenschen in seinen zwei Naturen als Voraussetzung der von ihm vollbrachten Versöhnung Gottes mit den Menschen. Diese Form der kirchlichen Christologie wurde seit der Aufklärung als zunehmend schwierig und problematisch empfunden. Die humanistische Theologie, die Sozinianer (Fausto Sozzini [1539–1604]) und Arminianer (Jacobus Arminius [1560–1609]) haben das christologische Dogma von den beiden Naturen in der Person des Gottmenschen schon seit der Reformationszeit einer fundamentalen Kritik unterworfen und den Menschen Jesus in das Zentrum der Frömmigkeit gerückt.[172] Im englischen Deismus wurde die Kritik am Dogma weitergeführt,[173] und die protestantische Aufklärungstheologie hat sie sich zu eigen gemacht und dessen traditionelle Form aufgelöst. Die Gründe für den Plausibilitätsverlust der überlieferten Christologie sind freilich vielschichtig. Sie liegen zum einen in den der überlieferten christologischen Lehrform gleichsam als Geburtsfehler anhaftenden inneren Schwierigkeiten selbst beschlossen und zum anderen in dem sich seit der frühen Neuzeit wandelnden Weltbild. Die Konstruktion der Einheit einer Person aus einer göttlichen und einer menschlichen Natur ist nur so mög-

---

[172] Vgl. P. Hauptmann, Art.: Sozinianer/Sozinianismus, in: RGG⁴, Bd. 7, Tübingen 2004, Sp. 1519–1521; C. Bangs, Art.: Arminianer, in: RGG⁴, Bd. 1, Tübingen 1998, Sp. 772–778; D. F. Strauß, Die christliche Glaubenslehre, Bd. 2, S. 153–163.
[173] Vgl. E. Troeltsch, Der Deismus, in: ders., Aufsätze zur Geistesgeschichte und Religionssoziologie, hrsg. v. H. Baron (= Gesammelte Schriften, Bd. 4), Tübingen 1925 (ND Aalen 1966), S. 429–487; U. Barth, Die Religionsphilosophie der westeuropäischen Aufklärung. Deismus in England und Frankreich, in: ders., Gott als Projekt der Vernunft, Tübingen 2005, S. 127–144.

3.2. Die Auflösung der altkirchlichen Christologie in der Aufklärung 107

lich, dass eine der beiden Naturen ausgeschaltet wird. Friedrich Schleiermacher bemerkte daher in seiner Glaubenslehre nicht zu Unrecht, dass alle Darstellungen der Christologie „immer zwischen den entgegengesetzten Abwegen geschwankt" haben, die beiden Naturen zu „einem dritten" zu vermischen, „das keines von beiden wäre weder göttlich noch menschlich, oder indem beide Naturen auseinander gehalten werden, theils die Einheit der Person aufgebend, um beide Naturen desto bestimmter zu sondern, theils um die Einheit der Person recht festzuhalten, lieber das nothwendige Gleichgewicht störend und eine Natur hinter die andere zurüksezend und durch sie beschränkend".[174] In der Lehre von der Person des Gottmenschen traten entweder die göttliche Natur hinter die menschliche oder die menschliche Natur hinter die göttliche zurück. Auch die kirchlich-dogmatische Christologie des Altprotestantismus kommt über die bloße Behauptung des Menschseins Christi nicht hinaus. In der Lehre von der communicatio idiomatum verflüchtigt sich das Menschsein Christi. Die angedeuteten Aporien der Zweinaturenlehre signalisieren ein grundsätzliches Problem der überlieferten Personchristologie.

Aber auch der Versöhnungslehre des Altprotestantismus, in deren Zentrum die stellvertretende Genugtuung des Gottmenschen für die Sünden des Menschengeschlechts stand, erging es nicht viel besser. Auch sie brach unter der Kritik der Sozinianer und Arminianer zusammen.[175] Die Auflösung der Lehre von der stellvertretenden Genugtuung des Gottessohnes setzte bei der Frage ein, ob dem aktiven Gehorsam Christi genugtuende Wirkung zukomme. Johann Gottlieb Töllner (1724–1774) verneinte dies mit dem Argument, dass sich sittliche Leistungen, also die vollkommene stellvertretende Erfüllung des Gesetzes durch Christus, nicht übertragen lassen, und maß lediglich dem passiven Gehorsam Christi genugtuende Wirkung zu.[176] Während Töllner das stellvertretende Sühnopfer des Gottessohnes noch gelten lassen wollte, wurde die überlieferte Satisfaktionslehre durch Johann August Eberhard (1739–1809) und Wilhelm Abraham Teller (1734–1804) vollständig aufgelöst.[177] Immanuel

---

[174] F. Schleiermacher, Der christliche Glaube 1821–1822, Bd. 2, § 117. 1, S. 35. Vgl. auch ders., Der christliche Glaube², § 96.1, T. 2, S. 53 f. Vgl. W. Pannenberg, Grundzüge der Christologie, S. 295: „Wenn Gottheit und Menschheit als zwei Substanzen in der Individualität Jesu miteinander verbunden sein sollen, dann werden entweder beide zu einem Dritten vermischt, oder die Individualität, die konkrete Lebenseinheit Jesu wird gesprengt."
[175] Vgl. dazu G. Wenz, Geschichte der Versöhnungslehre in der evangelischen Theologie der Neuzeit, Bd. 1, München 1984, S. 87–148; D. F. Strauß, Die christliche Glaubenslehre, Bd. 2, S. 291–327.
[176] J. G. Töllner, Der Thätige Gehorsam Jesu Christi, Breslau 1768. Vgl. K. Aner, Die Theologie der Lessingzeit, Halle 1929, S. 285–290.
[177] J. A. Eberhard, Neue Apologie des Sokrates, oder Untersuchung der Lehre von der Seligkeit der Heiden, Bd. 2, Berlin/Stettin 1778, S. 203–324; W. A. Teller, Wörterbuch des Neuen Testaments zur Erklärung der christlichen Lehre, Berlin 1772.

3. Die dogmatische Christologie und ihre Auflösung seit der Aufklärung

Kant schließlich hat in seiner Schrift *Die Religion innerhalb der Grenzen der bloßen Vernunft* 1793 nur noch die Kritik an der überlieferten kirchlichen Versöhnungslehre und ihren Voraussetzungen zusammengefasst, wenn er darauf hinweist, dass Schuld „keine *transmissible* Verbindlichkeit" sei, die „etwa, wie eine Geldschuld [...] auf einen andern übertragen werden kann".[178] Da Schuld das Allerpersönlichste sei, könne sie folglich auch nicht auf einen anderen übertragen oder von diesem abgegolten werden. Damit waren die inneren Voraussetzungen des überkommenen Lehrbegriffs unwiederbringlich aufgelöst.

Neben den internen Schwierigkeiten sowie den Problemen der Versöhnungslehre führte noch ein weiterer Transformationsprozess im Bereich des Protestantismus zu der Ersetzung einer an den zwei Naturen orientierten Christologie durch anders gelagerte christologische Konzeptionen. Am Ende des 18. Jahrhunderts erfuhr nämlich das Verständnis von Geschichte eine folgenreiche Umprägung. In seinen begriffsgeschichtlichen Untersuchungen zum Begriff Geschichte hat der Historiker Reinhart Koselleck (1923–2006) nachgezeichnet, wie sich seit dem späten 18. Jahrhundert der Kollektivsingular ‚die Geschichte' herausgebildet hat. In dem Begriff der ‚Geschichte' werden nun die vielen Einzelgeschichten zusammengefasst.[179] Weiterhin wird der Geschichtsbegriff zu einem neuen Wirklichkeits- und Reflexionsbegriff, der drei Ebenen umfasst, nämlich das Einzelereignis, dessen Darstellung und die wissenschaftliche Durchdringung beider.[180] Die protestantische Aufklärungstheologie, die sogenannte Neologie, hat diesen neuen Geschichtsbegriff aufgenommen und auf die Grundlage der christlichen Religion – die Bibel – angewandt. Zudem übernahm sie auch die sich herausbildende historisch-kritische Methode.[181] Mit ihrer Anwendung auf die biblischen Schriften wurde nicht nur das Kanonprinzip, sondern auch das Inspirationsdogma aufgelöst und damit das Schriftprinzip der altprotestantischen Theologie insgesamt zerstört. Mit der historisch-kritischen Untersuchung der biblischen Schriften geriet jedoch auch die christologische Lehrform der altprotestantischen Theologie in eine tiefgreifende Krise. Denn zum einen wurden die kirchen- und dogmengeschichtlichen Entstehungsbedin-

---

[178] I. Kant, Die Religion innerhalb der Grenzen der bloßen Vernunft, A 88 = Werke, Bd. 7, hrsg. v. W. Weischedel, Darmstadt 1983, S. 726.

[179] R. Koselleck, Die Herausbildung des modernen Geschichtsbegriffs, in: Geschichtliche Grundbegriffe. Historisches Lexikon zur politisch-sozialen Sprache in Deutschland, Bd. 2, Stuttgart 1975, S. 647–717; ders., Historia Magistra Vitae. Über die Auflösung des Topos im Horizont neuzeitlich bewegter Geschichte, in: ders., Vergangene Zukunft. Zur Semantik geschichtlicher Zeiten, Frankfurt a.M. 1979, S. 38–66.

[180] Vgl. R. Koselleck, Historia Magistra Vitae, S. 51–66; G. Neugebauer, Tillichs frühe Christologie. Eine Untersuchung zu Offenbarung und Geschichte bei Tillich vor dem Hintergrund seiner Schellingrezeption, Berlin/New York 2007, S. 1–18.

[181] Vgl. dazu H. Graf Reventlow, History of Biblical Interpretation. Vol. 4: From the Enlightenment to the Twentieth Century, Atlanta 2010.

gungen der Zweinaturenlehre in der sich in der zweiten Hälfte des 18. Jahrhunderts etablierenden Dogmengeschichte aufgedeckt, und zum anderen wurden die biblischen Berichte über Jesus nicht mehr aus der Perspektive des christologischen Dogmas betrachtet, sondern an sie wurden die Maßstäbe der kritischen Historiographie gelegt. Bei Reimarus führte das neue geschichtsmethodologische Bewusstsein schon bald dazu, dass Jesus als ein geschichtliches Individuum verstanden wurde, welches nur in seinem zeitgeschichtlichen Kontext zu begreifen ist.

Die Motive für die Auflösung der überlieferten christologischen Lehrform:
- Innere Aporien der Zweinaturenlehre: das Menschsein Jesu wird im Rahmen der Zweinaturenlehre verflüchtigt.
- Kritik an den Voraussetzungen der Versöhnungslehre: Schuld kann nicht übertragen werden.
- Der moderne Geschichtsbegriff bildet sich als Wirklichkeits- und Reflexionsbegriff heraus.

Die Veränderungen des Geschichtsbegriffs am Ende des 18. Jahrhunderts zeitigten Folgen für die Christologie. Die für die gesamte Debatte seit der Antike grundlegende Frage, wie in einer Person göttliche und menschliche Natur zusammen bestehen können, verlor unter den neuen Bedingungen ihre Plausibilität. Jetzt erst traten der historische Jesus und das dogmatische Christusbild auseinander, und der Mann aus Nazareth avancierte zunehmend zum Bezugspunkt der christologischen Reflexion. Damit ist jedoch eine wichtige Konsequenz verbunden: das Grundproblem der Christologie verschiebt sich von der Zweinaturenlehre zur Frage nach dem Verhältnis von Offenbarung und Geschichte. Es entsteht also ein neuer Explikationsrahmen der Christologie, der den problemgeschichtlichen Horizont auch der gegenwärtigen Debatten noch markiert.

3.2.1. Ewige Vernunftwahrheiten und kontingente Geschichtswahrheiten

Literatur:

K. Aner, Die Theologie der Lessingzeit, Halle 1929.
C. Bultmann/F. Vollhardt (Hrsg.), Lessings Religionsphilosophie im Kontext. Hamburger Fragmente und Wolfenbütteler Axiomata, Berlin/New York 2011.
E. Hirsch, Geschichte der neuern evangelischen Theologie im Zusammenhang mit den allgemeinen Bewegungen des europäischen Denkens, Bd. IV, Gütersloh 1952.
G. Hornig, Johann Salomo Semler. Studien zu Leben und Werk des Hallenser Aufklärungstheologen, Tübingen 1996.
D. Klein, Hermann Samuel Reimarus (1694–1768). Das theologische Werk, Tübingen 2009.
G. E. Lessing, Die Erziehung des Menschengeschlechts, in: ders., Werke in drei Bänden, hrsg. v. H. G. Göpfert, Bd. 3, München/Wien 1982, S. 637–658.

110   3. Die dogmatische Christologie und ihre Auflösung seit der Aufklärung

[H. S. Reimarus,] Von dem Zwecke Jesu und seiner Jünger. Noch ein Fragment des Wolfenbüttelschen Ungenannten, hrsg. v. G. E. Lessing, Braunschweig 1778.
J. S. Semler, Beantwortung der Fragmente eines Ungenanten insbesondere vom Zweck Jesu und seiner Jünger, Halle 1779 (ND Waltrop 2003).

Mit den Leitbegriffen Offenbarung und Geschichte stand für die Aufklärung auch das Verhältnis von Vernunft und Geschichte sowie die Frage nach der Vernünftigkeit der christlichen Religion zur Debatte.[182] Angesichts der für die europäischen Gesellschaften verheerenden Konfessionskriege rückte der Vernunftbegriff zu der übergeordneten Instanz auf, vor der die im Widerstreit liegenden konfessionellen Wahrheitsansprüche zu legitimieren waren. Die Vernunft wird zu dem übergeordneten Allgemeinen. Mit dem Vernunftbegriff ist nun ein Folgeproblem verbunden, welches sich insbesondere in der Christologie niederschlägt und die Frage betrifft, wie sich die Allgemeinheit der Vernunft zu kontingenten Geschichtstatsachen verhält.[183] Die rationalistische Aufklärungsphilosophie unterscheidet im Anschluss an Gottfried Wilhelm Leibniz (1646–1716) zwischen notwendigen Vernunftwahrheiten und kontingenten Geschichtswahrheiten.

Die Unterscheidung von Vernunft- und Tatsachenwahrheiten bei Leibniz:
„Es gibt zwei Arten von Wahrheiten: Vernunftwahrheiten und Tatsachenwahrheiten: Die Vernunftwahrheiten sind notwendig und ihr Gegenteil ist unmöglich; die Tatsachenwahrheiten sind zufällig und ihr Gegenteil ist möglich."[184]

Vernunftwahrheiten gelten in der Aufklärung per definitionem als analytisch notwendig, so dass deren Negation einen kontradiktorischen Widerspruch darstellt. Die Summe der Innenwinkel eines Dreiecks beträgt mit logischer Notwendigkeit 180 Grad und gehört zu seinem Begriff. Andernfalls liegt kein Dreieck vor. Das ist jedoch ersichtlich bei Tatsachen der Geschichte anders. Tatsachenwahrheiten haben einen anderen Status als Vernunftwahrheiten. Sie sind nicht analytisch notwendig, sondern zufällig, und ihr Gegenteil ist möglich. Deshalb stellt ihre Negation keinen kontradiktorischen Widerspruch dar. Nun bemisst die Aufklärungsphilosophie den Vernunftwahrheiten, die sie als notwendig und ewig versteht, einen höheren Rang zu als den Tatsachenwahrheiten. Die Unterscheidung von Vernunft- und Tatsachenwahrheiten hat Konsequenzen für die Christologie, wenn man in ihr den Menschen Jesus von Naza-

---

[182] Vgl. U. Barth, Gott als Projekt der Vernunft, Tübingen 2005, S. 109–192.
[183] Vgl. G. Essen, Das Geschichtsdenken der Moderne als Krise der Christologie. Historische Vergewisserung in systematischer Absicht, in: C. Danz/M. Murrmann-Kahl (Hrsg.), Zwischen historischem Jesus und dogmatischem Christus. Zum Stand der Christologie im 21. Jahrhundert, Tübingen ²2011, S. 141–155.
[184] Vgl. G. W. Leibniz, Monadologie [1714], Stuttgart 1990, S. 20 (§ 33).

3.2. Die Auflösung der altkirchlichen Christologie in der Aufklärung 111

reth in das Zentrum der Reflexion stellt. Denn dann ist der Ausgangspunkt der Christologie ein historisch kontingenter Mensch, der in den ersten 30 Jahren unserer Zeitrechnung gelebt hat und mit seiner Zeit unwiederbringlich vergangen ist. Das Interesse an dem Menschsein Jesu, konsequent durchgeführt, nimmt diesem seine übergeschichtlich-absolute Bedeutung, denn ein Mensch kann sich qualitativ von einem anderen nur um den Preis der Aufhebung seines eigenen Menschseins unterscheiden. Damit ist das Dilemma der modernen Christologie bezeichnet, vor das sich diese mit der Auflösung des christologischen Dogmas gestellt sieht. Für die an der Zweinaturenlehre orientierte Christologie stellt sich diese Frage gar nicht. Sie begreift Jesus als die Inkarnation des göttlichen Logos und d.h. als ein übergeschichtliches Individuum, das nach seinem Tod in den Himmel aufgefahren und allgegenwärtig ist.

Der Hamburger Orientalist und Theologe Hermann Samuel Reimarus war nicht nur der Erste, der Jesus rein historisch in den Blick genommen hat, sondern ihm gebührt auch das Verdienst, als Erster das mit der historischen Betrachtungsweise der Bibel verbundene Folgeproblem einer Lösung zugeführt zu haben. Bei Reimarus tritt an die Stelle der überlieferten Zweinaturenlehre die historische Gestalt des Mannes aus Nazareth. Der geschichtliche Jesus bildet den methodischen Ausgangspunkt der Christologie. Er ist für Reimarus kein Gottmensch mehr, sondern ein Mensch, der voll und ganz ins Judentum gehört und nicht die Absicht hatte, über das Judentum hinauszuführen oder gar eine neue Religion zu gründen. Das, was sich von dem historischen Nazarener erkennen lässt, also seine Predigt und sein Handeln, gehen nicht über den Rahmen des im Judentum Möglichen hinaus. Die historische Untersuchung der neutestamentlichen Schriften, in erster Linie der Evangelien, lässt nicht erkennen, dass er in irgendeiner Weise als Offenbarung Gottes zu verstehen sei. Als solche wurde Jesus erst nach seinem Tod von seinen Jüngern und Aposteln verstanden.

Auch der Hallenser Theologe Johann Salomo Semler (1725–1791) rückt den Menschen Jesus von Nazareth in das Zentrum der Christologie. Ebenso wie Reimarus unterwirft Semler die neutestamentlichen Schriften der historischen Kritik. Aber Semler hatte nicht nur die methodischen Standards der Quellenkritik im Protestantismus eingeführt, sondern die Kritik auch in den Rahmen einer umfassenden historischen Hermeneutik gestellt.[185] Er gilt zu Recht als der Begründer der historischen Theologie. Für seine Stellung zur Christologie und seine Auseinandersetzung mit Reimarus sind die von ihm eingeführten methodischen Unterscheidungen von Theologie und Religion sowie die wissenssoziologische Differenzierung von Privatreligion und öffentlicher Re-

---

[185] Vgl. M. Schröter, Aufklärung durch Historisierung. Johann Salomo Semlers Hermeneutik des Christentums, Berlin/Boston 2011.

ligion grundlegend.[186] Die Theologie stuft Semler als eine professionelle Fachwissenschaft ein, welche spezifische Kenntnisse und Fähigkeiten voraussetzt. Sie ist eine zeitgebundene akademische Disziplin und damit prinzipiell in ihrer Weiterentwicklung unabgeschlossen.[187] Im Unterschied zur Theologie und ihren zeitgebundenen Lehrsätzen ist für Semler die Religion eine überzeitliche Größe, der universale Geltung zukommt. Die Trinitätslehre und das christologische Dogma von den zwei Naturen in dem Gottmenschen werden von Semler als zeitgebundene, konfessionelle Lehrmeinungen verstanden und der christlichen Religion, die allen Christen gehört, gegenübergestellt. Die Christen sollen „wissen und glauben die geistlichen Wohlthaten, die sie Jesu, dem Christus und Sohne Gottes, zu verdanken haben. Sie sollen wissen und glauben, die innerlichen Wirkungen zu ihrer eignen Besserung, welche Wirkungen dem Geiste Gottes zugeschrieben und allen Christen gemein gemacht werden."[188]

In seiner Auseinandersetzung mit Reimarus, die 1779 unter dem Titel *Beantwortung der Fragmente eines Ungenanten insbesondere vom Zweck Jesu und seiner Jünger* erschien, weist Semler auf der methodischen Grundlage seines historischen Theologieverständnisses minutiös dessen Thesen zurück, dass Jesus ins Judentum gehöre und das Christentum eine Erfindung der Jünger des galiläischen Wanderpredigers sei. Das Auftreten und die Verkündigung Jesu bilden für den Hallenser Theologen eine völlig neue Stufe in der religionsgeschichtlichen Entwicklung, denn der Nazarener führt im Unterschied zum partikularen, äußerlichen Religionsglauben der Juden „die innere geistliche vollkommene Religion" in die Geschichte ein.[189] Sie ist aus dem Grund universal, weil sie eine vollkommene Moral enthält, die mit der Vernunft übereinstimmt.[190] Jesus ist für Semler eine historische Gestalt, aber er verkündigte und praktizierte als Erster in der Geschichte die Religion der Vernunft. Allein darin liegt seine religiöse Bedeutung, da er mit seiner Botschaft die Religion des alttestamentlichen

---

[186] Vgl. U. Barth, Mündige Religion – Selbstdenkendes Christentum. Deismus und Neologie in wissenssoziologischer Perspektive, in: ders., Aufgeklärter Protestantismus, Tübingen 2004, S. 193–216.

[187] Vgl. D. Fleischer, Bekehrung oder Vernunft? Johann Salomo Semlers Plädoyer für ein wissenschaftliches Theologiestudium, in: J. S. Semler, Anleitung zu nützlichem Fleisse in der ganzen Gottesgelehrsamkeit für angehende Studiosos Theologiae, eingeleitet und neu hrsg. v. D. Fleischer, Waltrop 2001, S. V-LIII.

[188] J. S. Semler, Beantwortung der Fragmente eines Ungenanten insbesondere vom Zweck Jesu und seiner Jünger, neu hrsg. v. D. Fleischer, Waltrop 2003, S. 94.

[189] J. S. Semler, Beantwortung der Fragmente eines Ungenanten, S. 108.

[190] Die Begriffe ‚Moral' und ‚Moralreligion' sind bei Semler sehr facettenreich und keinesfalls im Sinne einer moralischen Reduktion zu verstehen. ‚Moralisch' steht im Gegensatz zum Physischen und beinhaltet die Dimensionen der Autonomie, des Selbstdenkens, der inneren Evidenz etc. Vgl. nur E. Hirsch, Geschichte der neuern evangelischen Theologie, Bd. IV, S. 55 Anm. 1.

3.2. Die Auflösung der altkirchlichen Christologie in der Aufklärung 113

Judentums vollständig überschreitet und das Christentum mithin nichts mehr mit dem Alten Testament zu schaffen hat. Semler bindet das Christentum an die historische Gestalt Jesus und dessen Verkündigung der inneren, geistigen Religion zurück.

Während Reimarus das historische Individuum Jesus von Nazareth in das Judentum einrückt und Semler Jesus als Lehrer der Vernunftreligion versteht, mit dem das Christentum beginnt, schlägt Gotthold Ephraim Lessing einen anderen Weg ein. Die Stellung Lessings zum Christentum und zur überlieferten dogmatischen Christologie ist äußerst komplex.[191] In seinem Christentumsverständnis lässt sich Lessing von der Maxime leiten, dass *„zufällige Geschichtswahrheiten [...] der Beweis von notwendigen Vernunftwahrheiten nie werden"* können.[192] Die Geschichte tritt bei ihm hinter die „notwendigen Vernunftwahrheiten" zurück. Mit dieser Zuordnung von Vernunft und Geschichte folgt der Wolfenbüttler Bibliothekar ganz der rationalistischen Aufklärungsphilosophie. Zwar ist es für ihn ausgemacht, dass der Mann aus Nazareth nichts als ein Mensch war, aber diese Geschichtswahrheit begründet weder die Geltung des Christentums noch die Gegenwartsbedeutung Jesu.[193] Grundlegend ist für Lessing die Idee des Christentums, die sich allerdings nicht durch Geschichtstatsachen, sondern allein durch die Vernunft begründen lässt.

Lessing unterscheidet kategorial zwischen Geschichte und Vernunft. Historische Wahrheiten sind kontingent und können folglich „nicht demonstriert werden".[194] Damit kann es aber auch keinen Übergang von den Geschichtswahrheiten zu den notwendigen Vernunftwahrheiten geben.

„Aber nun mit jener historischen Wahrheit in eine ganz andre Klasse von Wahrheiten herüber springen, und von mir verlangen, daß ich alle meine metaphysischen und moralischen Begriffe darnach umbilden soll; mir zumuten, weil ich der Auferstehung Christi kein glaubwürdiges Zeugnis entgegen setzen kann, alle meine Grundideen von dem Wesen der Gottheit darnach abzuändern: wenn das nicht eine μετάβασις εἰς ἄλλο γένως ist; so weiß ich nicht, was Aristoteles sonst unter dieser Benennung verstanden."[195]

---

[191] Zu Lessings Christentumsdeutung vgl. E. Hirsch, Geschichte der neuern evangelischen Theologie, Bd. IV, S. 120–165; D. Cyranka, Lessing im Reinkarnationsdiskurs. Eine Untersuchung zu Kontext und Wirkung von G. E. Lessings Texten zur Seelenwanderung, Göttingen 2005; C. Bultmann/F. Vollhardt (Hrsg.), Lessings Religionsphilosophie im Kontext. Hamburger Fragmente und Wolfenbüttler Axiomata, Berlin/New York 2011.
[192] G. E. Lessing, Über den Beweis des Geistes und der Kraft, in: ders., Werke in drei Bänden, hrsg. v. H. G. Göpfert, Bd. 3, München/Wien 1982, S. 349–354, hier S. 352.
[193] G. E. Lessing, Die Religion Christi, in: ders., Werke in drei Bänden, hrsg. v. H. G. Göpfert, Bd. 3, München/Wien 1982, S. 595 f., hier S. 595 (§ 1): „Ob Christus mehr als Mensch gewesen, das ist ein Problem. Daß er wahrer Mensch gewesen, wenn er es überhaupt gewesen; daß er nie aufgehört hat, Mensch zu sein: das ist ausgemacht."
[194] G. E. Lessing, Über den Beweis des Geistes und der Kraft, S. 351.
[195] G. E. Lessing, Über den Beweis des Geistes und der Kraft, S. 353.

In seiner späten Schrift *Die Erziehung des Menschengeschlechts*, von der er die ersten 53 Paragraphen bereits in den *Gegensätzen des Herausgebers* als Stellungnahme zum Fragmentenstreit publizierte,[196] hat Lessing allerdings einen Versuch unternommen, Vernunft und Geschichte zu vermitteln. Im Gegensatz zu Reimarus, der zwischen natürlicher und geoffenbarter Religion unterschieden und die Vernunftreligion mit der natürlichen Religion identifiziert hatte, differenziert Lessing in seinem Religionsbegriff zwischen natürlicher und geoffenbarter Religion sowie Vernunftreligion.[197] Diese innere Stufung gibt ihm die Möglichkeit, den Religionsbegriff geschichtsphilosophisch auszulegen und die Vernunftreligion als Ziel der religionsgeschichtlichen Entwicklung zu verstehen. Indem Lessing die Vernunftreligion als Resultat der religionsgeschichtlichen Entwicklung deutet, kommt es zu einer funktionalen Rehabilitierung der geschichtlichen Offenbarungsreligion.

Das Christentum und seine Stiftergestalt ordnet Lessing in den geschichtsphilosophischen Rahmen ein. Die religionsgeschichtliche Bedeutung des Mannes aus Nazareth fußt für den Aufklärungsdenker darauf, dass er, wie es in Paragraph 58 der *Erziehung des Menschengeschlechts* heißt, der „erste *zuverlässige, praktische* Lehrer der Unsterblichkeit der Seele" war.[198] Durch seine Einführung der Unsterblichkeit der Seele begründet er die Vernunftreligion und mit ihr eine innere, reflexive Sittlichkeit in der Geschichte, welche das alttestamentliche Judentum und seine religionsgeschichtliche Grenze überwindet. Aber auch in der Erziehungsschrift unterscheidet Lessing strikt zwischen historischer Genese und vernünftiger Geltung. Es mag eine historische Wahrheit sein, dass Christus von dem Tode wiederbelebt wurde, und es mag auch „damals zur *Annehmung* seiner Lehre wichtig gewesen sein: itzt", so Lessing weiter, „ist es zur Erkennung der Wahrheit dieser Lehre so wichtig nicht mehr".[199] Lessing ist allein an dem ideellen, metaphysischen Vernunftgehalt der christlichen Religion interessiert. Die geschichtliche und sinnliche Einbindung dieses ideellen Gehalts der Religion wird dabei als sekundäre und unwesentliche Verunreinigung empfunden, die im Verlauf der religionsgeschichtlichen Entwicklung ausgelöscht wird. Die Vernunftreligion ist zwar durch die religionsgeschichtliche Entwicklung bedingt, aber sie streift die sinnlichen Hüllen der positiven Religionen vollständig ab.

---

[196] G. E. Lessing, Gegensätze des Herausgebers, in: ders., Werke in drei Bänden, hrsg. v. H. G. Göpfert, Bd. 3, München/Wien 1982, S. 327–348.
[197] Vgl. dazu D. Cyranka, Lessing im Reinkarnationsdiskurs, S. 355–363.
[198] G. E. Lessing, Die Erziehung des Menschengeschlechts, in: ders., Werke in drei Bänden, hrsg. v. H. G. Göpfert, Bd. 3, München/Wien 1982, S. 637–658, hier S. 650.
[199] G. E. Lessing, Die Erziehung des Menschengeschlechts, S. 650 (§ 59).

3.2. Die Auflösung der altkirchlichen Christologie in der Aufklärung 115

	Hermann Samuel Reimarus	Johann Salomo Semler	Gotthold Ephraim Lessing
Jesus von Nazareth	jüdischer Apokalyptiker	Einführung der Vernunftreligion	ein Mensch; Lehrer der Unsterblichkeit der Seele
Christusbild	Erfindung der Jünger	geht auf Verkündigung Jesu zurück	Vernunftidee

3.2.2. Christus als Ideal der Vernunft bei Immanuel Kant

Literatur:

C. Dierksmeier, Das Noumenon Religion. Eine Untersuchung zur Stellung der Religion im System der praktischen Vernunft Kants, Berlin/New York 1998.
A. Heit, Versöhnte Vernunft. Eine Studie zur systematischen Bedeutung des Rechtfertigungsgedankens für Kants Religionsphilosophie, Göttingen 2006.
E. Troeltsch, Das Historische in Kants Religionsphilosophie. Zugleich ein Beitrag zu den Untersuchungen über Kants Philosophie der Geschichte, in: Kant-Studien 9 (1904), S. 21–154.
R. Wimmer, Kants kritische Religionsphilosophie, Berlin/New York 1990.

Wichtige Impulse verdankt die weitere christologische Debatte Immanuel Kant (1724–1804) und seiner an dem Begriff des Urbildes orientierten Christologie. Kant hat sie vor allem in der 1793 erschienenen Schrift *Die Religion innerhalb der Grenzen der bloßen Vernunft* ausgeführt. Für Kant ist wie für Lessing der ideelle Gehalt das zentrale Moment der Religion, hinter den das Geschichtliche zurücktritt. Im Unterschied zu Lessing gibt Kant jedoch nicht nur der Religionsphilosophie, sondern auch der Christologie eine neue Begründung. Sie darf als Ergebnis seiner in der *Kritik der reinen Vernunft* von 1781 vorgenommenen Bestimmung der Grenzen der Reichweite menschlicher Erkenntnis gelten. Aus ihr resultiert Kants Verortung von Religion und Christologie im Horizont der praktischen Philosophie sowie der praktische Gehalt der Christus-Idee.

Aufgrund seines Erkenntnisbegriffs scheidet für Kant der Gottesgedanke aus dem Bereich möglicher menschlicher Erkenntnis aus. Erkenntnis liegt, so Kant, nämlich allein dort vor, wo Anschauung und Begriff zusammenkommen.[200] Das ist aber nur im Bereich der Erfahrung der Fall, jedoch nicht bei dem Gottesgedanken. Von Gott haben wir wohl einen Begriff, aber keine Anschauung. Deshalb können wir, so das grundlegende Argument des Königsberger Denkers, den Gottesgedanken denken, aber eben nicht erkennen. Die erkennt-

---

[200] Vgl. I. Kant, Kritik der reinen Vernunft, B 74 f. = Werke, Bd. 3, hrsg. v. W. Weischedel, Darmstadt 1983, S. 97.

3. Die dogmatische Christologie und ihre Auflösung seit der Aufklärung

niskritische Restriktion hat nun nicht nur zur Folge, dass der Gottesgedanke unerkennbar wird, auch über die Existenz Gottes lässt sich mit Gründen weder positiv noch negativ etwas ausmachen. Mit der Beschränkung des menschlichen Erkennens auf den Bereich der Erfahrung hat Kant die überlieferte Metaphysik und den Gottesgedanken als Abschlussgedanken der natürlichen Theologie im Grunde vollständig zerstört. Gott ist für die theoretische menschliche Erkenntnis völlig unerkennbar.

In Kants Transzendentalphilosophie kommt dem Gottesgedanken keine konstitutive Funktion mehr zu, wohl aber eine regulative. Die Idee Gottes als eine Idee der Vernunft erörtert Kant in seiner Lehre von dem transzendentalen Ideal,[201] dessen Funktion darin liegt, dem Verstandesgebrauch regulativ das Ziel höchster systematischer Einheit vorzuhalten.

„Das höchste Wesen bleibt also für den bloß spekulativen Gebrauch der Vernunft ein bloßes, aber dennoch *fehlerfreies Ideal*, ein Begriff, welcher die ganze menschliche Erkenntnis schließt und krönet, dessen objektive Realität auf diesem Wege zwar nicht bewiesen, aber auch nicht widerlegt werden kann, und, wenn es eine Moraltheologie geben sollte, die diesen Mangel ergänzen kann, so beweiset alsdenn die vorher nur problematische transzendentale Theologie ihre Unentbehrlichkeit, durch Bestimmung ihres Begriffs und unaufhörliche Zensur einer durch Sinnlichkeit oft genug getäuschten und mit ihren eigenen Ideen nicht immer einstimmigen Vernunft."[202]

Die kritische Transzendentalphilosophie Kants hat die Fundamente der traditionellen Onto-Theologie zerbrochen. Die überlieferte Metaphysik scheidet als Grundlage von Religion und Theologie aus. Damit ist es auch nicht mehr möglich, die Offenbarungstheologie der Bibel in den Rahmen einer Onto-Theologie beziehungsweise einer allgemeinen theologia naturalis einzuzeichnen, wie es von der Theologie des Altprotestantismus praktiziert wurde. Folglich muss eine neue Begründung für Theologie und Religion gesucht werden. Kant findet sie in der praktischen Vernunft. Aber auch in der praktischen Vernunft haben Theologie und Religion keine Begründungsfunktion mehr inne. In den Eingangsworten aus der Vorrede der ersten Auflage der Religionsschrift von 1793 wird das von dem Königsberger Philosophen unmissverständlich unterstrichen. „Die Moral, so fern sie auf dem Begriffe des Menschen, als eines freien, eben darum aber auch sich selbst durch seine Vernunft an unbedingte Gesetze bindenden Wesens, gegründet ist, bedarf weder der Idee eines andern Wesens über ihm,

---

[201] Vgl. I. Kant, Kritik der reinen Vernunft, B 599–611 = Werke, Bd. 4, hrsg. v. W. Weischedel, Darmstadt 1983, S. 515–523.
[202] I. Kant, Kritik der reinen Vernunft, B 670 = Werke, Bd. 4, S. 563. Vgl. W. Jaeschke, Die Vernunft in der Religion. Studien zur Grundlegung der Religionsphilosophie Hegels, Stuttgart-Bad Cannstatt 1986, S. 32–37; U. Barth, Gott als Grenzbegriff der Vernunft. Kants Destruktion des vorkritisch-ontologischen Theismus, in: ders., Gott als Projekt der Vernunft, Tübingen 2005, S. 235–262.

3.2. Die Auflösung der altkirchlichen Christologie in der Aufklärung

um seine Pflicht zu erkennen, noch einer andern Triebfeder als des Gesetzes selbst, um sie zu beobachten."[203] Die Religion kommt in Kants Philosophie erst bei der Anwendung der reinen praktischen Vernunft auf das sinnlich-endliche Vernunftwesen Mensch in Betracht.

Kant versteht Religion als eine spezifische Form der Selbstdeutung der praktischen Vernunft. Religion, so seine grundlegende Bestimmung, sei die „*Erkenntnis aller Pflichten als göttlicher Gebote*".[204] Nun kommt der Gottesgedanke für Kant erst in der Anwendung der reinen praktischen Vernunft auf den jederzeit durch sinnliche Triebfedern bestimmten Menschen ins Spiel. Der Gottesgedanke wird der Realisierungsdimension der praktischen Vernunft zugeordnet, also der Unterstellung des Willens unter das Sittengesetz. Das sittliche Handeln erfolgt jedoch immer in eine Welt hinein, die einen durchgehenden Naturzusammenhang bildet. Die in jedem sittlichen Handeln bereits vorausgesetzte und in Anspruch genommene Beziehbarkeit von Sittlichkeit und Natur lässt sich allerdings weder aus der Sittlichkeit noch aus der Natur begründen. Deshalb hat der Gottesgedanke für Kant den epistemischen Status eines Postulats.[205] Es repräsentiert dem sittlich Handelnden die vorausgesetzte Beziehbarkeit von Sittlichkeit und Naturnotwendigkeit. Da der Mensch kein reines Vernunftwesen, sondern auch ein sinnliches Wesen ist, stellt der Gottesgedanke die Form dar, in der sich der Mensch die Verbindlichkeit der sittlichen Forderung und die Gewissheit von deren fortschreitender Verwirklichung vergegenwärtigt.

Die von Kant in der Religionsschrift ausgeführte Christologie nimmt die skizzierten Überlegungen zur Anwendung der reinen praktischen Vernunft auf den endlichen Menschen auf. Christus ist Urbild der Vernunft, das Ideal der moralischen Vollkommenheit.

Kants Urbildbegriff:
„Das, was allein eine Welt zum Gegenstande des göttlichen Rathschlusses, und zum Zwecke der Schöpfung machen kann, ist die *Menschheit*, (das vernünftige Weltwesen überhaupt) *in ihrer moralischen ganzen Vollkommenheit*, wovon als oberster Bedingung, die Glückseligkeit die unmittelbare Folge in dem Willen des höchsten Wesens ist."[206]
Christus ist von Ewigkeit her in Gott, „die Idee desselben geht von seinem Wesen aus, er ist insofern kein erschaffenes Ding, sondern sein eingeborner

---

[203] I. Kant, Die Religion innerhalb der Grenzen der bloßen Vernunft, B III = Werke, Bd. 7, S. 649.
[204] I. Kant, Kritik der praktischen Vernunft, A 233 = Werke, Bd. 6, hrsg. v. W. Weischedel, Darmstadt 1983, S. 261. Vgl. hierzu U. Barth, Kants Religionsformel, in: C. Danz/R. Langthaler (Hrsg.), Kritische und absolute Transzendenz. Religionsphilosophie und Philosophische Theologie bei Kant und Schelling, Freiburg i.Br./München 2006, S. 30–42.
[205] Vgl. I. Kant, Kritik der praktischen Vernunft, A 223–241 = Werke, Bd. 7, S. 254–266.
[206] I. Kant, Die Religion innerhalb der Grenzen der bloßen Vernunft, B 73 = Werke, Bd. 7, S. 712.

Sohn".²⁰⁷ Das Ideal der Vernunft beinhaltet eine Pflicht, die für jeden Menschen in Geltung steht, sofern er sittlich handelt, also seinen Willen durch das allgemeine Sittengesetz bestimmt. Da jedoch das Ideal einen Bestandteil der sittlichen Vernunft bildet, kann es nicht mit dem historischen Individuum Jesus von Nazareth identisch sein.²⁰⁸ Das Urbild bleibt „immer nur in der Vernunft", „weil ihr kein Beispiel in der äußeren Erfahrung adäquat ist".²⁰⁹ Es versinnbildlicht lediglich die Forderung, es zu realisieren. Jesus Christus ist die sinnliche Repräsentation des Urbildes der moralischen Vollkommenheit. Er hat die Funktion, die Gewissheit des moralischen Bewusstseins hinsichtlich der Realisierung seiner sittlichen Aufgabe auszudrücken.

Bei Kant tritt das historische Individuum Jesus von Nazareth hinter die allgemeine Geltungsdimension des sittlichen Bewusstseins zurück. Damit spielen wie schon bei Lessing auch für Kants Christologie die Geschichte und das historische Individuum nur eine untergeordnete Rolle. Die Geschichte ist das Einführungsmittel des reinen moralischen Vernunftglaubens, dessen Geltung allerdings allein auf der Vernunft des Menschen beruht. Das Urbild beziehungsweise das Ideal der Vernunft kann zwar nicht in einem historischen Individuum zur Realisierung kommen, aber es hat für Kant einen Bezug auf geschichtliche Konkretheit. Andernfalls könnte das Urbild kein sinnlicher Ausdruck der Gewissheit des praktischen Selbstbewusstseins sein. Der Königsberger Denker bezieht die Christologie auf die Realisierung der Moral in der Weltwirklichkeit. Sie ist im Grunde genommen ein Ausdruck der Gewissheit des sittlichen Menschen, dass die sittliche Aufgabe, aller Rückschläge ungeachtet, schließlich doch gelingt.

3.2.3. Friedrich Schleiermachers Reformulierung der Christologie: Das Urbild als Individuum

Literatur:

U. Barth, Christentum und Selbstbewußtsein. Versuch einer rationalen Rekonstruktion des systematischen Zusammenhangs von Schleiermachers subjektivitätstheoretischer Deutung der christlichen Religion, Göttingen 1983.
M. Junker, Das Urbild des Gottesbewußtseins. Zur Entwicklung der Religionstheorie und Christologie Schleiermachers von der ersten zur zweiten Auflage der Glaubenslehre, Berlin/New York 1990.

---

[207] I. Kant, Die Religion innerhalb der Grenzen der bloßen Vernunft, B 73 = Werke, Bd. 7, S. 713.
[208] I. Kant, Die Religion innerhalb der Grenzen der bloßen Vernunft, B 76 = Werke, Bd. 7, S. 714: „Diese Idee hat ihre Realität in praktischer Beziehung vollständig in sich selbst. Denn sie liegt in unserer moralisch gesetzgebenden Vernunft."
[209] I. Kant, Die Religion innerhalb der Grenzen der bloßen Vernunft, B 78 = Werke, Bd. 7, S. 716.

3.2. Die Auflösung der altkirchlichen Christologie in der Aufklärung 119

D. Lange, Historischer Jesus oder mythischer Christus. Untersuchungen zu dem Gegensatz zwischen Friedrich Schleiermacher und David Friedrich Strauß, Gütersloh 1975. F. Schleiermacher, Der christliche Glaube nach den Grundsätzen der Evangelischen Kirche im Zusammenhange dargestellt (1830/31), hrsg. v. M. Redeker, Berlin/New York 1999.

Kants Neuformulierung der Christologie unter den Bedingungen der historischen und philosophischen Kritik an dem überlieferten christologischen Dogma hat Friedrich Schleiermacher in seiner zuerst 1821/22 erschienenen Glaubenslehre widersprochen. Dabei teilt Schleiermacher einerseits vollständig Kants Kritik an der Metaphysik, einschließlich ihres höchsten Gegenstands, dem onto-theologischen Gottesgedanken, er widerspricht jedoch andererseits den religionstheoretischen Konsequenzen, die Kant aus der Kritik der Metaphysik gezogen hatte, nämlich der geltungstheoretischen Grundlegung der Religion im Horizont der Anwendung der Moral auf das sinnlich-endliche Vernunftwesen Mensch. Bereits in seinem Erstlingswerk, den Reden *Über die Religion* von 1799, hatte Schleiermacher der Kantischen Religionsauffassung eine Neubestimmung der Religion entgegengesetzt. Die Religion, so Schleiermacher in den *Reden*, „begehrt nicht das Universum seiner Natur nach zu bestimmen und zu erklären wie die Metaphysik, sie begehrt nicht aus Kraft der Freiheit und der göttlichen Willkühr des Menschen es fortzubilden und fertig zu machen, wie die Moral. Ihr Wesen ist weder Denken noch Handeln, sondern Anschauung und Gefühl."[210] Zwar stellt auch Schleiermacher den Begriff des Urbildes in das Zentrum seiner Christologie, aber dieser unterscheidet sich auf signifikante Weise von Kants Vorgabe. Er beinhaltet nicht mehr das Ideal der moralischen Vollkommenheit, sondern das Urbild der Frömmigkeit. Schleiermachers Verständnis des Urbildes ist das Resultat seiner religionsphilosophischen Theorie der Frömmigkeit, wie sie in der Einleitung der Glaubenslehre ausgeführt ist.

Schleiermacher hatte in der Einleitung zu seiner Glaubenslehre der veränderten Situation der Theologie in der Neuzeit dadurch Rechnung zu tragen

---

[210] F. Schleiermacher, Über die Religion. Reden an die Gebildeten unter ihren Verächtern (1799), hrsg. v. G. Meckenstock, Berlin/New York 1999, S. 79. Zu Schleiermachers Religionstheorie vgl. U. Barth, Schleiermachers Reden als religionstheoretisches Modernisierungsprogramm, in: S. Vietta/D. Kemper (Hrsg.), Ästhetische Moderne in Europa. Grundzüge und Problemzusammenhänge seit der Romantik, München 1997, S. 441–474. Die späte Religionstheorie, wie sie in der Glaubenslehre vorliegt, versteht Religion als die kontingente Erfassung des Sich-Gegebenseins des Selbstverhältnisses in seiner geschichtlichen Bestimmtheit. Darauf zielt die Bestimmung der Frömmigkeit als Bewusstsein schlechthinniger Abhängigkeit, welches als höheres Selbstbewusstsein in der Einheit des Moments in das durch die Wechselwirkung von relativer Freiheit und relativer Abhängigkeit charakterisierte niedere oder sinnliche Selbstbewusstsein eintritt. Vgl. F. Schleiermacher, Der christliche Glaube², §§ 3–5, T. 1, S. 14–41.

3. Die dogmatische Christologie und ihre Auflösung seit der Aufklärung

versucht, dass er die in den Prolegomena der Dogmatiken des Altprotestantismus ausführlich traktierte Schriftlehre als Geltungsgrundlage der christlichen Religion durch eine Wesensbestimmung des Christentums ersetzte. Methodischer Fluchtpunkt von Schleiermachers Wesensbestimmung des Christentums ist eine religionsphilosophische Theorie der Frömmigkeit.[211] In deren Zentrum steht ein bald schon berühmt gewordener Begriff: schlechthinnige Abhängigkeit. Frömmigkeit zeichnet sich, so Schleiermacher, von anderen Bewusstseinsvermögen durch ein Gefühl schlechthinniger Abhängigkeit aus. In Paragraph 4 der Glaubenslehre wird es als Gottesbewusstsein weiter bestimmt.

Schleiermachers Bestimmung der Frömmigkeit:
„Das Gemeinsame aller noch so verschiedenen Äußerungen der Frömmigkeit, wodurch diese sich zugleich von allen andern Gefühlen unterscheiden, also das sich selbst gleiche Wesen der Frömmigkeit, ist dieses, daß wir uns unsrer selbst als schlechthin abhängig, oder, was dasselbe sagen will, als in Beziehung mit Gott bewußt sind."[212]

Schleiermachers Wesensbestimmung der Religion oder, wie er selbst sagt, der Frömmigkeit stellt eine hochkomplexe Theorie dar, die ohne ihren idealistischen Hintergrund nicht angemessen gewürdigt werden kann.[213] An dieser Stelle sei aber lediglich auf zwei Aspekte von Schleiermachers Religionstheorie hingewiesen. Zum einen: Die methodische Grundlage von Schleiermachers Bestimmung der Religion als einem schlechthinnigen Abhängigkeitsgefühl bildet eine Theorie des Selbstbewusstseins. Das Selbstbewusstsein ist durch eine Duplizität von relativem Freiheits- und relativem Abhängigkeitsgefühl charakterisiert. Ein schlechthinniges Abhängigkeitsgefühl kann in dem durch das Wechselwirkungsverhältnis von „Sichselbstsetzen" und „Sichselbstnichtsogesetzthaben"[214] bestimmten Selbstbewusstsein nicht vorkommen. Unser „Selbstbewußtsein als Bewußtsein unseres Seins in der Welt oder unseres Zusammenseins mit der Welt" ist „eine Reihe von geteiltem Freiheitsgefühl und Abhängigkeitsgefühl".[215] Das schlechthinnige Abhängigkeitsgefühl bezieht nun Schleiermacher so auf das Selbstbewusstsein, dass es die Erfassung des für das Selbstbewusstsein konstitutiven Wechselwirkungsverhältnisses bezeichnet.[216] Es ist also

---

[211] Vgl. M. Schröder, Die kritische Identität des neuzeitlichen Christentums. Schleiermachers Wesensbestimmung der christlichen Religion, Tübingen 1996.
[212] F. Schleiermacher, Der christliche Glaube², § 4 (Leitsatz), T. 1, S. 23.
[213] Vgl. U. Barth, Christentum und Selbstbewußtsein. Versuch einer rationalen Rekonstruktion des systematischen Zusammenhangs von Schleiermachers subjektivitätstheoretischer Deutung der christlichen Religion, Göttingen 1983; J. Dierken, Glaube und Lehre im modernen Protestantismus. Studien zum Verhältnis von religiösem Vollzug und theologischer Bestimmtheit bei Barth und Bultmann sowie Hegel und Schleiermacher, Tübingen 1996, S. 308–416.
[214] F. Schleiermacher, Der christliche Glaube², § 4.1, T. 1, S. 24.
[215] F. Schleiermacher, Der christliche Glaube², § 4.2, T. 1, S. 26.
[216] Vgl. K. Cramer, Die subjektivitätstheoretischen Prämissen von Schleiermachers Be-

3.2. Die Auflösung der altkirchlichen Christologie in der Aufklärung

ein Bewusstsein zweiter Ordnung, weshalb es von Schleiermacher auch als ein höheres Selbstbewusstsein bezeichnet und von dem durch Duplizität charakterisierten niederen unterschieden wird. Religion wird damit als der Eintritt des höheren in das niedere Selbstbewusstsein oder als ein Reflexiv-Werden des Selbstverhältnisses im Bewusstsein gefasst.[217]

Zum anderen versteht Schleiermacher – auf das eben Dargelegte aufbauend – Religion als eine Form menschlicher Selbstdeutung. Sie bezeichnet das Geschehen, in dem sich der Mensch als ein endliches Wesen verständlich wird. Das religiöse Sich-Verstehen ist ein bewusster Vorgang, der sich selbst beschreibt und artikuliert. Religiöse Vorstellungen, wie die Gottes, sind Selbstbeschreibungen des sich in seiner Endlichkeit erfassenden Menschen. Sie haben einen funktionalen Bezug auf die als ein Gefühl schlechthinniger Abhängigkeit verstandene Religion. Durch die Ausbildung der Gottesvorstellung klärt sich das religiöse Bewusstsein über sich selbst auf.[218] Religion, so kann man zusammenfassen, ist für Schleiermacher ein reflektiertes Endlichkeitsbewusstsein.

Die in den Einleitungsparagraphen der Glaubenslehre ausgeführte Theorie der Frömmigkeit hat Schleiermacher in seinen Urbildbegriff aufgenommen. Jesus von Nazareth wird von ihm als die geschichtliche Erscheinung höchstmöglicher Realisierung des Bewusstseins schlechthinniger Abhängigkeit verstanden. Die von Schleiermacher vorgenommene religionstheoretische Reformulierung der Christologie zieht eine grundsätzliche Revision des überlieferten dogmatischen Lehrbegriffs nach sich. Die altprotestantische Unterscheidung von Person- und Werkchristologie wird von Schleiermacher in ein Wechselverhältnis überführt: die Personchristologie entfaltet das Werk und die Werkchristologie die Würde des Erlösers.[219] Zentrale Bestandteile des altlutherischen Lehrbegriffs – die Jungfrauengeburt, das stellvertretende Versöhnungsopfer des Gottmenschen, die Auferstehung Christi etc. – werden als nicht mehr revitalisierbar aus der Glaubenslehre ausgeschieden.[220]

---

stimmung des religiösen Bewußtseins, in: D. Lange (Hrsg.), Friedrich Schleiermacher 1768–1834. Theologe – Philosoph – Pädagoge, Göttingen 1985, S. 129–162; J. Dierken, Glaube und Lehre im modernen Protestantismus, S. 364–370.

[217] Vgl. F. Schleiermacher, Der christliche Glaube², § 5.3, T. 1, S. 35.
[218] Vgl. F. Schleiermacher, Der christliche Glaube², § 4.4, T. 1, S. 30.
[219] Vgl. F. Schleiermacher, Der christliche Glaube², § 92 (Leitsatz), T. 2, S. 31: „Die eigentümliche Tätigkeit und die ausschließliche Würde des Erlösers weisen aufeinander zurück, und sind im Selbstbewußtsein der Gläubigen unzertrennbar eines."
[220] Vgl. E. Hirsch, Geschichte der neuern evangelischen Theologie im Zusammenhang mit den allgemeinen Bewegungen des europäischen Denkens, Bd. V, Gütersloh 1954, S. 327–329.

3. Die dogmatische Christologie und ihre Auflösung seit der Aufklärung

Aufbau der Christologie Friedrich Schleiermachers:

Einleitung Christologie	(§§ 86–92)	
Von der Person Christi	Neufassung (§§ 93–94)	Kirchliche Lehre (§§ 95–99)
Von dem Geschäft Christi	Neufassung (§§ 100–101)	Kirchliche Lehre (§§ 102–105)

Die Kritik der Aufklärung an der kirchlichen Zweinaturenchristologie nimmt Schleiermacher in seiner Christologie auf, indem er den Naturbegriff in seiner Anwendung auf die göttliche und die menschliche Natur problematisiert.[221] Um die Aporien der überlieferten dogmatischen Personchristologie auszuschalten, ersetzt er die zwei Naturen in der Person des Christus durch eine Theorie der geschichtlichen Verwirklichung der Frömmigkeit.[222] Die Pointe der so vollzogenen Neubestimmung der Christologie liegt jedoch nicht nur in der Ersetzung der göttlichen Natur durch die durchgängige und konstante Bestimmtheit des niederen durch das höhere Selbstbewusstsein, sondern in der Behauptung der geschichtlichen Realisierung des Urbildes der Frömmigkeit in dem Individuum Jesus von Nazareth. Er soll der geschichtliche Anfang des neuen Gesamtlebens sein.

„Soll die Selbsttätigkeit des neuen Gesamtlebens ursprünglich in dem Erlöser sein und von ihm allein ausgehen: so mußte er als geschichtliches Einzelwesen zugleich urbildlich sein, d.h. das Urbildliche mußte in ihm vollkommen geschichtlich werden, und jeder geschichtliche Moment desselben zugleich das Urbildliche in sich tragen."[223]

Schleiermachers Behauptung ist indes zweideutig. Auf den ersten Blick scheint er die geschichtliche Realität des Christus aus dem Erlösungsbewusstsein zu deduzieren und auf diese Weise die beiden seit der Aufklärung auseinander getretenen Größen – historisches Individuum und christliche Idee – in seiner Christologie wieder miteinander zu verbinden, indem er Jesus von Nazareth als die geschichtliche Realisierung des Urbildes behauptet: Christus ist der geschichtliche Stifter eines neuen Gesamtlebens und zugleich das Modell des vollkommenen Gottesbewusstseins. Allein, Schleiermachers Verknüpfung von Urbild und Geschichte erfolgt aus der Perspektive des Glaubens. Es geht ihm gerade nicht darum, „etwa beweisen zu wollen, daß und warum gerade Jesus von Nazareth derjenige ist, in welchem die neue Entwicklungsstufe der Menschheit begründet ist". Die Glaubenslehre beschreibt den Glauben für diejenigen,

---

[221] Vgl. F. Schleiermacher, Der christliche Glaube², § 96.1, T. 2, S. 50–55.
[222] Vgl. F. Schleiermacher, Der christliche Glaube², § 94 (Leitsatz), T. 2, S. 43: „Der Erlöser ist sonach allen Menschen gleich, vermöge der Selbigkeit der menschlichen Natur, von allen aber unterschieden durch die stetige Kräftigkeit seines Gottesbewußtseins, welche ein eigentliches Sein Gottes in ihm war." Zu Schleiermachers Kritik an der Zweinaturenlehre, die von dem Begriff des Urbildes ihren Ausgang nimmt, vgl. ebd., §§ 96–97.
[223] F. Schleiermacher, Der christliche Glaube², § 93 (Leitsatz), T. 2, S. 34.

„welche ihn haben, um sich über seinen Inhalt, nicht über seine Gründe zu verständigen".[224] Die in der materialen Christologie der Glaubenslehre ausgeführte Lehre von der „eigentümliche[n] Tätigkeit" und der „ausschließliche[n] Würde des Erlösers"[225] ist eine aus der Sicht des Glaubens vorgenommene Konstruktion von seinem eigenen geschichtlichen Anfang und gerade keine empirisch-geschichtliche. Schon Schleiermacher arbeitet die Christologie zu einer Darstellung des Glaubens als einem Akt des Selbstbewusstseins um, der bereits geschichtlich bestimmt ist.

Allerdings ist auch seine Konstruktion der Christologie im Horizont von Geschichte und Offenbarung nicht unproblematisch. Die altkirchliche Zweinaturenlehre wird von ihm zwar verworfen, aber an deren Stelle setzt er das aus seiner Frömmigkeitstheorie stammende Verhältnis von höherem und niederem Selbstbewusstsein. In seiner bewusstseinstheoretischen Reformulierung der Zweinaturenlehre treten eben jene Aporien wieder auf, die für die altkirchliche und altprotestantische Christologie signifikant waren. Auch Schleiermacher kommt nicht über die bloße Behauptung des Menschseins Jesu hinaus, da sich sein geschichtlicher Erlöser von allen Menschen dadurch unterscheidet, dass in ihm das höhere Selbstbewusstsein das niedere durchgehend und konstant bestimmt. Die stetige Kräftigkeit von Jesu Gottesbewusstsein nennt Schleiermacher „ein eigentliches Sein Gottes in ihm".[226] Dadurch ist er zwar sündlos, aber es fehlt ihm, was für den Menschen konstitutiv ist. In modifizierter Form wiederholt sich in Schleiermachers Reformulierungsversuch der überlieferten dogmatischen Personchristologie das Problem des Enhypostasiebegriffs. Gravierender noch: der Stifter der christlichen Religion kann aufgrund der Stetigkeit seines Gottesbewusstseins nicht mehr die Bedingung erfüllen, welche für den Religionsbegriff konstitutiv ist, nämlich den Eintritt des höheren in das niedere Selbstbewusstsein.[227]

3.2.4. Die Realisierung des Urbildes in der Menschheit, oder: die Aporien der Personchristologie

Literatur:

F. W. Graf, Kritik und Pseudo-Spekulation. David Friedrich Strauß als Dogmatiker im Kontext der positionellen Theologie seiner Zeit, München 1982.

D. Lange, Historischer Jesus oder mythischer Christus. Untersuchungen zu dem Gegensatz zwischen Friedrich Schleiermacher und David Friedrich Strauß, Gütersloh 1975.

---

[224] F. Schleiermacher, Der christliche Glaube 1821–1822, Bd. 2, § 109.2, S. 8. Vgl. F. Wittekind, Christologie im 20. Jahrhundert, S. 14 f.
[225] F. Schleiermacher, Der christliche Glaube², § 92 (Leitsatz), T. 2, S. 31.
[226] F. Schleiermacher, Der christliche Glaube², § 94 (Leitsatz), T. 2, S. 43.
[227] Vgl. J. Dierken, Glaube und Lehre im modernen Protestantismus, S. 393–395.

D. F. Strauß, Der Christus des Glaubens und der Jesus der Geschichte. Eine Kritik des Schleiermacher'schen Lebens Jesu, Berlin 1865 (ND Waltrop 2000).
D. F. Strauß, Die christliche Glaubenslehre in ihrer geschichtlichen Entwicklung und im Kampf mit der modernen Wissenschaft, 2 Bde., Tübingen/Stuttgart 1841 (ND Darmstadt 2009).
D. F. Strauß, Das Leben Jesu, kritisch bearbeitet, 2 Bde., Tübingen (1835/36) ²1837.
O. Wintzek, Ermächtigung und Entmächtigung des Subjekts. Eine philosophisch-theologische Studie zum Begriff Mythos und Offenbarung bei D. F. Strauß und F. W. J. Schelling, Regensburg 2008.

Im Jahre 1835 veröffentlichte der Tübinger Stiftsrepetent David Friedrich Strauß ein Buch, welches in der theologischen Landschaft ein Erdbeben auslöste und seinen Verfasser über Nacht nicht nur zum berühmtesten Theologen Deutschlands machte, sondern auch dessen akademische Karriere abrupt beendete. Das Buch trug den Titel *Das Leben Jesu, kritisch bearbeitet*. Ursache für den heraufbeschworenen theologischen Skandal war die argumentativ massiv untermauerte Behauptung von Strauß, die neutestamentliche Geschichte von Jesus berichte keine historischen Tatsachen, sondern sei insgesamt als Mythos aufzufassen. Die Bedeutung des *Lebens Jesu* liegt jedoch nicht nur darin, dass Strauß die neutestamentlichen Berichte über Jesus von Nazareth als mythische Gemeindeproduktion verständlich macht, sondern verdankt sich vor allem auch der Schlussabhandlung, die einen Reformulierungsvorschlag für die überlieferte Personchristologie unterbreitet. Die kurze Skizze lässt vollends die Aporien unübersehbar werden, die der Zweinaturenchristologie gleichsam von Anfang an eingeschrieben waren.

Bei Strauß treten der historische Jesus und der dogmatische Christus endgültig auseinander, so kann man das Resultat seines *Lebens Jesu* kurz zusammenfassen.[228] Dem Tübinger Theologen geht es freilich nicht um die kritische Destruktion der Gehalte und Wahrheit der christlichen Religion, sondern von Anfang an um deren spekulative Begründung. Die kritische Rekonstruktion des Lebens Jesu bildet denn auch lediglich einen Teilaspekt eines umfangreichen theologischen Gesamtprogramms,[229] bei dessen Ausarbeitung Strauß im-

---

[228] In seiner Kritik an Schleiermachers Leben Jesu hat Strauß das Auseinandertreten von geschichtlichem Jesus und dogmatischem Christus als Konsequenz der Christologie Schleiermachers verstanden. Vgl. D. F. Strauß, Der Christus des Glaubens und der Jesus der Geschichte, S. 222 f.: „Schleiermacher's Eifer für das persönlich dagewesene Christusideal ist eben nur ein persönlicher gewesen, in der Sache hat er nichts verändert; der ideale wie der dogmatische Christus auf der einen, und der geschichtliche Jesus von Nazaret auf der andern Seite sind unwiederbringlich geschieden".

[229] Vgl. den Brief von Strauß an seinen Freund Christian Märklin vom 6. Februar 1832, in dem er den Plan einer Leben-Jesu-Vorlesung skizziert. W. Zager, Einführung, in: D. F. Strauß, Das Leben Jesu, kritisch bearbeitet (Auswahl), Waltrop 2003, S. XV–XXXIX, bes. S. XVII–XXII.

3.2. Die Auflösung der altkirchlichen Christologie in der Aufklärung

mer wieder auf die Philosophie Georg Wilhelm Friedrich Hegels (1770–1831) und insbesondere dessen Unterscheidung von Vorstellung und Begriff zurückgreift.[230]

Hegel konstruiert in seiner Religionsphilosophie die Religionsgeschichte als Weg des Geistes hin zu sich selbst.[231] Das Absolute entäußert sich an die Welt, und im Prozess der Weltgeschichte erfasst es sich selbst als Geist. Das Ziel der Geschichte ist die Selbsterfassung des Geistes, die der Berliner Philosoph mit dem Eintritt des Christentums in die Geschichte verknüpft. Es ist für den spekulativen Geschichtsdenker die absolute Religion, weil in diesem im Unterschied zur Religion der Griechen und des Judentums Gott als Geist manifest und angebetet wird.

„Es liegt wesentlich im Begriffe der wahrhaften Religion, d. i. derjenigen, deren Inhalt der absolute Geist ist, daß sie *geoffenbart*, und zwar *von Gott* geoffenbart sei. Denn indem das Wissen, das Prinzip, wodurch die Substanz Geist ist, als die unendliche für sich seiende Form das *selbstbestimmende* ist, ist es schlechthin *Manifestieren*, der Geist ist nur Geist, insofern er für den Geist ist, und in der absoluten Religion ist es der absolute Geist, der nicht mehr abstrakte Momente seiner, sondern sich selbst manifestiert."[232]

Die Religion beziehungsweise das religiöse Bewusstsein ist Hegel zufolge dadurch ausgezeichnet, dass es zwar die Wahrheit hat, aber lediglich in einer unzureichenden Form, nämlich als Vorstellung. Für sie ist die Differenz von Vorstellendem und Vorgestelltem konstitutiv.[233] Da das religiöse Bewusstsein als vorstellendes Bewusstsein nicht darum weiß, dass das Vorgestellte von ihm selbst produziert ist und es sich gegenüberstellt, so stellt es auch die ihm geltende Versöhnung von Gott und Mensch als etwas entgegen. „In diesem Trennen scheidet sich die *Form* von dem *Inhalte* und in jener die unterschiedenen Momente des Begriffs zu *besondern Sphären* oder Elementen ab, in deren jedem sich der absolute Inhalt darstellt".[234] Darin verfehlt jedoch das religiöse Bewusstsein die Wahrheit, die es bereits ist.[235] In der Religion ist der absolute Inhalt beziehungsweise die absolute Wahrheit mithin in einer unangemessenen

---

[230] Einen Überblick über die Debatten zu Hegels Unterscheidung von Vorstellung und Begriff bietet W. Jaeschke, Die Religionsphilosophie Hegels, Darmstadt 1983, S. 110–119.
[231] Vgl. G. W. F. Hegel, Vorlesungen über die Philosophie der Religion, Bd. 1–3, hrsg. v. W. Jaeschke, Hamburg 1993–1995. Zu Hegels Religionsphilosophie vgl. W. Jaeschke, Die Vernunft in der Religion. Studien zur Grundlegung der Religionsphilosophie Hegels, Stuttgart-Bad Cannstatt 1986; J. Dierken, Glaube und Lehre im modernen Protestantismus, S. 203–307.
[232] G. W. F. Hegel, Enzyklopädie der philosophischen Wissenschaften im Grundrisse (1830), hrsg. v. F. Nicolin/O. Pöggeler, Hamburg [8]1991, S. 446 (§ 564).
[233] Vgl. G. W. F. Hegel, Enzyklopädie der philosophischen Wissenschaften, S. 363–377.
[234] G. W. F. Hegel, Enzyklopädie der philosophischen Wissenschaften, S. 447 (§ 566).
[235] Vgl. dazu W. Jaeschke, Die Vernunft in der Religion, S. 346–348; F. Wagner, Die Aufhebung der religiösen Vorstellung in den philosophischen Begriff, in: ders., Was ist Theologie? Studien zu ihrem Begriff und Thema in der Neuzeit, Gütersloh 1989, S. 204–232.

Form. Deshalb müssen – auch und gerade im Interesse der Religion – die religiösen Vorstellungen in den philosophischen Begriff aufgehoben werden. Denn nur auf der Ebene der Philosophie erscheint der absolute Inhalt – Gott als die Wahrheit – auch in der ihm adäquaten Form: dem philosophischen Begriff.

Hegels Formel von der Aufhebung der religiösen Vorstellung in den philosophischen Begriff ist indes zweideutig.[236] Ändert sich der Inhalt, wenn er von der Form der Vorstellung in den Begriff überführt wird, oder bleibt er sich gleich? Theologen wie Philipp Konrad Marheineke (1780–1846) oder Karl Rosenkranz (1805–1879) behaupteten, dass der absolute Inhalt in beiden Formen gleich bleibt.[237] Strauß, der ebenfalls an Hegel anknüpft, widerspricht dagegen ihrer ‚rechtshegelianischen' Deutung des Verhältnisses von religiöser Vorstellung und philosophischem Begriff. Die Aufhebung der religiösen Vorstellung in den philosophischen Begriff ist durch eine bestimmte Negation des Inhalts vermittelt. Sie kann auch den Inhalt nicht unberührt lassen. Der Tübinger Stiftsrepetent negiert die mythischen Vorstellungen der neutestamentlichen Geschichte, um sie im spekulativen Begriff wieder auferstehen zu lassen.

Die Wahrheit der christlichen Religion erblickt Strauß im Anschluss an Hegel in der Idee der Einheit von Gott und Mensch. Wie er bereits in der Vorrede des *Lebens Jesu* notiert, ist die Idee unabhängig von der neutestamentlichen Geschichte. „Den inneren Kern des christlichen Glaubens weiss der Verfasser von seinen kritischen Untersuchungen völlig unabhängig. Christi übernatürliche Geburt, seine Wunder, seine Auferstehung und Himmelfahrt, bleiben ewige Wahrheiten, so sehr ihre Wirklichkeit als historischer Fakta angezweifelt werden mag."[238] Strauß versteht die gesamte evangelische Geschichte als einen Mythos, so dass den neutestamentlichen Berichten von Jesus keine Historizität zukommt. Der Produzent des neutestamentlichen Mythos ist die christliche Gemeinde, der aber nicht etwa nur das Werk einer willkürlichen Phantasie zu verdanken ist. Vielmehr wohnt der Entstehung des Mythos eine Art innerer Notwendigkeit inne. Es ist die Idee der Gott-Mensch-Einheit, die sich in dem neutestamentlichen Mythos Ausdruck verschafft. Er heftet sich, so deutet es Strauß, gleichsam an die historische Gestalt Jesus von Nazareth.

---

[236] Zur Debatte in der Hegelschen Schule vgl. W. Jaeschke, Die Vernunft in der Religion, S. 386–393.

[237] Vgl. P. K. Marheineke, Die Grundlehren der christlichen Dogmatik als Wissenschaft, Berlin ²1827; K. Rosenkranz, Encyklopädie der theologischen Wissenschaften, Halle 1831. Vgl. F. Wagner, Der Gedanke der Persönlichkeit Gottes bei Ph. Marheineke. Repristination eines vorkritischen Theismus, in: NZSTh 10 (1968), S. 44–88; ders., Zur Pseudoproduktivität von Mißverständnissen in der Hegel-Schule: Der Gedanke der Persönlichkeit Gottes bei K. Rosenkranz und K. L. Michelet, in: NZSTh 12 (1970), S. 313–337.

[238] D. F. Strauß, Das Leben Jesu, S. VII.

3.2. Die Auflösung der altkirchlichen Christologie in der Aufklärung

In der Schlussabhandlung seines *Lebens Jesu* skizziert Strauß die Grundzüge einer spekulativen Christologie. Ihre Aufbauelemente ergeben sich vor allem aus der Kritik an der Christologie Schleiermachers. Dessen (scheinbare) Identifizierung des Urbildes mit dem geschichtlichen Individuum Jesus von Nazareth unterzieht Strauß einer Radikalkritik und bestreitet, ebenso wie sein Lehrer Ferdinand Christian Baur (1792–1860), die geschichtliche Gleichsetzung als unhaltbar.[239] Sie komme bei Schleiermacher allein durch einen Rückschluss von der inneren Erfahrung des Christen auf Christus als Wirkursache der Erlösungserfahrung zustande.

„Nämlich bloß auf den Rückschluß von der innern Erfahrung des Christen, als der Wirkung, auf die Person Christi, als die Ursache, gegründet, steht die Schleiermacher'sche Christologie auf schwachen Füßen, indem nicht bewiesen werden kann, daß jene innere Erfahrung nur dann sich klären lasse, wenn ein solcher Christus wirklich gelebt hat."[240]

Lehnt man jedoch eine Identifikation des Urbildes der Frömmigkeit mit einem geschichtlichen Individuum ab, dann treten Idee und Realisierung, dogmatische Christusidee und geschichtlicher Jesus auseinander. Die Idee wird zu einem Ideal wie in Kants Christologie. Um gegen den Königsberger Denker an der Verwirklichung der Idee in der Geschichte festzuhalten und zugleich die von Schleiermacher vorgenommene Identifikation von Urbild und Individuum zu vermeiden, löst Strauß die Realisierung der Idee von der Anbindung an das Individuum Jesus von Nazareth ab. Nach der berühmten Formulierung aus dem *Leben Jesu* sei es „gar nicht die Art, wie die Idee sich realisirt, in Ein Exemplar ihre ganze Fülle auszuschütten, und gegen alle andern zu geizen".[241] Strauß hält somit an der Verwirklichung der Idee in der Geschichte fest, verbindet sie jedoch nicht mehr mit einem geschichtlichen Individuum, sondern mit der Menschheit.

„Das ist der Schlüssel der ganzen Christologie, daß als Subjekt der Prädikate, welche die Kirche Christo beilegt, statt eines Individuums eine Idee, aber eine reale, nicht Kantisch unwirkliche, gesetzt wird. In einem Individuum, einem Gottmenschen, gedacht, widersprechen sich die Eigenschaften und Funktionen, welche die Kirchenlehre Christo zuschreibt: in der Idee der Gattung stimmen sie zusammen."[242]

---

[239] Vgl. F. C. Baur, Die christliche Lehre von der Dreieinigkeit und Menschwerdung Gottes in ihrer geschichtlichen Entwicklung. Dritter Theil: Die neuere Geschichte des Dogma, von der Reformation bis in die neueste Zeit, Tübingen 1843, S. 842–886.

[240] D. F. Strauß, Das Leben Jesu, kritisch bearbeitet, Bd. 2, Tübingen 1836, S. 718 f. Vgl. auch ders., Die christliche Glaubenslehre in ihrer geschichtlichen Entwicklung und im Kampfe mit der modernen Wissenschaft, S. 175–193. Der methodische Leitbegriff von Albert Schweitzers Kritik an der Leben-Jesu-Forschung des 19. Jahrhunderts – ‚Projektion' – stammt von Strauß, an den Schweitzer in seiner Kritik durchgehend anknüpft.

[241] D. F. Strauß, Das Leben Jesu, Bd. 2, S. 734. Vgl. auch ders., Die christliche Glaubenslehre, S. 193–240.

[242] D. F. Strauß, Das Leben Jesu, Bd. 2, S. 734 f. Vgl. ders., Die christliche Glaubenslehre, S. 209–240.

Im Zentrum der Christologie von Strauß steht die Idee der Einheit von Gott und Mensch. Die Idee gehört jedoch der Vernunft an, und deshalb ist sie von historischen Einwänden unbetroffen. Was für ein geschichtliches Individuum nicht zutreffen kann, gilt für die gesamte Menschheit: In ihr verwirklicht sich die Idee der Gottmenschheit.

Die von Strauß vorgelegte Reformulierung der überlieferten Christologie in Form einer Gattungschristologie, in der die „Menschheit" als die „Vereinigung der beiden Naturen" verstanden wird,[243] hat in erster Linie als eine Auseinandersetzung mit Schleiermachers bewusstseinstheoretisch umgeformter Zweinaturenchristologie zu gelten. Im Fokus der Kritik an dem Berliner Theologen steht die These von der Unmöglichkeit einer konsistenten Theorie der Person Christi.[244] Die von Strauß selbst ausgearbeitete spekulative Korrektur der Schleiermacherschen Christologie in Form einer Gattungschristologie machte die unlösbaren Aporien klar, in die eine Theorie der Person Christi treibt. Eine geschichtliche Gleichsetzung von Idee und Individuum ist unter den Bedingungen des historischen Denkens unmöglich geworden. Dann bleibt das Dilemma, entweder auf eine Identifizierung von Idee und Geschichte zu verzichten oder die Realisierung an die Gattung zu binden. In diesem gewiss unbeabsichtigten Resultat der Straußschen Christologie liegt deren eigentliche Bedeutung beschlossen. Mit ihm ist die Aufgabe einer konstruktiven Umbildung der Personchristologie verbunden, welche deren Problemgeschichte Rechnung trägt. An dieser Vorgabe hat sich die christologische Debatte in der zweiten Hälfte des 19. Jahrhunderts bereits abgearbeitet.

3.2.5. Vom ‚Leben' zum ‚Bild' Jesu – die Christologie im Schatten von David Friedrich Strauß

Literatur:

R. Barth, Liberale Jesusbilder versus dogmatische Christologie. Konstellationen des 19. Jahrhunderts, in: C. Danz/M. Murrmann-Kahl (Hrsg.), Zwischen historischem Jesus und dogmatischem Christus. Zum Stand der Christologie im 21. Jahrhundert, Tübingen ²2011, S. 111–139.

W. Greive, Der Grund des Glaubens. Die Christologie Wilhelm Herrmanns, Göttingen 1976.

W. Herrmann, Der Verkehr des Christen mit Gott. Im Anschluß an Luther dargestellt, Stuttgart 1886. ⁷1921.

---

[243] D. F. Strauß, Das Leben Jesu, Bd. 2, S. 735.

[244] So R. Barth, Liberale Jesusbilder versus dogmatische Christologie. Konstellationen des 19. Jahrhunderts, in: C. Danz/M. Murrmann-Kahl (Hrsg.), Zwischen historischem Jesus und dogmatischem Christus. Zum Stand der Christologie im 21. Jahrhundert, Tübingen ²2011, S. 111–139, bes. S. 125.

3.2. Die Auflösung der altkirchlichen Christologie in der Aufklärung 129

M. Kähler, Der sogenannte historische Jesus und der geschichtliche, biblische Christus, neu hrsg. v. E. Wolf, München ²1956.
H.-G. Link, Geschichte Jesu und Bild Christi. Die Entwicklung der Christologie Martin Kählers in Auseinandersetzung mit der Leben-Jesu-Theologie und der Ritschl-Schule, Neukirchen-Vluyn 1975.
A. Ritschl, Die christliche Lehre von der Rechtfertigung und Versöhnung, Bd. 3: Die positive Entwicklung der Lehre, Bonn ⁴1895.
R. Slenczka, Geschichtlichkeit und Personsein Jesu Christi. Studien zur christologischen Problematik der historischen Jesusfrage, Göttingen 1967.

Strauß hatte der weiteren christologischen Debatte Fragen ins Stammbuch geschrieben, die eine völlige Neubildung der Christologie notwendig machten. Zunächst traten bei Strauß der historische Jesus und der dogmatische Christus in einen Gegensatz, der sich seither nicht mehr vermitteln lässt. Sodann hatte die von Strauß vorgelegte spekulative Reformulierung der überlieferten Christologie die bereits von Schleiermacher notierten Aporien der Personchristologie unübersehbar werden lassen. Die weitere christologische Diskussion in der zweiten Hälfte des 19. Jahrhunderts knüpfte an die Problemvorgaben von Strauß an, wie schon die Unterscheidung von Person und Prinzip erkennen lässt, die Ferdinand Christian Baur im dritten Teil seiner Schrift *Die christliche Lehre von der Dreieinigkeit und Menschwerdung Gottes in ihrer geschichtlichen Entwicklung* einführte.[245] Die genannte Unterscheidung, welche die Kritik von Strauß an der Christologie Schleiermachers aufnimmt und auf das Verhältnis von Idee und Wirklichkeit zielt, machten sich dann auch Alois Emanuel Biedermann (1819–1885) und andere Theologen in der zweiten Hälfte des 19. Jahrhunderts zu eigen.[246] In einem engen Zusammenhang mit der Unterscheidung von Prinzip und Person steht der Bildbegriff,[247] der in der zweiten Hälfte des 19. Jahrhunderts in der dogmatischen Christologie zum Leitbegriff der Verknüpfung von Geschichte und dogmatischem Interesse werden sollte. Die ästhetisch-psy-

---

[245] F. C. Baur, Die christliche Lehre von der Dreieinigkeit und Menschwerdung Gottes in ihrer geschichtlichen Entwicklung, S. 871. 879. 881. Vgl. dazu J. Rohls, Vorbild, Urbild und Idee. Zur Christologie des 19. Jahrhunderts, in: J. Frey/ders./R. Zimmermann (Hrsg.), Metaphorik und Christologie, Berlin/New York 2003, S. 219–241, bes. S. 232–237.

[246] Vgl. A. E. Biedermann, Christliche Dogmatik, Bd. 2, Berlin ²1885; O. Pfleiderer, Religionsphilosophie auf geschichtlicher Grundlage, Berlin 1878. Vgl. zum Ganzen den Überblick bei J. Rohls, Vorbild, Urbild und Idee, S. 232–237; R. Slenczka, Geschichtlichkeit und Personsein Jesu Christi. Studien zur christologischen Problematik der historischen Jesusfrage, Göttingen 1967, S. 182–189.

[247] Vgl. E. Troeltsch, Rez.: Paul Wernle, Jesus (1916), in: ders., Rezensionen und Kritiken (1915–1923) (= Kritische Gesamtausgabe, Bd. 13), Berlin/New York 2010, S. 95–101, bes. 98f. Zur christologischen Kategorie ‚Bild Christi' vgl. H.-G. Link, Geschichte Jesu und Bild Christi. Die Entwicklung der Christologie Martin Kählers in Auseinandersetzung mit der Leben-Jesu-Theologie und der Ritschl-Schule, Neukirchen-Vluyn 1975, S. 248–255; R. Slenczka, Geschichtlichkeit und Personsein Jesu Christi, S. 84–91.

3. Die dogmatische Christologie und ihre Auflösung seit der Aufklärung

chologischen Bestandteile von Schleiermachers Rede vom „Totaleindruk" des Erlösers sind in der Formel ‚Bild Jesu' zu einem christologischen Programm verdichtet.[248] In Daniel Schenkels (1813–1885) Abhandlung *Das Charakterbild Jesu* aus dem Jahre 1864,[249] der Strauß eine bissige Kritik widmete, begegnete der Begriff erstmals im Titel einer Schrift.[250] Die wichtigsten dogmatischen Konzeptionen des späten 19. Jahrhunderts, in denen die Christologie unter dem Leitbegriff des Bildes Jesu ausgearbeitet wurde, stammen aus der Schule Albrecht Ritschls (1822–1889). Wirkungsgeschichtlich einflussreich für die christologische Debatte im 20. Jahrhundert wurde ferner die von Martin Kähler (1835–1912) in kritischer Auseinandersetzung mit der Ritschl-Schule vorgenommene Rehabilitierung des dogmatischen Christusbildes.[251] Gemeinsam ist diesen christologischen Ansätzen, dass sie eine Antwort auf die von Strauß aufgeworfenen Probleme und Fragen zu geben versuchen. Das ‚Bild Jesu' tritt nun an die Stelle des durch Strauß obsolet gewordenen Bemühens, aus den neutestamentlichen Quellen ein Leben Jesu zu rekonstruieren, welches als Bezugspunkt der dogmatischen Christologie fungiert.

Die Verwendung des Bildbegriffs in der Christologie stammt freilich nicht erst aus der zweiten Hälfte des 19. Jahrhunderts. Schon Martin Luther hatte eine förmliche Bild-Christologie ausgearbeitet.[252] Die Entstehung des wahren Glaubens beschrieb er so: Dem Glaubenden werde das Bild Christi gleichsam ins Herz gemalt.[253] Der individuelle Glaube, in dem der Mensch sich selbst verständlich wird, findet seinen Ausdruck im Christusbild. Für die Unableitbarkeit der Entstehung des eigenen Glaubens steht bei Luther der Heilige Geist. Während Luther allerdings noch fraglos von der Historizität der biblischen Geschichte von Christus ausgeht, wurde sie seit der Aufklärung zunehmend fraglicher. Damit kommt es auch zu einer Veränderung der Funktion des Bildbegriffs in der Christologie.

(1.) Der Funktionswandel zeigt sich insbesondere in der Christologie Albrecht Ritschls und seiner Schule. Hier tritt der Begriff des Bildes Jesu pro-

---

[248] F. Schleiermacher, Der christliche Glaube 1821–1822, Bd. 2, § 119. Zusaz 3, S. 62.
[249] D. Schenkel, Das Charakterbild Jesu. Ein biblischer Versuch, Wiesbaden 1864.
[250] D. F. Strauß, Der Schenkel'sche Handel in Baden, in: ders., Der Christus des Glaubens und der Jesus der Geschichte, S. 224–240.
[251] Zur Rezeption von Kählers Aufsatz in der christologischen Debatte in der ersten Hälfte des 20. Jahrhunderts vgl. P. Althaus, Der „historische Jesus" und der biblische Christus. Zum Gedächtnis Martin Kählers, in: ders., Theologische Aufsätze, Bd. 2, Gütersloh 1935, S. 162–168. Vgl. auch U. H. J. Körtner, Historischer Jesus – geschichtlicher Christus. Zum Ansatz einer rezeptionsästhetischen Christologie, in: K. Huizing/ders./P. Müller, Lesen und Leben. Drei Essays zur Grundlegung einer Lesetheologie, Bielefeld 1997, S. 99–135.
[252] Vgl. hierzu U. Barth, Hermeneutik der Evangelien als Prolegomena der Christologie, S. 275–305; J. Wolff, Metapher und Kreuz.
[253] Vgl. nur M. Luther, De servo arbitrio, WA 18, 782 = BoA III, 286.

3.2. Die Auflösung der altkirchlichen Christologie in der Aufklärung 131

grammatisch an die Stelle der Leben-Jesu-Forschung. Ritschl, dessen Anfänge in der jüngeren Tübinger Schule um Ferdinand Christian Baur – dem Lehrer von David Friedrich Strauß – liegen, konnte in den 1840er Jahren bemerken, dass man in der Evangelienkritik über Strauß nicht hinausgekommen sei.[254] In seinem Hauptwerk *Die christliche Lehre von der Rechtfertigung und Versöhnung*, das in drei Bänden von 1870 bis 1874 erschien, geht Ritschl dann von dem geschichtlichen Jesus als der Offenbarung Gottes aus. Die Besonderheit seiner Christologie, wie er sie im dritten Band von *Rechtfertigung und Versöhnung* und in seinem *Unterricht in der christlichen Religion*[255] ausgeführt hat, liegt darin, dass er die metaphysische Konstruktion der Person Christi vollständig durch eine Reformulierung der Ämterlehre ersetzt.

„Ist aber Christus durch das, was er zu meinem Heil gethan und gelitten hat, mein Herr, und ehre ich ihn als meinen Gott, indem ich um meines Heiles willen der Kraft seiner Wohlthat vertraue, so ist das ein Werthurtheil directer Art. Das Urtheil gehört nicht in das Gebiet des uninteressirten wissenschaftlichen Erkennens, wie die chalcedonensische Formel."[256]

Mit seiner Ersetzung und Verabschiedung der Zweinaturenlehre – die eine metaphysische Spekulation ist, die mit Religion nichts zu tun hat – folgt Ritschl dem kritischen Resultat von Strauß, indem er die dogmatische Christologie weder auf ein Leben Jesu noch auf die Idee aufbaut, sondern auf das geschichtliche Christusbild. „Jede Wirkung Christi", so Ritschls Grundüberzeugung, „aber muß ihren Maßstab in der geschichtlichen Gestalt seines Lebens finden".[257] Ausgangspunkt der dogmatischen Christologie ist für Ritschl nicht mehr die metaphysische Konstruktion der Person Christi, sondern das innere Leben Jesu. Als Offenbarung Gottes in der Geschichte ist Jesus der Urheber und Stifter der vollendeten geistigen und sittlichen Religion.

Die Eigentümlichkeit der Christologie Ritschls resultiert aus seiner Aufnahme des durch Strauß und die Hegel-Schule geschaffenen Problemhorizonts, nämlich des Verhältnisses von Idee, Individuum und Geschichte. In seiner Dog-

---

[254] Brief Albrecht Ritschls an Constantin Rößler vom 25. Mai 1845, zitiert nach O. Ritschl, Albrecht Ritschls Leben, Bd. 1, Freiburg i.Br. 1892, S. 102: „Ich habe denn so allerlei studirt, zuerst über die evangelische Geschichte, wobei ich denn ausführlich mich überzeugt habe, daß wir über Strauß noch nicht hinaus sind." Zur Theologie und Christologie Ritschls vgl. F. Wittekind, Geschichtliche Offenbarung und die Wahrheit des Glaubens. Der Zusammenhang von Offenbarungstheologie, Geschichtsphilosophie und Ethik bei Albrecht Ritschl, Julius Kaftan und Karl Barth (1909–1916), Tübingen 2000, S. 16–79.

[255] A. Ritschl, Unterricht in der christlichen Religion, Bonn ⁴1890, S. 17–24 (Christus als der Offenbarer Gottes: §§ 19–25) und S. 36–42 (Christus der Versöhner der Gemeinde: §§ 40–45).

[256] A. Ritschl, Die christliche Lehre von der Rechtfertigung und Versöhnung, Bd. 3, Bonn ⁴1895, S. 376.

[257] A. Ritschl, Die christliche Lehre von der Rechtfertigung und Versöhnung, Bd. 3, S. 383.

matik *Unterricht in der christlichen Religion*, aber auch in *Rechtfertigung und Versöhnung* behandelt Ritschl die Christologie an zwei Stellen: zunächst im Zusammenhang des Reich Gottes-Verständnisses und sodann im Kontext der Versöhnungslehre.[258]

Der Aufbau der Christologie Albrecht Ritschls ("Unterricht in der christlichen Religion"):
Christus ist die geschichtliche Offenbarung Gottes: königliches Amt
– Christus als der Offenbarer Gottes (§§ 20–25): königliches Prophetentum = Vertretung Gottes für die Menschen
– Christus als der Versöhner der Gemeinde (§§ 40–43): königliches Priestertum = Vertretung der Menschen vor Gott

Im Unterschied zu Strauß und zur Hegel-Schule sieht Ritschl in Jesus Christus die Offenbarung Gottes in der Geschichte. Jesus hat das Reich Gottes als den durch Gott bestimmten Endzweck der Welt in die Geschichte eingeführt. Darin liegt seine bleibende Bedeutung für die von ihm gestiftete Gemeinde, und darin ist er das „Urbild der zum Reiche Gottes zu verbindenden Menschheit".[259] Ritschl verknüpft somit die Verwirklichung des Reiches Gottes als der ethischen Bestimmung des Menschen mit dessen individueller Realisierung. Das Reich Gottes realisiert sich in der Welt, indem es sich gegen sie verwirklicht. „Denn dadurch hat er [sc. Jesus Christus] die Gegenwirkung der Welt gegen seinen Lebenszweck zum Mittel seiner eigenen Verklärung umgebogen, d.h. der Gewißheit, gerade durch die momentane Unterwerfung unter die Macht der Welt sie zu überwinden und den überweltlichen Bestand seines geistigen Lebens zu sichern."[260] Damit ist der Grundbegriff von Ritschls Reformulierung der Christologie erreicht, das königliche Amt Christi, oder wie Ritschl sagt, sein Beruf. Der Göttinger Theologe bindet die übergeordnete Bezugsgröße des Reiches Gottes gegen Strauß an die individuelle Realisierung des Reiches Gottes, aber dieser individuelle Vollzug hebt sich in die allgemeine ethische Bestimmung auf.

Ritschl stellt die Christologie ganz auf den Menschen Jesus Christus ein. In seinem Berufsgehorsam, der darin besteht, dass Jesus die überweltliche Bestimmung des Reiches Gottes als göttlichen Endzweck der Welt anerkennt – und das heißt, sich der Welt unterwirft und sie darin überwindet –, ist er die vollkommene Offenbarung Gottes. Hierin besteht Jesu königliches Amt, welches von ihm in seinem irdischen Leben „direct",[261] also nicht – wie es die altprotestantische Christologie gelehrt hatte – auf verborgene Weise, ausgeübt wird. Das

---

[258] Zu dem Aufbau von Ritschls Christologie vgl. F. Wittekind, Geschichtliche Offenbarung und die Wahrheit des Glaubens, S. 66–68.
[259] A. Ritschl, Unterricht in der christlichen Religion, § 22, S. 20.
[260] A. Ritschl, Unterricht in der christlichen Religion, § 23, S. 21.
[261] Ebd.

3.2. Die Auflösung der altkirchlichen Christologie in der Aufklärung

königliche Amt Christi legt Ritschl in der Gegenläufigkeit von prophetischem und priesterlichem Amt aus. In dieser Doppelstruktur, in der das königliche Amt Christi von Ritschl reformuliert wird, ist die Christologie der genaue Ausdruck des Glaubens und seiner inneren Struktur als individueller Vollzug der Wahrheit, der sich als Anerkennung des Bestimmtseins durch die Wahrheit in diesem Vollzug aufhebt.[262] Die Straußsche Christologie wird damit von Ritschl zugleich aufgenommen und kritisiert.

(2.) Der Grundgedanke der Ritschlschen Christologie wird von seinen Schülern weiter ausgebaut.[263] Wilhelm Herrmann (1846–1922), Schüler des Hallenser Erweckungstheologen August Tholuck (1799–1877)[264] und durch die frühe Lektüre von Ritschls Meisterwerk für dessen Theologie eingenommen, hat seine Christologie ganz auf die geschichtliche Offenbarung Gottes eingestellt und von allen metaphysischen Bestandteilen gereinigt. In der Christologie Ritschls, so der junge Herrmann, habe man es „mit einer neuen Wendung der Sache zu thun". Denn hier liege eine „Neubildung des Dogma's" vor, „welche die Fehler des kirchlichen vermeidet", auch die der Schleiermacherschen Christologie.[265] Herrmanns Christologie ist konzeptionell wie begrifflich ausgerichtet auf „das Bild des inneren Lebens Jesu".[266] Im Blick auf den Menschen Jesus als geschichtliches Individuum gewinnt, so Herrmann, auch noch der Mensch des 19. Jahrhunderts zweierlei: zum einen Klarheit über die eigene sittliche Bestimmung; zum anderen die Gewissheit, dass das Gute verwirklicht werden kann. Der geschichtliche Christus repräsentiert die gelungene Realisierung der Sittlichkeit in der Welt, und dieses einmalige Gelingen stiftet zugleich bei den Glaubenden das Vertrauen in ihre eigene sittliche Aufgabe. Indem der Mensch Jesus vertraut, erfährt er ihn als Offenbarung Gottes in der Geschichte. Der Mensch Jesus von Nazareth gilt damit Herrmann wie Ritschl als die geschichtliche Offenbarung. Im Unterschied zu Ritschl wird jedoch von Herrmann der individuelle

---

[262] Zu Ritschls Glaubensverständnis vgl. F. Wittekind, Geschichtliche Offenbarung und die Wahrheit des Glaubens, S. 61–63.

[263] Zur Christologie des Ritschl-Schülers Julius Kaftan vgl. ders., Dogmatik, Freiburg i.Br./Leipzig/Tübingen 1897, S. 372–569. Vgl. F. Wittekind, Geschichtliche Offenbarung und die Wahrheit des Glaubens, S. 107–145.

[264] Vgl. W. Greive, Der Grund des Glaubens. Die Christologie Wilhelm Herrmanns, Göttingen 1976, S. 91–98; J. Weinhardt, Wilhelm Herrmanns Stellung in der Ritschlschen Schule, Tübingen 1996. Zu Tholuck vgl. C. Axt-Piscalar, Ohnmächtige Freiheit. Studien zum Verhältnis von Subjektivität und Sünde bei August Tholuck, Julius Müller, Sören Kierkegaard und Friedrich Schleiermacher, Tübingen 1996, S. 6–25.

[265] W. Herrmann, Die christologischen Arbeiten der neusten Zeit, in: ThLZ 1 (1876), Sp. 116–119. 142–147, hier Sp. 116. 117.

[266] W. Herrmann, Der geschichtliche Christus, der Grund unseres Glaubens, in: ders., Schriften zur Grundlegung der Theologie, Bd. 1, hrsg. v. P. Fischer-Appelt, München 1966, S. 149–185, hier S. 173.

Vollzug des Glaubens neu bestimmt. Der Glaube ist nicht mehr die Aufhebung der individuellen Aneignung der ethischen Wahrheit in das Bestimmtsein durch diese Wahrheit wie bei Ritschl, sondern gerade die wahre ethisch-religiöse Konstitution des Individuums. Schon in seiner frühen Besprechung von Ritschls Christologie versteht Herrmann die Offenbarung Gottes in der Geschichte so, dass durch sie „die sittliche und religiöse Selbständigkeit des Menschen beabsichtigt ist".[267]

Herrmann knüpft in seiner Christologie auf eigenständige Weise an die Intentionen Ritschls an. Wie Ritschl rückt er den geschichtlichen Christus in das Zentrum seiner Christologie und verbindet sie mit der als übergeordneter Bezugsrahmen fungierenden Soteriologie. Die Beschränkung des geschichtlichen Christus auf den irdischen unter Ausklammerung des erhöhten Christus, wie sie Ritschl und Herrmann vertreten, war in der Ritschl-Schule indes nicht unumstritten.[268] Grundsätzlich teilt Herrmann die Meinung des Göttinger Theologen, dass eine angemessene religiöse Würdigung des geschichtlichen Christus nur dann möglich ist, wenn zugleich die Christologie einer „Neubildung" unterzogen wird,[269] denn auch Herrmann hält die altkirchliche Zweinaturenlehre für höchst ungeeignet, um die religiöse Bedeutung des Nazareners zu erfassen. Die „Construction des Gottmenschen", für den überlieferten Lehrbegriff die Hauptaufgabe der Christologie, wird von Herrmann durch den Gedanken der geschichtlichen Offenbarung vollständig ersetzt.[270] Damit tritt das Verhältnis von Glaube und Geschichte bei Herrmann an die Stelle der überlieferten dogmatischen Christologie. Die Wendungen ‚geistiges Bild Jesu' und ‚inneres Leben Jesu' haben in der Christologie des Marburger Theologen genau die Funktion, Geschichte und Glauben in ein wechselseitiges Auslegungsverhältnis zu bringen, damit die „Verirrung" der kirchlichen Lehrüberlieferung vermieden wird.[271]

---

[267] W. Herrmann, Die christologischen Arbeiten der neusten Zeit, Sp. 116.
[268] Vgl. T. Haering, Gehört die Auferstehung Jesu zum Glaubensgrund? Amica exegesis zu Prof. D. Max Reischle's „Der Streit über die Begründung des Glaubens auf den geschichtlichen Jesus Christus", in: ZThK 7 (1897), S. 331–351; ders., Der christliche Glaube. Dogmatik, Stuttgart ²1922, S. 527–530; J. Kaftan, Dogmatik, S. 437–446; M. Reischle, Der Glaube an Christus und die geschichtliche Erforschung seines Lebens, Leipzig 1893; ders., Der Streit über die Begründung des Glaubens auf den „geschichtlichen" Jesus Christus, in: ZThK 7 (1897), S. 171–264. Zur Debatte vgl. R. Slenczka, Geschichtlichkeit und Personsein Jesu Christi, S. 263–268.
[269] W. Herrmann, Die christologischen Arbeiten der neusten Zeit, Sp. 117.
[270] W. Herrmann, Die christologischen Arbeiten der neusten Zeit, Sp. 146. Vgl. auch ders., Der Verkehr des Christen mit Gott. Im Anschluß an Luther dargestellt, Tübingen ⁷1921, S. 136.
[271] W. Herrmann, Die christologischen Arbeiten der neusten Zeit, Sp. 117.

3.2. Die Auflösung der altkirchlichen Christologie in der Aufklärung

Unter dem inneren Leben Jesu versteht Herrmann das sittliche Selbstbewusstsein Jesu, das der historischen Forschung nicht zugänglich ist, so dass sie den christlichen Glauben weder begründen noch bestreiten kann. Vielmehr entsteht der Glaube allein in einem individuellen Erlebnis,[272] welches zurückgebunden ist an die allgemeine sittliche Forderung. Nur dem nach Gott suchenden Menschen, also dem, der sich der sittlichen Forderung unterstellt und der daran scheitert, tritt in der Gestalt Jesu Gott entgegen. In dem individuellen Erlebnis des Glaubens – der Entstehung des eigenen sittlichen Selbstbewusstseins – wird Jesus dem Menschen zur Offenbarung Gottes. Christusbild und Erlebnis bilden ein Wechselverhältnis. Mit der begründungslogischen Konzeption des individuellen Erlebnisses nimmt Herrmann den für Luthers Glaubensverständnis grundlegenden Aspekt der individuellen Aneignung des Heils auf. Es zielt auf die innere Evidenz der geschichtlichen Wirklichkeit Jesu.[273] In seiner Auseinandersetzung mit Martin Kähler (1835–1912) hat Herrmann die Aufbauelemente seiner Christologie durch die Unterscheidung zwischen dem Grund und Christus als Inhalt und Gegenstand des Glaubens präziser zu beschreiben versucht.[274]

Der Aufbau der Christologie Wilhelm Herrmanns:

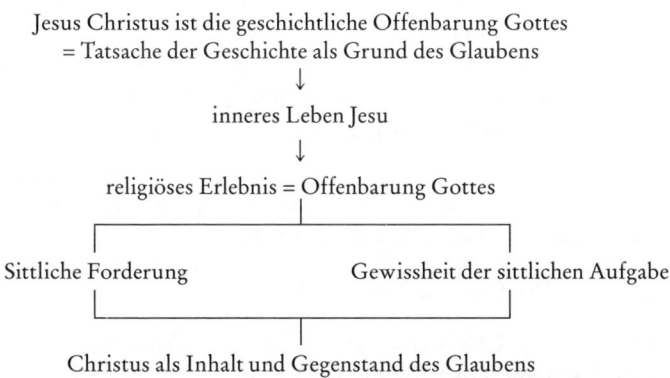

---

[272] Vgl. dazu T. Mahlmann, Das Axiom des Erlebnisses bei Wilhelm Herrmann, in: NZSTh 4 (1962), S. 11–88; J. Dierken, Sittlichkeit und Religion. Erwägungen zur Aufgabe moderner systematischer Theologie im Anschluß an Wilhelm Herrmann, in: ZThK 92 (1995), S. 376–395.
[273] Vgl. hierzu Herrmanns Lutherdeutung: W. Herrmann, Der Verkehr des Christen mit Gott. Vgl. dazu R. Barth, Liberale Jesusbilder versus dogmatische Christologie, S. 134; U. Barth, Hermeneutik der Evangelien als Prolegomena zur Christologie, S. 298 f.
[274] Vgl. dazu W. Herrmann, Der geschichtliche Christus, S. 149–185. Vgl. R. Slenczka, Geschichtlichkeit und Personsein Jesu Christi, S. 259–302; H.-G. Link, Geschichte Jesu und Bild Christi, S. 268–279.

Das Bild des inneren Lebens Jesu wird von Herrmann an die Entstehung des eigenen Glaubens zurückgebunden. Darin fallen „Gott und Christus" zusammen, aber eben nur in dem religiösen Erlebnis und nicht in der theoretischen Erkenntnis.[275] Herrmanns Bestimmung, dass der *Grund des Glaubens* der geschichtliche Christus sei, bezieht sich auf das Geschehen des Glaubens in seinem Eingebundensein in die Geschichte. „Das ist das Bild des inneren Lebens Jesu, das trotz des wunderbaren Anspruchs, den dieser Jesus erhebt, sich als ein Zeugnis des geschichtlich Wirklichen an allen erweist, die sich in Ehrfurcht vor ihm beugen müssen. Dies nennen wir den geschichtlichen Christus. Nicht die historische Forschung findet ihn, sondern der in der Geschichte nach dem ewigen Leben ringende Mensch."[276] Im Unterschied zu Christus als dem Grund des Glaubens bezieht sich Herrmanns Formel von *Christus als Inhalt und Gegenstand des Glaubens* auf die neutestamentlichen Zeugnisse von Christus. Beides fällt nicht zusammen, so dass der geschichtliche Christus für Herrmann nicht mit dem biblischen Christusbild identisch ist.[277] Gleichwohl wird der geschichtliche Christus als Grund des Glaubens allein durch die neutestamentliche Überlieferung vermittelt. Die Gleichsetzung des Grundes des Glaubens mit dem Inhalt des Glaubens würde, so Herrmann, den Glauben in intellektuelle Werkgerechtigkeit verwandeln und damit der reformatorischen Einsicht in das Wesen des Glaubens widersprechen. Daher unterscheidet Herrmann den Grund des Glaubens von dem neutestamentlichen Zeugnis und bezieht ihn ausschließlich auf das innere Leben Jesu. Allein dieses gibt dem Glauben als einem geschichtlichen und personalen Geschehen Halt.

Wilhelm Herrmanns Unterscheidung von Grund und Inhalt des Glaubens:
– *Grund des Glaubens* = das innere Leben Jesu, wie es in der neutestamnetlichen Überlieferung als Begründung des Glaubens begegnet
– *Inhalt des Glaubens* = die neutestamentliche Verkündigung von Jesus Christus als Ausdruck des Glaubens (Glaubensgedanken)

(3.) Der Hallenser Theologe Martin Kähler, wie Herrmann Schüler August Tholucks, hat seine Christologie in Auseinandersetzung mit den theologischen Schulrichtungen seiner Zeit, insbesondere mit der Ritschl-Schule und hier mit der Christologie Wilhelm Herrmanns, ausgearbeitet. Wie die Vertreter

---

[275] W. Herrmann, Der Verkehr des Christen mit Gott, S. 143.
[276] W. Herrmann, Der geschichtliche Christus, S. 173. Vgl. R. Slenczka, Geschichtlichkeit und Personsein Jesu Christi, S. 267.
[277] Vgl. W. Herrmann, Der geschichtliche Christus, S. 168: „Ein hinter der neutestamentlichen Überlieferung hervorgeholter Christus kann den Glauben nicht begründen. Aber der Christus, den diese Überlieferung selbst darbietet, kann doch nun auch nicht den Grund des Glaubens abgeben. Er ist Inhalt des Glaubensbekenntnisses und eben deshalb ist er nicht das, worauf gegründet der Glaube zu einem solchen Bekenntnis erwachsen kann."

3.2. Die Auflösung der altkirchlichen Christologie in der Aufklärung 137

der Ritschl-Schule ist Kähler der Meinung, dass das überlieferte altkirchliche Dogma aufgrund seiner metaphysischen Voraussetzungen höchst ungeeignet sei, um den wahren Wert der Gestalt Jesu Christi zu erfassen. Die Aufgabe der Christologie besteht für Kähler in der Ausarbeitung einer „Lehre von der Person Jesu Christi", was aber gerade nicht heißen soll, in ihr „von einer Vereinigung zweier verschiedener Naturen zu handeln".[278] Kähler teilt mit Ritschl sowie mit Herrmann und anderen Vertretern der Ritschl-Schule nicht nur die Ablehnung der altkirchlichen Zweinaturenlehre, sondern auch die Überzeugung, dass die Christologie nicht durch die historische Forschung begründet werden könne. Die Leben-Jesu-Forschung wies er bereits 1892 in seinem Vortrag *Der sogenannte historische Jesus und der geschichtliche, biblische Christus* in begründungslogischer Hinsicht als einen ungeeigneten Weg zurück. Ein Leben des Mannes aus Nazareth, so Kähler mit Wilhelm Herrmann, lässt sich aus den neutestamentlichen Quellen nicht mehr rekonstruieren, womit jeder Versuch, den historischen Jesus *hinter* den biblischen Quellen zu erschließen, eine Projektion darstellt.

„Es tritt der Prüfung unabweislich entgegen, daß die ordnende und gestaltende Einbildung noch von einer andern Macht gelenkt wird, nämlich von der vorgefaßten Meinung über die religiösen und sittlichen Dinge. Mit anderen Worten: Der ausmalende Biograph Jesu ist immer irgendwie Dogmatiker im verdächtigen Sinne des Wortes."[279]

Der Ausgangspunkt der Christologie Kählers, wie er sie in seinem Hauptwerk *Die Wissenschaft der christlichen Lehre* 1883 ausgeführt hat, ist das rechtfertigungstheologisch gedeutete aktuale Glaubensgeschehen und dessen Einbindung in die Geschichte.[280] Folglich ist die Christologie, wie schon der junge Kähler 1869 in Auseinandersetzung mit den zeitgenössischen christologischen

---

[278] M. Kähler, Art.: Christologie. Schriftlehre, in: RE³, Bd. IV, Leipzig 1898, S. 4–16, hier S. 5; vgl. auch ders., Das Kreuz. Grund und Maß der Christologie, in: ders., Schriften zu Christologie und Mission. Gesamtausgabe der Schriften zur Mission, mit einer Bibliographie, hrsg. v. H. Frohnes, München 1971, S. 292–350, bes. S. 346; ders., Die Wissenschaft der christlichen Lehre von dem evangelischen Grundartikel aus im Abrisse dargestellt, Leipzig 1883. ³1905 (ND Waltrop 1994), S. 339–343. Zur Christologie Martin Kählers vgl. M. Korthaus, Kreuzestheologie. Geschichte und Gehalt eines Programmbegriffs in der evangelischen Theologie, Tübingen 2007, S. 26–60; H.-G. Link, Geschichte Jesu und Bild Christi, S. 191–294. 390–408; M. Mühling, Versöhnendes Handeln – Handeln in Versöhnung. Gottes Opfer an die Menschen, Göttingen 2005, S. 84–116; J. Wirsching, Gott in der Geschichte. Studien zur theologiegeschichtlichen Stellung und systematischen Grundlegung der Theologie Martin Kählers, Waltrop 1998, bes. S. 159–166.

[279] M. Kähler, Der sogenannte historische Jesus und der geschichtliche, biblische Christus, neu hrsg. v. E. Wolf, München ²1956, S. 28.

[280] Vgl. M. Kähler, Die Wissenschaft der christlichen Lehre, S. 217: „Der Gerechtfertigte geht betrachtend von seinem Stand auf dessen Begründung zurück und erkennt sie darin, daß der Inhalt seines Glaubens, nämlich das sich in Christo zusammenfassende Handeln Gottes zu seinem Heile, zugleich den letzten Beweggrund für seinen Glauben bildet."

3. Die dogmatische Christologie und ihre Auflösung seit der Aufklärung

Debatten hervorhebt, als Soteriologie durchzuführen.[281] Die wahre Religion liegt im Rechtfertigungsglauben beschlossen.[282] Er tritt mit Jesus Christus – der Offenbarung Gottes – in die Geschichte ein, der darin seine bleibende Bedeutung für die Menschheit hat. Die Bestimmung der geschichtlichen Offenbarung richtet sich gegen die von der theologischen Hegel-Schule vorgenommene Entkopplung von Idee und Individuum. Ihr gegenüber bindet Kähler die übergeschichtliche Wahrheit Gottes an den individuellen, geschichtlichen Vollzug der Wahrheit.[283] Deshalb ist der geschichtliche Christus „der Anfang der neuen Menschheit" als übergeschichtlicher Zweck Gottes.[284] Das übergeschichtlich Allgemeine realisiert sich im geschichtlich Partikularen.

Die materiale Entfaltung der Christologie in Kählers *Wissenschaft der christlichen Lehre* folgt dem übergeordneten soteriologischen Leitgesichtspunkt. Die Christologie wird von ihm zunächst als Soteriologie durchgeführt und sodann die Soteriologie als Christologie.[285] Auf diese Weise verschränkt Kähler im Anschluss an Schleiermacher die Person- mit der Werkchristologie.[286] An die Stelle der überlieferten Zweinaturenlehre tritt bei dem Hallenser Theologen das Verhältnis von Übergeschichtlichem und Geschichtlichem in dem geschichtlichen Jesus Christus. Die universale göttliche Wahrheit der Gemeinschaft von Gott und Mensch, also die „im Heilsrate [Gottes] kundgewordene Selbstbestimmung, sich zum Mittel für die Menschheit zu machen", wird von dem geschichtlichen Christus in seiner „persönlichen Entwicklung" individuell als „völlige Aneignung des sinnlichen Lebens an das persönliche und die Umsetzung des Werkzeugs für den irdischen Gemeinschaftsverkehr in ein Mittel geistigen Ineinanderwirkens" realisiert.[287] In seiner persönlichen Entwicklung vollzieht Christus die übergeschichtliche Wahrheit Gottes, und zwar so, dass der indivi-

---

[281] Vgl. M. Kähler, Einleitung, in: ders., Dogmatische Zeitfragen. Alte und neue Ausführungen zur Wissenschaft der christlichen Lehre. Zweites Heft: Zur Lehre von der Versöhnung, Leipzig 1898, S. 39–62, bes. S. 40. Zur werkgeschichtlichen Entwicklung der Christologie Kählers vgl. H.-G. Link, Geschichte Jesu und Bild Christi, S. 61–77.

[282] Vgl. M. Kähler, Einleitung, S. 46.

[283] Zur Kritik Kählers an der Zuordnung von Christus-Idee und geschichtlichem Individuum in der theologischen Hegel-Schule vgl. M. Kähler, Geschichte der protestantischen Dogmatik im 19. Jahrhundert, hrsg. v. E. Kähler, München 1962, S. 97–103, bes. S. 100f. Zu Kählers Verhältnis zu Hegel und zur theologischen Hegel-Schule vgl. M. Mühling, Versöhnendes Handeln – Handeln in Versöhnung, S. 86; J. Wirsching, Gott in der Geschichte, S. 72–88.

[284] M. Kähler, Die Wissenschaft der christlichen Lehre, S. 333.

[285] Vgl. M. Kähler, Die Wissenschaft der christlichen Lehre, S. 325–343 (1. Hauptstück. Gott in Christo der Heiland oder der Versöhner, Soteriologie), S. 343–380 (2. Hauptstück. Die Versöhnung der Welt mit Gott in Christo. Soteriologie, opus salvificium).

[286] Zur Kritik Kählers an Schleiermachers Theologie vgl. M. Kähler, Geschichte der protestantischen Dogmatik im 19. Jahrhundert, S. 74–82.

[287] M. Kähler, Die Wissenschaft der christlichen Lehre, S. 341 f.

3.2. Die Auflösung der altkirchlichen Christologie in der Aufklärung

duelle Vollzug in seine übergeschichtliche Bestimmung aufgelöst wird. Erst in der Auferstehung Christi kommt „seine geistlich wirksame Gottheit als Inhalt der Menschheit in ihrer Verklärung zur Anschauung".[288]

Der Aufbau der Christologie nach der „Wissenschaft der christlichen Lehre":
2. Teil. Das Bekenntnis des Heilsbesitzes. Der Versöhnungsglaube
1. *Hauptstück. Gott in Christo der Heiland oder der Versöhner, Soteriologie*
   1. Stück. Gott in Christo, der Dreifaltige
   2. Stück. Christus wahrer Gott und wahrer Mensch. Christologie
2. *Hauptstück. Die Versöhnung der Welt mit Gott in Christo. Soteriologie, opus salvificium*
   1. Stück. Das Werden des offenbarenden Stellvertreters
   2. Stück. Die offenbarende Stellvertretung in ihrem geschichtlichen Vollzuge
   3. Stück. Die offenbarende Stellvertretung des ewigen Mittlers

Zur Verbindung von Glaube und Geschichte greift auch Kähler das von Daniel Schenkel eingeführte Stichwort eines „Charakterbildes" Christi auf, verwendet es jedoch anders als in der Ritschl-Schule.[289] Während Ritschl und Herrmann auf unterschiedliche Weise den Menschen Jesus Christus als Gottes Offenbarung in der Geschichte verstehen, tritt bei Kähler das biblische Christusbild in seiner Gesamtheit – inklusive des auferstandenen und erhöhten Christus – an diese Funktionsstelle. Der „begründende Gegenstand des rechtfertigenden Glaubens"[290] ist für ihn nicht der geschichtliche Mensch Jesus Christus im Sinne Herrmanns, sondern der „biblische Christus",[291] nämlich der gekreuzigte und auferstandene „geschichtliche Heiland".[292]

„Der wirkliche, d.h. der wirksame Christus, der durch die Geschichte der Völker schreitet, mit dem die Millionen Verkehr gehalten haben in kindlichem Glauben, mit dem die großen Glaubenszeugen ringend, nehmend, siegend und weitergehend Verkehr gehalten haben – *der wirkliche Christus ist der gepredigte Christus.* Der gepredigte Christus, das ist aber eben der geglaubte; der Jesus, den wir mit Glaubensaugen ansehen in jedem Schritt, den er tut, in jeder Silbe, die er redet; der Jesus, dessen Bild wir uns einprägen, weil wir darauf hin mit ihm umgehen wollen und umgehen, als mit dem erhöhten Lebendigen."[293]

---

[288] M. Kähler, Die Wissenschaft der christlichen Lehre, S. 342.
[289] M. Kähler, Die Wissenschaft der christlichen Lehre, S. 323. Vgl. auch ders., Der sogenannte historische Jesus und der geschichtliche, biblische Christus, S. 60. Zu Kählers Bild-Christologie vgl. H.-G. Link, Geschichte Jesu und Bild Christi, S. 239–267; R. Slenczka, Geschichtlichkeit und Personsein Jesu Christi, S. 84–91.
[290] M. Kähler, Die Wissenschaft der christlichen Lehre, S. 322.
[291] M. Kähler, Die Wissenschaft der christlichen Lehre, S. 321.
[292] M. Kähler, Das Kreuz, S. 349. Vgl. auch ders., Die Wissenschaft der christlichen Lehre, S. 323.
[293] M. Kähler, Der sogenannte historische Jesus und der geschichtliche, biblische Christus, S. 44 f.

3. Die dogmatische Christologie und ihre Auflösung seit der Aufklärung

Im Unterschied zu Ritschl und Herrmann verzichtet Kähler auf eine Rückbindung des Christusbildes an die geschichtliche Gestalt Jesus. Der Glaube und seine Sicht der Geschichte werden von der Realgeschichte unterschieden.[294] Das Christusbild des Neuen Testaments versteht Kähler als den wahren Ausdruck der geschichtlichen Glaubensgewissheit in seiner Bezogenheit auf die übergeschichtliche Wahrheit Gottes.[295] In dem geschichtlichen Christus stellt sich die Wahrheit des Menschseins in der Geschichte – die religiös-sittliche Gemeinschaft von Gott und Mensch – als individueller Glaubensvollzug dar. Kähler reformuliert damit die dogmatische Christologie als versöhnungstheologische Beschreibung des Glaubensaktes als einem aus der Geschichte selbst unableitbaren geschichtlichen Geschehen. Und genau deshalb ist die „Versöhnung der Welt mit Gott in Christo der begründende Gegenstand des Rechtfertigungs-Glaubens."[296] Das biblische Christusbild ist für Kähler der Ausdruck des individuellen Vollzugs der Wahrheit Gottes in der Geschichte.

	David Friedrich Strauß	Albrecht Ritschl	Wilhelm Herrmann	Martin Kähler
Christusbild	Mythos der Gemeinde	irdischer Jesus Christus	irdischer Jesus Christus	irdischer und erhöhter Jesus Christus
Zweinaturenlehre	Gattungschristologie	Ämterlehre	geschichtliche Offenbarung	geschichtlich-übergeschichtlicher Christus

Die christologische Debatte in der zweiten Hälfte des 19. Jahrhunderts arbeitet sich an den von Strauß aufgeworfenen Fragen ab. Das von ihm konstatierte Auseinandertreten von historischem Jesus und dogmatischem Christusbild sowie die von ihm in die Diskussion eingebrachte Gattungschristologie werden durch die Aufnahme des Bildbegriffs zu vermitteln versucht. Dabei tritt das Bild Jesu nicht nur an die Stelle des Lebens Jesu, sondern auch an die der über-

---

[294] Vgl. M. Kähler, Der sogenannte historische Jesus und der geschichtliche, biblische Christus, S. 51: „Denn geschichtliche Tatsachen, welche die Wissenschaft erst klar zu stellen hat, können als solche nicht Glaubenserlebnisse werden; und darum fließen Geschichte Jesu und christlicher Glaube wie Öl und Wasser auseinander, sobald der Zauber begeisterter und begeisternder Schilderung seine Kraft verliert."

[295] Vgl. M. Kähler, Das Kreuz, S. 346: „Daß der am Kreuz hängende als Mittler der Schöpfung und bestimmter Richter des Erdkreises die Geschicke der Menschheit umspannt, das macht das Kreuz zur Mitte der Wege Gottes mit uns Menschen. Und in seiner Selbstgewißheit über seine Gottheit ist unsere Zuversicht zu ihm als Offenbarung oder Wahrheit verknüpft. Aber offenbar wird uns das nur in seinem geschichtlichen Dasein, das eben nicht bloß zwischen Bethlehem und Golgatha geschlossen ist. Erkennbar wird es uns in seiner Person."

[296] M. Kähler, Die Wissenschaft der christlichen Lehre, S. 316.

3.2. Die Auflösung der altkirchlichen Christologie in der Aufklärung

lieferten dogmatischen Zweinaturenlehre. Während Ritschl und Herrmann den Glauben an den geschichtlichen Jesus zurückbinden, löst Kähler ähnlich wie vor ihm schon Strauß den Glauben von ihm ab und versteht im Unterschied zu dem Tübinger Stiftsrepetenten den Glauben als das personale Geschehen der Wahrheit in der Geschichte. Der kreuzes- und versöhnungstheologisch bestimmte Glaube repräsentiert für Kähler die Tiefenstruktur der Geschichte in ihrem Bezug auf Gott. Obwohl der christliche Glaube nicht durch die Geschichte begründet werden kann, hat er für Kähler einen notwendigen Bezug auf die geschichtliche Gestalt Jesu. In der Deutungskonkurrenz zwischen der Ritschl-Schule und Kähler werden die Alternativen markiert, die auch für die christologische Debatte des 20. Jahrhunderts grundlegend sind.

4. Vom historischen Jesus zum Christus des Glaubens

4.1. Enthistorisierung der Christologie?

Literatur:

F. W. Graf, Die „antihistoristische Revolution" in der protestantischen Theologie der zwanziger Jahre, in: J. Rohls/G. Wenz (Hrsg.), Vernunft des Glaubens. Wissenschaftliche Theologie und kirchliche Lehre. Festschrift zum 60. Geburtstag von Wolfhart Pannenberg, Göttingen 1988, 377–405.

K. Nowak, Die „antihistoristische Revolution". Symptome und Folgen der Krise historischer Weltorientierung nach dem Ersten Weltkrieg in Deutschland, in: H. Renz/F. W. Graf (Hrsg.), Umstrittene Moderne. Die Zukunft der Neuzeit im Urteil der Epoche Ernst Troeltschs, Troeltsch-Studien, Bd. 4, Gütersloh 1987, S. 133–171.

O. G. Oexle, Geschichte im Zeichen des Historismus. Studien zu Problemgeschichten der Moderne, Göttingen 1996.

F. Wittekind, Eschatologie zwischen Religion und Geschichte. Zur Genese der Theologie Bultmanns, in: U. H. J. Körtner (Hrsg.), Die Gegenwart der Zukunft. Geschichte und Eschatologie, Neukirchen-Vluyn 2008, S. 55–84.

Die christologische Neuorientierung im 19. Jahrhundert, insbesondere die Kontroversen um den historischen Jesus als Geltungsgrundlage der Christologie, führten in der neutestamentlichen Wissenschaft zunehmend zu der Einsicht in die Unmöglichkeit, ein Lebensbild des Mannes aus Nazareth aus den Quellen zu rekonstruieren. Zu Beginn des 20. Jahrhunderts verschärfte sich die Lage noch einmal durch die Debatten um den Historismus.[1] Ernst Troeltsch hatte in seinen Untersuchungen zur Theologie in der Moderne das Problem des Historismus in die theologischen Selbstverständigungsdebatten aufgenommen. In seinem berühmten Aufsatz *Ueber historische und dogmatische Methode in der Theologie* aus dem Jahre 1898 hatte er zwar entschieden eine Begründung der Theologie auf der Grundlage der historischen Methode gefordert.[2] Gleichwohl plädierte Troeltsch selbst in seiner Auseinandersetzung mit Adolf Harnacks Deutung des „Wesens des Christentums"[3] dafür, „das eigentlich historische und

---

[1] Vgl. O. G. Oexle, Geschichte im Zeichen des Historismus. Studien zu Problemgeschichten der Moderne, Göttingen 1996; W. Bialas/G. Raulet (Hrsg.), Die Historismusdebatte in der Weimarer Republik, Frankfurt a.M. 1996; A. Wittkau, Historismus. Zur Geschichte des Begriffs und des Problems, Göttingen ²1994; F. Jaeger/J. Rüsen, Geschichte des Historismus. Eine Einführung, München 1992.

[2] E. Troeltsch, Ueber historische und dogmatische Methode in der Theologie, S. 729–753.

[3] Vgl. A. v. Harnack, Das Wesen des Christentums. Zu Harnacks Christologie vgl. C.

das geschichtsphilosophisch-normative Element schärfer zu trennen", als es bei dem Berliner Kirchenhistoriker der Fall sei.[4] Dadurch würde der „historische Ballast, der in der heutigen Theologie manchmal die Arbeit schwer bedrückt", niedersinken, so dass sich „der Geist der Geschichte [...] klarer und kräftiger, begeisterter und zusammenfassender als wirklicher Geist, als lebendige Tat, bekunden" kann.[5] In der Christologie seiner *Glaubenslehre* hat Troeltsch dann die religiöse Würdigung der Gestalt Jesu in den Gesamtzusammenhang seiner Wirkungsgeschichte eingerückt. „Zunächst ist hervorzuheben, daß die Feststellung des historischen Tatbestandes und der religiösen Deutung von Hause aus streng zu trennen sind."[6] Mit Troeltschs methodischer Unterscheidung sind weitreichende Konsequenzen für die Christologie verbunden. Sie liegen vor allem darin, dass der historische Jesus zunehmend weniger zum Bezugspunkt des geglaubten Christus wird. Schon bei Troeltsch erhält die Christologie mit der Deutung der Religionsgeschichte einen neuen Referenzrahmen, der von isolierten historischen Tatsachen abgelöst ist.[7] Die Schülergeneration von Troeltsch und Herrmann hat dann Troeltschs Unterscheidung von historischem Tatbestand und religiöser Deutung aufgenommen und die dogmatische Christologie vollständig von der geschichtlichen Forschung gelöst.

Jetzt erst, nämlich in den ersten beiden Jahrzehnten des 20. Jahrhunderts, wird die bei Martin Kähler und Albert Schweitzer sichtbare Skepsis hinsichtlich des historischen Jesus auch dogmatisch relevant. Paul Althaus (1888–1966), Schüler Kählers, fasste das für die Theologen zu Beginn des Jahrhunderts signifikante Leiden an den ethisch-normativen Folgeproblemen des Historismus zusammen, wenn er in seinem Beitrag *Der „historische Jesus" und der biblische Christus* die Bedeutung Kählers geradezu in der Überwindung des Historismus erblickte: „Der wirkliche Christus muß für jeden Christen unmittelbar zugänglich sein, nicht nur für die Gelehrten. Das ist er auch. Denn der wirkliche, der geschichtliche Christus ist nicht der ‚historische' der Leben-Jesu-Forschung, der Jesus ‚an sich', abzüglich ‚Christi', d.h. abzüglich des Christusglaubens der ersten Gemeinde. Der wirkliche Christus ist der, der

---

Axt-Piscalar, Der Sohn des Vaters. Adolf von Harnacks Christologie, in: ThZ 63 (2007), S. 120–147.

[4] E. Troeltsch, Was heißt „Wesen des Christentums"?, S. 449. Vgl. dazu F. Wittekind, Christologie im 20. Jahrhundert, S. 16–20.

[5] E. Troeltsch, Was heißt „Wesen des Christentums"?, S. 451.

[6] E. Troeltsch, Glaubenslehre. Nach Heidelberger Vorlesungen aus den Jahren 1911 und 1912, München/Leipzig 1925, S. 81–126, hier S. 100. Zur Christologie Troeltschs vgl. J. H. Claussen, Die Jesus-Deutung von Ernst Troeltsch im Kontext der liberalen Theologie, Tübingen 1997.

[7] Vgl. E. Troeltsch, Glaubenslehre, S. 102; ders., Die Bedeutung der Geschichtlichkeit Jesu für den Glauben, S. 153.

4.1. Enthistorisierung der Christologie? 145

den Glauben wirkte."⁸ Wenn der Glaube nicht durch historische Tatsachen begründet werden kann, dann stellt sich freilich die Frage, welchen inneren Bezug der Glaube auf Jesus von Nazareth noch haben kann? Und was tritt an die Stelle des Bildes des historischen Jesus?

Bereits im Jahre 1911 bestreitet Paul Tillich in seinem Vortrag *Die christliche Gewißheit und der historische Jesus* die innere Bindung des christlichen Glaubens an den historischen Jesus. Der Glaube und seine Gewissheit seien völlig unabhängig von der Geschichtswissenschaft. Denn die Arbeit des Historikers führe lediglich zu wahrscheinlichen Resultaten, die jedoch niemals die Basis für die mit dem Glauben verbundene unbedingte Gewissheit sein können. Deshalb ist es in dem „dogmatischen System[] [...] Aufgabe der geschichtsphilosophischen Kategorienbildung, diejenige Gewißheit über den absoluten Charakter des Christentums zu geben, welche historische Untersuchungen über die Absolutheit des historischen Jesus nicht geben können; und die geschichtsphilosophische Lokalisierung hat die Aufgabe, durch Charakterisierung der Fülle der Zeiten sie in ihrem Nachweis zu unterstützen, wenn auch nur mit Wahrscheinlichkeitssätzen".⁹ Nicht nur Tillich trennt Glaube und Glaubensgewissheit scharf von der historischen Forschung, sondern auch Karl Barth, Friedrich Gogarten (1887–1967)¹⁰ und Rudolf Bultmann. Auf Martin Kählers wirkmächtigen Vortrag anspielend, schreibt 1923 der junge Göttinger Honorarprofessor Karl Barth an den weithin berühmten Berliner Kirchenhistoriker Adolf von Harnack, wer „es etwa noch nicht weiß (und wir wissen es alle immer *noch* nicht), daß wir Christus nach dem Fleische *nicht* mehr kennen, der mag es sich von der kritischen Bibelwissenschaft sagen lassen; je radikaler er erschrickt, um so besser für ihn und die Sache. Und das mag dann etwa der Dienst sein, den ‚geschichtliches Wissen' bei der eigentlichen Aufgabe der Theologie leisten kann".¹¹

Glaube und Geschichte treten zu Beginn des 20. Jahrhunderts auseinander, so dass die historische Forschung für die dogmatische Entfaltung des Glaubens keine begründungstheoretische Funktion mehr innehat. Die Theologiegeschichtsforschung hat den angedeuteten Ablösungsprozess als ‚antihistoristische Revolution' und als Ausstieg der Theologie aus dem Wissenschafts-

---

⁸ P. Althaus, Der „historische Jesus" und der biblische Christus. S. 165.
⁹ P. Tillich, Die christliche Gewißheit und der historische Jesus, S. 43. Vgl. auch S. 44 f.
¹⁰ Vgl. F. Gogarten, Die religiöse Entscheidung, Jena 1921. Vgl. C. Danz, Glaube als Evident-Werden Gottes. Die Überwindung des Historismus bei Friedrich Gogarten, in: ders., Gott und die menschliche Freiheit. Studien zum Gottesbegriff in der Neuzeit, Neukirchen-Vluyn 2005, S. 88–101.
¹¹ K. Barth, Sechzehn Antworten an Herrn Professor von Harnack, in: ders., Offene Briefe 1909–1935 (= Gesamtausgabe. V. Briefe), hrsg. v. D. Koch, Zürich 2001, S. 62–67, hier S. 66 f.

ständnis der Moderne interpretiert.¹² Allerdings kann man die von den Protagonisten der 1920er Jahre betriebene Loslösung des Glaubens von der Geschichte auch ohne Revolutions- oder Bruchrhetorik als konstruktive Fortschreibung der Problemstellungen moderner Theologie rekonstruieren. Hierzu muss man jedoch die in den damaligen Kontroversen beschworene fatale Alternative von Gott oder Mensch als Thema der Theologie hinter sich lassen, die noch in deren späteren Deutungen als Bruch oder als antihistoristische Revolution fortgeschrieben wird.¹³ Erst dann zeigt sich, dass in den diversen theologischen Neuaufbrüchen nicht nur an religionstheoretische und geschichtsmethodologische Fragen angeknüpft, sondern auch die Christologie als eine Selbstbeschreibung des aktuellen Glaubensvollzugs und seiner geschichtlichen Einbindung ausgearbeitet wird.

Grundzüge der christologischen Debatte nach dem Ersten Weltkrieg:
– Das Christusbild des Glaubens wird vom historischen Jesus gelöst.
– Der Glaube als ein Geschehen in der Geschichte wird zum Bezugspunkt des Christusbildes.
– Das Christusbild wird zu einer Selbstbeschreibung des Glaubensgeschehens.

An die Stelle des Bildes des historischen Jesus tritt in den christologischen Debatten der ersten Hälfte des 20. Jahrhunderts, ähnlich wie bereits bei Troeltsch, der Glaube als ein geschichtliches Geschehen. Die Christologie wird umgebildet zu einer Beschreibung des Glaubens und seines eigenen Bildes von der Geschichte. Was ist mit dieser Umformulierung der Christologie gemeint?

4.1.1. Christus als Realbild des Glaubens bei Paul Tillich

Literatur:

G. Neugebauer, Tillichs frühe Christologie. Eine Untersuchung zu Offenbarung und Geschichte bei Tillich vor dem Hintergrund seiner Schellingrezeption, Berlin/New York 2007.
P. Tillich, Christologie und Geschichtsdeutung, in: ders., Der Widerstreit von Raum und Zeit. Schriften zur Geschichtsphilosophie, Stuttgart ²1963, S. 83–96.

---

¹² Vgl. K. Nowak, Die „antihistoristische Revolution". Symptome und Folgen der Krise historischer Weltorientierung nach dem Ersten Weltkrieg in Deutschland, in: H. Renz/F. W. Graf (Hrsg.), Umstrittene Moderne. Die Zukunft der Neuzeit im Urteil der Epoche Ernst Troeltschs, Troeltsch-Studien, Bd. 4, Gütersloh 1987, S. 133–171; F. W. Graf, Geschichte durch Übergeschichte überwinden. Antihistoristisches Geschichtsdenken in der protestantischen Theologie der 1920er Jahre, in: W. Küttler/J. Rüsen/E. Schulin (Hrsg.), Geschichtsdiskurs, Bd. 4: Krisenbewußtsein, Katastrophenerfahrungen und Innovationen 1880–1945, Frankfurt a.M. 1997, S. 217–244.
¹³ So zu Recht F. Wittekind, Eschatologie zwischen Religion und Geschichte. Zur Genese der Theologie Bultmanns, in: U. H. J. Körtner (Hrsg.), Die Gegenwart der Zukunft. Geschichte und Eschatologie, Neukirchen-Vluyn 2008, S. 55–84, bes. S. 57–60.

4.1. Enthistorisierung der Christologie? 147

P. Tillich, Die christliche Gewißheit und der historische Jesus, in: ders., Briefwechsel und Streitschriften. Theologische, philosophische und politische Stellungnahmen und Gespräche, hrsg. v. R. Albrecht/R. Trautmann, Frankfurt a.M. 1983, S. 31–50.
P. Tillich, Systematische Theologie, Bd. 2, Stuttgart 1958.

Den Hintergrund der christologischen Reflexionen Paul Tillichs bildet die „Krisis des Historismus".[14] Die christliche Religion ist zwar für ihn eine geschichtliche Erscheinung, aber das Geschichtliche des Christentums liegt nicht in dem äußeren, empirischen Faktum. Bereits in seiner philosophischen Dissertation zur Religionsphilosophie Schellings aus dem Jahre 1910 unterzog Tillich Schellings Anbindung der Christologie an die empirische Geschichte der Kritik.[15] Die nur ein Jahr später verfasste christologische Thesenreihe *Die christliche Gewißheit und der historische Jesus* nimmt die Kritik an Schellings Christologie auf und wendet sie auf die zeitgenössische christologische Debatte, insbesondere auf Wilhelm Herrmanns Rückbindung des Christusbildes an den historischen Jesus als Glaubensgrund, an.[16] Auch die in Marburg und Dresden von Tillich 1925 bis 1927 gehaltene Dogmatik-Vorlesung löst die dogmatische Entfaltung des Christusbildes vollständig von der historischen Forschung ab.

„Die Entscheidung über das christologische Urteil fällt [...] in der dogmatischen Ebene, d.h. in der Sphäre des Glaubens, unabhängig vom geschichtlichen Erkennen."[17]

Der junge Tillich knüpft an die idealistische Geistphilosophie an und deutet im Anschluss an die Spätphilosophie Schellings die Geschichte als eine solche des Geistes. Die Geschichte ist der Weg des Geistes hin zu seiner vollständigen Selbsterfassung. Hieraus resultiert der Offenbarungsbegriff, der als übergeordneter Bezugsrahmen der Christologie fungiert. Die Offenbarungsgeschichte zielt auf die Selbstdurchsichtigkeit des eigenen geschichtlichen Standorts ab.

In seiner Christologie setzt Tillich mit der methodischen Alternative zwischen historischem Jesus und dogmatischem Christusbild ein[18] und versucht sie durch eine geschichtsphilosophische Konstruktion zu überwinden. In Weiterführung christologischer Überlegungen vor allem von Ernst Troeltsch[19] unterscheidet Tillich den Glauben und sein Bild der Geschichte von der empirischen

---

[14] E. Troeltsch, Die Krisis des Historismus, in: ders., Schriften zur Politik und Kulturphilosophie (1918–1923) (= Kritische Gesamtausgabe, Bd. 18), hrsg. v. G. Hübinger, Berlin/New York 2002, S. 437–455.
[15] Vgl. P. Tillich, Die religionsgeschichtliche Konstruktion in Schellings positiver Philosophie, ihre Voraussetzungen und Prinzipien, in: ders., Frühe Werke, Berlin/New York 1997, S. 154–272, hier S. 272. Vgl. dazu G. Neugebauer, Tillichs frühe Christologie, S. 175–189.
[16] Vgl. P. Tillich, Die christliche Gewißheit und der historische Jesus, S. 35–37.
[17] P. Tillich, Dogmatik-Vorlesung (Dresden 1925–1927), Berlin/New York 2005, S. 328.
[18] Vgl. P. Tillich, Dogmatik-Vorlesung, S. 329.
[19] Vgl. F. Wittekind, Christologie im 20. Jahrhundert, S. 19 f.

Geschichtssicht und behauptet zugleich den Glauben als die grundlegende Dimension. Diese These Tillichs stellt eine Konsequenz seiner sinntheoretischen Geistesphilosophie dar, die er in dem *System der Wissenschaften nach Gegenständen und Methoden* von 1923 und der *Religionsphilosophie* aus dem Jahre 1925 ausgearbeitet hat und die das methodische Fundament seiner Dogmatik-Vorlesung bildet.[20] Die empirische Geschichtsforschung setzt bereits ein Wissen um die Geschichte voraus und nimmt es in Anspruch. Die Konstitution des Geschichtsbewusstseins bindet Tillich im Unterschied zu Troeltsch an den religiösen Akt und dessen Selbstdeutung zurück. „Erfassen kann Geschichte", so Tillich in der Dresdner Dogmatik-Vorlesung, „aber nur, wer einen Vorgang, der auch den Charakter des Werdens hat, als für ihn unbedingt sinnhaft, als ihn unbedingt angehend deutet. Geschichte konstituiert sich also dogmatisch und nur dogmatisch, nur von einem Wechselverhältnis des Geschichte erfassenden Subjekts mit einem die Geschichte schaffenden Objekt, in dem das Subjekt den Ort des Sinnes sieht, der sein Sinn ist, der es, das Subjekt, unbedingt angeht."[21]

Tillich versteht den aktualen Glauben als dasjenige Geschehen, in dem sich der Mensch allererst als ein geschichtliches Wesen erfasst und verständlich wird. Geschichte ist kein objektiv-empirischer Vorgang, der unabhängig von dem Geschichte deutenden Subjekt irgendwie bereits vorliegt oder gegeben wäre. Eine solche cum grano salis naturwissenschaftliche Sicht der Geschichte lehnt Tillich ausdrücklich als unzureichend ab.[22] Geschichte entsteht vielmehr erst durch einen Akt der Deutung. Sie „ist mit der Entscheidung für oder wider sie gesetzt oder aufgehoben, und abgesehen von dieser Setzung hat sie kein objektives Sein".[23] Die von Tillich betonte Deutungsabhängigkeit der Geschichte bildet jedoch nur den einen Aspekt seines Geschichtsverständnisses. Hinzu kommt noch ein zweiter, nicht minder gewichtiger Gesichtspunkt: die geschichtliche Bestimmtheit der Deutung selbst. Die Setzung der Geschichte ist kein subjektiver Akt, sondern „selbst etwas Geschichtliches und nur möglich auf dem Boden eines geschichtlichen Ergriffenseins".[24] Die Deutung der Geschichte steht bereits in einer inhaltlich bestimmten Geschichte und ist durch diese Geschichte

---

[20] Zu den methodischen Grundlagen von Tillichs Dogmatik vgl. F. Wittekind, Die Vernunft des Christusglaubens. Zu den philosophischen Hintergründen der Christologie der Marburger Dogmatik, in: C. Danz/W. Schüßler/E. Sturm (Hrsg.), Wie viel Vernunft braucht der Glaube? (= Internationales Jahrbuch für die Tillich-Forschung, Bd. 1), Wien 2005, S. 133–157.
[21] P. Tillich, Dogmatik-Vorlesung, S. 372.
[22] Vgl. P. Tillich, Dogmatik-Vorlesung, S. 371; ders., Christologie und Geschichtsdeutung, in: ders., Der Widerstreit von Raum und Zeit. Schriften zur Geschichtsphilosophie, Stuttgart ²1963, S. 83–96, bes. S. 84 f.; ders., Vorlesungen über Geschichtsphilosophie und Sozialpädagogik (Frankfurt 1929/30), Berlin/New York 2007, S. 1–118.
[23] P. Tillich, Christologie und Geschichtsdeutung, S. 87.
[24] Ebd.

bestimmt. Dieses Ineinander von Bestimmtsein durch eine Geschichte und Deutungsabhängigkeit der Geschichte wird im Glauben durchsichtig. Deshalb ist der Glaube für Tillich das Geschehen, in dem das Wissen um Geschichte entsteht.

Die dogmatische Christologie ordnet Tillich nun so in das Geschichtsbewusstsein ein, dass sie zur Selbstbeschreibung und Selbstdarstellung des sich seiner Geschichtlichkeit inne gewordenen Bewusstseins wird. Folglich muss der geschichtshermeneutische Zirkel, der in jeder Deutung der Geschichte bereits angelegt ist, in der dogmatischen Christologie seinen Ausdruck finden. Genau das ist der systematische Gehalt von Tillichs Verständnis des biblischen Christusbildes.

„Es bleibt also ein Drittes, das, was sich ergab, als das Mythische auf das Historische traf. Das Mythische kennen wir einigermaßen, können es aber in unserer Gegenwärtigkeit nicht nacherleben. Das Historische kennen wir kaum, und was wir davon kennen, hat keine dogmatische Bedeutung. Wohl aber kennen wir das Dritte, denn in diesem Dritten stehen wir; es ist unsere Vergangenheit, unsere Gegenwart; das, was uns geformt hat."[25]

Das Christusbild ist nicht nur die Selbstdarstellung des sich erfassenden Geschichtsbewusstseins und darin, wie Tillich sagt, Real-Bild,[26] sondern auch des Zirkels, der in jeder Geschichtsdeutung beschlossen liegt. In dem Christusbild kommt nicht nur die Einbindung in eine konkrete Geschichte zur Darstellung, in der jeder geschichtsdeutende Akt bereits steht, sondern auch die Deutungsabhängigkeit jedes Geschichtsbildes. Das Christusbild ist also das „Medium", mit dem sich das in seiner eigenen Geschichtlichkeit verständlich gewordene Bewusstsein über sich selbst und sein Stehen in der Geschichte aufklärt.[27] Die dogmatische Christologie wird auf diese Weise von Tillich als eine Selbstbeschreibung des sich in seiner eigenen Reflexivität und Geschichtlichkeit erfassenden Selbstverhältnisses des Bewusstseins konzipiert. In ihrer offenbarungs- und kreuzestheologischen Durchführung stellt sie die Wahrheit des Selbstverhältnisses im Bewusstsein als konkrete Selbstdeutung dar, nämlich das wesenhafte Verhältnis von Unbedingtem und Bedingtem.[28]

Tillich weist der Christologie in seiner Dogmatik-Vorlesung die Aufgabe zu, die Tiefenstruktur der Geschichte zur Darstellung zu bringen.[29] Dadurch wird die Christologie zur theologischen Geschichtsphilosophie beziehungsweise zur

---

[25] P. Tillich, Dogmatik-Vorlesung, S. 334.
[26] Vgl. P. Tillich, Dogmatik-Vorlesung, S. 339. Diesen Gedanken des Real-Bildes hat Tillich auch in der Christologie der *Systematischen Theologie* aufgenommen. Vgl. P. Tillich, Systematische Theologie, Bd. 2, Stuttgart 1958, S. 125–128. Mit seiner Bild-Christologie knüpft Tillich an die christologischen Debatten nach Strauß an.
[27] Vgl. P. Tillich, Dogmatik-Vorlesung, S. 335.
[28] Vgl. P. Tillich, Dogmatik-Vorlesung, S. 279.
[29] Vgl. P. Tillich, Dogmatik-Vorlesung, S. 278.

4. Vom historischen Jesus zum Christus des Glaubens

Sinndeutung der Geschichte. Die Ebene der Selbstdeutung der Geschichte, auch wenn sie nur in einer konkreten Geschichte und an einem konkret bestimmten geschichtlichen Standpunkt möglich ist, fällt freilich nicht mit der empirischen Geschichte zusammen und lässt sich schon deshalb nicht feststellen. Das Bild, welches das Selbstverhältnis des menschlichen Bewusstseins von sich und seiner geschichtlichen Selbsterfassung hat, kann kein Bestandteil der Geschichte sein.[30] Zwischen Empirie und Selbstdeutung des Bewusstseins besteht für Tillich eine strikte Differenz, so dass es nicht möglich ist, das Geschehen des Glaubens an einen historischen Jesus hinter dem Christusbild zurückzubinden. Der historische Jesus kann damit in Tillichs Christologie keine begründungslogische Funktion für die dogmatische Christologie haben. Gleichwohl hat der Glaube einen notwendigen Bezug auf Jesus von Nazareth. Er symbolisiert nicht nur die Einbindung des Glaubens in die Geschichte, sondern vor allem den Glauben als ein personales Geschehen in der Geschichte. Die historische Forschung vermag den Glauben zwar nicht zu begründen, aber sie wird von Tillich auf das Bild des Glaubens von seiner eigenen Geschichte bezogen, um es mit der empirischen Geschichte auszugleichen.[31]

In seinem späteren Hauptwerk, der in den USA entstandenen *Systematischen Theologie*, hat Tillich seine in den 1920er Jahren konzipierte Christologie aufgenommen und weiter ausgeführt.[32] Im zweiten Band der *Systematischen Theologie*, der der Christologie gewidmet ist, entfaltet Tillich nun unter dem Leitbegriff des ‚Neuen Seins' die dogmatische Christologie in einer kreuzestheologischen Zuspitzung.[33]

Der Aufbau von Paul Tillichs Christologie („Systematische Theologie"):
Die Wirklichkeit des Christus
A. *Jesus als der Christus*
 – der Glaube als ein personales Geschehen in der Geschichte

---

[30] Vgl. nur P. Tillich, Dogmatik-Vorlesung, S. 338.
[31] Vgl. P. Tillich, Dogmatik-Vorlesung, S. 328. Zur Aufnahme dieser Funktion der historischen Forschung in der *Systematischen Theologie* vgl. P. Tillich, Systematische Theologie, Bd. 2, S. 118–123.
[32] Zu Tillichs Christologie in der *Systematischen Theologie* vgl. C. Danz, Religion als Freiheitsbewußtsein. Eine Studie zur Theologie als Theorie der Konstitutionsbedingungen individueller Subjektivität bei Paul Tillich, Berlin/New York 2000, S. 218–272.
[33] Vgl. P. Tillich, Systematische Theologie, Bd. 1, Stuttgart ²1956, S. 158–164. Vgl. U. Barth, Protestantismus und Kultur. Systematische und werkbiographische Erwägungen zum Denken Paul Tillichs, in: C. Danz/W. Schüßler (Hrsg.), Paul Tillichs Theologie der Kultur. Aspekte – Probleme – Perspektiven, Berlin/Boston 2011, S. 13–37, hier: S. 20; F. Wittekind, Grund- und Heilsoffenbarung. Zur Ausformung der Christologie Tillichs in der Auseinandersetzung mit Karl Barth, in: C. Danz/M. Dumas/W. Schüßler/M. A. Stenger/E. Sturm (Hrsg.), Jesus of Nazareth and the New Being in History (= International Yearbook for Tillich Research, Vol. 6), Berlin/Boston 2011, S. 89–119.

B. *Das Neue Sein in Jesus als dem Christus*
 – Reformulierung der dogmatischen Christologie
C. *Die Bedeutung des christologischen Dogmas*
 – Reformulierung der Zweinaturenlehre
D. *Die universale Bedeutung des Ereignisses Jesus als der Christus*
 – Kreuz und Auferstehung als Beschreibungen der Ereignisstruktur des Glaubens
E. *Das Neue Sein in Jesus als dem Christus als die Macht der Erlösung*
 – Soteriologie als Horizont der Christologie

Auch Tillichs späte Christologie ist offenbarungstheologisch konstruiert und unter eine soteriologische Perspektive gestellt. Christologie, so Tillich, sei „eine Funktion der Soteriologie".[34] Damit ist das Christusbild, wie bereits beim jungen Tillich, der Ausdruck und die Selbstbeschreibung des Glaubens als eines personalen Geschehens in der Geschichte. Nichts anderes ist gemeint, wenn Tillich von Christus als Real-Bild des Glaubens spricht. Auch in der *Systematischen Theologie* hat Tillich den notwendigen Bezug des Glaubens auf Jesus von Nazareth in seine Christologie aufgenommen – ein Bezogensein, das freilich nicht mit einem Bezug auf eine historische Gestalt namens Jesus von Nazareth verwechselt werden darf. Tillich unterscheidet in der *Systematischen Theologie* ausdrücklich zwei Funktionen des Begriffs ‚historischer Jesus': Einmal ziele er auf die Resultate der historischen Forschung. In dieser Perspektive bleibt der ‚historische Jesus' für Tillich prinzipiell revidierbar. Eine andere, von der ersten unterschiedene Funktion des Begriffs ‚historischer Jesus' liege, so Tillich, dann vor, wenn das faktische Element in dem Ereignis Jesus als der Christus gemeint sei. Dann handle es sich um „eine Glaubensfrage und nicht eine Frage der historischen Forschung".[35] „Aber der Glaube garantiert, daß in dem persönlichen Leben, das das Neue Testament im Bilde Jesu als des Christus zeichnet, die Wirklichkeit tatsächlich verwandelt wurde. Das ist das unveräußerliche faktische Element in dem Christuszeugnis."[36] Der Glaube als ein personales Geschehen stellt sich als einen unhintergehbar individuellen Vollzug in dem Christusbild selbst dar. In Weiterführung von Tillichs früher christologischer Konzeption obliegt es der dogmatischen Christologie in der *Systematischen Theologie*, den Glaubensakt in seinen einzelnen Aufbauelementen und seiner geschichtlichen Einbindung zu entfalten. Allein deshalb ist die Christologie bereits im Kern Soteriologie.

---

[34] P. Tillich, Systematische Theologie, Bd. 2, S. 163.
[35] P. Tillich, Systematische Theologie, Bd. 2, S. 117.
[36] P. Tillich, Systematische Theologie, Bd. 2, S. 118.

4.1.2. Jesus Christus als Offenbarung Gottes bei Karl Barth

Literatur:

K. Barth, Die christliche Dogmatik im Entwurf. Bd. 1: Die Lehre vom Wort Gottes. Prolegomena zur christlichen Dogmatik, München 1927.
K. Barth, Die Kirchliche Dogmatik, Bde. I-IV, Zürich 1932–1967.
K. Eberlein-Braun, Erkenntnis und Interpretation. Kritisches Denken unter den Voraussetzungen der Moderne bei Theodor W. Adorno und Karl Barth, Tübingen 2011.
F. Wittekind, Geschichtliche Offenbarung und die Wahrheit des Glaubens. Der Zusammenhang von Offenbarungstheologie, Geschichtsphilosophie und Ethik bei Albrecht Ritschl, Julius Kaftan und Karl Barth (1909–1916), Tübingen 2000.

Ähnlich wie Paul Tillich hatte auch Karl Barth die dogmatische Christologie von dem historischen Jesus abgelöst. Der Mann aus Nazareth – von dem Barth behauptete, er kenne ihn nicht[37] – hat keine begründungslogische Funktion für die Christologie mehr inne. Sie wird vielmehr im Sinne einer Selbstbeschreibung des Glaubensaktes, der selbst unableitbar in der Geschichte entsteht, konstruiert. Dabei tritt bei Barth seit 1916 der Offenbarungsbegriff an die Stelle des Religionsbegriffs als methodischer Begründungsinstanz der Theologie.[38] Der Glaube ist die wahre Religion, und er wird von Barth ganz neukantianisch als Geschehen des Reflexiv-Werdens des Selbstverhältnisses in seinem Bezug auf sich selbst verstanden. Das Ereignis reflexiver Erkenntnis beschreibt sich selbst mit dem Theologumenon der Gotteserkenntnis. Gotteserkenntnis sei, so Barth in seinem Tambacher Vortrag *Der Christ in der Gesellschaft* von 1919, „*die* Bewegung, die sozusagen senkrecht von oben her durch alle diese Bewegungen hindurchgeht, als ihr verborgener transzendenter Sinn und Motor, *die* Bewegung, die nicht im Raum, in der Zeit, in der Kontingenz der Dinge ihren Ursprung und ihr Ziel hat und die nicht eine Bewegung neben anderen ist: ich meine die Bewegung der Gottesgeschichte oder anders ausgedrückt: die Bewegung der Gotteserkenntnis, die Bewegung, deren Kraft und Bedeutung enthüllt ist in der Auferstehung Jesu Christi von den Toten".[39] Die Gotteserkenntnis des Glaubens ist für Barth ein strikt vollzugsgebundenes Ereignis, welches nur als ein solches Geschehen wirklich ist. Die Betonung der Transzendenz und An-

---

[37] Vgl. E. Jüngel, Zur dogmatischen Bedeutung der Frage nach dem historischen Jesus, in: ders., Wertlose Wahrheit. Zur Identität und Relevanz des christlichen Glaubens. Theologische Erörterungen III, München 1990, S. 214–242, hier S. 218. Vgl. auch R. Bultmann, Jesus, S. 12.
[38] Zur Genese der Theologie Karl Barths vgl. G. Pfleiderer, Karl Barths praktische Theologie. Zu Genese und Kontext eines paradigmatischen Entwurfs systematischer Theologie im 20. Jahrhundert, Tübingen 2000; F. Wittekind, Geschichtliche Offenbarung und die Wahrheit des Glaubens, S. 146–252.
[39] K. Barth, Der Christ in der Gesellschaft, in: ders., Das Wort Gottes und die Theologie. Gesammelte Vorträge, München 1929, S. 33–69, hier S. 40.

dersheit Gottes beschreibt die Unableitbarkeit des Geschehens der Gotteserkenntnis aus anthropologischen Voraussetzungen. Und die Beschreibung der Gotteserkenntnis als Offenbarung hebt die strikte Vollzugsgebundenheit dieses Geschehens hervor.[40] Am Ort des Menschen entspricht der Gotteserkenntnis der Glaube. „Gottes*geschichte* ist auch diese Seite der Gottes*erkenntnis*, und wiederum kein bloßer Bewußtseinsvorgang, sondern ein neues Müssen von oben her."[41]

Gotteserkenntnis beim frühen Karl Barth:
- Glaube als Gotteserkenntnis ist das unableitbare Geschehen des Reflexiv-Werdens des Selbst in seiner eigenen Geschichtlichkeit.
- Die Transzendenz Gottes beschreibt die Unableitbarkeit des Glaubens aus kulturellen oder anthropologischen Voraussetzungen.
- Die Christologie ist die Selbstbeschreibung des Glaubens als unableitbares Geschehen in der Geschichte.

Mit der wahren Gotteserkenntnis des Glaubens verbindet Barth in seinem Tambacher Vortrag zwei Aspekte. Zunächst ist mit dem Glauben die Einsicht in die wahre allgemeingültige Norm verbunden. Gott ist der einzige Ursprung des Guten. Dem korrespondiert sodann auf Seiten des Menschen die Einsicht in die selbstbezügliche und eudämonistische Gebrochenheit seines Handelns.[42] Alle menschlichen Handlungen und alle menschliche Ethik, so die Konsequenz Barths aus seinem neuen Verständnis des Glaubens, kommen als Realisierungsinstanz des göttlichen Willens nicht in Frage. Der Glaube ist das Ereignis der wahren ethischen Selbsterkenntnis des Menschen. Der Mensch wird sich der Gebrochenheit alles seines Handelns bewusst. Deshalb ist für Barth mit der Gotteserkenntnis die Negation und das Gericht über die gesamte Kultur verbunden, in der „alle Gültigkeiten des Lebens zunächst einer prinzipiellen Verneinung" unterworfen werden.[43] Gleichwohl verzichtet Barth nicht auf die Realisierung des Willens Gottes. Er verbindet die Verwirklichung des Reiches Gottes nur nicht mehr mit dem menschlichen Handeln, sondern versteht sie als einen Bestandteil des Gottesbegriffs. „Das Gericht Gottes über die Welt ist die Aufrichtung seiner eigenen Gerechtigkeit."[44]

Damit kommt es bereits im Tambacher Vortrag zu einer Neubestimmung der Christologie. Jesus Christus ist der Ort, in dem das Reich Gottes in der Geschichte Wirklichkeit geworden ist. Das Christusbild ist der Ausdruck dafür,

---
[40] Vgl. K. Barth, Der Christ in der Gesellschaft, S. 41: „Das, wovon jetzt die Rede sein soll, müßte, indem es ausgesprochen wird, da sein, vermittelt werden, wirksam werden, sonst *ist* es gar nicht das, wovon die Rede ist."
[41] K. Barth, Der Christ in der Gesellschaft, S. 44.
[42] Vgl. ebd.
[43] K. Barth, Der Christ in der Gesellschaft, S. 45.
[44] K. Barth, Der Christ in der Gesellschaft, S. 47.

dass das Reich Gottes als das allgemeingültige Gute nur durch Gott selbst realisiert werden kann.[45]

„Gottesgeschichte ist a priori Siegesgeschichte. Das ist das Zeichen, in dem wir stehen. Das ist die Voraussetzung, von der wir herkommen. Damit soll der ganze Ernst der Lage nicht verwischt, der tragische Zwiespalt, in dem wir uns befinden, nicht überstrichen sein. Wohl aber ist damit das festgestellt, daß das letzte Wort zur Sache schon gesprochen ist. Das letzte Wort heißt *Reich Gottes*, Schöpfung, Erlösung, Vollendung der Welt durch und in Gott."[46]

Gott richtet sein Reich allein auf – so lautet für Barth die Hoffnung der Gotteserkenntnis des Glaubens. Das menschliche Handeln in der Kultur besitzt folglich keine religiöse Legitimation mehr. In dem Geschehen der Gotteserkenntnis ereignet sich die wahre Selbsterkenntnis des Menschen. Zu ihr gehört die Unterscheidung zwischen dem allein von Gott heraufzuführenden Reich Gottes und dem menschlichen Handeln, welches auf innerweltliche Zwecke beschränkt wird.

In der weiteren Entwicklung seiner Theologie über die Göttinger Dogmatikvorlesung von 1924/25, *Die christliche Dogmatik im Entwurf*[47] von 1927 bis hin zur *Kirchlichen Dogmatik* hat Barth seine vollzugsgebundene Christologie als Beschreibung der Glaubensstruktur weiter ausgeführt.[48] Nun wird die gesamte Theologie am Leitfaden der Offenbarungstheologie konstruiert.[49] Die Aufgabe der theologischen Dogmatik ist es, den Glauben zu entfalten. Er ist ein aus seinen eigenen Inhalten unableitbares Ereignis in der Geschichte. Der materialen Christologie, die Barth sowohl in den Prolegomena der *Kirchlichen Dogmatik* als auch in den Bänden der Versöhnungslehre ausführt, kommt in seiner Konzeption die Funktion zu, das Glaubensgeschehen als vollzugsgebundenes reflexives Wissen um seine eigene Unableitbarkeit in seiner geschichtlichen Einbindung und inneren Struktur zu explizieren. In der materialen Christologie wird das Geschehen des Glaubens gleichsam selbstreflexiv.

---

[45] Vgl. F. Wittekind, Geschichtliche Offenbarung und die Wahrheit des Glaubens, S. 250.
[46] K. Barth, Der Christ in der Gesellschaft, S. 49.
[47] K. Barth, Die christliche Dogmatik im Entwurf. Bd. 1: Die Lehre vom Wort Gottes. Prolegomena zur christlichen Dogmatik, München 1927.
[48] Zur Christologie der *Kirchlichen Dogmatik* vgl. B. McCormack, Barths grundsätzlicher Chalcedonismus?, in: Zeitschrift für dialektische Theologie 18 (2002), S. 138–173; H. Ruddies, Christologie und Versöhnungslehre bei Karl Barth, in: Zeitschrift für dialektische Theologie 18 (2002), S. 174–189.
[49] Vgl. K. Barth, Die Kirchliche Dogmatik I/2, Zürich ⁵1960, S. 135. Vgl. H. Köckert/W. Krötke (Hrsg.), Theologie als Christologie. Zum Werk und Leben Karl Barths. Ein Symposium, Berlin (Ost) 1988.

4.1. Enthistorisierung der Christologie?

Der Aufbau der Christologie in der "Kirchlichen Dogmatik":

§ 11. Gott der Sohn
1. Gott als Versöhner
2. Der ewige Sohn

§ 13. Gottes Freiheit für den Menschen
1. Jesus Christus = objektive Wirklichkeit
2. Jesus Christus = objektive Möglichkeit

§ 15. Das Geheimnis der Offenbarung
1. Problem der Christologie
2. Wahrer Gott und wahrer Mensch
3. Das Wunder der Weihnacht

§ 57. Das Werk des Versöhners

JESUS CHRISTUS,
DER HERR ALS KNECHT

§ 58. Die Lehre von der Versöhnung (Übersicht)

JESUS CHRISTUS,
DER KNECHT ALS HERR

§ 59. Der Gehorsam des Sohnes Gottes
1. Der Weg des Sohnes in die Fremde
2. Der Richter als der an unserer Stelle Gerichtete
3. Das Urteil des Vaters

§ 64. Die Erhöhung des Menschensohnes
1. Die andere Funktion der Versöhnungslehre
2. Die Heimkehr des Menschensohnes
3. Der königliche Mensch
4. Die Weisung des Sohnes

JESUS CHRISTUS, DER WAHRHAFTIGE ZEUGE

§ 69. Die Herrlichkeit des Mittlers
1. Das dritte Problem der Versöhnungslehre
2. Das Licht des Lebens
3. Jesus ist Sieger
4. Die Verheißung des Geistes

In der *Kirchlichen Dogmatik* löst Barth die Christologie vollständig von der Frage nach dem historischen Jesus und arbeitet sie als eine reflexionslogische Beschreibung der Struktur des Glaubensaktes aus. Deshalb ist der Ausgangspunkt der Christologie das Ereignis der Offenbarung und ihr Thema die „Offenbarung Gottes als *Geheimnis*".[50] Wie bereits in dem Tambacher Vortrag von 1919, so steht auch in der *Kirchlichen Dogmatik* der Begriff der Offenbarung Gottes für die Unableitbarkeit des Glaubens als eines selbstdurchsichtigen Vollzugs aus der apriorischen Struktur des menschlichen Bewusstseins[51] oder historischen Ereignissen. „Es gehört zum Begriff der biblisch bezeugten Offenbarung, daß sie ein *geschichtliches* Ereignis ist. Geschichtlich heißt nicht: als

---

[50] K. Barth, Die Kirchliche Dogmatik, I/2, S. 144.
[51] Vgl. K. Barth, Die Kirchliche Dogmatik, I/1, Zürich ⁸1964, S. 206–239.

geschichtlich feststellbar oder gar: als geschichtlich festgestellt."[52] Barth konstruiert die Offenbarung Gottes als das Entstehen von Reflexivität im Selbstverhältnis des menschlichen Bewusstseins. Sie ist dasjenige Geschehen, in dem sich das bereits konkret bestimmte Selbstverhältnis des Menschen in der Bestimmtheit und Reflexivität seines Bezugs auf sich selbst erfasst. Deshalb ist die Offenbarung Gottes zugleich Gotteserkenntnis und wahre menschliche Selbsterkenntnis. Der Gottesgedanke und das Verständnis des Menschen entspringen für Barth zugleich in dem Ereignis der Offenbarung. Auf dieser vollzugsgebundenen Fassung der Offenbarung Gottes als dem Ereignis der wahren Selbsterkenntnis des Menschen fußt Barths These, dass die Christologie als Versöhnungslehre durchzuführen ist,[53] denn die Versöhnung zielt auf die Selbstdurchsichtigkeit des Menschen in seinem konkreten, individuellen Leben.

Die Ereignisstruktur des Glaubens beschreibt Barth in der *Kirchlichen Dogmatik* mit den begrifflichen Mitteln der christologischen Lehrtradition. Die Offenbarung Gottes ist die Inkarnation des Gottessohnes oder des Wortes Gottes. Barths offenbarungstheologische Reformulierung der Inkarnationslehre beantwortet die Frage, *„wie das in Gottes Freiheit wirklich ist, daß dem Menschen seine Offenbarung widerfährt"*.[54] Die Inkarnation Gottes in dem Menschen Jesus von Nazareth ist die Weise, wie sich Gott in der Geschichte dem Menschen erschließt, nämlich allein im personalen Vollzug des Glaubens. Barth bezieht also den offenbarungstheologisch reformulierten Inkarnationsgedanken von vorn herein auf den als reflexive Selbsterkenntnis verstandenen Glaubensvollzug. Die innere Struktur des Glaubensaktes legt Barth in der *Kirchlichen Dogmatik* durch die doppelte Bestimmung ‚Gottes Sohn ist Jesus von Nazareth' und ‚Jesus von Nazareth ist Gottes Sohn' aus.

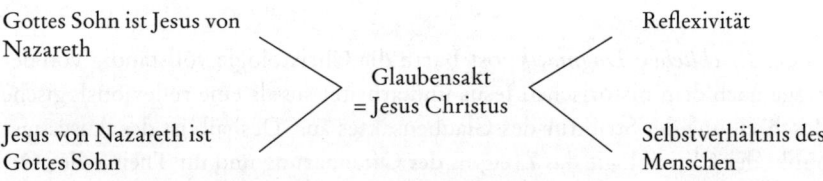

---

[52] K. Barth, Die Kirchliche Dogmatik, I/1, S. 343. Vgl. auch ebd.: „Aber dieses Historische war nicht die Offenbarung. Tausende mögen den Rabbi von Nazareth gesehen und gehört haben. Aber dieses Historische war nicht die Offenbarung. Auch das Historische an der Auferstehung Christi, das leere Grab als das möglicherweise Feststellbare an diesem Ereignis, war jedenfalls nicht die Offenbarung."

[53] Vgl. K. Barth, Die Kirchliche Dogmatik, I/1, S. 430.

[54] K. Barth, Die Kirchliche Dogmatik, I/2, S. 3. Vgl. hierzu die Rekonstruktion der Christologie Barths in der *Christlichen Dogmatik im Entwurf* von F. Wittekind, Christologie im 20. Jahrhundert, S. 24–27.

4.1. Enthistorisierung der Christologie? 157

Zur wahren menschlichen Selbsterkenntnis gehört aber, dass sich der Mensch in der Gebrochenheit seines Selbstverhältnisses verständlich wird. Allein deshalb rücken in dem Geschehen des Glaubens Gott und Mensch auseinander, indem sie zusammenkommen. „Die Offenbarung und nur sie rückt Gott und Mensch wirklich und endgültig *auseinander*, indem sie sie *zusammenbringt*. Denn indem sie sie zusammenbringt, sagt sie dem Menschen Bescheid über Gott und über sich selbst, offenbart sie Gott als den Herrn von Ewigkeit, als Schöpfer, Versöhner und Erlöser und qualifiziert sie den Menschen als Geschöpf, als Sünder, als Todgeweihten."[55] Die Beibehaltung der strikten Differenz zwischen Gott und Mensch in der Offenbarung Gottes in Jesus Christus unterscheidet die Christologie Barths von der seiner Zeitgenossen. Die inkarnationstheologische Christologie Barths in der *Kirchlichen Dogmatik* führt den frühen Gedanken weiter, dass die Realisierung des Reiches Gottes allein das Werk Gottes ist. Mit seiner theologischen Selbstdeutung als Inkarnation beschreibt der Glaube also nicht nur sein aus der Geschichte unableitbares Entstehen in der Geschichte sowie die Notwendigkeit des individuellen Vollzugs des Glaubens, sondern auch sich selbst als ein sich in der Gebrochenheit seines Selbstbezugs durchsichtig gewordenes Bewusstsein. Die drei Bände der Versöhnungslehre der *Kirchlichen Dogmatik* führen die innere Struktur des Glaubensaktes materialdogmatisch weiter aus.[56] Sie brauchen hier nicht im Einzelnen dargestellt zu werden.

In den nach dem Ersten Weltkrieg konzipierten dogmatischen Christologien werden diese zu einer theologischen Beschreibung der Konstitution des Wissens um Geschichte beziehungsweise zur Selbstbeschreibung der inneren Struktur des Glaubensaktes. Die Christologie thematisiert damit das, was in der historischen Forschung bereits in Anspruch genommen ist, nämlich das Wissen um die Geschichte und die Geschichtlichkeit menschlichen Daseins. Die Christologie wird dadurch geradezu zur theologischen Geschichtsphilosophie, zur Sinndeutung der Geschichte. Sie beschreibt den Glauben als ein Geschehen in der Geschichte und das Bild des Glaubens von seiner eigenen Geschichte, welche strikt von der empirischen Geschichte unterschieden ist. An die Stelle des historischen Jesus als Bezugspunkt der dogmatischen Christologie tritt der Glaube als das Ereignis des Sich-Verstehens des Menschen in seinem geschichtlichen Eingebundensein.

---

[55] K. Barth, Die Kirchliche Dogmatik I/2, S. 32 (Hervorhebungen vom Vf.).
[56] Vgl. K. Barth, Die Kirchliche Dogmatik IV/1–3. Dazu D. Korsch, Vere homo. Die Menschheit Jesu Christi nach Karl Barths Versöhnungslehre, in: ders., Dialektische Theologie nach Karl Barth, Tübingen 1996, S. 178–187.

4.2. Die hermeneutische Reformulierung der Christologie

Literatur:

U. H. J. Körtner, Gottes Wort in Person. Rezeptionsästhetische und metapherntheoretische Zugänge zur Christologie, Neukirchen-Vluyn 2011.
U. H. J. Körtner, Hermeneutische Theologie. Zugänge zur Interpretation des christlichen Glaubens und seiner Lebenspraxis, Neukirchen-Vluyn 2008.

Während die Theologie in der ersten Hälfte des 20. Jahrhunderts die Christologie als eine Selbstbeschreibung des aktualen Glaubensaktes und seines geschichtlichen Bestimmtseins konstruierte und sie eben dadurch von den historischen Fragen im engeren Sinne ablöste, begann in den 1950er Jahren mit der neu einsetzenden historischen Jesusforschung eine Wende in der dogmatischen Debatte.[57] Das systematische Motiv für die Wandlung der Fragestellungen gegenüber der ersten Hälfte des Jahrhunderts haben die damaligen Protagonisten in Begründungsdefiziten der Bultmannschen Christologie ausgemacht. Die für dessen Theologie konstitutive Relation von Kerygma und Glaube sowie die mit ihr einhergehende Ablehnung einer Legitimation des Kerygmas durch geschichtliche Größen ließen die Frage aufkommen, wie in dem Falle eines Unverständlich-Werdens des „kerygmatische[n] Kommentar[s] zu Jesus", dem „Eindruck zu wehren" sei, dass es sich beim Kerygma selbst „um ein abstraktes Mythologumenon handelt".[58] Um dem ideologiekritischen Einwand zu widersprechen, bei dem christlichen Kerygma handle es sich um eine bloße Projektion der frühchristlichen Gemeinden, wird nun der Versuch unternommen, den Christusglauben der Gemeinde an den irdischen Jesus von Nazareth zurückzubinden. Methodisch setzt man deshalb in der dogmatischen Christologie beim geschichtlichen Jesus ein.[59] Auf diese Weise wird nicht nur das reformatorische Interesse an dem Menschen Jesus Christus aufgenommen,[60] sondern auch der Geschichtswissenschaft ein wesentlich größeres Gewicht beigemessen, als es in

---

[57] Vorläufer der Debatte sind: W. Elert, Der christliche Glaube. Grundlinien der lutherischen Dogmatik, Hamburg ⁴1956, S. 291–294; P. Althaus, Die christliche Wahrheit. Lehrbuch der Dogmatik, Bd. II, Gütersloh ²1949, S. 195–201. Vgl. W. Pannenberg, Grundzüge der Christologie, S. 51.

[58] G. Ebeling, Theologie und Verkündigung, S. 31. Vgl. F. Wagner, Systematisch-theologische Erwägungen zur neuen Frage nach dem historischen Jesus, in: ders., Was ist Theologie? Studien zu ihrem Begriff und Thema in der Neuzeit, Gütersloh 1989, S. 289–308, bes. S. 292–302.

[59] Zu den systematischen Problemen der methodischen Alternative einer Christologie von oben oder unten vgl. Abschnitt 4.5.1.

[60] So etwa W. Elert, Der christliche Glaube. Grundlinien der lutherischen Dogmatik, Hamburg ⁴1956, S. 292: „Niemand hat die Forderung, die Christologie müsse ‚von unten anheben', nachdrücklicher erhoben als *Luther*."

den dogmatischen Christologien von Barth oder Tillich der Fall war. In hermeneutischen Reformulierungen der dogmatischen Christologie haben Gerhard Ebeling (1912–2001) und Eberhard Jüngel (geb. 1934) die historische Rückfrage nach dem Mann aus Nazareth aufgenommen.

4.2.1. Jesus als Zeuge und Grund des Glaubens bei Gerhard Ebeling

Literatur:

G. Ebeling, Dogmatik des christlichen Glaubens, Bd. 2, Tübingen ²1982.
G. Ebeling, Die Frage nach dem historischen Jesus und das Problem der Christologie, in: ders., Wort und Glaube, Tübingen ³1967, S. 300–318.
G. Ebeling, Theologie und Verkündigung. Ein Gespräch mit Rudolf Bultmann, Tübingen 1962. ²1963.
G. Ebeling, Das Wesen des christlichen Glaubens, Tübingen 1959.
K. Gelder, Glaube und Erfahrung. Eine kritische Auseinandersetzung mit Gerhard Ebelings „Dogmatik des christlichen Glaubens" im Kontext der gegenwärtigen evangelisch-theologischen Diskussion, Neukirchen-Vluyn 1992.
K. Kienzler, Logik der Auferstehung. Eine Untersuchung zu Rudolf Bultmann, Gerhard Ebeling und Wolfhart Pannenberg, Freiburg i.Br./Wien 1976.
M. Laube, Theologische Selbstklärung im Angesicht des Historismus. Überlegungen zur theologischen Funktion der Frage nach dem historischen Jesus, in: KuD 54 (2008), S. 114–137.

Für Gerhard Ebeling ist, wie er in seinem Aufsatz *Die Frage nach dem historischen Jesus und das Problem der Christologie* aus dem Jahre 1959 schreibt, die Rückfrage nach dem historischen Jesus geradezu konstitutiv für die dogmatische Christologie. Sollte sich nämlich zeigen, dass das dogmatische Christusbild „keinen Anhalt"[61] an dem Mann aus Nazareth hat, wie er von der Forschung rekonstruiert werden kann, dann wäre die Christologie gewissermaßen auf sich selbst gestellt und ohne geschichtliche Anbindung. Die historische Rückfrage nach dem Jesus der Geschichte, das lässt bereits Ebelings Problemformulierung erkennen, erfolgt aus einem dogmatischen Interesse heraus. Ohne den Aufweis einer sachlichen Kontinuität zwischen dem Jesus der Geschichte und dem nachösterlich geglaubten Christus lässt sich die dogmatische Christologie nicht mehr auf den irdischen Jesus zurückführen. Das dogmatische Christusbild wäre dann bestenfalls als eine Projektion der Gemeinde aufzufassen. Dem lässt sich nur entgegensteuern, wenn das frühchristliche Kerygma selbst als das

---

[61] G. Ebeling, Die Frage nach dem historischen Jesus und das Problem der Christologie, in: ders., Wort und Glaube, Tübingen ³1967, S. 300–318, hier S. 301. Vgl. F. Wittekind, Christologie im 20. Jahrhundert, S. 33 f.

Resultat des Wirkens und Verkündigens des Nazareners verständlich wird.[62] Deshalb „zerstört die Frage nach dem historischen Jesus die Christologie, oder aber die Frage nach dem historischen Jesus muß sich als identisch erweisen mit dem christologischen Problem – tertium non datur?"[63] Ebeling möchte die historische Theologie in die Christologie einbeziehen und das durch den Historismus hervorgebrachte Nebeneinander von historischer Jesusforschung und dogmatischem Christusbild auflösen. Sein Ansatz zur Überwindung des Historismus hat die Form einer hermeneutischen Theologie.[64] Im Unterschied zum Historismus, den Ebeling als ein positivistisches Geschichtsverständnis versteht, geht es der hermeneutischen Bemühung um die Geschichte nicht um den Aufweis von „objektivierten Fakten", sondern um ein „Zurückfragen hinter ein interpretationsbedürftiges Wort auf ein darin vorausgesetzes Wortgeschehen".[65] Das Nebeneinander von historischer Tatsachenforschung und dogmatischem Gegenwartsinteresse löst Ebeling in ein hermeneutisches Geschichtsverständnis auf. „Aus dem historischen Engpaß führt allein dasjenige Geschichtsverständnis heraus, das am Wortgeschehen und damit an der Sprachlichkeit der Wirklichkeit orientiert ist. Darum lautet die sachgemäße Frage nach dem Geschehen nicht einfach: Was ist passiert? Welche Fakten haben sich ereignet? Wie sind sie zu erklären? oder dergleichen, sondern: Was ist zur Sprache gekommen?"[66] Unter den Bedingungen eines hermeneutisch reflektierten Zugriffs auf das christologische Problem ändert sich die Aufgabe der historischen Jesusforschung. Sie soll das interpretieren, „was in Jesus zur Sprache gekommen ist".[67] Darin stimmt sie mit der dogmatischen Christologie überein, so dass sich die geschichtliche Untersuchung als identisch erweist mit dem christologischen Problem. Durch die Einbeziehung der Historie in die dogmatische Christologie wird Jesus zum „Kriterium der Christologie", und zugleich soll der hermeneutische Geschichtsbegriff zu einer „Überwindung des Historismus" führen.[68]

---

[62] Vgl. F. Wagner, Systematisch-theologische Erwägungen zur neuen Frage nach dem historischen Jesus, S. 302.
[63] G. Ebeling, Die Frage nach dem historischen Jesus und das Problem der Christologie, S. 302. Vgl. auch ders., Theologie und Verkündigung.
[64] Vgl. G. Ebeling, Die Bedeutung der historisch-kritischen Methode für die protestantische Theologie und Kirche, in: ders., Wort und Glaube, Tübingen ³1967, S. 1–49; ders., Wort Gottes und Hermeneutik, in: ders., Wort und Glaube, Tübingen ³1967, S. 319–348. Vgl. dazu M. Laube, Theologische Selbstklärung im Angesicht des Historismus, S. 125–130.
[65] G. Ebeling, Theologie und Verkündigung, S. 56.
[66] G. Ebeling, Die Frage nach dem historischen Jesus und das Problem der Christologie, S. 307. Vgl. auch ders., Theologie und Verkündigung, S. 55 f.
[67] G. Ebeling, Die Frage nach dem historischen Jesus und das Problem der Christologie, S. 307.
[68] G. Ebeling, Die Frage nach dem historischen Jesus und das Problem der Christologie, S. 306.

4.2. Die hermeneutische Reformulierung der Christologie

Gerhard Ebelings hermeneutische Reformulierung der Christologie:
– Das Verhältnis von historischer Forschung und dogmatischer Reflexion wird wieder zum Thema der Christologie.
– Der hermeneutische Geschichtsbegriff ist an der Sprachlichkeit der Wirklichkeit orientiert.
– Die hermeneutische Aufgabe der Christologie besteht darin, zu interpretieren, „was in Jesus zur Sprache gekommen ist", der Glaube.

Ebeling ersetzt in seinem frühen Aufsatz aus den 1950er Jahren die klassische Personchristologie durch die hermeneutische Frage nach dem, „was in Jesus zur Sprache gekommen ist". Was aber ist das? Ebelings Antwort: In dem irdischen Jesus ist der Glaube zur Sprache gekommen. Jesus ist deshalb, wie Ebeling in seinem Buch *Das Wesen des christlichen Glaubens* ausführt, der Zeuge des Glaubens, dessen „ganze Existenz" darauf abzielt, „zum Glauben zu rufen und Glauben zu erwecken".[69] In dem Mann aus Nazareth, so wie er von der historischen Forschung anhand der Quellen rekonstruiert werden kann, begegnet man einer durchweg von Gott her existierenden und durch ihn bestimmten Person. Das aber ist für Ebeling der Gehalt des Glaubens in seinem reformatorischen Sinne, nämlich ein sich verständlich gewordenes Konstitutionsbewusstsein.[70] Wenn es nun die Aufgabe der dogmatischen Christologie sein soll, das zur Sprache zu bringen, „was in Jesus zur Sprache gekommen ist", dann gilt auch: Der „historische Jesus ist der Jesus des Glaubens".[71] Damit ist zugleich auch deutlich, dass Ebeling die Rückfrage nach dem Jesus der Geschichte als eine Frage des Glaubens nach seinem eigenen geschichtlichen Eingebundensein ausarbeitet und dass die Notwendigkeit der Jesusforschung keine historische, sondern eine theologische ist.[72]

Die sachliche Kontinuität zwischen dem historischen Jesus und dem geglaubten Christus, welche Ebeling aufweisen möchte, ist freilich durch eine Diskontinuität vermittelt. Der eigentliche Beginn des Glaubens ist nämlich für Ebeling das Ostergeschehen. In den Erscheinungsgeschichten des Auferstandenen geht es Ebeling zufolge um nichts anderes als um die „Entstehung des Glaubens an Jesus".[73] Damit ist jedoch ein Subjektwechsel verbunden. Der Verkündiger, wie sich Bultmann ausdrückte, wird mit Ostern selbst zum Gegenstand der Ver-

---

[69] G. Ebeling, Das Wesen des christlichen Glaubens, Tübingen 1959, S. 68. 48–65. Vgl. auch ders., Jesus und Glaube, in: ders., Wort und Glaube, Tübingen ³1967, S. 203–254.
[70] Vgl. G. Ebeling, Theologie und Verkündigung, S. 91 f.
[71] G. Ebeling, Die Frage nach dem historischen Jesus und das Problem der Christologie, S. 311.
[72] Vgl. G. Ebeling, Theologie und Verkündigung, S. 65; ders., Die Frage nach dem historischen Jesus und das Problem der Christologie, S. 300.
[73] G. Ebeling, Die Frage nach dem historischen Jesus und das Problem der Christologie, S. 314. Vgl. auch ders., Das Wesen des christlichen Glaubens, S. 68. 80.

kündigung. Ebeling knüpft an diese Intention Bultmanns – unter Aufnahme der Herrmannschen Unterscheidung von Grund und Inhalt des Glaubens[74] – an, indem für ihn im Ostergeschehen der „Zeuge des Glaubens zum Grund des Glaubens" wird, und „die so Glaubenden" werden als „Zeugen des Glaubens" zu „Zeugen Jesu".[75]

Das Verhältnis von vorösterlichem Jesus und nachösterlichem Christus:
– Dogmatische Christologie ist die Explikation dessen, was in dem Wirken Jesu implizit zur Sprache gekommen ist.
– Der irdische Jesus ist Zeuge des Glaubens.
– Im Osterereignis (der Entstehung des Glaubens) wird der „Zeuge des Glaubens zum Grund des Glaubens".

Ebeling will durch seine hermeneutisch ausgerichtete Christologie den von der historischen Wissenschaft rekonstruierten Jesus mit dem dogmatischen Christusbild wieder verbinden. Der Christologie obliegt es, das zu explizieren, was in dem Nazarener zur Sprache gekommen ist. Das ist der Glaube als ein personales und geschichtliches Ereignis. Indem Jesus zum Glauben aufruft und Glauben findet, wird der Zeuge des Glaubens zum Grund des Glaubens.[76] Der geglaubte, nachösterliche Christus ist folglich die Explikation des vorösterlichen Jesus. Die Ereignisstruktur des Glaubens in der Dialektik von Gesetz und Evangelium wird von Ebeling auf das Verhältnis von irdischem Jesus und geglaubtem Christusbild übertragen: In der Verkündigung des vorösterlichen ‚Zeugens des Glaubens' kommt jenes die menschliche Situation charakterisierende Ineinander von Gesetz und Evangelium zur Sprache, welches allein dann als „gewißmachendes Wort" erfahren wird, wenn Jesus „als Evangelium und so als Grund des Glaubens zur Erfahrung kommt".[77] Aufgrund der übergeordneten Perspektive des geschichtlichen Glaubensgeschehens kann die historische Forschung lediglich eine notwendige Bedingung für die Explikation der dogmatischen Christologie sein, aber eben keine hinreichende, da der Glaube auch bei Ebeling gerade nicht auf historische Fakten begründet werden soll.[78]

Ebeling hat die Intentionen seiner frühen hermeneutisch orientierten Christologie im zweiten Band seiner *Dogmatik des christlichen Glaubens* aufgenommen, allerdings nun in stärkerer Anbindung an die christologische Lehrtra-

---

[74] Vgl. G. Ebeling, Die Evidenz des Ethischen und die Theologie, in: ders., Wort und Glaube, Bd. II, Tübingen 1969, S. 1–41; ders., Die Krise des Ethischen und die Theologie. Erwiderung auf W. Pannenbergs Kritik, in: ders., Wort und Glaube, Bd. II, Tübingen 1969, S. 42–55.
[75] G. Ebeling, Die Frage nach dem historischen Jesus und das Problem der Christologie, S. 314. Vgl. auch ders., Das Wesen des christlichen Glaubens, S. 66–85.
[76] Vgl. G. Ebeling, Theologie und Verkündigung, S. 76 f.
[77] G. Ebeling, Theologie und Verkündigung, S. 81.
[78] Vgl. G. Ebeling, Theologie und Verkündigung, S. 54.

4.2. Die hermeneutische Reformulierung der Christologie

dition durchgeführt. Gleichwohl ist auch der späte Ebeling der Meinung, dass sich die dogmatische Christologie nicht in einer Reproduktion des überlieferten christologischen Lehrbegriffs erschöpfen kann. Am ehesten erachtet Ebeling die reformatorische Lehre vom Amt Christi als einen geeigneten Traditionsbestand, der als übergeordnetes „Gesamtschema[]" es erlaubt, „die Wahrheit der Zweinaturenlehre" ohne „ihr unzureichendes ontologisches Instrumentarium" zu reformulieren.[79] Die Christologie wird damit von Ebeling in einen soteriologischen Rahmen gestellt. Nach methodischen Überlegungen zur Christologie, zum Verhältnis von Christologie und Soteriologie und den Problemanforderungen in der Neuzeit entfaltet Ebeling die Christologie in vier Dimensionen.

Der Aufbau der Christologie in Gerhard Ebelings Dogmatik:

Gott in Christus
    Die Menschwerdung Gottes
    Der Tod Gottes
    Das Leben Gottes

Die von Gott geliebte Welt
    Die Gottessehnsucht
    Der Gotteshaß
    Der Gottesfriede

Der Mensch Jesus
    Der historische Jesus
    Das Wort Jesu
    Das Verhalten Jesu

Der Glaube an Jesus Christus
    Jesus das Wort Gottes
    Jesus der Bruder des Menschen
    Jesus der Herr der Welt

In seiner Dogmatik setzt Ebeling nicht mehr wie in seinen frühen christologischen Überlegungen beim historischen Jesus ein, sondern unter der Überschrift „Gott in Christus" mit den überlieferten christologischen Lehraussagen und geht sodann weiter zu dem geschichtlichen Jesus.[80] Wie in seinen frühen christologischen Reflexionen bildet jedoch auch in der späteren Dogmatik die Ereignisstruktur des Glaubens die leitende Perspektive, so dass sämtliche materialen christologischen Themen wie die Inkarnations- und Versöhnungslehre sowie die Auferstehung Christi hermeneutisch reformuliert werden. Das personale Ereignis des Glaubens in der Spannung von Gesetz und Evangelium ist die Weise des wahren Zusammenseins von Gott und Mensch. „Das Zusammensein von Gott und Mensch in Jesus wird als ein kommunikatives Zusammensein verstanden, freilich nun so, daß sich der gegenseitige Austausch anstatt zwischen den Eigenschaften von grundverschiedenen Naturen in dem personalen Wortgeschehen zwischen Gott und Mensch vollzieht."[81] Kommen Gott und Mensch nur im Geschehen des Glaubens in Jesus zusammen, so folgt daraus für

---

[79] G. Ebeling, Dogmatik des christlichen Glaubens, Bd. 2, Tübingen ²1982, S. 30.
[80] Vgl. G. Ebeling, Dogmatik des christlichen Glaubens, Bd. 2, S. 363–476 (Kap. 6: Der Mensch Jesus).
[81] G. Ebeling, Dogmatik des christlichen Glaubens, Bd. 2, S. 81.

die überlieferte Inkarnationsvorstellung, dass deren gedanklicher Gehalt in der Ereignisstruktur des Glaubens als einem personalen Vollzug liegt. Deshalb reformuliert Ebeling die Inkarnationschristologie unter dem Leitbegriff „Gottes Wort in Person".[82] Das Ereignis des Glaubens wird jedoch in Jesus „unter den Bedingungen der sündigen Menschheit offenbar".[83] Dementsprechend kommt in dem als Tod Gottes gedeuteten Kreuzestod Christi die Spannung von Gesetz und Evangelium als doppeltes Nein Gottes zur Sünde zur geschichtlichen Anschauung.[84] Der Osterglaube fügt dem Glauben an Jesus keine neuen Inhalte hinzu, sondern er ist die Entstehung des Glaubens. Folglich sind auch die Erscheinungen des Auferstandenen „Initialakte der Christusverkündigung und als solche dem Gedächtnis der Christenheit einzuprägen, um den Glauben an seine Ursprungssituation zu erinnern und an sie zu binden". Sie sind also nicht selbst der „Glaubensgrund, sondern weisen nur auf Jesus als den Grund des Glaubens hin".[85]

Auf eine gedanklich dichte Weise entfaltet Ebeling in seiner *Dogmatik des christlichen Glaubens* die materialen Gehalte der Christologie als geschichtliche Anschauung der Ereignisstruktur des Glaubens. Wie in der frühen Christologie so geht es dem späten Ebeling um das Bild des Glaubens von seiner eigenen Geschichte. Allein deshalb wird die Christologie „bodenlos", „wenn sie an Jesus selbst keinen Anhalt hat".[86]

4.2.2. Jesus als der Gott entsprechende Mensch bei Eberhard Jüngel

Literatur:

E. Jüngel, Zur dogmatischen Bedeutung der Frage nach dem historischen Jesus, in: ders., Wertlose Wahrheit. Zur Identität und Relevanz des christlichen Glaubens. Theologische Erörterungen III, München 1990, S. 214–242.

E. Jüngel, Gott als Geheimnis der Welt. Zur Begründung der Theologie des Gekreuzigten im Streit zwischen Theismus und Atheismus, Tübingen 1977. [6]1992.

E. Jüngel, Paulus und Jesus. Eine Untersuchung zur Präzisierung der Frage nach dem Ursprung der Christologie, Tübingen 1962. [7]2004.

M. Murrmann-Kahl, „Mysterium trinitatis"? Fallstudien zur Trinitätslehre in der evangelischen Dogmatik des 20. Jahrhunderts, Berlin/New York 1997.

---

[82] G. Ebeling, Dogmatik des christlichen Glaubens, Bd. 2, S. 69–76. Vgl. U. H. J. Körtner, Christus als Wort Gottes. Entwicklung und Verwendung einer christologischen Grundmetapher vom Johannesevangelium bis zu Gerhard Ebeling, in: J. Frey/J. Rohls/R. Zimmermann (Hrsg.), Metaphorik und Christologie, Berlin/New York 2003, S. 255–279, bes. S. 269–272.
[83] G. Ebeling, Dogmatik des christlichen Glaubens, Bd. 2, S. 167.
[84] Vgl. G. Ebeling, Dogmatik des christlichen Glaubens, Bd. 2, S. 196–202.
[85] G. Ebeling, Dogmatik des christlichen Glaubens, Bd. 2, S. 301.
[86] G. Ebeling, Dogmatik des christlichen Glaubens, Bd. 2, S. 41.

4.2. Die hermeneutische Reformulierung der Christologie

In einer hermeneutischen Perspektive knüpft auch die von Eberhard Jüngel in der zweiten Hälfte des 20. Jahrhunderts konzipierte dogmatische Christologie an die neue Frage nach dem historischen Jesus an. Gegen Barths und Bultmanns Askese gegenüber dem Mann aus Nazareth macht Jüngel mit Ernst Käsemann und seinem Lehrer Ernst Fuchs (1903–1983) geltend,[87] dass „der Glaube daran interessiert" sein muss, „zu wissen, was man von diesem Menschen wissen kann".[88] Freilich geht es auch Jüngel nicht darum, den Glauben an Jesus Christus durch historische Forschung zu begründen. Ausdrücklich soll vom „*Kerygma her*" nach dem historischen Jesus zurückgefragt werden.[89] Jüngel nimmt die geschichtliche Rückfrage auf, indem er sie in die Sicht des Glaubens von seiner eigenen Geschichte einbezieht. „Denn Gott hat sich im Medium geschichtlicher Ereignisse offenbart. Und der *Glaube* an Gott ist selbst allemal ein geschichtliches Ereignis, das als solches historischer Erkenntnis zugänglich ist."[90] In der Frage nach dem historischen Jesus bezieht sich der Glaube als ein geschichtliches Ereignis auf sich selbst und sein eigenes geschichtliches Eingebundensein. Dann aber kann die Rückfrage nach dem Nazarener auch keine historische Frage mehr sein, sondern nur eine theologische, und allein deshalb ist „das Sein des irdischen Jesus auch dogmatisch genauer zu bestimmen".[91]

Die Funktion des historischen Jesus in der Christologie Eberhard Jüngels:
– Der Glaube ist ein geschichtliches Ereignis.
– In der Frage nach dem historischen Jesus fragt der Glaube nach sich selbst als einem geschichtlichen Geschehen.

Die theologische Notwendigkeit der Rückfrage nach dem historischen Jesus resultiert für Jüngel aus dem Geschehen des Glaubens selbst. Der Glaube fragt in seinem eigenen Interesse nach dem geschichtlichen Jesus. Mit der historischen Forschung seiner Zeit geht Jüngel davon aus, dass die Verkündigung der nahe herbeigekommenen Gottesherrschaft für den vorösterlichen Jesus grundlegend sei. Ohne die Verkündigung der Gottesherrschaft kann die Wirksamkeit des Nazareners nicht verstanden werden. Sie konstituiert geradezu „Jesu Sein in der

---

[87] Zur Christologie von Ernst Fuchs vgl. E. Fuchs, Zur Frage nach dem historischen Jesus. Gesammelte Aufsätze, Bd. 2, Tübingen 1960; ders., Glaube und Erfahrung. Zum christologischen Problem im Neuen Testament. Gesammelte Aufsätze, Bd. 3, Tübingen 1965.
[88] E. Jüngel, Zur dogmatischen Bedeutung der Frage nach dem historischen Jesus, S. 218. Zur frühen Christologie Jüngels vgl. ders., Paulus und Jesus. Eine Untersuchung zur Präzisierung der Frage nach dem Ursprung der Christologie, Tübingen 1962. [7]2004; ders., Jesu Wort und Jesus als Wort Gottes. Ein hermeneutischer Beitrag zum christologischen Problem, in: ders., Unterwegs zur Sache. Theologische Bemerkungen, München 1972, S. 126–144.
[89] E. Jüngel, Zur dogmatischen Bedeutung der Frage nach dem historischen Jesus, S. 218; vgl. ders., Jesu Wort und Jesus als Wort Gottes, S. 126 f.
[90] E. Jüngel, Zur dogmatischen Bedeutung der Frage nach dem historischen Jesus, S. 215.
[91] E. Jüngel, Jesu Wort und Jesus als Wort Gottes, S. 134.

Tat des Wortes".⁹² Jüngel versteht die Gottesherrschaft als das Kommen Gottes im Glauben, so dass Gott nur im und als Ereignis des Glaubens präsent ist. Als Offenbarung Gottes ist der Glaube selbst ein unableitbares Ereignis und darin das eschatologische Ziel der Wirklichkeit. Das Kommen der Gottesherrschaft in der Entstehung des Glaubens bezieht Jüngel auf ein Selbstverständnis des Menschen, welches sich in der Reflexivität seines Bezugs auf sich selbst nicht erfasst hat. Deshalb kommt die Gottesherrschaft als Unterbrechung der Welt und ihrer Strukturen, nämlich als der unableitbare Einbruch von Reflexivität im Selbstverhältnis. „Das Nahekommen der Gottesherrschaft ist also dasjenige Geschehen, in dem und als das sich das Eschaton seine Zeit in unserer Zeit als Ende unserer Zeit zeitigt."⁹³ Die Entstehung des Glaubens als das Kommen der Gottesherrschaft beinhaltet eine Neubestimmung des eigenen Lebens in der Welt, in der das Alte vergeht. Diese reflexive Ereignisstruktur des Glaubens als eschatologischer Neubestimmung der Welt durch das Kommen Gottes überträgt Jüngel auf die Christologie und das Verhältnis von vorösterlichem Jesus und nachösterlichem Christus.

Indem Jesus das Kommen der Gottesherrschaft ansagt, ist er von dieser so bestimmt, dass er sich durchweg von ihr her versteht. Er ist ein Mensch, der ganz von Gott beherrscht ist, von ihm her ek-sistiert. Diese Relation zwischen dem Menschen Jesus und Gott, die einen Bestandteil der von ihm verkündigten Nähe der Gottesherrschaft darstellt, fasst Jüngel durch eine hermeneutische Reformulierung der überlieferten An- und Enhypostasie-Lehre. Die Ek-sistenz Jesu von der Gottesherrschaft her, also seine Ankündigung des Kommens Gottes, deutet der Tübinger Theologe als Anhypostasie. Ihr zufolge ist „Jesus nichts für sich selbst", aber auch „nicht er selbst [...] ohne das Zur-Sprache-Kommen der Gottesherrschaft".⁹⁴ An dem Nazarener und seiner Verkündigung, die auf Glauben zielt, wird sichtbar, dass der Glaube unhintergehbar an den individuellen Vollzug gebunden ist. Die Unableitbarkeit des eigenen Glaubens in der Geschichte repräsentiert das Ostergeschehen. Zum individuellen Vollzug des Glaubens gehört jedoch das Wissen um seine eigene Unableitbarkeit aus der Geschichte hinzu. Deshalb fällt von Ostern her ein Licht auf die Geschichte des vorösterlichen Jesus. Dem Glauben – dem sich durchsichtig gewordenen Selbstverhältnis – begegnet in dem Menschen Jesus Gott. Der Anhypostasie Jesu, seinem Sein von der Gottesherrschaft her, liegt dessen Enhypostasie zugrunde.

---

⁹² Ebd. Vgl. auch ders., Gott als Geheimnis der Welt. Zur Begründung der Theologie des Gekreuzigten im Streit zwischen Theismus und Atheismus, Tübingen 1977. ⁶1992, S. 483–495.

⁹³ E. Jüngel, Jesu Wort und Jesus als Wort Gottes, S. 131. Vgl. auch ders., Zur dogmatischen Bedeutung der Frage nach dem historischen Jesus, S. 227.

⁹⁴ E. Jüngel, Jesu Wort und Jesus als Wort Gottes, S. 136 f.

„Wir haben also die En- und Anhypostasie als zwei verschiedene Relationen so zu unterscheiden und aufeinander zu beziehen, daß sie bei ontologischer Identität doch ontisch auseinandertreten, insofern der vorösterliche Jesus die Anhypostasie seines Seins geschichtlich existiert und offenbart (was er kraft der Enhypostasie seines Seins in der Seinsweise des Logos ontologisch kann), während die sein *ganzes Sein* ermöglichende und auszeichnende Enhypostasie erst in der Seinsweise des Auferstandenen als Existenz Jesu Christi offenbar wird."[95]

Die Christologie beschreibt die Ereignisstruktur des Glaubens. Die Frage nach dem historischen Jesus wird damit als Frage des Glaubens nach seiner eigenen geschichtlichen Einbindung verstanden. Jüngel nimmt, so könnte man sein Anliegen zusammenfassen, die Christologien Barths und Bultmanns auf und bezieht sie auf die in den 1950er Jahren neu einsetzende historische Jesusforschung.

In den dogmatischen Christologien von Ebeling und Jüngel werden historische und systematische Theologie hermeneutisch verbunden. Stärker noch als Ebeling versteht Jüngel die Frage nach dem historischen Jesus als eine Frage des Glaubens nach seinem eigenen Eingebundensein in die Geschichte und seinem Bild der Geschichte. Das Nebeneinander von historischer Rekonstruktion der Gestalt Jesu und der Deutung des Glaubens wird aufgenommen in die Struktur des Glaubensaktes. Diese hermeneutische Lösung des spannungsvollen Verhältnisses von Glaube und Geschichte spiegelt sich in dem Schema von impliziter und expliziter Christologie methodisch wider. Als eine empirisch historische Abfolge oder realgeschichtliche Kontinuität, das sollte deutlich sein, wäre das Schema jedenfalls missverstanden. Der historischen Jesusforschung kommt damit in den christologischen Konzeptionen aus der zweiten Hälfte des 20. Jahrhunderts ebenso wenig eine begründungslogische Funktion zu wie in denen aus der ersten Hälfte.

4.3. Wolfhart Pannenbergs universalhistorische Begründung der Christologie

Literatur:

C. Axt-Piscalar, Wolfhart Pannenberg (Hrsg.), Offenbarung als Geschichte, in: C. Danz (Hrsg.), Kanon der Theologie. 45 Schlüsseltexte im Portrait, Darmstadt 2009, S. 296–302.
W. Pannenberg, Grundzüge der Christologie, Gütersloh 1964. ²1966.
W. Pannenberg (Hrsg.) in Verbindung mit R. Rendtorff, U. Wilckens, T. Rendtorff, Offenbarung als Geschichte, Göttingen 1961. ²1963.

---

[95] E. Jüngel, Jesu Wort und Jesus als Wort Gottes, S. 137.

4. Vom historischen Jesus zum Christus des Glaubens

W. Pannenberg, Systematische Theologie, Bd. 2, Göttingen 1991.
G. Wenz, Wolfhart Pannenbergs Systematische Theologie. Ein einführender Bericht, Göttingen 2003.

Wie Gerhard Ebeling und Eberhard Jüngel geht es auch Wolfhart Pannenberg um eine Verbindung von historischer Jesusforschung und dogmatischer Christologie. Und wie seine beiden Fachkollegen, so arbeitet auch der Münchener Theologe mit dem christologischen Schema von impliziter und expliziter Christologie. Die gesamte dogmatische Christologie wird als eine Explikation der in dem Leben und Wirken Jesu von Nazareth angelegten impliziten Christologie verstanden.[96] Ihr Bezugspunkt ist damit nicht mehr wie bei Barth und Tillich auf der einen und Ebeling und Jüngel auf der anderen Seite der Glaube als ein personales Geschehen in der Geschichte, sondern der von der Forschung rekonstruierte historische Jesus. Die historische Erkenntnis erhält dadurch in der Christologie Pannenbergs einen wesentlich höheren Stellenwert als in den hermeneutisch ausgerichteten Christologien von Ebeling und Jüngel. Ihr obliegt in der Christologie Pannenbergs eine geradezu begründungslogische Funktion.

Erstmals ausgeführt hatte Pannenberg dieses Programm in dem von ihm herausgegebenen Sammelband *Offenbarung als Geschichte* von 1961. Seine nur drei Jahre später erschienenen *Grundzüge der Christologie* bieten im Grunde genommen nichts anderes als die christologische Durchführung des Programms ‚Offenbarung als Geschichte'. Pannenberg kritisiert die von den Dialektischen Theologen vorgenommene Reduktion des Offenbarungsbegriffs auf das Wort Gottes und geht von einem weiteren Offenbarungsbegriff aus. Gottes Offenbarung in der Geschichte sei, so Pannenberg, eine indirekte Offenbarung. Die These von der Indirektheit der göttlichen Selbstoffenbarung hat die Funktion, die verschiedenen biblischen Offenbarungen zu integrieren.[97] Dadurch ergibt sich die Möglichkeit der Konstruktion einer sukzessiven Entwicklung der Offenbarungsgeschichte, die über die Herausbildung der Eschatologie und der jüdischen Apokalyptik ihren Zielpunkt erst am Ende der offenbarenden Geschichte findet.[98] Das von der jüdischen Apokalyptik erhoffte Ende der Geschichte, das Kommen des Reiches Gottes, verbunden mit der allgemeinen Auferstehung der Toten, hat sich vorauslaufend (proleptisch) schon in der Auferweckung Jesu von den Toten ereignet. Diese von Pannenberg in seinem Bei-

---

[96] Vgl. W. Pannenberg, Systematische Theologie, Bd. 2, Göttingen 1991, S. 321.
[97] Vgl. W. Pannenberg, Systematische Theologie, Bd. 1, Göttingen 1988, S. 266.
[98] Vgl. W. Pannenberg, Dogmatische Thesen zur Lehre von der Offenbarung, in: ders. (Hrsg.) in Verbindung mit R. Rendtorff, U. Wilckens, T. Rendtorff, Offenbarung als Geschichte, Göttingen 1961, S. 91–114, hier S. 98.

4.3. Wolfhart Pannenbergs universalhistorische Begründung der Christologie 169

trag *Dogmatische Thesen zur Lehre von der Offenbarung* für den Sammelband *Offenbarung als Geschichte* konstruierte universalgeschichtliche Konzeption wurde von ihm in seiner Christologie weiter ausgearbeitet.

Wolfhart Pannenbergs universalhistorischer Ansatz der Christologie:
– Die historische Forschung erhält eine Begründungsfunktion für den christlichen Glauben.
– Gott offenbart sich indirekt in der Geschichte (universale Offenbarungsgeschichte).
– Das Ende der Geschichte ist proleptisch in der Auferstehung Jesu von den Toten vorweggenommen.
– Die Auferstehung Jesu ist ein historisches Ereignis.

Die dogmatische Christologie habe, so die Überzeugung Pannenbergs, bei dem historischen Jesus einzusetzen, wie er von der historischen Forschung rekonstruiert wird, und nicht beim Christusbild des Neuen Testaments oder Christus-Zeugnis der Apostel.[99] „Man kann und muß vom Zeugnis der Apostel auf Jesus selbst zurückschließen, indem man die jeweilige Situationsbezogenheit der neutestamentlichen Texte zu erkennen sucht und sozusagen in Abzug bringt."[100] Die Möglichkeit, hinter die neutestamentlichen Texte auf den Mann aus Nazareth als Grund dieser Texte zurückzufragen, bietet das von Ernst Käsemann in die exegetische Debatte eingeführte Differenzkriterium. Diesem Kriterium zufolge haben solche Aussagen als jesuanisch zu gelten, die sich weder auf die frühchristliche Gemeinde noch auf das zeitgenössische Judentum zurückführen lassen oder dort eine Parallele haben. Die spezifische Aufgabenstellung der Christologie Pannenbergs verdankt sich seinem Anschluss an die Debatten in den 1950er Jahren.

„Die Aufgabe der Christologie ist es also, aus der Geschichte Jesu die wahre Erkenntnis seiner Bedeutung zu begründen, die sich zusammenfassend durch den Ausdruck umschreiben läßt, daß in diesem Menschen Gott offenbar ist."[101]

Mit dem Ausgangspunkt beim historischen Jesus ‚hinter' den biblischen Zeugnissen setzt Pannenberg methodisch in der Christologie der *Grundzüge* nicht beim Gottesgedanken ein, sondern ‚unten', bei der geschichtlichen Gestalt des Nazareners.[102]

---

[99] Vgl. W. Pannenberg, Systematische Theologie, Bd. 2, S. 320. Vgl. schon ders., Grundzüge der Christologie, S. 18.
[100] W. Pannenberg, Grundzüge der Christologie, S. 17.
[101] W. Pannenberg, Grundzüge der Christologie, S. 23.
[102] Vgl. W. Pannenberg, Grundzüge der Christologie, S. 29. Die in dem zweiten Band der *Systematischen Theologie* ausgeführte Christologie, die im Unterschied zur frühen Christologie als Bestandteil einer „Gesamtdarstellung der christlichen Lehre" verstanden wird, betont mehr die Komplementarität der methodischen Ausgangspunkte der Christologie vom Gottesgedanken oder vom historischen Jesus (W. Pannenberg, Systematische Theologie, Bd. 2, S. 328. 327). Vgl. dazu M. L. Y. Chan, Christology from Within and Ahead. Herme-

4. Vom historischen Jesus zum Christus des Glaubens

Inhaltlich geht Pannenberg im Anschluss an Paul Althaus, Werner Elert und die zeitgenössische Exegese von dem Vollmachtsanspruch aus, der implizit in der Verkündigung des Nazareners von dem nahe herbeigekommenen Reich Gottes enthalten ist. Bei dem irdischen Jesus bleibt der Anspruch indes zweideutig und verlangt ähnlich wie bei den alttestamentlichen Propheten nach einer Bestätigung. Der bloße Anspruch, den Jesus mit seiner Verkündigung der nahen Gottesherrschaft öffentlich erhoben und in seinem Handeln zur Darstellung gebracht hat, kann also den Glauben an ihn noch nicht begründen. „Vielmehr steht der Vollmachtsanspruch des vorösterlichen Jesus von vornherein in einer Beziehung zur Frage nach der künftigen Bewährung der Botschaft Jesu durch das Eintreffen der behaupteten Bindung des künftigen Urteils des Menschensohnes an das Verhalten der Menschen zu Jesus."[103] Der von dem vorösterlichen Jesus erhobene Vollmachtsanspruch hat für Pannenberg eine proleptische Struktur: er ist auf seine Bewährung in der Zukunft angelegt. Der Münchener Systematiker versteht nun Jesu Auferstehung von den Toten als Bestätigung des Anspruchs des Nazareners auf vollmächtige Auslegung der Schrift durch Gott.[104] Das Ostergeschehen bestätigt aber nicht nur den Vollmachtsanspruch des Irdischen, sondern zeigt rückblickend seine Geschichte als die Sendung des präexistenten Gottessohnes in die Geschichte.[105] Die Auferstehung Jesu, der für die universalgeschichtliche Christologie Pannenbergs eine fundamentale Begründungsfunktion zukommt, wird als ein historisches Ereignis verstanden. Um den Realitätsgehalt des Ostergeschehens sicherzustellen, reicht es also nicht aus, in der Auferstehung Christi lediglich einen Ausdruck oder Reflex des Glaubens sehen zu wollen. Die in dem österlichen Bekenntnis, Jesus sei auferweckt worden, enthaltene „perfektische Realitätsaussage" verlangt Historizität.[106] Als ein Ereignis in Raum und Zeit, und nur als solches, werde das „Ostergeschehen als *Grund* des Glaubens der Jünger" im Neuen Testament dargestellt.[107]

Gewiss, die Auferstehung Jesu ist nur in dem traditionsgeschichtlichen Überlieferungszusammenhang der jüdischen Apokalyptik und ihrer Erwartung des Endes der Geschichte verständlich. Mit diesem Ende sind die Erwartung der Auferstehung der Toten sowie das Gericht verbunden. Aber die Auferstehung

---

neutics, Contingency and the Quest for Transcontextual Criteria in Christology, Leiden/Boston/Köln, 2001, S. 209–260; G. Wenz, Christus. Jesus und die Anfänge der Christologie, Göttingen 2011, S. 69–73.

[103] W. Pannenberg, Grundzüge der Christologie, S. 61.
[104] Vgl. W. Pannenberg, Grundzüge der Christologie, S. 61–69; ders., Systematische Theologie, Bd. 2, S. 385–405.
[105] Vgl. W. Pannenberg, Grundzüge der Christologie, S. 134–140. 332 f.; ders., Systematische Theologie, Bd. 2, S. 321. 342.
[106] G. Wenz, Christus, S. 73.
[107] W. Pannenberg, Systematische Theologie, Bd. 2, S. 325.

4.3. Wolfhart Pannenbergs universalhistorische Begründung der Christologie 171

Jesu ist ein historisches Ereignis mit „unmittelbar innewohnende[r] Bedeutung".[108] Allein deshalb bedarf es keines Glaubens, um in dem Mann aus Nazareth und seinem Schicksalsweg die Offenbarung Gottes zu erkennen. „Vielmehr wird durch die unbefangene Wahrnehmung dieser Ereignisse der echte Glaube erst geweckt."[109] Damit verbindet Pannenberg die Christologie so mit der Geschichte, dass sie zu einem Thema der historischen Wissenschaften wird. Der Glaube stellt dann kein zu der irdischen Geschichte Jesu hinzukommendes und sie deutendes oder interpretierendes Moment dar, sondern eine Konsequenz der historischen Tatsachen.[110]

In seine Christologie bezieht Pannenberg die historische Jesusforschung in einer konstitutiven Weise ein. Ganz konsequent setzt die materiale Durchführung der Christologie dann auch methodisch bei dem historischen Jesus ein, wie er von der zeitgenössischen exegetischen Wissenschaft rekonstruiert wurde. In dem Aufbau seiner Christologie in der *Systematischen Theologie* geht Pannenberg von der Selbstunterscheidung des Sohnes von dem Vater aus. Dadurch, dass Jesus Christus sich in seinem Selbstvollzug von Gott unterscheidet und sich als bloßer Mensch im Unterschied zu Gott versteht und diesem unterordnet, entspricht er Gott. In seinem irdischen Wirken und in seiner Verkündigung kommt die „Indirektheit der Identität Jesu mit dem Sohne Gottes" zur Darstellung, die freilich zweideutig und strittig bleibt.[111] Die dogmatischen Bestimmungen der Christologie, wie der Inkarnationsgedanke und die zwei Naturen, fungieren nicht mehr als Ausgangspunkt der christologischen Konstruktion, sondern als dogmatische Beschreibungen des Selbstvollzugs der Selbstunterscheidung Jesu von Gott, durch die er erst der Christus ist. Die christologischen Bestimmungen sind für Pannenberg „Implikationen des Auftretens und Wirkens Jesu",[112] die sich rückwirkend aus dem Ostergeschehen als der Bestätigung und Rechtfertigung der Verkündigung Jesu und des in dieser implizierten Anspruchs durch Gott ergeben. Pannenberg verbindet damit im materialdogmatischen Aufbau seiner Christologie zwei Perspektiven. Während das irdische Leben Jesu und

---

[108] W. Pannenberg, Grundzüge der Christologie, S. 62. Vgl. auch ebd., S. 68 f.
[109] W. Pannenberg, Dogmatische Thesen zur Lehre von der Offenbarung, S. 101.
[110] Vgl. W. Pannenberg, Dogmatische Thesen zur Lehre von der Offenbarung, S. 101; ders., Systematische Theologie, Bd. 2, S. 325. Vgl. dazu G. Wenz, Ostern als Urdatum des Christentums, in: I. Broer/J. Werbick (Hrsg.), „Der Herr ist wahrhaft auferstanden" (Lk 24,34), Stuttgart 1988, S. 133–157; ders., Christus, S. 73–83. Zur Kritik an Pannenbergs Konstruktion der Historizität der Auferstehung vgl. M. Murrmann-Kahl, „Wiederkehr des Verdrängten"? Theologiegeschichtliche und systematisch-theologische Erwägungen zum Streit um die Auferstehung Jesu, in: A. Bommarius (Hrsg.), Fand die Auferstehung wirklich statt? Eine Diskussion mit Gerd Lüdemann, Düsseldorf/Bonn 1995, S. 83–115.
[111] W. Pannenberg, Systematische Theologie, Bd. 2, S. 416.
[112] W. Pannenberg, Systematische Theologie, Bd. 2, S. 423.

dessen Verkündigung zweideutig ist, erscheint es aus der Perspektive seiner Auferweckung durch Gott eindeutig. Dementsprechend ist Pannenberg in der *Systematischen Theologie* auch im Unterschied zur Christologie der *Grundzüge* der Meinung, dass die dogmatisch-christologischen Bestimmungen wie der Inkarnationsgedanke durchaus im Sinne ihrer Eigenlogik auszulegen sind.[113]

Der Aufbau der Christologie in Wolfhart Pannenbergs „Systematischer Theologie":
Anthropologie und Christologie
– methodische Überlegungen zur Christologie
– Jesus Christus als Realisierung der Bestimmung des Menschen

Die Gottheit Jesu Christi
– Verkündigung Jesu Christi und ihre Bestätigung durch die Auferstehung
– Selbstvollzug der Selbstunterscheidung Jesu von Gott: der innere Grund seiner Gottessohnschaft
– dogmatische Bestimmungen: Implikationen des Wirkens und der Botschaft Jesu aus der Perspektive des Ostergeschehens
– Eigenlogik des Inkarnationsgedankens (Trinitätslehre)

Auf originelle Weise macht Pannenberg die in den 1950er Jahren neu einsetzende historische Jesusforschung für seine Christologie fruchtbar. Gleichwohl ist Pannenbergs Christologie, welche sehr unterschiedliche Theoriemomente komplex verknüpft, bis heute immer wieder mit starken Bedenken konfrontiert. Sie beziehen sich zum einen auf sein Geschichtsverständnis, welches die methodischen Prinzipien der modernen Historie, allen voran die Analogie geschichtlicher Ereignisse, außer Kraft setzen muss, um die Historizität der Auferstehung Jesu zu behaupten. Zum anderen ist der Anspruch, bei dem historischen Jesus ‚hinter' den neutestamentlichen Zeugnissen einzusetzen, methodisch kontrolliert kaum einzulösen. Dann ist aber der geschichtliche Referenzpunkt der Christologie eine höchst problematische Konstruktion.

4.4. Trinitätstheologie und Christologie

Literatur:

I. U. Dalferth, Der auferstandene Gekreuzigte. Zur Grammatik der Christologie, Tübingen 1994.
C. E. Gunton, Yesterday and Today. A Study of Continuities in Christology, London ²1997.
C. Schwöbel, God: Action and Revelation, Kampen 1992.
C. Schwöbel, Gott in Beziehung. Studien zur Dogmatik, Tübingen 2002.

---

[113] Vgl. W. Pannenberg, Systematische Theologie, Bd. 2, S. 428 Anm. 173.

F. Wagner, Christologie als exemplarische Theorie des Selbstbewußtseins, in: ders., Was ist Theologie? Studien zu ihrem Begriff und Thema in der Neuzeit, Gütersloh 1989, S. 309–342.

Im Zusammenhang mit der sogenannten Renaissance der Trinitätslehre in den letzten zwanzig Jahren wurde auch wiederholt vorgeschlagen, die Christologie in einem trinitätstheologischen Rahmen zu explizieren. Mit einer solchen trinitätstheologischen Rekonstruktion der Christologie soll jedoch keineswegs zu dem methodischen Ausgangspunkt der altkirchlichen ‚Christologie von oben' zurückgekehrt werden. Die neueren Konzeptionen einer Verzahnung von Trinitätslehre und Christologie unterscheiden sich von der alten ‚Christologie von oben' dadurch, dass sie als Umgangsweisen mit der historischen Kritik an dem christologischen Dogma beziehungsweise als konstruktive Antwortversuche auf die „Krisis des Historismus" (Ernst Troeltsch) zu verstehen sind. So hatte bereits Karl Barth in seiner seit den 1930er Jahren erscheinenden *Kirchlichen Dogmatik* eine trinitätstheologische Konzeption der Christologie ausgearbeitet. Ihr Anliegen ist freilich keine Deduktion der geschichtlichen Offenbarung, sondern eine Beschreibung der Struktur des Glaubensaktes aus dessen eigener Perspektive.[114] In der jüngsten Gegenwart sind trinitätstheologische Begründungen der Christologie von Wolfhart Pannenberg, Eberhard Jüngel, Jürgen Moltmann (geb. 1926),[115] Falk Wagner (1939–1998), Ingolf U. Dalferth (geb. 1948) und Christoph Schwöbel (geb. 1955) auf evangelischer und von Karl Rahner (1904–1984),[116] Walter Kasper (geb. 1933),[117] Gisbert Greshake (geb. 1933)[118] und anderen auf römisch-katholischer Seite vorgelegt worden.

(1.) Im Anschluss an die spekulative Philosophie Hegels und in Auseinandersetzung mit der Theologie Karl Barths hat Falk Wagner die Christologie in einem trinitarischen Rahmen konzipiert.[119] An der Christologie Barths kri-

---

[114] Vgl. nur E. Jüngel, Gott als Geheimnis der Welt, S. 481 f. Anm. 22.
[115] J. Moltmann, Der Weg Jesu Christi. Christologie in messianischen Dimensionen, München 1989; ders., Der gekreuzigte Gott. Das Kreuz Christi als Grund und Kritik christlicher Theologie, München ⁵1987.
[116] K. Rahner, Der dreifaltige Gott als transzendenter Urgrund der Heilsgeschichte, in: J. Feiner/M. Löhrer (Hrsg.), Mysterium salutis. Grundriß heilsgeschichtlicher Dogmatik, Bd. 2, Einsiedeln/Zürich/Köln 1967, S. 317–401.
[117] Vgl. W. Kasper, Christologie von unten?, S. 411: „Die Trinitätslehre ist also die Zusammenfassung wie die Voraussetzung der Christologie, die mit dieser steht und fällt."
[118] Vgl. G. Greshake, Der dreieine Gott. Eine trinitarische Theologie, Freiburg i.Br./Basel/Wien 1997.
[119] F. Wagner, Christologie als exemplarische Theorie des Selbstbewußtseins, in: ders., Was ist Theologie? Studien zu ihrem Begriff und Thema in der Neuzeit, Gütersloh 1989, S. 309–342; ders., Vorlesung über Christologie (Wintersemester 1989/90) in Wien, in: C. Danz/M. Murrmann-Kahl (Hrsg.), Zwischen historischem Jesus und dogmatischem Christus. Zum Stand der Christologie im 21. Jahrhundert, Tübingen ²2011, S. 309–401. Vgl. M.

4. Vom historischen Jesus zum Christus des Glaubens

tisiert Wagner, dass sie durch ihre Orientierung an der absoluten Souveränität Gottes die Eigenständigkeit der menschlichen Freiheit unterbelichtet.[120] Im Unterschied zu Barth arbeitet der frühe Wagner deshalb die Christologie als eine exemplarische Theorie des Selbstbewusstseins in einem trinitarischen Zusammenhang aus, der die Begründung des Prinzips einer vermittelten Selbstbestimmung obliegt.[121] Indem die Theologie die dogmatische Christologie als Chiffrierung des logischen Prinzips der vermittelten Selbstbestimmung oder, wie Wagners Formel lautet, der Selbstexplikation an der Stelle des Andersseins ausarbeitet, thematisiert die Theologie zugleich sich selbst und die Einheit ihres Gegenstands.[122] Dieses sicht Wagner in dem logischen Strukturprinzip von Subjektivität.

In seinem System der Theologie unterscheidet Wagner zwischen einem Entdeckungs-, einem Begründungs- und einem Realisierungszusammenhang. Der Entdeckungszusammenhang der trinitarischen Grundlegung der Christologie liegt in den ungelösten Problemen der in den 1950er Jahren neu einsetzenden historischen Jesusforschung und deren Konsequenzen für die systematisch-theologische Christologie.[123] Die Zurückführung des Kerygmas auf den historischen Jesus rekonstruiert Wagner im Kontext einer Gesamtdeutung der Entwicklungsgeschichte moderner Theologie als die Frage nach der Selbstproduktion Jesu als des Christus. Dadurch soll gegenüber Rudolf Bultmann betont werden, dass sich das Kerygma der frühen Gemeinde nicht der bloßen Gemeindeproduktion verdankt und mithin eine Projektion sei. Die Rückfrage hinter das Kerygma nach dem historischen Jesus ist damit funktional äquivalent mit der „Bedeutung der Trinitätslehre" für die Christologie in der Theologie Karl Barths.[124] Da jedoch nach dem geschichtlichen Jesus, der als Grund des Kerygmas fungieren soll, nur aus der Perspektive des nachösterlichen Kerygmas gefragt werden kann, bleibt der Grund von dem zu Begründenden ab-

---

Murrmann-Kahl, Christologische Komplexität – Überlegungen im Anschluß an Falk Wagners Konzeptionen, in: C. Danz/M. Murrmann-Kahl (Hrsg.), Zwischen historischem Jesus und dogmatischem Christus, S. 159–187; U. Barth, Die Umformungskrise des modernen Protestantismus. Beobachtungen zur Christentumstheorie Falk Wagners, in: ders., Religion in der Moderne, Tübingen 2003, S. 167–199.

[120] Vgl. F. Wagner, Theologische Gleichschaltung – Zur Christologie bei Karl Barth, in: ders., Was ist Theologie? Studien zu ihrem Begriff und Thema in der Neuzeit, Gütersloh 1989, S. 93–125. Vgl. auch T. Rendtorff (Hrsg.), Die Realisierung der Freiheit. Beiträge zur Kritik der Theologie Karl Barths, Gütersloh 1975.

[121] Vgl. F. Wagner, Christologie als exemplarische Theorie des Selbstbewußtseins.

[122] Vgl. F. Wagner, Vorlesung über Christologie, S. 315.

[123] Vgl. F. Wagner, Systematisch-theologische Erwägungen zur neuen Frage nach dem historischen Jesus, S. 289–308; ders., Vorlesung über Christologie, S. 324–331.

[124] F. Wagner, Vorlesung über Christologie, S. 329. Vgl. ders., Systematisch-theologische Erwägungen zur neuen Frage nach dem historischen Jesus, S. 305.

hängig. Auf diese Weise gelingt es der neuen Frage nach dem historischen Jesus nicht, den Projektionsverdacht auszuräumen. Auf der Ebene des Historischen, so Wagner, lässt sich die Frage nach der Einheit von vorösterlichem Jesus und nachösterlichem Christus nicht lösen, sondern allein durch eine trinitarische Grundlegung der Christologie.

Die trinitätstheologische Grundlegung der Christologie bei Wagner verdankt sich einer Aporie der historischen Forschung. Der auf der historischen Ebene nicht auszuräumende Projektionseinwand lässt sich nur im Horizont des trinitarisch-christologischen Begründungszusammenhangs, mithin im Medium des begrifflich-kategorialen Denkens zurückweisen.[125] Mit der begrifflich-kategorialen Explikation des Gottesgedankens soll die von der Gemeinde im Kerygma behauptete Einheit des christologischen Subjekts – Jesus als der Christus – dadurch begründet werden, dass Jesus Christus als die Selbstexplikation an der Stelle des Andersseins begriffen wird. Einher geht Wagners Christologie mit einer Neubestimmung des Gottesgedankens.[126]

Die dogmatisch-christologischen Vorstellungsgehalte bezieht Wagner auf die Begründung einer Freiheit, die sich in wechselseitigen Anerkennungsverhältnissen realisiert. Zum Aufbau einer solchen vermittelten Selbstbestimmung gehört das Wissen um das Scheitern einer unmittelbaren Selbstbestimmung, die sich gegen alle äußeren Vermittlungen abstrakt durchsetzt. Wagner verbindet mit der Christologie eine „Revolutionierung des Gottesgedankens",[127] denn der Gedanke eines Allmachtsgottes, dessen Selbstbestimmung dem Prinzip der unmittelbaren Selbstdurchsetzung verpflichtet ist, sei, so Wagner, mit der Christologie nicht vereinbar. Wenn also der christliche Gottesgedanke nur im Ausgang von der kreuzestheologisch zugespitzten Christologie gewonnen werden kann, dann muss er dieser entsprechend umgeformt werden. Der im Zeichen einer asymmetrischen Allmacht verstandene Gott wird durch die Christologie in den trinitarischen Gottesgedanken überführt, für den wechselseitige Anerkennungsverhältnisse konstitutiv sind. Nur ein solcher Gottesgedanke entspricht

---

[125] Vgl. F. Wagner, Vorlesung über Christologie, S. 331–367; ders., Was ist Religion? Studien zu ihrem Begriff und Thema in Geschichte und Gegenwart, Gütersloh ²1991, S. 572–587. Vgl. dazu C. Danz/J. Dierken/M. Murrmann-Kahl (Hrsg.), Religion zwischen Rechtfertigung und Kritik. Perspektiven philosophischer Theologie, Frankfurt a.M. 2005.
[126] Vgl. F. Wagner, Metamorphosen des modernen Protestantismus, Tübingen 1999, S. 149–166.
[127] F. Wagner, Metamorphosen des modernen Protestantismus, S. 159–166; ders., Religion und Gottesgedanke. Philosophisch-theologische Beiträge zur Kritik und Begründung der Religion, Frankfurt a.M. 1996, S. 264–268. Zu dieser Formel Wagners vgl. J. Dierken, Philosophische Theologie als Metaphysik der Endlichkeit. Variationen einiger Grundmotive Falk Wagners, in: C. Danz/J. Dierken/M. Murrmann-Kahl (Hrsg.), Religion zwischen Rechtfertigung und Kritik. Perspektiven philosophischer Theologie, Frankfurt a.M. 2005, S. 81–103.

dem Prinzip der vermittelten Selbstbestimmung respektive der Selbstexplikation an der Stelle des Andersseins.

Die christologische Transformation des Gottesgedankens zieht eine Neubestimmung der theologischen Gehalte von Menschwerdung, Kreuz und Auferstehung Jesu Christi nach sich. Die dem Christentum eigentümliche Vorstellung der Menschwerdung Gottes besagt in ihrer strikt theologischen Auslegung die Angewiesenheit der einseitigen göttlichen Allmacht auf eine Gegenmacht, um als solche überhaupt zur Darstellung zu kommen. Macht und Gegenmacht, Aktivität und Passivität bilden mithin gleichursprüngliche Wechselverhältnisse. Das Kreuz Christi symbolisiert das Scheitern einer unmittelbaren Selbstbestimmung, so dass der theologische Gehalt des Kreuzestodes in dem Untergang des unumschränkten Allmachtsgottes liegt.

„Der Gedanke der Menschwerdung Gottes besagt vielmehr, daß das Verhältnis Gottes und des Menschen in der Symmetrie gleich-gültig Selbständiger gründet. Diese symmetrische Gleichgültigkeit schließt den Tod des einseitig selbstmächtigen Gottes notwendigerweise ein, so daß der mit dem christlichen Gründungssymbol, dem Kreuz Christi, ausgesagte Tod streng auf den seiner Selbstmacht verlustig gegangenen Gott zu beziehen ist."[128]

Der im Kreuz Christi chiffrierte Untergang der unmittelbaren Selbstbestimmung bildet jedoch nur den einen Aspekt der christologischen Neukonstitution des trinitarischen Gottesgedankens. Die christologische Transformation des Gottesgedankens als Ausdruck wechselseitiger Anerkennung wird durch die religiöse Vorstellung der Auferstehung Christi symbolisiert. Deren Gehalt bildet einerseits die göttliche Anerkennung der endlichen Freiheit und andererseits die menschliche Anerkennung Gottes. Der christliche Gottesgedanke zielt auf die Bestimmung Gottes als Geist im Sinne eines gegenseitigen Anerkennungsverhältnisses, eben der Selbstexplikation an der Stelle des Andersseins und vice versa.

(2.) Ingolf U. Dalferth knüpft an die hermeneutisch ausgerichtete Christologie Jüngels an und arbeitet sie unter Aufnahme der analytischen Philosophie trinitätstheologisch aus.[129] Mit seiner Reformulierung der Christologie verbindet Dalferth eine Kritik an der spekulativen Theologie Wagners.[130] Die Konkretheit und Unableitbarkeit sowie die Selbstsicht des Glaubens, so die Argumente Dalferths, werden in der Theologie Wagners zum Verschwinden ge-

---

[128] F. Wagner, Verantwortung des Bösen. Theologisch-philosophische Überlegungen zum Subjekt des Bösen, in: A. Schuller/W. v. Rahden (Hrsg.), Die andere Kraft. Zur Renaissance des Bösen, Berlin 1993, S. 134–148, hier S. 144.
[129] I. U. Dalferth, Der auferstandene Gekreuzigte. Zur Grammatik der Christologie, Tübingen 1994; ders., Jenseits von Mythos und Logos. Die christologische Transformation der Theologie, Freiburg i.Br./Basel/Wien 1993; ders., Volles Grab, leerer Glaube. Zum Streit um die Auferweckung des Gekreuzigten, in: ZThK 95 (1998), S. 379–409.
[130] Vgl. I. U. Dalferth, Gott, S. 6–8.

4.4. Trinitätstheologie und Christologie

bracht. „Gott in dieser Weise theo-logisch als Absolutes denken zu wollen, heißt die ursprüngliche Einfachheit Gottes nicht mehr denken zu können: Als absolute Einheit von Einheit und Differenz wird Gott als Integral von allem, nicht als uneinholbare und unverrechenbare Differenz zu allem gedacht."[131] Gerade mit Blick auf die Konkretheit des Glaubensgeschehens ist die Christologie trinitätstheologisch durchzuführen. In seinem Buch *Der auferweckte Gekreuzigte* weist er der dogmatischen Christologie die Explikation von drei Sachverhalten in ihrem inneren Zusammenhang zu.

„Jeder theologische Versuch, das Auferweckungsbekenntnis zu explizieren, muß in seinen Aussagen über Jesus Christus drei fundamentalen Sachverhalten gerecht werden, die das Bekenntnis als wahr in Anspruch nimmt:
[1.] der historischen Wahrheit ‚Jesus wurde gekreuzigt und ist tot‘;
[2.] der eschatologischen Wahrheit ‚Jesus ist uns als Herr erschienen und lebt‘, und
[3.] der theologischen Wahrheit ‚Der Gekreuzigte lebt durch, in und mit Gott als der, durch den Gott sich selbst unwiderruflich als *Gott für uns* identifiziert und im Wirken des Geistes zur Geltung bringt‘."[132]

Ähnlich wie Barth und Jüngel, aber auch Wagner, löst Dalferth die dogmatische Christologie von der historischen Forschung ab und arbeitet sie als eine Beschreibung des Glaubensgeschehens und seines Bildes von seiner eigenen Geschichte aus. Der Glaube interessiert sich für Jesus ausschließlich „als Zeichen Gottes, als Zeichen für ein Gottesbild und Gottesverständnis, dessen Pointe man nicht verstehen kann, ohne sich und seine Welt ganz neu und ganz anders zu verstehen".[133] Der Bezug auf den vorösterlichen Jesus der Geschichte resultiert aus dem Glauben und soll die Frage nach der personalen Identität Jesu Christi beantworten. Der Glaube fragt jedoch nach seiner eigenen Geschichte, wenn er nach dem geschichtlichen Jesus fragt. Darin folgt er der Erzählstruktur der Evangelien, die von Dalferth als eine *„Einweisung in einen hermeneutischen Verstehenszusammenhang"* gedeutet werden, „der sich zugleich als ein *christologischer Bestimmungsprozeß* erweist".[134] Aus diesem Grund ist der Bezugspunkt der Christologie nicht der von der historischen Wissenschaft rekonstruierte Jesus, sondern der auferweckte Gekreuzigte, anders gesagt: die eschatologische Selbstidentifikation Gottes, die der Glaube als unableitbares Sich-Verstehen in der Geschichte ist.[135] Dieses selbstbezügliche und vollzugs-

---

[131] I. U. Dalferth, Gott, S. 7.
[132] I. U. Dalferth, Der auferstandene Gekreuzigte, S. 85.
[133] I. U. Dalferth, Jesus Christus – Zeichen für Gottes Zuwendung. Die Bedeutung der Person Jesu für den christlichen Glauben, in: G. Linde/R. Purarthofer/H. Schulz/P. Steinacker (Hrsg.), Theologie zwischen Pragmatismus und Existenzdenken. Festschrift für Hermann Deuser zum 60. Geburtstag, Marburg 2006, S. 231–244, hier S. 236.
[134] I. U. Dalferth, Der auferstandene Gekreuzigte, S. 92.
[135] Vgl. I. U. Dalferth, Gott, S. 11; ders., Der auferstandene Gekreuzigte, S. 24 u.ö.

gebundene hermeneutische Geschehen des Glaubens entfaltet die Trinitätslehre, welche von Dalferth nicht als eine spekulative Begriffslogik verstanden wird, sondern als Grammatik christlicher Gottesrede. „Die Lehre von Gott Vater, Sohn und Geist fungiert als Kurzformel der Grammatik christlicher Gottesrede und christlichen Glaubenslebens, insofern sie die christliche Gotteserfahrung und ihre vielfältigen sprachlichen Artikulationen in Gebet, Bekenntnis, Verkündigung in einer Sprach- und Denkregel summiert, das, was Christen mit ‚Gott‘ ansprechen, an die Selbstidentifikation Gottes in Jesus Christus und durch den heiligen Geist bindet."[136] Die Trinitätslehre fungiert bei Dalferth als Explikation des Verstehens Gottes durch den konkreten Menschen, welches zugleich mit einem Sich-Verstehen des Menschen in seinem reflexiven Bezug auf sich selbst verbunden ist.

(3.) Eine trinitätstheologische Grundlegung der Christologie hat in den letzten Jahren auch Christoph Schwöbel in Weiterführung von Motiven Karl Barths, Karl Rahners und vor allem des britischen Theologen Colin E. Gunton (1941–2003) vehement eingefordert.[137] Die Pointe von Schwöbels Trinitätstheologie liegt in ihrer sowohl antispekulativen als auch antiindividualistischen Ausrichtung. Deshalb setzt er bei der christlichen Gemeinschaft an, welche als konkrete, geschichtliche Größe als Antwort auf die Verkündigung des Evangeliums entsteht.[138] In seinen christologischen Überlegungen geht Schwöbel von der Beobachtung aus, dass sich die neuzeitliche Christologie seit der Aufklärung in einer Dauerkrise befindet, welche sich methodisch in drei Antinomien manifestiert: der zwischen einer Christologie von oben oder unten, der von historischem Jesus oder Christus praesens und schließlich der von Christologie oder Soteriologie als Ausgangspunkten der christologischen Reflexion. Die Antinomien zwischen „dem Historischen und dem Letztgültigen, zwischen Vergangenheit und Gegenwart und zwischen Sein und Bedeutung"[139] versteht Schwöbel nun nicht nur als Resultat der Anwendung der historischen Kritik auf die biblischen Grundlagen des christlichen Glaubens, in deren Folge der historische Jesus und der Christus des Glaubens ihre Kongruenz verloren, sondern in erster Linie als Folge der „‚Trinitätsvergessenheit‘ großer Teile moderner abendländischer Theologie".[140] Ein Ausweg aus der christologischen Krise kann al-

---

[136] I. U. Dalferth, Gott, S. 19; vgl. ders., Der auferstandene Gekreuzigte, S. 215–236.
[137] Vgl. C. Schwöbel, Trinitätslehre als Rahmentheorie des christlichen Glaubens, in: Marburger Jahrbuch Theologie, Bd. X: Trinität, Marburg 1998, S. 129–154.
[138] Vgl. C. Schwöbel, Trinitätslehre als Rahmentheorie des christlichen Glaubens, S. 153 f.; ders., Kirche als Communio, in: Marburger Jahrbuch Theologie, Bd. VIII: Kirche, Marburg 1996, S. 11–46.
[139] C. Schwöbel, Christologie und trinitarische Theologie, in: ders., Gott in Beziehung. Studien zur Dogmatik, Tübingen 2002, S. 257–291, hier S. 264.
[140] C. Schwöbel, Christologie und trinitarische Theologie, S. 264.

lein in einer neuen Verbindung von Trinitätslehre und Christologie, genauer: einer trinitätstheologischen Grundlegung der Christologie gesucht werden. Ein solcher Therapievorschlag legt sich schon deshalb nahe, da das christologische Dogma der Alten Kirche die Formulierung der Trinitätslehre zur Voraussetzung hat.

Die Antinomien der modernen Christologie:
- Es gibt drei christologische Antinomien: zwischen dem Historischen und dem Letztgültigen, zwischen Vergangenheit und Gegenwart und zwischen Sein und Bedeutung.
- Die Krise der Christologie in der Moderne ist das Resultat der Trinitätsvergessenheit in der Theologie der Moderne.
- Die Antinomien der modernen Christologie sind nur durch eine trinitarische Grundlegung der Christologie zu überwinden.

Schwöbel knüpft in seiner Konzeption der Trinitätslehre an die großen Kappadozier und ihre Formel *treis hypostaseis – mia ousia* an.[141] In der begrifflichen Klärung des trinitarischen Personbegriffs im Sinne von hypostatischen Identitäten – die in „interner Relationalität konstituiert",[142] aber nicht selbst als Relationen zu verstehen sind – liegt seiner Meinung nach die innovative Leistung dieser Theologen. „Die innertrinitarischen Relationen konstituieren sowohl die hypostatische Identität des Vaters, des Sohns und des Geistes als auch die Wesenseinheit Gottes."[143] Gott ist eine Einheit von drei Personen, er wirkt in Relationen. Das relationale Verständnis des göttlichen Seins und Wirkens hat nun Konsequenzen für die Christologie. Sie ist nur angemessen im Rahmen der Trinitätslehre und einer strikt trinitarisch gedachten göttlichen Heilsökonomie zu explizieren. Das Handeln Gottes ist also auch in seinem Versöhnungswerk in seiner trinitarischen Dimensionalität zur Darstellung zu bringen.[144] In jedem Werk Gottes sind alle trinitarischen Personen beteiligt. Insofern ist ein Ansatz der Christologie bei dem historischen Jesus oder bei dem Christus praesens von vornherein abstrakt, da hier die trinitarische Dimensionalität des göttlichen Handelns unterbelichtet wird. Auch die Antinomien zwischen einer Christologie von oben oder unten sowie zwischen Sein und Bedeutung dokumentieren ein unvollständiges Verständnis des göttlichen Handelns.

Die relationale Fassung der Trinitätslehre ist für Schwöbel ein „Integral der christlichen Glaubenslehre"[145] und fungiert deshalb als „Rahmentheorie des

---

[141] Vgl. C. Schwöbel, Trinitätslehre als Rahmentheorie des christlichen Glaubens, S. 147–151; ders. (Ed.), Trinitarian Theology Today. Essays on Divine Being and Act, Edinburgh 1995. Zu Schwöbels Fassung der Trinitätslehre vgl. auch M. Mühling/M. Wendte (Hrsg.), Entzogenheit in Gott. Beiträge zur Rede von der Verborgenheit der Trinität, Utrecht 2005.
[142] C. Schwöbel, Trinitätslehre als Rahmentheorie des christlichen Glaubens, S. 149.
[143] C. Schwöbel, Trinitätslehre als Rahmentheorie des christlichen Glaubens, S. 151.
[144] C. Schwöbel, Trinitätslehre als Rahmentheorie des christlichen Glaubens, S. 145.
[145] Ebd.

Wirklichkeitsverständnisses des christlichen Glaubens".[146] Mit der Trinitätslehre beschreibt der Glaube sich selbst als ein im trinitarischen Handeln Gottes begründetes personales Geschehen in der Geschichte. Sie expliziert auf begriffliche Weise Grund und Inhalt der christlichen Gemeinschaft. In ihr wird Christus nicht nur bekannt, sondern sie kommt allein durch das Wirken des dreieinigen Gottes zustande.[147] Die in die Trinitätslehre eingebundene und mit der Pneumatologie verschränkte Christologie stellt folglich die Bedingung der Möglichkeit der christlichen Gemeinschaft dar.

Trinitätslehre und Christologie:
– Gottes Handeln ist ein Handeln in Beziehungen.
– Angemessen wird die Christologie nur in ihrer trinitarischen Dimensionalität entfaltet.
– Die Christologie ist die Reflexion auf Bedingungen der Möglichkeit der christlichen Gemeinschaft, in der Historisches und Letztgültiges, Vergangenheit und Gegenwart, Sein und Bedeutung bereits ineinander verwoben sind.

Die von Schwöbel konzipierte Verbindung von Christologie und Trinitätslehre versucht dem Umstand Rechnung zu tragen, dass bereits der Bezug auf den historischen Jesus in bestimmte Auslegungsgeschichten Jesu verstrickt ist, so dass man gar nicht zwischen historischen Fragen und Geltungsfragen fein säuberlich unterscheiden kann. Und ebenso erscheint die Alternative zwischen Christologie und Soteriologie als Ausgangspunkt der christologischen Reflexion als eine Abstraktion, die dem Ineinander beider Aspekte nicht gerecht wird. Gleichwohl wird man fragen können, ob die Krise der Christologie in der Moderne durch ihre Einbindung in eine alles integrierende Trinitätslehre zu überwinden ist.[148] Schwöbels trinitätstheologische Grundlegung der Christologie tendiert doch stark zu einer Suspendierung der dogmatischen Theologie von den Problemzumutungen der historischen Theologie und ihrem Fragehorizont.

---

[146] C. Schwöbel, Trinitätslehre als Rahmentheorie des christlichen Glaubens, S. 151.
[147] Vgl. C. Schwöbel, Christologie und trinitarische Theologie, S. 284; ders., „Wer sagt denn ihr, dass ich sei?" (Mt 16,15). Eine systematisch-theologische Skizze zur Lehre von der Person Christi, in: Marburger Jahrbuch Theologie, Bd. XXIII: Christologie, Leipzig 2011, S. 41–58.
[148] Vgl. auch H. Rosenau, „Was sagen die Leute, wer ich sei?" (Mk 8,27) – Überlegungen zu einer sapientialen Christologie, in: Marburger Jahrbuch Theologie, Bd. XXIII: Christologie, Leipzig 2011, S. 113–140, bes. S. 115 Anm. 9.

4.5. Problemfelder der gegenwärtigen Christologie

4.5.1. Christologie ‚von oben' oder ‚von unten'?

Literatur:

M. L. Y. Chan, Christology from Within and Ahead. Hermeneutics, Contingency and the Quest for Transcontextual Criteria in Christology, Leiden/Boston/Köln 2001.
W. Kasper, Christologie von unten? Kritik und Neuansatz gegenwärtiger Christologie, in: ders., Jesus der Christus. Grundriß und Aufsätze zur Christologie, Leipzig 1981, S. 387–413.
N. Lash, Up and Down in Christology, in: S. Sykes/D. Holmes (Ed.), New Studies in Theology, London 1980, S. 31–41.
J. Moltmann, Der Weg Jesu Christi. Christologie in messianischen Dimensionen, München 1989.
W. Pannenberg, Grundzüge der Christologie, Gütersloh 1964. ²1966.
R. Slenczka, Geschichtlichkeit und Personsein Jesu Christi. Studien zur christologischen Problematik der historischen Jesusfrage, Göttingen 1967.
O. Weber, Grundlagen der Dogmatik, Bd. 2, Berlin (Ost) 1964.

In der christologischen Debatte der zweiten Hälfte des 20. Jahrhunderts wurde zwischen einer ‚Christologie von oben' und einer ‚Christologie von unten' unterschieden. „Für die Christologie, die ‚von oben', von der Gottheit Jesus ausgeht, steht der Inkarnationsgedanke im Mittelpunkt. Die ‚von unten', vom geschichtlichen Menschen Jesus zur Erkenntnis seiner Gottheit aufsteigende Christologie hingegen hält sich in erster Linie an die Botschaft und an das Geschick Jesu und kommt erst ganz zuletzt auf den Inkarnationsgedanken."[149] Infrage steht bei der Alternative der „Realgrund" oder der „Erkenntnisgrund der Christologie":[150] Liegt er im Gottesgedanken, dem Logos als der zweiten Person des trinitarischen Gottes oder in der Geschichte des vorösterlichen, irdischen Jesus von Nazareth? Die Unterscheidung setzt die historische und erkenntnistheoretische Kritik an dem überlieferten christologischen Dogma voraus und bildet eine Konsequenz der historischen Jesusforschung.[151] Geprägt wurden die Formeln ‚Christologie von oben' und ‚Christologie von unten' bereits am Ende des 19. Jahrhunderts in der Auseinandersetzung um die Theologie und Christologie der Ritschl-Schule. Sie stammen von dem Erlanger Theologen Franz Hermann Reinhold Frank (1827–1894). In seiner Schrift *Zur Theologie Albrecht Ritschl's*

---

[149] W. Pannenberg, Grundzüge der Christologie, S. 26.
[150] R. Slenczka, Geschichtlichkeit und Personsein Jesu Christi, S. 310. Vgl. auch W. Kasper, Christologie von unten? Kritik und Neuansatz gegenwärtiger Christologie, in: ders., Jesus der Christus. Grundriß und Aufsätze zur Christologie, Leipzig 1981, S. 387–413; O. Weber, Grundlagen der Dogmatik, Bd. 2, Berlin (Ost) 1964, S. 20–29.
[151] Vgl. R. Slenczka, Geschichtlichkeit und Personsein Jesu Christi, S. 314.

4. Vom historischen Jesus zum Christus des Glaubens

schreibt er 1888: „Von unten nach oben geht unsere Erkenntnis Christi gleichwie Gottes."[152] Ritschl hatte in seinem Werk *Rechtfertigung und Versöhnung* in Auseinandersetzung mit der Straußschen Christologie die Erkenntnis der Gottheit Christi ausschließlich an dessen geschichtliche Wirksamkeit gebunden.[153] Den christologischen Ansatz Ritschls beim geschichtlichen Jesus hat dann in einer modifizierten Weise Wilhelm Herrmann aufgenommen und mit seiner Unterscheidung von ‚Grund' und ‚Inhalt des Glaubens' weitergeführt.

„Wir, die wir die Erlösung bei Jesus suchen, dürfen uns auch nicht etwa unterfangen, dieselben hohen Dinge von Jesus zu glauben [sc. wie die Jünger], die sie als Erlöste von ihm geglaubt haben. Das hieße, von oben anfangen und das zum Grunde der Erlösung machen, was eine Frucht der Erlösung ist. Wir sollen nicht selbst emporklettern wollen. Sondern wir sollen uns, wie damals die Jünger, treffen und emporheben lassen durch das, was uns in unserer Lage als etwas zweifellos Wirkliches berührt."[154]

Mit der Einstellung der Christologie auf den irdischen Jesus Christus wussten sich Herrmann, Ritschl und Frank einem Grundanliegen der Reformation verpflichtet, nämlich der Kritik der Reformatoren an der spekulativen Vernunft. Schon Luther hatte nachdrücklich auf die Menschheit Jesu Christi hingewiesen und sie ins Zentrum der religiösen Reflexion gestellt. Die antispekulative Haltung der Reformatoren hat wohl ihren prägnantesten Ausdruck in Melanchthons erster Dogmatik, den *Loci communes* von 1521, gefunden. Dort heißt es: „Hoc est Christum cognoscere, beneficia eius cognoscere."[155] Dass im modernen Protestantismus der historische Jesus zur Grundlage und zum Bezugspunkt der Christologie wurde, darf durchaus als Aufnahme genuin reformatorischer Motive verstanden werden. Insofern stellt das Projekt einer ‚Christologie von unten' den Versuch dar, die dogmatische Lehre von Christus im Horizont der protestantischen Grundeinsicht umzuformen. Die historische Jeusforschung seit der Aufklärung war denn auch von dem Impetus getragen, der Christologie unter den Bedingungen des historischen Denkens der Neuzeit ein neues Fundament zu geben. Sie führte indes weder zu einem verlässlichen noch zu einem abschließenden Bild des Mannes aus Nazareth, das als Grundlage des Christusglaubens fungieren könnte.

---

[152] F. H. R. Frank, Zur Theologie A. Ritschl's, Erlangen/Leipzig 1888. ³1891, S. 27. Zu Frank vgl. N. Slenczka, Der Glaube und sein Grund. F. H. R. von Frank, seine Auseinandersetzung mit A. Ritschl und die Fortführung seines Programms durch L. Ihmels, Göttingen 1998.
[153] A. Ritschl, Die christliche Lehre von der Rechtfertigung und Versöhnung, Bd. 3, S. 337.
[154] W. Herrmann, Der Verkehr des Christen mit Gott, S. 64.
[155] P. Melanchthon, Loci communes 1521. Lateinisch-Deutsch, hrsg. v. H. G. Pöhlmann, Gütersloh ²1997, S. 23. Vgl. A. Ritschl, Die christliche Lehre von der Rechtfertigung und Versöhnung, Bd. 3, S. 374.

4.5. Problemfelder der gegenwärtigen Christologie

In der christologischen Debatte nach dem Zweiten Weltkrieg bestand zwar ein großer Konsens darin, dass die dogmatische Christologie ‚von unten' einzusetzen habe, aber mit dieser Forderung waren sehr unterschiedliche Dinge gemeint. Es ist nämlich nicht so recht deutlich, worauf sich eine ‚Christologie von unten' bezieht. Sie kann den ‚wirklichen' Jesus *hinter* der neutestamentlichen Überlieferung meinen,[156] aber auch den von den Evangelien dargestellten vorösterlichen Jesus Christus[157] sowie eine Identifikation des ‚wirklichen' Jesus Christus mit dem biblischen.[158] Nicht weniger mehrdeutig ist allerdings auch die Formel ‚Christologie von oben'.[159] Sie beschränkt sich keineswegs auf die altkirchliche Christologie und ihren Ausgang bei der Sendung des Sohnes durch Gott. Auch solche Konzeptionen, die von der Christus-Idee ausgehen, wie die Christologie von Strauß oder die Kerygma-Christologie Bultmanns, setzen nicht bei einem geschichtlichen Jesus an.

Christologie ‚von unten'
- ‚wirklicher' Jesus *hinter* den neutestamentlichen Evangelien
- geschichtlicher Jesus der Evangelien
- Identifikation des wirklichen und biblischen Christus

Christologie ‚von oben'
- Gottesgedanke
- Christusidee
- Kerygma

Aus der begrifflichen Unklarheit der Formeln resultierten höchst unterschiedliche Erwartungen, die man mit einer Christologie ‚von unten' verband. So soll zum einen zur „Prüfung und Rechtfertigung der christologischen Aussagen über Jesus" „hinter die Bekenntnisaussagen und christologischen Titel der urchristlichen Überlieferung" zurückgegangen werden, wie es Wolfhart Pannenberg formuliert hat.[160] Dem Einsatz der Christologie ‚von unten' kommt damit eine cum grano salis kriteriologische Funktion im Hinblick auf die dogmatische Überlieferung und Bekenntnisbildung zu. Das Kerygma soll einen Anhalt an dem historischen Jesus haben. Zum anderen soll jedoch die Christologie ‚von unten' zum Christus des Glaubens führen. Darin liegen gewissermaßen die „Grenzen einer *reinen* ‚Christologie von unten'". Sie soll sich nicht in einer Jesulogie erschöpfen. „Die im Bekenntnis des Neuen Testaments und der Kirche be-

---

[156] So bei W. Pannenberg, Grundzüge der Christologie, S. 22 f.
[157] So bei A. Ritschl, Die christliche Lehre von der Rechtfertigung und Versöhnung, Bd. 3, S. 337; P. Althaus, Die christliche Wahrheit, Bd. 2, S. 197.
[158] So M. Kähler, Der sogenannte historische Jesus und der geschichtliche, biblische Christus, S. 44 f.
[159] Vgl. R. Slenczka, Geschichtlichkeit und Personsein Jesu Christi, S. 312–315.
[160] W. Pannenberg, Systematische Theologie, Bd. 2, S. 320. Vgl. auch P. Althaus, Die christliche Wahrheit, Gütersloh ³1952, S. 424; W. Elert, Der christliche Glaube, S. 293.

gegnende ‚Christologie von oben' bewahrt daher eine beim geschichtlichen Jesus ansetzende Christologie davor, der ihrem ‚Gegenstand' angemessenen Tiefe der Deutung nicht gerecht zu werden."[161]

Kritiker eines christologischen Ansatzes ‚von unten' wie Walter Kasper[162] und Jürgen Moltmann haben daher nicht zu Unrecht darauf hingewiesen, dass die Unterscheidung „in Wahrheit oberflächlich und irreführend" sei, denn, so Moltmann weiter, „es kann sich im konkreten Erkennen Jesu Christi nur um dialektische Verhältnisse handeln: Jesus wird als der Christus Gottes um des Gottes der Verheißung willen erkannt, und Gott wird in diesem Vorgang als der Vater Jesu Christi um Jesu willen erkannt".[163] Die Kritik an der Christologie ‚von unten' bezieht sich nicht auf das methodische Verfahren, bei dem irdischen Jesus einzusetzen, sondern darauf, dass die Formel suggeriert, man komme ohne die Voraussetzung einer Christologie ‚von oben' aus. Deshalb lehnen Moltmann, Kasper und andere die Formel ab, betonen eine Dialektik ‚von oben und unten' oder sprechen von einem komplementären Verhältnis der beiden Sichtweisen.[164] Hinter der Unterscheidung zwischen einer Christologie ‚von unten' und ‚von oben' steht, wie an den genannten Voten deutlich wird, die Zwei-Stände-Lehre der altprotestantischen Theologie, nun freilich von der Substanzmetaphysik in das Verhältnis des geschichtlichen Jesus zum geglaubten Christus transformiert.[165] Deutlich wird das an dem Vorschlag Walter Kaspers. Er ersetzt in seiner Christologie die methodische Alternative des Ausgangspunktes ‚von oben' oder ‚von unten' durch die These einer *Entsprechung* zwischen dem vorösterlichen Jesus und dem geglaubten Christus und lenkt damit zur alten Zwei-Stände-Lehre zurück.

„Damit hat sich der Kreis geschlossen: Die ursprüngliche Entsprechung von irdischem Jesus und auferwecktem Christus, die zunächst in der Zwei-Stufen- und später in der Zwei-Naturen- und Zwei-Stände-Christologie dogmatisch entfaltet wurde, hat diese ihre Interpretationen wieder eingeholt. Damit ist grundsätzlich der Weg frei, von der gegenwärtigen neuen Frage nach dem historischen Jesus aus das Anliegen der klassischen Zwei-Naturen- und Zwei-Stände-Christologie aufzugreifen und so zu einer neuen Synthese zu bringen."[166]

---

[161] U. Kühn, Christologie, S. 283.
[162] Vgl. W. Kasper, Christologie von unten?, S. 387–413.
[163] J. Moltmann, Der Weg Jesu Christi, S. 88 f. Vgl. auch G. Ebeling, Dogmatik des christlichen Glaubens, Bd. 2, S. 365; R. Slenczka, Geschichtlichkeit und Personsein Jesu Christi, S. 309.
[164] So freilich auch W. Pannenberg, Systematische Theologie, Bd. 2, S. 327. Vgl. G. Wenz, Christus, S. 69–73.
[165] Vgl. G. Ebeling, Dogmatik des christlichen Glaubens, Bd. 2, S. 325 f.
[166] Vgl. W. Kasper, Jesus der Christus. Grundriß und Aufsätze zur Christologie, Leipzig 1981, S. 44.

Kaspers Bezugnahme auf die historische Forschung und die in deren Rahmen vollzogene Erneuerung der klassischen Zweinaturenchristologie im Horizont „einer Phänomenologie des in der Kirche gelebten und bezeugten Glaubens"[167] macht nun aber auch besonders deutlich, worum es in der Unterscheidung zwischen einer Christologie ‚von unten' oder ‚von oben' eigentlich geht: den Stellenwert der historischen Wissenschaft für die dogmatische Christologie. Die Formel in ihrer begrifflichen Unschärfe suggeriert nämlich, dass das dogmatische Christusbild und das Resultat der historischen Jesusforschung irgendwie zur Deckung zu bringen sind.[168] Das systematisch-theologische Interesse, das die in den 1950er Jahren einsetzende neue Frage nach dem Nazarener motivierte, kommt darin jedoch nicht mehr zur Geltung. Ihr ging es – mit Ausnahme von Wolfhart Pannenberg – gerade nicht um eine Begründung des Glaubens durch geschichtliche Fakten, sondern um den Glauben als ein geschichtliches Ereignis und sein Bild der Geschichte. Das Problem dieser Forschergeneration, welches sich auch in der Debatte um den methodischen Ausgangspunkt der Christologie ‚von unten' oder ‚von oben' niederschlägt, besteht darin, dass sie nicht deutlich genug zwischen dem historischen Bild von Jesus von Nazareth und dem Bild des Glaubens von dem geschichtlichen Christus unterschieden hat.

4.5.2. Implizite und explizite Christologie

Literatur:

R. Bultmann, Kirche und Lehre im Neuen Testament, in: ders., Glauben und Verstehen, Bd. 1, Tübingen [8]1980, S. 153–187.
G. Ebeling, Theologie und Verkündigung. Ein Gespräch mit Rudolf Bultmann, Tübingen [2]1963.
E. Jüngel, Zur dogmatischen Bedeutung der Frage nach dem historischen Jesus, in: ders., Wertlose Wahrheit. Zur Identität und Relevanz des christlichen Glaubens. Theologische Erörterungen III, München 1990, S. 214–242.
W. Pannenberg, Grundzüge der Christologie, Gütersloh [2]1966.
A. v. Scheliha, Kyniker, Prophet, Revolutionär oder Sohn Gottes? Die ‚dritte Runde' der Frage nach dem historischen Jesus und ihre christologische Bedeutung, in: ZNT 2 (1999), S. 22–31.
F. Wagner, Systematisch-theologische Erwägungen zur neuen Frage nach dem historischen Jesus, in: ders., Was ist Theologie? Studien zu ihrem Begriff und Thema in der Neuzeit, Gütersloh 1989, S. 289–308.

---

[167] W. Kasper, Christologie von unten?, S. 409.
[168] Vgl. hierzu die Kritik von R. Bultmann, Das Verhältnis der urchristlichen Christusbotschaft zum historischen Jesus, S. 450–455; W. Stegemann, Jesus und seine Zeit, S. 422 f.

4. Vom historischen Jesus zum Christus des Glaubens

In einem engen sachlichen Zusammenhang mit der Debatte über den methodischen Ansatzpunkt der Christologie steht die Zuordnung des vorösterlichen Jesus und des nachösterlichen Christus nach dem Schema von impliziter und expliziter Christologie. Es ist ebenso wie die Unterscheidung zwischen einer Christologie ‚von oben' und ‚von unten' eine Konsequenz der historischen Forschung, hat jedoch eine andere Funktion, weshalb es gesondert behandelt werden muss. In der Formulierung Wolfhart Pannenbergs besagt das Schema, dass „die christologischen Bekenntnisaussagen des Urchristentums sich in ihrem wesentlichen Inhalt als Explikation des dem Auftreten und der Geschichte Jesu implizit eignen Bedeutungsgehalts verstehen lassen".[169] Das irdische Leben Jesu von Nazareth enthält, so die dem Schema eingeschriebene These, bereits implizit eine Christologie, welche dann von der nachösterlichen Gemeinde zunächst in Bekenntnisaussagen und in Gestalt der Evangelienliteratur, später in Form der Trinitätslehre und des christologischen Dogmas expliziert wurde. Das nachösterliche Kerygma der Gemeinde sowie die von ihr gebildeten christologischen Aussagen sind in dem Wirken und in der Verkündigung des Nazareners schon keimhaft vorhanden. Im Zusammenhang mit der in den 1950er Jahren einsetzenden New Quest hat das Schema zur Beschreibung des Verhältnisses von Geschichte und Glaube eine breite Zustimmung und Rezeption erfahren.[170] Es wird indes sehr unterschiedlich gehandhabt.

Die Unterscheidung und Zuordnung von ‚impliziter' und ‚expliziter' Christologie stammt von Rudolf Bultmann. In seinem 1929 publizierten Aufsatz *Kirche und Lehre im Neuen Testament* schreibt er:

„*Über seine eigene Person* hat Jesus keine ausdrückliche Lehre vorgetragen. Dagegen hat er das Faktum seiner Person als bedeutsam, ja als entscheidend hingestellt, sofern er der Träger des Wortes in der letzten entscheidenden Stunde ist, es sich also ereignet, *daß* hier und jetzt sein Wort den Hörer trifft. [...] in dem Ruf zur Entscheidung angesichts seiner Person [ist] implizit eine ‚Christologie' enthalten; aber Jesus entwickelt sie nicht. *Soll* sie expliziert werden, so kann sie ihren Sinn nur darin haben, daß sich in ihr die Entscheidung für oder gegen ihn vollzieht".[171]

---

[169] W. Pannenberg, Systematische Theologie, Bd. 2, S. 321. Vgl. auch ders., Grundzüge der Christologie, S. 43.

[170] Vgl. H. Deuser, Kleine Einführung in die Systematische Theologie, Stuttgart 1999, S. 101–105; W. Härle, Dogmatik, Berlin/New York ²2000, S. 339–342; I. U. Dalferth, Der auferweckte Gekreuzigte, S. 91 f.

[171] R. Bultmann, Kirche und Lehre im Neuen Testament, in: ders., Glauben und Verstehen, Bd. 1, Tübingen ⁸1980, S. 153–187, hier S. 174. Vgl. ders., Die Bedeutung des geschichtlichen Jesus für die Theologie des Paulus, in: ders., Glauben und Verstehen, Bd. 1, Tübingen ⁸1980, S. 188–213, bes. S. 204 f.; ders., Theologie des Neuen Testaments, S. 39. 45–47; ders., Das Verhältnis der urchristlichen Christusbotschaft zum historischen Jesus, S. 457.

Bultmann war freilich nicht der Meinung, dass man das Kerygma an den historischen Jesus zurückbinden oder es durch ihn begründen könne. Da der Glaube seinen alleinigen Grund im Kerygma hat, würde dessen Begründung durch einen Rekurs auf die geschichtliche Person Jesus von Nazareth dem Glauben widersprechen. Die von Bultmann artikulierte Skepsis bezüglich des Mannes aus Nazareth und vor allem die von dem Marburger Theologen vehement geltend gemachte Funktionslosigkeit geschichtlicher Erkenntnis für das christliche Kerygma verloren ihre Überzeugungskraft erst nach dem Zweiten Weltkrieg, als seine Schüler die Suche nach dem Nazarener wieder aufnahmen und das Kerygma in dem Leben des vorösterlichen Jesus verankern wollten. Vordergründig sollte – und so hat Bultmann die neue Debatte wohl selbst gesehen[172] – durch das Zurückgehen hinter das Kerygma und die Bekenntnisse der Kirche sichergestellt werden, dass der Christus des Glaubens einen Anhalt an der geschichtlichen Person Jesus hat. Andernfalls, so hatte es schon Paul Althaus formuliert, ist das Kerygma selbst ein bloßer Mythos und mithin Ideologie.[173] Der Versuch des Nachweises einer „Kontinuität"[174] zwischen der kirchlichen Christusverkündigung und dem irdischen Jesus zielt auf den ersten Blick auf ein begründungslogisches Programm. Die Rückführung des frühchristlichen Kerygmas auf eine bestimmte geschichtliche Gestalt soll ja gerade dem Verdacht entgegentreten, dass es sich bei der nachösterlichen Christologie um einen Mythos und damit um eine Projektion der Gemeinde handelt.[175]

Das Schema implizite und explizite Christologie:
– Bei dem Schema geht es um das Verhältnis von vorösterlichem Jesus und geglaubtem Christus.
– Das Schema behauptet: Im historischen Jesus ist das Kerygma der frühen Gemeinden bereits keimhaft angelegt.
– Die Stichworte implizite und explizite Christologie stammen von Rudolf Bultmann: Jesu Ruf zur Entscheidung für die von ihm verkündigte Gottesherrschaft enthalte „implizit eine ‚Christologie'".

In einem begründungslogischen Sinne wird das Schema von impliziter und expliziter Christologie von Wolfhart Pannenberg aufgegriffen.[176] Sowohl in den *Grundzügen der Christologie* als auch in seiner *Systematischen Theologie* un-

---

[172] Vgl. R. Bultmann, Das Verhältnis der urchristlichen Christusbotschaft zum historischen Jesus, S. 446.
[173] Vgl. P. Althaus, Die christliche Wahrheit, Bd. 1, Gütersloh ²1949, S. 144 f.
[174] E. Käsemann, Das Problem des historischen Jesus, S. 213.
[175] Vgl. E. Käsemann, Das Problem des historischen Jesus, S. 203; G. Ebeling, Theologie und Verkündigung, S. 63; E. Jüngel, Zur dogmatischen Bedeutung der Frage nach dem historischen Jesus, S. 218.
[176] Vgl. F. Wagner, Systematisch-theologische Erwägungen zur neuen Frage nach dem historischen Jesus, S. 289–308.

4. Vom historischen Jesus zum Christus des Glaubens

ternimmt er den Versuch, im Rahmen einer „Theorie der christologischen Tradition", die zugleich einen historischen und einen systematischen Charakter haben soll, die gesamte dogmatische Christologie als Explikation der in dem Leben und Wirken Jesu von Nazareth angelegten impliziten Christologie zu verstehen.[177] Die in „dem Auftreten und der Geschichte Jesu implizit"[178] enthaltene Christologie macht Pannenberg in der Unterscheidung Jesu von Gott als seinem Vater aus, wodurch der Nazarener in Einheit mit Gott steht. In der begründungslogischen Fassung wird das Schema von impliziter und expliziter Christologie zu einem Entwicklungsschema. Zwar kann nur von dem Kerygma aus nach dem Mann aus Nazareth als Voraussetzung der späteren Christusverkündigung gefragt werden, aber die historische Rückfrage in systematischer Absicht weist „Geschehensverläufe reflektierter Überlieferung" nach, „die vom Auftreten des historischen Jesus über seinen Tod und die Auferstehungsbotschaft der Apostel bis hin zur Ausbildung des christologischen Dogmas und zur gegenwärtigen christologischen Diskussion im Kontext der Gesamttheologie reichen".[179]

Eine andere Nuance erhält das Schema von impliziter und expliziter Christologie bei Ernst Käsemann, Gerhard Ebeling, Ernst Fuchs, Eberhard Jüngel und anderen. Die Rückfrage nach dem historischen Jesus erfolgt bei ihnen allein aus dem Interesse des Glaubens an sich selbst als einem geschichtlichen Geschehen. Deshalb „ist der historische Jesus" dogmatisch „in genau dem Maße von Bedeutung, in dem das Geheimnis seiner personalen Identität über seine irdische Lebensgeschichte und Leidensgeschichte und damit über seinen Tod hinausweist."[180] Aus der Perspektive des nachösterlichen Glaubens erscheint der irdische Jesus als Zeuge des Glaubens (Gerhard Ebeling), als „vestigium trinitatis" (Eberhard Jüngel)[181] oder als „Zeichen Gottes" (Ingolf U. Dalferth). Das Schema von impliziter und expliziter Christologie hat hier eine hermeneutische Funktion, so dass der vorösterliche Erlöser einen Bestandteil des christlichen Glaubens und gerade nicht der Realgeschichte darstellt.

Verwendungsweisen des Schemas implizite und explizite Christologie:
begründungslogische Funktion
– Entwicklung vom historischen Jesus ‚hinter' den Quellen zum Christusglauben
hermeneutische Funktion
– irdischer Jesus als Bestandteil des christlichen Glaubens

---

[177] Vgl. W. Pannenberg, Systematische Theologie, Bd. 2, S. 320 f.
[178] W. Pannenberg, Systematische Theologie, Bd. 2, S. 321.
[179] G. Wenz, Christus, S. 69.
[180] E. Jüngel, Zur dogmatischen Bedeutung der Frage nach dem historischen Jesus, S. 237.
[181] Vgl. E. Jüngel, Gott als Geheimnis der Welt, S. 470–505.

Die Facettenbreite des Schemas von impliziter und expliziter Christologie beruht auf unterschiedlichen Auffassungen über die Eigenart und die Leistungskraft geschichtlicher Erkenntnis sowie deren Zuordnung zur systematischen Theologie. Deshalb kann das Verhältnis von Glaube und Geschichte mit dem Schema so gefasst werden, dass der Glaube an einen historischen Jesus ‚hinter' den neutestamentlichen Evangelien zurückgebunden wird (Wolfhart Pannenberg). Es kann aber auch so angewendet werden, dass mit ihm der Glaube sich selbst als ein geschichtliches Geschehen beschreibt (Gerhard Ebeling und Eberhard Jüngel). Im ersten Fall wird der historischen Forschung eine begründende Funktion für die dogmatische Christologie beigemessen, und im anderen Fall wird die Historie scheinbar unter die Botmäßigkeit der Dogmatik gebracht. An den Alternativen wird deutlich, dass ihnen ein ungeklärtes Verhältnis von Glaube und Geschichte zugrundeliegt. Als historisches Schema, welches eine notwendige Entwicklung von dem irdischen Jesus zu dem Christus der Trinitätslehre und der Zweinaturenchristologie unterstellt, ist das Modell von impliziter und expliziter Christologie vor dem Forum der historischen Vernunft kaum zu begründen. Es umgibt die kontingenten Entstehungsumstände dieser Lehren aus dem 4. und 5. Jahrhundert nicht nur mit der Aura einer theologischen Notwendigkeit, sondern es ist vor allem mit den Resultaten der neueren Jesusforschung nicht mehr zu vermitteln.[182] In der hermeneutischen Variante soll durch das Schema der explizite kerygmatische Christus an den vorösterlichen Jesus zurückgebunden werden. Das Motiv hierfür ist nicht in erster Linie der begründungslogische Nachweis, dass das Kerygma kein Produkt der Gemeinde sei,[183] sondern der Glaube als ein selbst personales Geschehen in der Geschichte. Der Eindruck einer dogmatischen Einhegung der historischen Wissenschaft resultiert vor allem daraus, dass nicht deutlich zwischen der historischen Sicht und der des Glaubens unterschieden wird.

4.5.3. Die Aporien der Personchristologie

Literatur:

R. Barth, Liberale Jesusbilder versus dogmatische Christologie. Konstellationen des 19. Jahrhunderts, in: C. Danz/M. Murrmann-Kahl (Hrsg.), Zwischen historischem Jesus und dogmatischem Christus. Zum Stand der Christologie im 21. Jahrhundert, Tübingen ²2011, S. 111–139.
I. U. Dalferth, Gott für uns. Die Bedeutung des christologischen Dogmas für die christliche Theologie, in: ders./J. Fischer/H.-P. Großhans (Hrsg.), Denkwürdiges Geheim-

---

[182] Vgl. A. v. Scheliha, Kyniker, Prophet, Revolutionär oder Sohn Gottes?, S. 22–31; F. Wagner, Zur gegenwärtigen Lage des Protestantismus, Gütersloh 1995, S. 77 f.
[183] So die Rekonstruktion von F. Wagner, Systematisch-theologische Erwägungen zur neuen Frage nach dem historischen Jesus, S. 298–302. Vgl. auch G. Wenz, Christus, S. 105.

nis. Beiträge zur Gotteslehre. Festschrift für Eberhard Jüngel zum 70. Geburtstag, Tübingen 2004, S. 51–75.
J. Fischer, Wahrer Gott und wahrer Mensch. Zur bleibenden Aktualität eines alten Bekenntnisses, in: NZSTh 37 (1995), S. 165–204.
D. F. Strauß, Die christliche Glaubenslehre in ihrer geschichtlichen Entwicklung und im Kampfe mit der modernen Wissenschaft, Bd. 2, Tübingen/Stuttgart 1841 (ND Darmstadt 2009), S. 75–240.

Im Gefolge der dogmatischen Entscheidungen in der Alten Kirche stand im Fokus der christologischen Reflexion die Konstruktion der Person des Christus als Voraussetzung seines Erlösungswerkes. In Aufnahme der Formeln des Konzils von Chalcedon wurde der Gottmensch als personale Einheit in zwei Naturen verstanden, von denen gelten soll, dass sie in ihm sowohl unvermischt und unverändert als auch ungeteilt und ungetrennt seien. Auch wenn die altkirchlichen Bestimmungen der Christologie bis in die Gegenwart weiterhin traktiert werden, so sind sie doch in mehrfacher Hinsicht problematisch. Zunächst ist der altkirchliche Naturbegriff, der sowohl die göttliche als auch die menschliche Natur umfassen soll, zur Beschreibung einer Person höchst ungeeignet.[184] Das Spezifische einer individuellen Person – noch ganz abgesehen von dem Goetheschen Diktum „Individuum est ineffabile" – lässt sich mit Naturkategorien gar nicht erfassen. Sodann ist die überlieferte Personchristologie mit dem Problem konfrontiert, wie unter der Voraussetzung von zwei Naturen, denen völlig unterschiedliche und unvereinbare Eigenschaften zukommen, die Einheit einer Person verständlich gemacht werden könnte. Alle Hilfskonstruktionen, die in der Theologiegeschichte aufgeboten wurden, um dem monophysitischen Problem zu entgehen, wie die An- und Enhypostasielehre, können nicht darüber hinwegtäuschen, dass die Konstruktion der personalen Lebenseinheit des Gottmenschen nur durch die Aufhebung von dessen menschlicher oder göttlicher Natur möglich ist. Und schließlich bleibt die an dem Paradigma der beiden Naturen orientierte Christologie an der Ebene von gegenständlichen Bestimmungen orientiert. „Das Kernproblem der alten Zweinaturenlehre liegt genau darin, daß sie beides, Menschheit und Gottheit Jesu Christi, im Sinne *intersubjektiver* Bestimmtheit zu fassen sucht."[185]

Die protestantische Aufklärungstheologie hatte zwar die altkirchliche Zweinaturenchristologie aufgelöst und durch das Verhältnis von Offenbarung und Geschichte ersetzt, aber weiterhin ihr Interesse auf die Konstruktion der religiösen Bedeutung der Person Jesu Christi gelegt. An die Stelle der beiden Natu-

---

[184] Vgl. F. Schleiermacher, Der christliche Glaube 1821–1822, Bd. 2, § 117.1, S. 33; A. Ritschl, Die christliche Lehre von der Rechtfertigung und Versöhnung, Bd. 3, S. 376 f.
[185] J. Fischer, Wahrer Gott und wahrer Mensch. Zur bleibenden Aktualität eines alten Bekenntnisses, in: NZSTh 37 (1995), S. 165–204, hier S. 170.

4.5. Problemfelder der gegenwärtigen Christologie 191

ren trat nun der Wille Jesu, der mit dem des himmlischen Vaters übereinstimmt, oder, wie in der Christologie Schleiermachers, die Kräftigkeit und Stetigkeit des Gottesbewusstseins. Gerade der von Schleiermacher unternommene Versuch, die Aporien der alten Zweinaturenlehre durch die religionstheoretischen Bestimmungen aus der Einleitung der Glaubenslehre zu beheben, ließ, wie die Debatte um die Christologie der Glaubenslehre zeigte, die Unzulänglichkeiten der Lehre von der Person des Erlösers unübersehbar werden.[186] Auch der Schleiermachersche Erlöser ist kein Mensch mehr wie alle anderen. Die Problemfassung der alten Personchristologie wird von dem Berliner Theologen und seinen Nachfolgern lediglich unter veränderten Vorzeichen weitergeführt, nämlich so, dass nun nach Merkmalen der Gottheit Jesu oder anderen ihn auszeichnenden Qualitäten, wie seinem Gottesverhältnis oder seiner Verkündigung, gefragt wird.

„Bei der Frage nach der Gottheit Jesu Christi geht es um die Gottheit des *Menschen* Jesus. Sie hat es also nicht mit einer isoliert für sich zu betrachtenden ‚göttlichen Natur' zu tun. Es handelt sich vielmehr darum, in der menschlichen Wirklichkeit Jesu die Konturen seiner göttlichen Sohnschaft zu entdecken, die dann auch als ewige Sohnschaft seinem geschichtlich-irdischen Dasein vorausgeht und sogar als schöpferischer Grund dieses seines menschlichen Daseins zu denken ist."[187]

Die Umstellung von dem ontologisch gefassten Gottmenschen zum Menschen Jesus bleibt dem Anliegen der alten Personchristologie verhaftet. So ambitioniert derartige Programme auch sein mögen, sie sind freilich nicht in der Lage, solche Qualitäten im Sinne von Tatsachen im Leben des Nazareners aufzuweisen.[188] Ein besonderes Gottesverhältnis des Mannes aus Nazareth ist aufgrund seines intrinsischen Charakters weder einer historischen Wissenschaft noch etwaigen Zeitgenossen direkt zugänglich.

Die moderne Umstellung der Christologie von der Natur beziehungsweise Substanz zur Person möchte zwar die Aporien des überlieferten Lehrbegriffs hinter sich lassen,[189] aber gerade das gelingt ihr nicht wirklich. Der Grund hierfür liegt in der beibehaltenen Orientierung an der Person Jesu Christi. Deren religiöse Bedeutung soll durch den Aufweis von besonderen Eigenschaften und Qualitäten begründet werden. Dadurch werden jedoch lediglich die Aporien des Lehrbegriffs reproduziert. Weiterführend scheint eine Umstellung der Perspektive der christologischen Reflexion von der Person zum Glaubensbegriff

---

[186] Vgl. D. F. Strauß, Die christliche Glaubenslehre, Bd. 2, S. 175–240; F. C. Baur, Die christliche Lehre von der Dreieinigkeit und Menschwerdung Gottes, S. 842–886.
[187] W. Pannenberg, Systematische Theologie, Bd. 2, S. 365. Vgl. auch K. Stock, Einleitung in die Systematische Theologie, Berlin/New York 2011, S. 180 f.; C. Schwöbel, „Wer sagt denn ihr, dass ich sei?", S. 53–55.
[188] Vgl. J. Fischer, Wahrer Gott und wahrer Mensch, S. 201 Anm. 72.
[189] Vgl. C. Schwöbel, „Wer sagt denn ihr, dass ich sei?", S. 53.

zu sein.[190] In diesem Sinne hatte Johannes Fischer (geb. 1947) vor einigen Jahren vorgeschlagen, die christologische Debatte von ihrer Fixierung auf eine gegenständliche oder intersubjektive Bestimmtheit zu lösen. Der Versuch, die Person Jesu Christi durch die Subsumption von Prädikaten, also im Horizont von intersubjektiver Bestimmtheit, zu erfassen, verfehlt die Pointe der religiösen Rede. In der Religion geht es nicht um Gegenstandserkenntnis, sondern um eine neue Sicht des Selbst und der Wirklichkeit, welche Fischer transsubjektive Bestimmtheit nennt. „Das christologische Dogma der Einheit von Menschheit und Gottheit Jesu ist so zu interpretieren, daß der, welcher als historischer Jesus im Zusammenhang unserer *intersubjektiv* erschlossenen Geschichte und Welt in Erscheinung getreten ist, zugleich der ist, dessen textgewordene Geschichte die Wirklichkeit im Ganzen auf *transsubjektiver* Ebene qualifiziert, was bedeutet, daß die Wirklichkeit im Ganzen von dieser seiner Geschichte her zu lesen ist."[191] Durch die Unterscheidung von intersubjektiver und transsubjektiver Bestimmtheit verlagert Fischer die christologische Reflexion von der Person Christi und ihren Eigenschaften auf die durch ihn qualifizierte Sicht der Wirklichkeit. Da sich eine solche neue Sicht nur in der intersubjektiv geteilten Wirklichkeit erschließen kann, bleibt die religiöse Rede auf sie bezogen. Fischers Vorschlag, das christologische Dogma durch die Zuordnung und Unterscheidung von intersubjektiver und transsubjektiver Bestimmtheit zu ersetzen, ist ein wichtiger Schritt in die richtige Richtung. Weiterführend wird seine Anregung erst dann, wenn die christologische Reflexion von allen Rückbindungen an die empirische Geschichte des Mannes aus Nazareth entlastet wird.

---

[190] Vgl. schon A. Ritschl, Die christliche Lehre von der Rechtfertigung und Versöhnung, Bd. 3, S. 364–455. In der jüngeren Debatte wurde der Vorschlag Ritschls aufgenommen von U. Barth, Hermeneutik der Evangelien als Prolegomena zur Christologie, S. 276 f. Vgl. auch I. U. Dalferth, Der auferweckte Gekreuzigte, S. 152; ders., Gott für uns. Die Bedeutung des christologischen Dogmas für die christliche Theologie, in: ders./J. Fischer/H.-P. Großhans (Hrsg.), Denkwürdiges Geheimnis. Beiträge zur Gotteslehre. Festschrift für Eberhard Jüngel zum 70. Geburtstag, Tübingen 2004, S. 51–75.
[191] J. Fischer, Wahrer Gott und wahrer Mensch, S. 171. Vgl. auch ders., Zur Hermeneutik christologischer Aussagen, in: U. H. J. Körtner (Hrsg.), Jesus im 21. Jahrhundert. Bultmanns Jesusbuch und die heutige Jesusforschung, Neukirchen-Vluyn ²2006, S. 189–198.

5. Dogmatische Christologie als Selbstdarstellung des Glaubens

Der tradierte christologische Lehrbegriff mit seinen Aufbauelementen Person- und Werkchristologie sowie Ständelehre hat sich unter den Erkenntnisbedingungen der Moderne als revisionsbedürftig erwiesen. Der neuralgische Punkt der alten Christologie liegt in der Zweinaturenlehre. Sie ist weder in der Lage, die Einheit der Person Jesu Christi verständlich zu machen, noch lässt sich unter der Voraussetzung einer Einheit der beiden Naturen in dem Gottmenschen dessen Menschsein behaupten. Das Dilemma des Lehrbegriffs weist darauf hin, dass eine Theorie der Person des Gottmenschen einen verfehlten Ansatzpunkt für die christologische Reflexion bildet. Er muss durch eine andere Perspektive ersetzt werden. Worin kann sie bestehen? Die Entwicklungsgeschichte der Christologie in der Moderne führte zu deren zunehmender Innenverlagerung. Das Christusbild beschreibt keine äußere historische Wirklichkeit mehr, sondern ist selbst der Ausdruck der reflexiven Struktur des Glaubensaktes. Die Theologie des 20. Jahrhunderts hat das unableitbare Entstehen des Glaubens als das Ereignis von Gottes Offenbarung in der Geschichte beschrieben. Mit dem Offenbarungsbegriff ist nun in der Tat eine Perspektive der christologischen Reflexion angedeutet, welche es erlaubt, die Aporien des alten Lehrbegriffs hinter sich zu lassen. In der offenbarungstheologischen Fassung wird die Christologie jedoch als ein besonderes dogmatisches Lehrstück aufgelöst.[1] Nur so kann sie zu einem integralen Thema der gesamten Dogmatik werden.

Die Darstellung und Entfaltung der dogmatischen Christologie wird sich in drei Unterabschnitten vollziehen. Einzusetzen ist mit dem seit der Aufklärung virulenten Problem der Geschichte. Im zweiten Unterabschnitt wird die dogmatische Ausgestaltung der Christologie unter Einbeziehung der Kritik an dem christologischen Dogma ausgeführt. Und schließlich ist drittens die religionsdiagnostische Funktion der dogmatischen Christologie vor dem Hintergrund des religiösen Pluralismus und den mit ihm verbundenen Problemen zu erläutern.

---

[1] Vgl. auch E. Hirsch, Christliche Rechenschaft, Bd. 2, bearb. v. H. Gerdes, neu hrsg. v. H. Hirsch, Tübingen 1989, S. 18. Vgl. dazu U. Barth, Die Christologie Emanuel Hirschs, S. 584.

5.1. Das Verständnis der Geschichte

Literatur:

H. M. Baumgartner, Kontinuität und Geschichte. Zur Kritik und Metakritik der historischen Vernunft, Frankfurt a.M. 1997.
J. Kocka/T. Nipperdey (Hrsg.), Theorie und Erzählung in der Geschichte, München 1979.
M. Moxter, Erzählung und Ereignis. Über den Spielraum historischer Repräsentation, in: J. Schröter/R. Brucker (Hrsg.), Der historische Jesus. Tendenzen und Perspektiven der gegenwärtigen Forschung, Berlin/New York 2002, S. 67–88.
J. Rüsen, Anmerkungen zum Thema Christologie und Narration, in: K.-M. Kodalle (Hrsg.), Gegenwart des Absoluten – philosophisch-theologische Diskurse zur Christologie, Gütersloh 1984, S. 90–96.
J. Rüsen, Historische Vernunft. Grundzüge einer Historik, Bd. 1. Die Grundlagen der Geschichtswissenschaft, Göttingen 1983.
J. Schröter/A. Eddelbüttel (Hrsg.), Konstruktion von Wirklichkeit. Beiträge aus geschichtstheoretischer, philosophischer und theologischer Perspektive, Berlin/New York 2004.
E. Troeltsch, Der Historismus und seine Probleme. Erstes Buch: Das logische Problem der Geschichtsphilosophie (1922) (= KGA, Bd. 16,1 und 16,2), hrsg. v. F. W. Graf in Zusammenarbeit mit M. Schloßberger, Berlin/New York 2008.

Die Geschichtswissenschaft scheint, wenn man auf die Jesusforschung von der Aufklärung bis in unsere Gegenwart blickt, den christlichen Glauben an den gekreuzigten und auferstandenen Christus zu untergraben. Denn offensichtlich liegt es in ihrer Konsequenz und in ihren Methoden, dass der wunderbare Schleier, der über den neutestamentlichen Berichten von Jesus Christus hängt, weggezogen wird. Hinter der Fassade erscheint ein jüdischer Charismatiker, der mit seiner Botschaft und seinen Idealen vielleicht gescheitert ist und der nur sehr wenig mit dem späteren dogmatischen Christusbild der Kirche zu tun hat.[2] Die moderne Geschichtswissenschaft, die sich im Verlauf des 19. Jahrhunderts zunehmend professionalisiert und ihre Methoden verfeinert hat, baut, wie es Ernst Troeltsch in seinem berühmten Aufsatz *Ueber historische und dogmatische Methode in der Theologie* ausgeführt hat, auf drei Prinzipien auf: 1.) historische Kritik, 2.) Analogie und 3.) Wechselwirkung.[3]

---

[2] Vgl. R. Bultmann, Das Verhältnis der urchristlichen Christusbotschaft zum historischen Jesus, S. 453.
[3] E. Troeltsch, Ueber historische und dogmatische Methode in der Theologie, S. 729–753. Vgl. dazu F. Voigt, Die historische Methode in der Theologie. Zu Ernst Troeltschs Programm einer theologischen Standortepistemologie, in: F. W. Graf (Hrsg.), „Geschichte durch Geschichte überwinden". Ernst Troeltsch in Berlin, Gütersloh 2006, S. 135–153.

5.1. Das Verständnis der Geschichte

Die Prinzipien der modernen Historie nach Ernst Troeltsch:
- *Historische Kritik:* Historische Ereignisse haben einen wahrscheinlichen Status.
- *Analogie:* Wahrscheinlich sind historische Ereignisse, die in Analogie zu unserer Alltagserfahrung stehen.
- *Korrelation:* Geschichtliche Ereignisse sind immer durch andere geschichtliche Ereignisse bestimmt.

Die historische Kritik der überlieferten geschichtlichen Quellen relativiert die in ihnen berichteten Ereignisse und Begebenheiten, da sie ihnen nur noch den Status des Wahrscheinlichen zukommen lässt. Ihre Urteile über die Vergangenheit sind lediglich Wahrscheinlichkeitsurteile. Für die Religion und die mit dem religiösen Glauben verbundenen Bestandteile der Geschichte besagt das jedoch, dass die Absolutheitsmomente der religiösen Gewissheit aufgelöst werden. Was die Analogie betrifft, so ist sie die Voraussetzung der historischen Kritik. Ihr können nur solche Ereignisse und Begebenheiten als historisch wahrscheinlich gelten, die in Analogie oder Übereinstimmung mit unserer sonstigen normalen Alltagserfahrung stehen.[4] Die Anwendung der Analogie, das sollte deutlich sein, überantwortet einen großen Teil der neutestamentlichen Geschichte von Jesus Christus dem Reich der mythischen Legendenbildung. Der Wechselwirkung als Prinzip der historischen Forschung zufolge stehen schließlich alle Erscheinungen des geschichtlichen Lebens in einem innerweltlichen kausalen Zusammenhang. Wenn aber „alles Geschehen in einem beständigen korrelativen Zusammenhang steht", in dem „Alles und Jedes zusammenhängt", dann ist ein „der gegenseitigen Beeinflussung und Verflechtung entzogene[r] Punkt" bei geschichtlichen Ereignissen ausgeschlossen.[5] Die durch göttlichen Eingriff in die Geschichte bewirkte Auferstehung eines Toten kann im Geltungsbereich dieses Methodenkanons per definitionem kein historisches Ereignis mehr sein.

Nimmt man die drei Methoden-Bestandteile der modernen historischen Forschung zusammen, dann scheint sie in der Tat zu einer Auflösung zumindest der geschichtlichen Elemente des christlichen Glaubens zu führen. Denn zentrale Etappen der Geschichte Jesu, angefangen bei seiner Geburt über seine Wundertaten bis hin zu seiner Auferstehung, können unter den Bedingungen des modernen historischen Denkens und seiner methodologischen Voraussetzungen nicht als geschichtlich wahrscheinlich gelten, sondern bestenfalls als Mythen und fromme Phantasie. Ob mit dem angedeuteten Befund allerdings schon ein abschließendes Urteil über den Glauben und sein Verhältnis zur Geschichte und damit über das Zentrum der christlichen Religion gesprochen ist, wie Religionskritiker auf der einen und fundamentalistische Christen auf der anderen Seite gern in seltsamer Einmütigkeit annehmen, muss bezweifelt werden. Es

---

[4] Vgl. E. Troeltsch, Ueber historische und dogmatische Methode, S. 732.
[5] E. Troeltsch, Ueber historische und dogmatische Methode, S. 733.

196   5. Dogmatische Christologie als Selbstdarstellung des Glaubens

ist deshalb an dieser Stelle kurz auf den Begriff der Geschichte, seine methodischen Voraussetzungen und Implikationen einzugehen. Der Geschichtsbegriff ist nämlich äußerst voraussetzungsreich und nicht zu denken ohne die vorherige Entwicklung eines historischen Bewusstseins und Selbstverständnisses. So wenig ein Geschichtsbewusstsein eine anthropologische Gegebenheit ist, so wenig ist die Darstellung der Geschichte eine bloße Abbildung des Gegebenen, sondern selbst bereits eine hochstufige Deutungsleistung. Das wird spätestens dann sichtbar, wenn man mehrere historische Darstellungen zum Beispiel der Französischen Revolution oder eben der historischen Gestalt Jesus von Nazareth gelesen hat.

Was ist also Geschichte? Und wie kann man sie verstehen? Es lassen sich in idealtypischer Weise zwei Auffassungen von Geschichte unterscheiden, nämlich eine positivistische und eine kritische.

5.1.1. Geschichte als objektives Realgeschehen

Der Geschichtsbegriff enthält den Doppelsinn von Ereignis und Darstellung der Ereignisse.[6] Beides muss nicht unbedingt konvergieren und tut es auch meistens nicht, aber die Relation von geschehenem Ereignis und seiner Rezeption ist für Geschichte konstitutiv. Ohne ein Ereignis gibt es nichts zu berichten.[7] Die in der angedeuteten Relation liegende Differenz kann sich zugunsten des Ereignisses im Sinne von Fakten verschieben. Die Rezeption ist dann gleichsam dem Verdacht ausgesetzt, das Faktum zu überzeichnen und damit zu entstellen. Der rekonstruierenden Geschichtsforschung kommt folglich die Aufgabe zu, unter und hinter den Überzeichnungen durch die Quellen die wahre Geschichte der Ereignisse aufzuspüren und ein objektives Bild von ihnen zu zeichnen, und zwar ohne etwas hinzuzufügen. Sie möchte, mit dem großen Historiker Leopold von Ranke (1795–1886) gesprochen, wissen, „wie es eigentlich gewesen" ist.[8]

Geschichte wird hier verstanden als ein Aggregat von objektiven Fakten oder Ereignissen, die sich im Laufe der Zeit aneinanderreihen. Konstitutiv für den Begriff des Ereignisses sind die Momente der Einmaligkeit, der Unwiederholbarkeit und der Unveränderlichkeit.[9] So gehört für den der sogenann-

---

[6] Vgl. R. Koselleck, Historia Magistra Vitae, S. 47–66; M. Moxter, Erzählung und Ereignis. Über den Spielraum historischer Repräsentation, in: J. Schröter/R. Brucker (Hrsg.), Der historische Jesus. Tendenzen und Perspektiven der gegenwärtigen Forschung, Berlin/New York 2002, S. 67–88, bes. S. 71.

[7] Vgl. M. Moxter, Erzählung und Ereignis, S. 67.

[8] L. v. Ranke, Geschichte der romanischen und germanischen Völker von 1494–1514 (= SW 33/34), Leipzig ³1885, S. VII. Zur Historiographie Rankes vgl. U. Barth, Die Christologie Emanuel Hirschs, S. 171–193.

[9] Vgl. M. Moxter, Erzählung und Ereignis, S. 72; D. Sinn, Art.: Ereignis, in: HWP, Bd. 2, Basel 1972, Sp. 608 f.

ten mythischen Schule nahe stehenden Aufklärungstheologen Johann Philipp Gabler (1753–1826) das Faktum des Geschehenseins zum Konstitutivum des Geschichtsbegriffs und unterscheidet die Historie von der Fabel und vom Mythos.[10] Der Historiker hat nun die Aufgabe, das Historische von den mythischen Fabeln zu unterscheiden. Er bildet gleichsam die historische Welt der vergangenen Fakten und Ereignisse vorurteilslos ab. Auf solche Weise kann nach dem historischen Kern der Jesusgeschichte gefragt werden, der sich hinter der Überlieferung durch die Evangelisten und die frühe Gemeinde verbirgt. Die historische Jesusforschung hat eben dies seit der Aufklärung getan und dabei zumeist die Standortgebundenheit und Perspektivität ihrer Darstellungen deutlicher reflektiert, als ihr Albert Schweitzer später mit seiner Projektionsthese bescheinigte.

Das positivistische Geschichtsverständnis:
– Geschichte ist ein objektiver Prozess, ein Zusammenhang von Fakten und Ereignissen.
– Der Historiker bildet diesen Zusammenhang ab.
– Ein solches Geschichtsverständnis ist eine Fiktion und enthält eine Paradoxie.

So plausibel das positivistische, an den geschehenen Ereignissen und deren Abbildung orientierte Verständnis der Geschichte auf den ersten Blick erscheint, es enthält gleichwohl eine unauflösliche Paradoxie, da in seinem Horizont der Historiker jemand wäre, der selbst keine Geschichte hat.[11] Dass ein solcher Historiker eine Fiktion ist, wird nicht nur an den unterschiedlichen Darstellungen von historischen Begebenheiten deutlich, sondern auch und gerade an den verschiedenen Bildern des historischen Jesus, welche die historische Jesusforschung seit dem 19. Jahrhundert zeichnet. Immer gehen nämlich religiöse, kulturelle, soziale und politische Interessen des Historikers in sein Bild und in seine Darstellung der Vergangenheit mit ein. Das zeigt aber nur, dass auch der Historiker nicht jenseits der Geschichte steht, sondern in ihr.

5.1.2. Geschichte als gegenwartsbezogene Konstruktion

Das positivistische, an Ereignissen orientierte Geschichtsverständnis ist also durch ein kritisches Verständnis von Geschichte zu ersetzen. Es knüpft an die ‚kopernikanische Wende' Immanuel Kants an, der zufolge empirische Gegenstandserkenntnis nicht ohne die kategorialen Formen des Verstandes sowie die

---

[10] J. P. Gabler, Ueber den Engel, der nach Luc. XXII, 43 Jesum gestärkt haben soll, in: ders., Kleinere theologische Schriften, Bd. 1, hrsg. v. T. A. Gabler/J. G. Gabler, Ulm 1831, S. 1–55, bes. S. 37.
[11] Vgl. U. Anacker/H. M. Baumgartner, Art.: Geschichte, in: Handbuch philosophischer Grundbegriffe, Bd. 2, hrsg. v. H. Krings/H. M. Baumgartner/C. Wild, München 1973, S. 547–557, bes. S. 547 f.; M. Moxter, Erzählung und Ereignis, S. 74.

5. Dogmatische Christologie als Selbstdarstellung des Glaubens

Anschauungsformen des erkennenden Subjekts zustande kommen kann. Ein unmittelbarer, quasi objektiver Zugriff auf Ereignisse ist dem Menschen nicht möglich, sondern jedwede Wahrnehmung ist bereits imprägniert durch kulturelle Sinnformen. Im geschichtswissenschaftlichen Diskurs wurde der erkenntnistheoretische Grundgedanke Kants von Johann Gustav Droysen aufgenommen und auf die Historik angewandt. Max Weber (1864–1920) hatte dann um die Jahrhundertwende den kritizistischen Gedanken in die sozialwissenschaftlichen Debatten eingeführt und im Anschluss an Friedrich Nietzsche (1844–1900)[12] die Perspektivität und Interessengebundenheit jeglicher historischer und kulturwissenschaftlicher Forschung betont.[13]

„*Es gibt keine* schlechthin ‚objektive' wissenschaftliche Analyse des Kulturlebens oder, – was vielleicht etwas Engeres, *für unsern* Zweck aber sicher nichts wesentlich anderes bedeutet, – der ‚sozialen Erscheinungen' *unabhängig* von speziellen und ‚einseitigen' Gesichtspunkten, nach denen sie – ausdrücklich oder stillschweigend, bewußt oder unbewußt – als Forschungsobjekt ausgewählt, analysiert und darstellend gegliedert werden."[14]

In die gegenwärtigen Debatten über die Narrativität von Geschichte hielt die von Kant bis Weber herausgearbeitete Deutungs- und Interpretationsabhängigkeit empirischer Erkenntnis vermittelt über das Spätwerk Ludwig Wittgensteins (1889–1951) durch Arthur C. Danto[15] Einzug. Für das kritische Verständnis ist Geschichte kein gleichsam fixierter objektiver Prozess, der sich aus Fakten zusammensetzt, sondern im Kern Erzählung, die von Gegenwartsinteressen bedingt ist. Die in dem Geschichtsbegriff angelegte Relation von Ereignis und Darstellung verschiebt sich auf die Seite der erzählenden Repräsentation des Vergangenen. Betont werden nun das Interesse an der Historie und ihre Orientierungsfunktion. Nur deshalb erzählt man sich Geschichte, weil man wissen will, wer man ist und wohin man geht.[16] Das Eingebundensein in eine bestimmte Geschichte und die damit verbundene Vorurteilsstruktur ist also kein Fehler, den es zu beseitigen gilt, sondern für das Verstehen von Geschichte geradezu konstitutiv. Die Interessenabhängigkeit jeder Geschichte macht nun zunächst verständlich, warum es unterschiedliche Darstellungen von historischen

---

[12] Vgl. F. Nietzsche, Unzeitgemäße Betrachtungen. Zweites Stück: Vom Nutzen und Nachteil der Historie für das Leben, in: ders., Kritische Studienausgabe, Bd. 1, hrsg. v. G. Colli/M. Montinari, München 1990, S. 243–334.

[13] Vgl. M. Weber, Die „Objektivität" sozialwissenschaftlicher und sozialpolitischer Erkenntnis, in: ders., Schriften zur Wissenschaftslehre, Stuttgart 1991, S. 21–101. Vgl. dazu O. G. Oexle, Max Weber – Geschichte als Problemgeschichte, in: ders., Das Problem der Problemgeschichte 1880–1932, Göttingen 2001, S. 9–37.

[14] M. Weber, Die „Objektivität" sozialwissenschaftlicher und sozialpolitischer Erkenntnis, S. 49.

[15] Vgl. A. C. Danto, Analytische Philosophie der Geschichte, Frankfurt a.M. 1974.

[16] Zur Debatte um den auf Cicero zurückgehenden Topos „Historia Magistra Vitae" vgl. U. Barth, Hermeneutik der Evangelien als Prolegomena zur Christologie, S. 285–290.

Ereignissen oder Personen nicht nur gibt, sondern geben muss. Historisches Wissen hat den epistemischen Status einer gegenwartsgebundenen Konstruktion, denn Erinnern lässt sich ein vergangenes Ereignis immer nur in einer Gegenwart.

Der kritische Geschichtsbegriff:
– Geschichte ist kein bloß objektiver Prozess, sondern Erzählung, die durch gegenwartsgebundene Interessen bedingt ist.
– Durch das Erzählen werden Fakten, Ereignisse und Handlungen in einen einheitlichen Zusammenhang gebracht.

Bereits Albert Schweitzer hatte in der Leben-Jesu-Forschung zwei Interessen am Werke gesehen, nämlich ein historisches und ein religiöses. Seiner Beobachtung zufolge überlagert und steuert das religiöse Gegenwartsinteresse das historische. Vor dem Hintergrund der Diskurse über Geschichte muss man nun sagen, dass Interessenbestimmtheit einen unreduzierbaren Bestandteil des Geschichtsbegriffs darstellt. Geschichte konstituiert sich allererst durch den Akt des Erzählens. Aber „das Erzählen von Geschichten ist ein Organisieren vergangener Ereignisse unter spezifisch menschlichen Interessen".[17]

Der geschichtliche Gegenstand wird durch narrative Deskription, die zwei zeitdifferente Ereignisse zu einer temporalen Struktur verknüpft, allererst erzeugt. Deshalb sind narrative Sätze ein notwendiges Element jedes historischen Wissens.[18] „Erzählen", so der Historiker Jörn Rüsen (geb. 1938), „ist Artikulation solcher Sinnzusammenhänge; es ist eine deutende Erinnerung an die menschliche Vergangenheit, in der diese allererst als Geschichte erkennbar wird und eben dadurch Sinn und Bedeutung für die Gegenwart erhält".[19] Durch sinnstiftendes Erzählen werden bloße Vorgänge zu „Ereignissen von geschichtlicher Bedeutung erhoben".[20] Rüsen nennt diese Synthese von Erfahrung und Bedeutung narrative Triftigkeit und unterscheidet sie von empirischer und normativer Triftigkeit. „Die dritte entscheidende Hinsicht, in der der Geltungsanspruch von Geschichten begründet wird, diejenige auf ihren Sinn, zielt auf nichts anderes als auf die *Synthese von Erfahrung und Bedeutung der mensch-*

---

[17] H. M. Baumgartner, Kontinuität und Geschichte. Zur Kritik und Metakritik der historischen Vernunft, Frankfurt a.M. 1997, S. 273. Zur narrativen Struktur historischen Wissens vgl. auch J. Kocka/T. Nipperdey (Hrsg.), Theorie und Erzählung in der Geschichte, München 1979.
[18] Vgl. H. M. Baumgartner, Kontinuität und Geschichte, S. 280.
[19] J. Rüsen, Anmerkungen zum Thema Christologie und Narration, in: K.-M. Kodalle (Hrsg.), Gegenwart des Absoluten – philosophisch-theologische Diskurse zur Christologie, Gütersloh 1984, S. 90–96, hier S. 91. Vgl. auch J. Assmann, Das kulturelle Gedächtnis. Schrift, Erinnerung und politische Identität in frühen Hochkulturen, München 1992; M. Moxter, Erzählung und Ereignis, S. 67–88.
[20] P. Tillich, Systematische Theologie, Bd. 3, S. 345.

lichen Vergangenheit, die durch das Erzählen als Form der historischen Erinnerung realisiert wird. Das hierfür spezifische Wahrheitskriterium ist das eigentlich historische: *Es handelt sich um das Sinnkriterium der Orientierung des menschlichen Lebens in der Zeit.*"[21] Erst durch „retrospektive, narrative Organisation vergangener Ereignisse aus grundlegenden Interessen" baut sich ein sinnvoller geschichtlicher Zusammenhang auf.[22] In keiner möglichen Narration kann alles auf einmal gesagt werden. Deshalb bedeutet Erzählen immer auch Auswählen und vor allem anders Erzählen.

„Die Festsetzung von temporalen Strukturen im Hinblick auf ein bestimmtes Ereignis erfolgt daher ad hoc und ist von den Interessen und den durch diese bedingten Relevanzkriterien des Historikers nicht minder abhängig wie von dem dem Historiker zugänglichen dokumentarischen Material."[23]

Wie jedoch eine Geschichte erzählt wird, das richtet sich stets nach Interessen und nach dem, was in der jeweiligen Gegenwart für bedeutsam gehalten wird. Nur das in der Vergangenheit, was für eine soziokulturelle Gruppe von Bedeutung und Wichtigkeit ist, ist für sie ein geschichtliches Ereignis,[24] und nur solche für sie bestimmenden geschichtlichen Ereignisse sind für die kulturelle Identität sowohl des Kollektivs als auch des Individuums konstitutiv und vermitteln Handlungsorientierung. Diese Funktion der Geschichte kann man sich an der identitätsstiftenden Aufgabe von Erzählungen deutlich machen, wie sie Jan Assmann (geb. 1938) in seinen Studien zum kulturellen Gedächtnis analysiert hat.[25] So haben die Exodus-Überlieferungen eine identitätsstiftende und identitätsbestätigende Funktion für Israel. Solche Geschichten werden erzählt, um sich zu vergewissern, wer man ist und woher man kommt. Die Frage, ob es denn tatsächlich so war und sich so verhalten hat, wie es die Exodus-Erzählungen berichten, greift demgegenüber zu kurz. Eine Identität von Personen oder geschichtlichen Gruppen gibt es nämlich nur als eine Selbstbeschreibung und nicht als unveränderliche Substanz.

Auch die Kontinuität der Geschichte, die gerade für die Frage nach dem Verhältnis von irdischem, vorösterlichem Jesus und geglaubtem, nachösterlichem Christus von so hoher Bedeutung ist, liegt nicht in Fakten und Daten, sondern

---

[21] J. Rüsen, Anmerkungen zum Thema Christologie und Narration, S. 92. Vgl. auch ders., Geschichte und Norm – Wahrheitskriterien der historischen Erkenntnis, in: W. Oelmüller (Hrsg.), Normen der Geschichte, Paderborn/München/Wien/Zürich 1979, S. 110–139, bes. S. 117–125.
[22] H. M. Baumgartner, Kontinuität und Geschichte, S. 282.
[23] H. M. Baumgartner, Kontinuität und Geschichte, S. 283.
[24] Vgl. P. Tillich, Systematische Theologie, Bd. 3, Stuttgart 1966, S. 344.
[25] Vgl. J. Assmann, Das kulturelle Gedächtnis.

5.1. Das Verständnis der Geschichte 201

allein im Erzählen.[26] Historische Kontinuität ist ein „Implikat der narrativen Struktur des historischen Wissens", und ihr eignen die „Charaktere der Retrospektivität, Konstruktivität und Partikularität".[27] Der Versuch, an den Dokumenten der Vergangenheit oder an den historisch aufweisbaren Daten aus dem ‚Leben' des irdischen Jesus dessen Kontinuität zu dem geglaubten Christus aufweisen zu wollen, verfehlt von vornherein den epistemischen Status des historischen Kontinuitätsbegriffs.

Geschichte als Konstruktion in praktischer Absicht:
- „Erzählen ist [...] deutende Erinnerung an menschliche Vergangenheit, in der diese allererst als Geschichte erkennbar wird und eben dadurch Sinn und Bedeutung für die Gegenwart erhält." (Jörn Rüsen)
- Durch das sinnstiftende Erzählen werden bloße Vorgänge zu Ereignissen von geschichtlicher Bedeutung erhoben.
- Geschichte als Erzählung hat eine praktische Funktion; sie dient der Sinnvergewisserung und der Handlungsorientierung.

Geschichte entsteht durch das Erzählen, welches zwei zeitdifferente Ereignisse in einen bedeutsamen Zusammenhang setzt. Sinn und Bedeutung liegen also nicht bereits in den bloßen Fakten als solchen, sondern der Sinn von Ereignissen konstituiert sich, indem erzählt wird. Solche Narrationen geschehen immer in einem bestimmten Interesse, das auf gegenwärtige Sinngebung und Handlungsorientierung zielt.[28] Auch bei den neutestamentlichen Evangelien handelt es sich, wie die Forschung in den letzten Jahren im Anschluss an literaturwissenschaftliche und historische Erzähltheorien betont hat, um paradigmatische Erzählungen.[29] Sie bieten Idealbiographien des Mannes aus Nazareth. Als exemplarische Geschichtserzählungen bewegen sich die Evangelien „weder auf der Ebene des begrifflich Allgemeinen, noch auf der Ebene kontingenter Referenz", sondern sie zeichnen „sich gerade durch die Verbindung beider Ebenen aus. Geschichtserkenntnis bringt ein Allgemeines zum Vorschein, das aber nicht für sich allein thematisch wird, sondern nach seiner Eingebundenheit in

---

[26] Zum Kontinuitätsbegriff vgl. H. M. Baumgartner, Kontinuität und Geschichte; M. Öhler, Die Evangelien als Kontinuitätskonstrukte, S. 87–109.

[27] H. M. Baumgartner, Kontinuität und Geschichte, S. 311.

[28] Vgl. R. Koselleck, Historia Magistra Vitae, S. 38–66; K. Stierle, Geschichte als Exemplum – Exemplum als Geschichte. Zur Pragmatik und Poetik narrativer Texte, in: R. Koselleck/W.-D. Stempel (Hrsg.), Geschichte – Ereignis und Erzählung, München 1973, S. 347–375; R. Schenda, Stand und Aufgaben der Exemplaforschung, in: Fabula. Zeitschrift für Erzählforschung 10 (1969), S. 69–85.

[29] Vgl. D. Dormeyer, Einführung in die Theologie des Neuen Testaments, S. 72–74; ders., Das Markusevangelium als Idealbiographie von Jesus Christus, dem Nazarener, Stuttgart 1999; D. Frickenschmidt, Evangelium als Biographie. Die vier Evangelien im Rahmen antiker Erzählkunst, Tübingen/Basel 1997.

lokal-temporale Ereigniszusammenhänge. Exemplarisches Erzählen zielt auf die Musterfunktion von Kontingentem."[30]

Aber auch dann, wenn Geschichte immer eine gegenwartsbezogene Konstruktion des Vergangenen ist, wird die Unterscheidung von Faktum und Fiktion nicht obsolet.[31] Zu erzählen gibt es nur dann etwas, wenn auch etwas vorgefallen ist. Die Einsicht in den Konstruktionscharakter von Geschichte und geschichtlichen Zusammenhängen entbindet nicht von der historischen Quellenkritik. Dem „Veto-Recht der Quellen" (Reinhart Koselleck) muss sich jede Deutung der Vergangenheit unterstellen. Der Stachel der historischen Kritik und das mit ihr verbundene Problem des Historismus lassen sich nicht durch eine Umstellung auf Rezeption unter Ausblendung der Autoren- oder Textintention bewältigen. Auch eine Darstellung des historischen Jesus, welche sich in dem rekonstruierten zeitgeschichtlichen Kontext nicht plausibilisieren lässt, mag daher zwar eine religiös-erbauliche Funktion haben, kann aber eben keine historische Wahrscheinlichkeit beanspruchen.

5.1.3. Christologie als Geschichtsdeutung

Literatur:

C. Danz, Religion als Freiheitsbewußtsein. Eine Studie zur Theologie als Theorie der Konstitutionsbedingungen individueller Subjektivität bei Paul Tillich, Berlin/New York 2000.

M. Laube, Theologische Selbstklärung im Angesicht des Historismus. Überlegungen zur theologischen Funktion der Frage nach dem historischen Jesus, in: KuD 54 (2008), S. 114–137.

P. Tillich, Christologie und Geschichtsdeutung, in: ders., Der Widerstreit von Raum und Zeit. Schriften zur Geschichtsphilosophie, Stuttgart ²1963, S. 83–96.

F. Wittekind, ‚Sinndeutung der Geschichte'. Zur Entwicklung und Bedeutung von Tillichs Geschichtsphilosophie, in: C. Danz (Hrsg.), Theologie als Religionsphilosophie. Studien zu den problemgeschichtlichen und systematischen Voraussetzungen der Theologie Paul Tillichs, Wien 2004, S. 135–172.

Geschichte ist auch als empirisches Forschungsfeld kein objektiv vorgegebener ‚Gegenstand', sondern sie hat den formalen Status einer Deutung.[32] Sie kommt

---

[30] U. Barth, Hermeneutik der Evangelien als Prolegomena zur Christologie, S. 288.

[31] Vgl. J. Rüsen, Faktizität und Fiktionalität der Geschichte – Was ist Wirklichkeit im historischen Denken?, in: J. Schröter/A. Eddelbüttel (Hrsg.), Konstruktion von Wirklichkeit. Beiträge aus geschichtstheoretischer, philosophischer und theologischer Perspektive, Berlin/New York 2004, S. 19–32; C. Lorenz, Kann Geschichte wahr sein? Zu den narrativen Geschichtsphilosophien von Hayden White und Frank Ankersmit, in: J. Schröter/A. Eddelbüttel (Hrsg.), Konstruktion von Wirklichkeit. Beiträge aus geschichtstheoretischer, philosophischer und theologischer Perspektive, Berlin/New York 2004, S. 33–63.

[32] Vgl. P. Tillich, Christologie und Geschichtsdeutung, S. 83–96.

nur durch einen deutenden Akt zustande, der selbst freilich weder ein willkürlicher noch ein nur subjektiver ist. Die Deutung der Geschichte ist nämlich bereits eingebunden in eine bestimmte Kultur und ihre geschichtlich gewordenen Deutungs- und Beschreibungsformen.[33] Die Erzählung der Vergangenheit steht mithin selbst schon in einer inhaltlich bestimmten Geschichte. Deshalb hat die Darstellung des Vergangenen einen subjektiv-objektiven Charakter: Ereignis und Deutung der Geschichte sind ineinander verwoben. In der Geschichtsdeutung liegt ein methodologischer Zirkel, und er kommt in der Christologie zur Darstellung.

Christologie als Reflexion des Ineinanders von Ereignis und Deutung:

Der Glaube ist das Geschehen des Sich-Verständlich-Werdens des Menschen in seinem bewussten Selbstbezug. Er stellt sich in seinen Inhalten als eben dieses geschichtlich eingebundene Geschehen selbst dar und beschreibt sich selbst. Das Sich-Verstehen des Selbstverhältnisses artikuliert sich in einem konkreten Bild oder in einer bestimmten ‚Sicht' des Menschen von sich selbst und seiner Welt. Eine Gewissheitserfahrung ohne eine konkrete Selbstdarstellung, ein reiner Fiducial-Glaube – ein reines Vertrauen – ist unmöglich. Die theologische Lehrtradition hat die für das Selbstverhältnis des Glaubens konstitutive Vermitteltheit durch ein Bild seiner selbst in der Unterscheidung zwischen dem Glauben als Akt und dem Glaubensinhalt, zwischen *fides qua creditur* (Glaubensakt) und *fides quae creditur* (der Glaube, der geglaubt wird) artikuliert.[34]

Die Inhalte des Glaubens haben den Status von Selbstbeschreibungen des Glaubensaktes und seiner Gewissheit. Sie beziehen sich auf den reflexiven Glaubensakt, der sich selbst in seinen Glaubensinhalten ausspricht und sich als Geschehen des Sich-Verstehens mit seinen Inhalten selbst bezeichnet. Aufgrund der Vollzugsgebundenheit entstehen der Glaube und seine Inhalte *zugleich*. Die

---

[33] Das betont auch R. Bultmann, Jesus, S. 7–9.
[34] Vgl. hierzu J. Dierken, Glaube und Lehre im modernen Protestantismus, S. 417–452; F. Wittekind, Zwischen Religion und Gott. Überlegungen zum Selbstverständnis und zur Begründung einer protestantischen dogmatischen Theologie, in: H. Nagl-Docekal/F. Wolfram (Hrsg.), Jenseits der Säkularisierung. Religionsphilosophische Studien, Berlin 2008, S. 351–384, bes. S. 373–384.

5. Dogmatische Christologie als Selbstdarstellung des Glaubens

Glaubensinhalte liegen also nicht unabhängig vom Glaubensakt schon als solche vor, so dass der Glaube dann entspringt, wenn er diese Inhalte sich aneignet und für wahr hält. Eine solche Auffassung entspräche jedenfalls nicht dem reformatorischen Glaubensverständnis, da sie den Glauben in eine Leistung oder in ein Werk verwandelt. Die Inhalte des Glaubens und der Glaubensakt sind vielmehr gleichursprünglich.

Glaube ist ein personales, an einen individuellen Vollzug gebundenes Geschehen in der Geschichte. Er entsteht in der Geschichte, aber ist nicht aus ihr ableitbar. Dass sich ein Mensch in seinem Leben selbst verständlich wird, ist kontingent. Über die Bindung menschlichen Sich-Verstehens an die Geschichte, die Notwendigkeit des individuellen Selbstvollzugs des Glaubens sowie die Unableitbarkeit dieses Geschehens aus der Geschichte oder dem eigenen Lebensvollzug klärt sich der Glaube im Christusbild auf. Durch den Bezug auf Jesus wird die personale und individuelle Dimension des geschichtsdeutenden Aktes repräsentiert und zugleich das Eingebundensein in eine inhaltlich bestimmte Geschichte sowie die bleibende Notwendigkeit des Deutungscharakters der Geschichte. Die dogmatische Christologie ist insofern eine Selbstdarstellung des Glaubens, da er sich selbst in der Christologie als ein geschichtliches Geschehen beschreibt. Wenn aber die Christologie eine reflexive Selbstbeschreibung des Glaubensaktes in seiner geschichtlichen Einbindung und der Glaube das Sich-Verständlich-Werden des Menschen in seiner eigenen Geschichtlichkeit ist, dann wird in ihr jener methodologische Zirkel zum Gegenstand der Darstellung, der für das Deuten jeder Geschichte konstitutiv ist. In methodischer Hinsicht ist deshalb die Christologie als eine Reflexion des mit jeder Geschichtsdeutung verbundenen Zirkels zu verstehen. Das Ineinander von Ereignis und Deutung wird in ihr zum Thema: Einerseits erfolgt die Deutung der Gestalt Jesu immer von der eigenen Gegenwart aus, und andererseits ist die von der eigenen Gegenwart ausgehende Deutung des Mannes aus Nazareth schon durch eine (Deutungs-)Geschichte bestimmt. Die Überlagerung des Gegenwartsinteresses und des historischen Interesses in jeder Geschichtsdeutung wird in der Christologie zum Gegenstand des religiösen Verstehens. Beide Aspekte greifen in jeder Deutung der Geschichte unauflöslich ineinander.

Das Verhältnis von historischem Jesus und dogmatischem Christus entspricht der Zirkelstruktur der Deutung der Geschichte. Der Bezug auf die Person Jesus von Nazareth, also auf ein extra nos, bringt das Eingebundensein jeder Deutung der Geschichte in eine konkrete, inhaltlich bestimmte Geschichte zum Ausdruck.[35] Der geglaubte Christus symbolisiert das Geschehen des Sich-

---

[35] So schon E. Käsemann, Das Problem des historischen Jesus, S. 202. Vgl. auch P. Tillich, Christologie und Geschichtsdeutung, S. 87.

Verständlich-Werdens des Menschen in seiner Geschichtlichkeit. Es ist jedoch weder aus der Geschichte noch aus dem geschichtlichen Material ableitbar. Vielmehr ereignet es sich nicht nur kontingent, sondern es markiert auch ein gleichsam übergeschichtliches Moment im Selbstverhältnis des Menschen. Obwohl also das Ereignis des Sich-Verstehens eines Menschen nicht aus der Historie oder gar dem historischen Jesus ableitbar ist, so ist es doch auf die Geschichte und ihre inhaltliche Beschreibung bezogen.

5.1.4. Wirklicher, historischer und geglaubter Jesus

Literatur:

M. Laube, Theologische Selbstklärung im Angesicht des Historismus. Überlegungen zur theologischen Funktion der Frage nach dem historischen Jesus, in: KuD 54 (2008), S. 114–137.
J. Schröter, Jesus und die Anfänge der Christologie, Neukirchen-Vluyn 2001.
J. Schröter/A. Eddelbüttel (Hrsg.), Konstruktion von Wirklichkeit. Beiträge aus geschichtstheoretischer, philosophischer und theologischer Perspektive, Berlin/New York 2004.
W. Stegemann, Jesus und seine Zeit, Stuttgart 2010.
G. Wenz, Christus. Jesus und die Anfänge der Christologie, Göttingen 2011.

In der dogmatischen Christologie kommt das Verstehen der Geschichte selbst zur Darstellung. Sie ist der methodische Ausdruck eines reflexiv gewordenen Deutens und Verstehens der Vergangenheit. Mit der narrativen Struktur historischen Wissens scheint nun die Differenz von empirischer und religiöser Geschichte zu verschwinden.[36] Das ist jedoch nicht der Fall, da die historischen Erzähltheorien gerade auf ein empirisches Verständnis von Geschichte zielen.[37] Im Unterschied dazu ist der Glaube zwar ein geschichtliches Ereignis, aber eben kein empirisches. Die religiöse Deutung der Geschichte und das empirische Bild der Geschichte lassen sich auch unter dem Paradigma des historischen Erzählbegriffs nicht zusammenführen. Wie stellt sich dann aber das Verhältnis von historischer und theologischer Wissenschaft dar? Setzt der Christusglaube voraus, „dass die denkerische Idee von Gott als Inbegriff der Liebe und des Guten sich in einer historischen Person vollständig realisiert hat"?[38] Oder ist „eine

---

[36] Vgl. J. Rüsen, Faktizität und Fiktionalität der Geschichte, S. 24.
[37] Vgl. nur H. M. Baumgartner, Kontinuität und Geschichte, S. 249–269.
[38] U. Schnelle, Offenbarung und/oder Erkenntnis der Vernunft? Zur exegetischen und hermeneutischen Begründung von Glaubenswelten, in: C. Landmesser/A. Klein (Hrsg.), Offenbarung – verstehen oder erleben? Hermeneutische Theologie in der Diskussion, Neukirchen-Vluyn 2012, S. 119–137, hier S. 133. Vgl. auch G. Wenz, Christus, S. 54.

Christologie ohne Jesus" möglich?[39] Die angedeuteten Alternativen und die von ihnen suggerierten vermeintlich eindeutigen Entscheidungen beruhen freilich auf einer notorischen Unbestimmtheit dessen, was als historisches Fundament des Christusglaubens in Frage kommen soll. Der Begriff ‚historischer Jesus' wird nicht nur unterschiedlich verwendet, sondern auch in seinem begrifflichen Gehalt verschieden bestimmt.[40]

In der neueren exegetischen Debatte wird zwischen dem ‚historischen' oder ‚errinnerten' und dem ‚wirklichen' Jesus unterschieden.[41] Die Forschung vermag zwar aus den neutestamentlichen Quellen Züge der historischen Gestalt des Mannes aus Nazareth herauszuarbeiten und im zeitgeschichtlichen Kontext zu plausibilisieren, aber die evangelischen Berichte haben selbst den Status von erinnerten Deutungen. Deshalb kann das Ziel der Forschung „nicht das Erreichen des *einen* Jesus *hinter* den Texten sein, sondern ein auf Abwägen von Plausibilitäten gegründeter Entwurf, der sich als Abstraktion von den Quellen stets *vor* diesen bewegt".[42] Das von der Forschung rekonstruierte geschichtliche Bild des Nazareners kann folglich schon aus methodischen Gründen nicht mit der geschichtlichen Gestalt *hinter* den Texten zusammenfallen. Der ‚wirkliche' Jesus wird damit zu einem bloßen x, von dem freilich dann auch nicht mehr auf methodisch kontrollierte Weise gesagt werden könnte, dass es historisch „gesehen den *einen* irdischen Jesus hinter den verschiedenen Erzählungen" gab, „die ihn als den ‚erinnerten Jesus' repräsentieren".[43] Denn auch der Rekurs auf *einen* Anstoß hinter den diversen Repräsentationen lässt sich ebenso wie ein von dem Nazarener behauptetes messianisches Selbstverständnis nur im Rückschluss *hinter* die Quellen gewinnen.[44] Die methodisch reflektierte und sich ihrer Grenzen bewusste historische Wissenschaft führt in eine eigentümliche Lage. So sehr sie auf der einen Seite imstande ist, geschichtlich plausible und intersubjektiv nachprüfbare Züge des Mannes aus Nazareth anhand der Quellen zu erarbeiten, so sehr weiß sie zugleich um die Differenz zwischen ihrem Bild und der geschichtlichen Gestalt sowie um die Unabschließbarkeit ihrer Bemühungen.

---

[39] G. Wenz, Christus, S. 74. Vgl. auch ders., Theologie ohne Jesus? Anmerkungen zu Paul Tillich, in: KuD 26 (1980), S. 128–139.

[40] Vgl. nur B. Körner, Der wirkliche Jesus, der ‚historische Jesus' im eigentlichen Sinne, S. 95–112.

[41] Vgl. J. Schröter, Der erinnerte Jesus als Begründer des Christentums?, S. 53; ders., Jesus von Nazaret, S. 36.

[42] J. Schröter, Jesus von Nazaret, S. 36. Vgl. auch W. Stegemann, Jesus und seine Zeit, S. 426 f.

[43] J. Schröter, Der erinnerte Jesus als Begründer des Christentums?, S. 53.

[44] Zu den methodischen Problemen eines Rückschlusses auf ein messianisches Selbstverständnis Jesu vgl. W. Stegemann, Jesus und seine Zeit, S. 412–417.

Der Begriff ,historischer Jesus' fungiert hier ausschließlich als ein Produkt der Forschung, als ein gegenwartsbezogenes wissenschaftliches Konstrukt.

Auf eine signifikant andere Weise als in der geschichtlichen Forschung wurde der Begriff ,historischer Jesus' in der Entwicklungsgeschichte der Christologie im 20. Jahrhundert verwendet. Im Horizont der Dogmatik gewinnt der Begriff insofern einen anderen Gehalt, als er den Glauben als ein geschichtliches Ereignis bezeichnet.[45] Der ,historische Jesus' ist hier ein Bestandteil des Glaubens und seiner Deutung der Geschichte. Er repräsentiert die geschichtliche Einbindung sowie den personalen Vollzug des Glaubens, aber keine empirische Wirklichkeit, die von der historischen Wissenschaft rekonstruiert werden könnte.[46] Zahlreiche Unklarheiten der theologischen Debatte seit den 1950er Jahren resultieren vor allem daraus, dass bei der Verwendung des Begriffs nicht deutlich genug zwischen seiner dogmatischen und seiner historischen Funktion unterschieden wurde. Auch der Rekurs auf eine von Jesus ausgehende Tradition als impliziter Voraussetzung des Osterglaubens bleibt im Horizont eines dogmatischen Urteils und lässt sich durch noch so feine Kunstgriffe nicht mit der historischen Wirklichkeit zusammenführen.[47]

Die Frage nach dem ,historischen Jesus' als:
1. dogmatische Frage   irdischer Jesus Christus:
                               a. personaler Vollzug des Glaubens
                               b. implizite Voraussetzung des Osterglaubens (Gunther Wenz)
2. historische Frage   gegenwartsbezogene Konstruktion aus den Quellen:
                               a. der ,erinnerte Jesus' (Jens Schröter)
                               b. ,wirklicher Jesus' *hinter* den Quellen

Unter den Erkenntnisbedingungen der Moderne sind die beiden Gehalte des Begriffs ,historischer Jesus' nicht nur notwendig, sondern auch nicht aufeinander reduzierbar. Die neuere Jesusforschung hat in Abgrenzung von derjenigen der 1950er und 1960er Jahre das Eigenrecht der historischen Erkenntnis gegenüber der dogmatischen Deutung wieder geltend gemacht. Darin darf die theologiegeschichtliche Funktion der Third Quest gerade auch in ihrer antitheologischen Stoßrichtung gesehen werden.[48] In dem Maße, wie die Notwendigkeit und Unverzichtbarkeit der historischen Rekonstruktion des Mannes aus Naza-

---

[45] Vgl. E. Jüngel, Zur dogmatischen Bedeutung der Frage nach dem historischen Jesus, S. 214–242.
[46] Vgl. P. Tillich, Systematische Theologie, Bd. 2, S. 117 f.
[47] Vgl. G. Wenz, Christus, S. 74 f.; ders., Vom apostolischen Osterzeugnis. Notizen zu Gedanken Hans-Georg Geyers, in: D. Korsch/H. Ruddies (Hrsg.), Wahrheit und Versöhnung. Theologische und philosophische Beiträge zur Gotteslehre, Gütersloh 1989, S. 167–189, bes. S. 170–172.
[48] Vgl. F. Wittekind, Christologie im 20. Jahrhundert, S. 41.

reth von der Forschung unterstrichen wurde, wurde auch sichtbar, dass dessen religiöse Deutung nicht mit dem historischen Bild des jüdischen Wanderpredigers aus Galiläa zusammenfällt.[49] Die religiöse Wahrnehmung Jesu und seine historische Erforschung sind zwei zu unterscheidende Dimensionen, die sich nicht zusammenführen lassen. Pointiert gesagt: Der Mann aus Nazareth ist sowohl ein Bestandteil der jüdischen Religionsgeschichte als auch der Erlöser der christlichen Religion.

Die religiöse Selbstdeutung des Glaubens ist zwar ein geschichtliches Geschehen, aber das Sich-Verstehen fällt nicht mit der empirischen Geschichte zusammen.[50] Stehen damit historische und systematische Theologie beziehungslos nebeneinander? Ihr Verhältnis ist weder als Beziehungslosigkeit noch als Überführung beider Disziplinen ineinander angemessen erfasst. Geschichtswissenschaft und dogmatische Theologie bilden vielmehr ein Wechselverhältnis. Das zeigt sich bereits auf der Ebene der Historie: In alle Rekonstruktionen des historischen Jesus gehen immer gegenwärtige Überzeugungen, Interessen und Motive mit ein, die es bewusst zu machen gilt. Somit tritt in der historischen Untersuchung eine Überlagerung von Perspektiven auf. Die historische Kritik leistet folglich selbst schon eine Konstruktion der Vergangenheit. Gegenüber der systematischen Theologie hat die historische Jesusforschung eine Korrektivfunktion inne. Sie schärft das Bewusstsein für die Komplexität und Pluralität der Überlieferungen und die Vielzahl der Rezeptionen der Gestalt Jesu im Neuen Testament. Darin erfüllt die Geschichtswissenschaft jedoch eine konstruktive Funktion: Sie korrigiert dogmatische Einheitskonstruktionen und führt zu einer Historisierung der dogmatisch-christologischen Beschreibung des Glaubens. Umgekehrt klärt die dogmatische Christologie die historische Forschung über die Zirkelstruktur ihres eigenen Verfahrens auf. Sie zeigt die geltungstheoretischen Motive auf, welche schon in der historischen Untersuchung in Anspruch genommen werden.[51] Der deskriptive Zugriff auf die Vergangenheit wird von der systematischen Theologie auf die ihn leitenden gegenwartsbezogenen Interessen und Motive hin durchsichtig gemacht. Historische Kritik und systematische Konstruktion bilden ein komplexes Wechselverhältnis, welches sich gerade nicht einseitig auflösen lässt.

---

[49] Vgl. W. Stegemann, Jesus und seine Zeit, S. 392–433; M. Laube, Theologische Selbstklärung im Angesicht des Historismus, S. 114–137.
[50] Vgl. auch M. Murrmann-Kahl, Christologische Komplexität, S. 179–181.
[51] Vgl. M. Laube, Theologische Selbstklärung im Angesicht des Historismus, S. 133–137; G. Wenz, Christus, S. 110–113.

5.2. Christusbild und religiöse Selbstdeutung

Literatur:

U. Barth, Die Christologie Emanuel Hirschs. Eine systematische und problemgeschichtliche Darstellung ihrer geschichtsmethodologischen, erkenntnistheoretischen und subjektivitätstheoretischen Grundlagen, Berlin/New York 1992.
C. Danz, Einführung in die evangelische Dogmatik, Darmstadt 2010.
C. Danz, Der Jesus der Exegeten und der Christus der Dogmatiker. Die Bedeutung der neueren Jesusforschung für die systematisch-theologische Christologie, in: NZSTh 51 (2009), S. 186–204.
C. Danz/M. Murrmann-Kahl (Hrsg.), Zwischen historischem Jesus und dogmatischem Christus. Zum Stand der Christologie im 21. Jahrhundert, Tübingen ²2011.
E. Hirsch, Jesus Christus der Herr. Theologische Vorlesungen, Göttingen 1926. ²1929.
E. Hirsch, Leitfaden zur christlichen Lehre, Tübingen 1938.
E. Hirsch, Christliche Rechenschaft, bearb. v. H. Gerdes, neu hrsg. v. H. Hirsch, 2 Bde., Tübingen 1989.

Die Funktion der dogmatischen Christologie wurde zunächst als Beschreibung des Zirkels reformuliert, der in jeder Deutung der Geschichte bereits in Anspruch genommen wird. Diese Bestimmung ergibt sich aus dem Begriff des Glaubens. Im Christusbild stellt sich das kontingente Sich-Verstehen des Menschen in der Geschichte als ein personales Geschehen selbst dar. Eine solche Konzeption bezieht die historische Jesusforschung in die Entfaltung der dogmatischen Christologie mit ein. Das Resultat der neueren Forschung – die Aufgabe einer historischen Rekonstruktion der Gestalt Jesus von Nazareth bleibt bestehen, ein abschließendes Bild des historischen Nazareners wird es gleichwohl nicht geben können – wird in die dogmatische Christologie aufgenommen und erhält in ihr einen prinzipiellen Status. Was für die Geschichtsforschung gilt, betrifft nicht weniger die Christologie. Auch sie ist lediglich ein zeitgebundener, prinzipiell nur vorläufig gültiger Ausdruck des Glaubensaktes und seines Bildes der Geschichte.

Bereits dem überlieferten christologischen Lehrbegriff ging es um die religiöse Bedeutung der Gestalt Jesus von Nazareth. Sie sollte durch die metaphysische Konstruktion des Gottmenschen gleichsam gesichert werden. Die hierzu verwendeten begrifflichen Mittel, Leitschemata und Lehrstücke – Person- und Werkchristologie –, die im Zentrum der alten Dogmatik standen, sind unter den Erkenntnisbedingungen der Moderne unzulänglich geworden und nicht mehr zu revitalisieren.[52] Sie sind durch andere Leitbegriffe zu ersetzen. Der metho-

---

[52] Vgl. E. Hirsch, Christliche Rechenschaft, Bd. 2, S. 18; R. Bultmann, Neues Testament und Mythologie. Das Problem der Entmythologisierung der neutestamentlichen Verkündigung, in: H.-W. Bartsch (Hrsg.), Kerygma und Mythos. Ein theologisches Gespräch, Hamburg ³1954, S. 15–48.

dische Ausgangspunkt der hier vorgeschlagenen Neubestimmung der Christologie liegt in der Struktur des Glaubensaktes.[53] Sie ist als Darstellung des geschichtlich eingebundenen Sich-Verstehens des Menschen auszuarbeiten. Aus diesem Grund ist zunächst auf den Offenbarungs-, sodann auf den Glaubens- und schließlich auf den Gottesbegriff einzugehen.

5.2.1. Jesus Christus als Offenbarung Gottes

Literatur:

I. U. Dalferth, Der auferweckte Gekreuzigte. Zur Grammatik der Christologie, Tübingen 1994, S. 85–159.

I. U. Dalferth, Gott für uns. Die Bedeutung des christologischen Dogmas für die christliche Theologie, in: ders./J. Fischer/H.-P. Großhans (Hrsg.), Denkwürdiges Geheimnis. Beiträge zur Gotteslehre. Festschrift für Eberhard Jüngel zum 70. Geburtstag, Tübingen 2004, S. 51–75.

F. Wittekind, Zwischen Religion und Gott. Überlegungen zum Selbstverständnis und zur Begründung einer protestantischen dogmatischen Theologie, in: H. Nagl-Docekal/F. Wolfram (Hrsg.), Jenseits der Säkularisierung. Religionsphilosophische Studien, Berlin 2008, S. 351–384.

In der christologischen Diskussion seit der Aufklärung wurde die bis dato im Mittelpunkt der Christologie stehende Zweinaturenlehre durch die Frage nach dem Verhältnis von Offenbarung und Geschichte ersetzt. Zu einem theologischen Schlüsselbegriff avancierte der Offenbarungsbegriff allerdings erst in der Theologie des 20. Jahrhunderts.[54] Vor dem Hintergrund der „Krise des Historismus" (Ernst Troeltsch) tritt er an die Stelle des Religionsbegriffs und fungiert als methodische Grundlage der Theologie. Jesus Christus, so Rudolf Bultmann und andere zeitgenössische Theologen, sei die Offenbarung Gottes in der Geschichte und als das Wort Gottes das eigentliche Thema der Theologie.

„Gottes Offenbarung als geschichtliches Ereignis ist also Jesus Christus als das Wort Gottes, das in dem kontingenten historischen Ereignis Jesus von Nazareth eingesetzt und in der kirchlichen Tradition lebendig ist. Das Faktum Jesus Christus kommt nicht in Betracht als außerhalb der Verkündigung sichtbares, sondern als innerhalb ihrer begegnendes, durch sie vergegenwärtigtes. Er ist das Wort."[55]

Der geradezu emphatisch gebrauchte Begriff der Offenbarung, so zeigt sich indes im Rückblick auf die Debatten in der ersten Hälfte des 20. Jahrhunderts,

---

[53] Vgl. F. Wittekind, Zwischen Religion und Gott, S. 373–384.
[54] Vgl. hierzu C. Danz, Einführung in die evangelische Dogmatik, Darmstadt 2010, S. 44–65.
[55] R. Bultmann, Theologische Enzyklopädie, hrsg. v. E. Jüngel/K. W. Müller, Tübingen 1994, S. 95. Vgl. auch E. Hirsch, Christliche Rechenschaft, Bd. 2, S. 9–29; K. Barth, Die Kirchliche Dogmatik, Bd. I/1, S. 311–367.

ist eine religiöse Reflexionskategorie.[56] Mit ihr beschreibt der Glaubensakt sich selbst als ein unableitbares Geschehen sowie sein Wissen um seine Unableitbarkeit. Die theologische Beschreibung des Glaubensaktes als ‚Offenbarung Gottes' bezieht sich ausschließlich auf ein gegenwärtiges Geschehen in seiner geschichtlichen Bestimmtheit, und sie beinhaltet einen reflexiven Religionsbegriff. Schon deshalb ist die Alternative von Offenbarung oder Religion als Grundbegriff der modernen Theologie, welche die theologischen Debatten im 20. Jahrhundert bestimmte, unsachgemäß. Der als Offenbarung Gottes beschriebene Glaubensakt zielt gerade auf die sich-bewusste Religion und eine theologische Bestimmung des Wesens der christlichen Religion.[57] Es wird der Ereignis- und Geschehenscharakter des Glaubens, seine Ablösung von allen anthropologischen Voraussetzungen, betont. Wenn sich der Glaube selbst als Offenbarung Gottes beschreibt und sie mithin an den Glaubensvollzug gebunden ist, dann erscheint es allerdings verfehlt, die Offenbarung als ein rein objektives Moment in der Geschichte zu verstehen, zu dem dann der Glaube als ein zweites Moment hinzukommt.

Offenbarung als religiöse Reflexionskategorie:
– Offenbarung Gottes ist die religiöse Selbstbeschreibung des Glaubensaktes, in dem dieser sein Wissen um die Unableitbarkeit seines eigenen Entstehens darstellt.
– Subjektives und objektives Moment im Offenbarungsbegriff entstehen *gleichursprünglich* mit dem Glauben.

Die Theologie des 19. Jahrhunderts hatte in dem Offenbarungsbegriff zwei Momente unterschieden: ein objektives, äußeres und ein subjektives, inneres Moment. Wirkungsgeschichtlich überaus einflussreich war die von Richard Rothe (1799–1867) in seiner Schrift *Zur Dogmatik* vorgenommene Unterscheidung der beiden Momente ‚Manifestation' und ‚Inspiration'. Während derjenige Aspekt des Offenbarungsbegriffs, den Rothe Manifestation nennt, das in den biblischen Schriften überlieferte Handeln Gottes festhält, bezieht sich die Inspiration auf die individuelle Aneignung der Offenbarung durch den Menschen. „Indeß an ihrem Ziel ist die göttliche Offenbarung doch mit der Manifestation noch nicht angelangt, sondern sie muß dazu dieses ihr äußeres und objectives Moment nothwendig noch durch ein inneres und subjectives ergänzen, das wir *Inspiration* nennen wollen."[58] Zum Offenbarungsbegriff gehören Rothe zufolge

---

[56] Vgl. F. Wittekind, Zwischen Religion und Gott, S. 376.
[57] Vgl. auch M. Moxter, Kultur als Lebenswelt. Studien zum Problem einer Kulturtheologie, Tübingen 2000, S. 263–267.
[58] R. Rothe, Zur Dogmatik, Gotha ²1869, S. 67. Zur Theologie Rothes vgl. F. Wagner, Theologische Universalintegration: Richard Rothe (1799–1867), in: F. W. Graf (Hrsg.), Profile des neuzeitlichen Protestantismus. Bd. 1: Aufklärung – Idealismus – Vormärz, Gütersloh 1990, S. 265–286.

ein äußeres objektives Moment und die individuelle, innere Aneignung der Offenbarung. Ohne das Letztere kann freilich nicht von Offenbarung gesprochen werden. Die von Rothe initiierte Unterscheidung von zwei Momenten im Offenbarungsbegriff, die auch in der Diskussion der Theologie des 20. Jahrhunderts aufgenommen wurde, verfehlt allerdings dessen Pointe.[59] Beide Momente sind nämlich gleichursprünglich. Deshalb ist der Offenbarungsbegriff strikt an das Geschehen des Glaubens zu binden. Der Glaube beschreibt mit der religiösen Kategorie Offenbarung Gottes sein Wissen um seine eigene Unableitbarkeit aus anthropologischen oder kulturellen Voraussetzungen. Das Subjekt des Glaubens und sein Gehalt entstehen erst in diesem Vollzug. Es kann also weder eine objektive noch eine Offenbarung an sich geben. Aufgrund ihrer Vollzugsgebundenheit ist sie nur als Offenbarung für einen konkreten Menschen möglich, nämlich als die unableitbare Entstehung des eigenen Glaubens. Die inhaltlichen Bestimmungen der Offenbarung sind die Darstellung des Glaubens, und sie entstehen mit ihm zusammen.

Der theologische Offenbarungsbegriff beinhaltet eine Selbstbeschreibung des Glaubens und seines reflexiven Wissens um sich selbst. Die Unableitbarkeit und Kontingenz dieses Geschehens repräsentiert der religiöse Gottesgedanke. Mit ihm artikuliert der Glaube sich selbst als das Ereignis Gottes in der Geschichte, so dass der Gottesgedanke mit dem Glauben zugleich entsteht. Die Herausarbeitung der Gleichursprünglichkeit von Gott und Glaube darf als die grundlegende Einsicht Martin Luthers gelten.[60] Die näheren Bestimmungen der Ereignisstruktur des Gottesgedankens, vor allem die in ihm liegende Antinomie, werden in den nächsten Abschnitten, in denen es um den Glaubens- und Gottesbegriff gehen soll, weiter ausgeführt. An dieser Stelle sind lediglich noch die aus dem dargestellten Offenbarungsbegriff resultierenden Konsequenzen für die Christologie in den Blick zu nehmen.

Die theologische Lehrtradition hatte die Christologie als Personchristologie durchgeführt. In den Fokus der christologischen Reflexion rückte die Konstruktion des Gottmenschen, deren Ausführung indes aporetisch blieb. Konstruktiv lassen sich die Aporien der überlieferten Personchristologie nur durch deren vollständige Ersetzung durch den Offenbarungsgedanken bearbeiten. Mit der Umstellung von der substanzontologischen Fassung der Person Jesu Christi auf die Offenbarung Gottes in der Geschichte ändert sich freilich auch

---

[59] Vgl. auch die Korrektur von W. Pannenberg, Systematische Theologie, Bd. 1, S. 246–248, an Rothes Offenbarungsbegriff.
[60] Vgl. nur die bekannte Formel aus dem *Großen Katechismus*, dass Gott und der Glaube „zuhaufe" gehören. M. Luther, Großer Katechismus, in: BSLK, Göttingen ^{9}1982, S. 560.

5.2. Christusbild und religiöse Selbstdeutung

die Perspektive der christologischen Reflexion.[61] Die religiöse Bedeutung Jesu von Nazareth lässt sich weder durch die Konstruktion eines Gottmenschen gewährleisten noch durch den Versuch, im Leben des Nazareners einen Anhalt des geglaubten Christus zu finden. Die angemessene Perspektive der christologischen Reflexion ist vielmehr das Ereignis Gottes in seiner Offenbarung. Das Thema der theologischen Christologie ist folglich keine Lehre von der Person Jesu Christi, sondern der Glaube als personales Gottesverhältnis.[62] Gott kommt im Ereignis des Sich-Verstehens zum Menschen. Das Verstehen Gottes ist jedoch nie unmittelbar, sondern stets durch Medien und Zeichen vermittelt. Zur Selbstdarstellung kommt die Vermitteltheit des Glaubensaktes im Christusbild. Damit ist freilich schon auf der Ebene der individuellen Frömmigkeit eine Pluralität von Christusbildern gesetzt, die sich gerade nicht auf ein maßgebliches Bild reduzieren lässt. Die Christologie bringt sodann die Unableitbarkeit des Glaubens aus der Geschichte sowie das Wissen um seine Unableitbarkeit zur Darstellung. In der christologischen Deutung Jesu als Christus – und das heißt als Offenbarung Gottes – werden sowohl die Unableitbarkeit des Sich-Verstehens aus der Geschichte als auch die bleibende Bezogenheit des Glaubens auf die Geschichte zum Gegenstand der religiösen Reflexion. Und schließlich repräsentiert der Glaube sich im Christusbild die Notwendigkeit des individuellen Vollzugs des Glaubens. Ein Sich-Verstehen des Menschen ist nur als personaler Vollzug möglich und allein in diesem Vollzug wirklich. Indem der Glaube im Christusbild sich selbst beschreibt, repräsentiert er für sich nicht nur seine Gebundenheit an die Geschichte sowie seine Unableitbarkeit aus ihr, sondern auch die Notwendigkeit und Unvertretbarkeit des individuellen Glaubensvollzugs. Zugleich repräsentiert der Glaube im Christusbild die bleibende Notwendigkeit menschlicher Selbstdeutung. Ein Selbstbild hat der Mensch nur als eine Selbstbeschreibung, aber das Bild seiner Selbst, welches als ‚Rahmen' beziehungsweise Identität dem Handeln zugrunde liegt und es unthematisch steuert, ist wandelbar.

Neubestimmung der überlieferten Personchristologie:
– Im Christusbild stellt sich der Glaube selbst als ein personales Geschehen dar.
– Als geschichtliches Geschehen ist der Glaube in die Geschichte eingebunden, aber nicht aus ihr ableitbar.
– Im Christusbild repräsentiert der Glaube die bleibende Notwendigkeit des individuellen Glaubensvollzugs.

---

[61] Vgl. I. U. Dalferth, Gott für uns, S. 64 f.
[62] Vgl. I. U. Dalferth, Gott für uns, S. 72–75; ders., Der auferweckte Gekreuzigte, S. 152 f.; U. Barth, Hermeneutik der Evangelien als Prolegomena zur Christologie, S. 276 f. Vgl. schon J. Moltmann, Der Weg Jesu Christi, S. 20 f.

Christologie ist folglich kein Teilgebiet der Theologie, sondern der alle ihre Themen beherrschende Gesichtspunkt. In ihr kommt zur Darstellung, wie Gott beim Menschen präsent ist, nämlich allein im und als das Geschehen des Sich-Verstehens.

5.2.2. Der Glaube an Jesus Christus

Literatur:

I. U. Dalferth, Der auferweckte Gekreuzigte. Zur Grammatik der Christologie, Tübingen 1994, S. 237–315.
V. Hampel/R. Weth (Hrsg.), Für uns gestorben. Sühne – Opfer – Stellvertretung, Neukirchen-Vluyn 2010.
E. Hirsch, Christliche Rechenschaft, bearb. v. H. Gerdes, neu hrsg. v. H. Hirsch, 2 Bde., Tübingen 1989, S. 30–35.
D. Korsch, Art.: Versöhnung III., in: TRE, Bd. 35, Berlin/New York 2003, S. 22–40.

In der offenbarungstheologischen Deutung der Christologie wird die innere Struktur des Sich-Verstehens zum Thema der religiösen Reflexion. Der Glaube in seiner geschichtlichen Einbindung repräsentiert sich selbst im Christusbild. Diese Ausgangsbestimmung muss nun weiter entfaltet werden nach der inneren Seite des Sich-Verstehens hin. Weil es um die subjektive, innere Seite geht, wird das unter dem Leitbegriff des Glaubens an Jesus Christus geschehen. Das ist freilich nicht so zu verstehen, als würde zu einem gleichsam objektiven Offenbarungsgeschehen nun doch noch die subjektive Seite hinzukommen. Bereits im Blick auf die Offenbarung als religiöse Reflexionskategorie ging es um nichts anderes als den Glaubensakt. Glaube und Glaubensinhalt oder subjektive und objektive Seite des Offenbarungsgeschehens, wenn man denn so unterscheiden möchte, entstehen zusammen. Offenbarung ist das Geschehen des Glaubens als ein reflexives Wissen des Selbst um sich selbst. Es handelt sich um ein und dasselbe Geschehen, dessen innere Bestandteile und Aufbauelemente nur nacheinander dargestellt werden können.

In der überlieferten dogmatischen Christologie ist das, was jetzt unter dem Leitbegriff des Glaubens auszuführen ist, als Lehre von dem Werk Christi, näherhin als Versöhnungslehre behandelt worden. Dem tradierten Lehrbegriff zufolge hat die Versöhnung des Menschen mit Gott sowohl in der aktiven Erfüllung des Gesetzes als auch in dem einmaligen und stellvertretenden Opfer des Gottessohnes für die Sünden der Menschheit ihren Grund.[63] In dieser metaphysischen und mythologischen Form ist die Versöhnungslehre unter den Erkenntnisbedingungen der Moderne nicht mehr weiterzuführen.[64] Das wird

---

[63] Vgl. nur Confessio Augustana, Art. IV, S. 56.
[64] Vgl. W. Herrmann, Der Verkehr des Christen mit Gott, S. 104–110; E. Troeltsch, Die

nicht zuletzt an den aktuellen Debatten und Bemühungen um ihre Reformulierung deutlich, denen es nicht gelingt, die Aporien der überlieferten Lehrgestalt zu überwinden.[65] Deren Behebung setzt voraus, dass der bereits von Immanuel Kant namhaft gemachte Einwand, dass Schuld gerade keine transmissible Größe ist, entkräftet wird.[66] Sodann ist die alte Versöhnungslehre ohne die Voraussetzungen der klassischen Sündenlehre, insbesondere das Verständnis der Erbsünde als gleichsam angeborenen Defekt, nicht konsistent denkbar. Unter ihrer Voraussetzung wurde aus dem religiösen Versöhnungsgedanken in der altprotestantischen Dogmatik christologische Metaphysik.[67] Was die überlieferte Versöhnungslehre in ihrer sogenannten objektiven und subjektiven Gestalt[68] betrifft, ist dem Urteil von Emanuel Hirsch nach wie vor unumschränkt zuzustimmen, dass die „Rechenschaft christlichen Denkens von dieser echten Versöhnung [...] bis auf den heutigen Tag unvollkommen geblieben" ist.

„Sie kann nicht auf dem Wege einer Versöhnungslehre gegeben werden: alle Versöhnungstheorien leiden daran, daß sie *entweder* das, was christlich Versöhnung ist, durch Zurückführung auf den unterchristlichen Begriff von Versöhnung begreiflich zu machen suchen (sog. objektive Versöhnungstheorien), *oder* den Widerstreit des Gewissens mit Gott durch den allgemeinen Gedanken, daß Gott Liebe sei, für überwindbar halten (sog. subjektive Versöhnungstheorien)."[69]

Eine Fassung der Versöhnung im Sinne eines objektiven Ereignisses in der Geschichte – noch ganz abgesehen von ihren problematischen ethischen Implikationen – verfehlt den religiösen Sinn des Glaubens vollständig, da er nur als ein sekundär hinzukommendes Element gedacht werden kann. Aber ebenso unzulänglich sind die subjektiven Versöhnungslehren. Die Bestimmung ‚Gott ist Liebe' bleibt, wie Luther geltend gemacht hat,[70] dem Geschehen des Sich-Verstehens, also dem Glauben, viel zu äußerlich. Die religiöse Bestimmung Gottes als Liebe muss als Selbstbeschreibung des individuellen Glaubensvollzugs verstan-

---

Bedeutung der Geschichtlichkeit Jesu für den Glauben, S. 144–146; R. Bultmann, Neues Testament und Mythologie, S. 20 f.
[65] Zur aktuellen Debatte vgl. I. U. Dalferth, Der auferweckte Gekreuzigte. Zur Grammatik der Christologie, Tübingen 1994, S. 237–315; M. Mühling, Versöhnendes Handeln – Handeln in Versöhnung. Gottes Opfer an die Menschen, Göttingen 2005; V. Hampel/R. Weth (Hrsg.), Für uns gestorben. Sühne – Opfer – Stellvertretung, Neukirchen-Vluyn 2010; R. Fehling, „Jesus ist für unsere Sünden gestorben". Eine praktisch-theologische Hermeneutik, Stuttgart 2010.
[66] Vgl. I. Kant, Die Religion innerhalb der Grenzen der bloßen Vernunft, B 95 = Werke, Bd. 7, S. 726.
[67] So die Kritik von F. Schleiermacher, Der christliche Glaube, § 104.4, T. 2, S. 125–133.
[68] Vgl. G. Aulen, Die drei Haupttypen des christlichen Versöhnungsgedankens, in: ZSTh 8 (1930), S. 501–538; M. Mühling, Versöhnendes Handeln, S. 19 f.
[69] E. Hirsch, Christliche Rechenschaft, Bd. 2, S. 31.
[70] Vgl. nur M. Luther, Adventspostille 1522, WA 10 I/2, 31.

den werden. Das, was in der Versöhnungslehre eigentlich gemeint ist, kann folglich nur durch eine Näher- und Weiterbestimmung des Offenbarungsbegriffs in Form des Glaubensbegriffs geleistet werden.

Im Anschluss an die reformatorische Tradition meint der Glaube dasjenige Geschehen, in dem sich ein Mensch in seinem Leben verständlich wird. Der Glaube kann also, das liegt in der genannten Bestimmung schon beschlossen, gerade nicht als ein Fürwahrhalten von historischen oder metaphysischen Sachverhalten verstanden werden.[71] Für Luther wäre das nicht nur kein Glaube im reformatorischen Sinne, nämlich Christus ergreifender Glaube, sondern bestenfalls *fides historica*, ein bloßes äußerliches Fürwahrhalten. Ein solches Verständnis des Glaubens widerspricht allerdings der reformatorischen Einsicht, der zufolge der Glaube gerade kein Werk sein soll, welches der Mensch zu erbringen hat. Wenn man nämlich bestimmte Glaubenssätze oder historische Ereignisse für wahr halten soll, damit man glaubt, dann ist das ein intellektuelles Werk, möglicherweise ein frommes, aber eben kein Glaube.[72] Der Glaube stellt sich beim einzelnen Menschen vielmehr unableitbar in seinem Leben ein. Er ist das Geschehen des Sich-durchsichtig-Werdens menschlicher Selbsterkenntnis, und es stellt sich selbst als Gottesverhältnis dar. Deshalb ist Glaube zugleich Gotteserkenntnis und Selbsterkenntnis. Die beiden Aspekte der Selbst- und der Gotteserkenntnis sind nun näher zu erläutern. Dadurch wird auch der Offenbarungsgedanke inhaltlich weiter bestimmt.

– Im Christusbild des Glaubens repräsentiert der Glaube sich selbst als Geschehen des Sich-verständlich-Werdens.
– Die überlieferte dogmatische Versöhnungslehre ist eine unangemessene Beschreibung des Glaubens; sie ist durch eine angemessene Beschreibung des Glaubens zu ersetzen.
– Gotteserkenntnis ist Selbsterkenntnis und Selbsterkenntnis ist Gotteserkenntnis.

Im Geschehen des Glaubens wird sich der Mensch in seinem eigenen Leben verständlich. Dieses Geschehen ist in sich gestuft. Es liegen in ihm mehrere Aspekte beschlossen, die auch von der theologischen Lehrtradition im Kontext der Gnaden- und Versöhnungslehre berücksichtigt und thematisiert wurden. An erster Stelle ist auf einen Aspekt hinzuweisen, der mit der Dialektik von Freiheit und Endlichkeit im menschlichen Lebensvollzug zusammenhängt. Der Mensch ist frei und endlich zugleich. Damit ist unweigerlich die Konsequenz verbunden, dass er die Folgen seines freien Handelns nie in der Hand hat. Ob er in seinem Handeln auch die mit ihm verbundenen Intentionen und Zwecke realisiert, liegt nicht in seiner Gewalt. Sodann ist keine menschliche Handlung aufgrund ih-

---

[71] Vgl. nur M. Luther, Von der Freiheit eines Christenmenschen, BoA II, 19 = WA 7, 29.
[72] Diesen Aspekt scharf herausgearbeitet zu haben, ist das große Verdienst Wilhelm Herrmanns. Vgl. W. Herrmann, Der Verkehr des Christen mit Gott, S. 86 u.ö.

5.2. Christusbild und religiöse Selbstdeutung   217

rer Deutungsabhängigkeit eindeutig. Schon die Bestimmung ‚Handlung' und deren Unterscheidung von einer ‚Reaktion' oder einem ‚Verhalten' stellt eine hochstufige Deutung dar, die nur in einem kulturellen Horizont verständlich ist, der über solche Unterscheidungen verfügt.[73] Nicht nur aufgrund der Deutungs- und Standpunktabhängigkeit ist und bleibt menschliches Handeln immer ambivalent. Hinzu kommt noch ein weiterer Aspekt, der insbesondere in der lutherischen Tradition eine zentrale Rolle spielt. Menschliches Handeln ist von einem Selbstverständnis und einem Selbstbild gesteuert, welches selbst eine höchst fragile Konstruktion ist.[74] Der Mensch versteht sich in seinem Leben immer schon auf eine bestimmte Weise und ordnet die Ereignisse und Begebenheiten seines Lebens in dieses Selbstverständnis ein – so gut es eben geht. Die Bestimmungsgründe und Motive, die ihn in seinem Handeln leiten, überschaut er einerseits nie vollständig im Akt des Handelns, und sie sind für ihn andererseits nur als subjektive Beschreibungen im Rahmen seines Selbstverständnisses zugänglich. Auch sein Selbstbild ist für ihn nur als eine Deutung und Interpretation verfügbar, in die freilich immer auch subjektive Interessen hineinspielen. Alles menschliche Handeln ist, kurz gesagt, unhintergehbar selbstbezüglich, so dass in jede Handlung subjektive und egoistische Motive verwoben sind. Mit der Formel „inflexus et curvus est in se ipsos" erörterte Luther dieses Phänomen in seiner ersten Psalmenvorlesung und identifizierte es mit der *concupiscentia*.[75]

Die Offenbarung Gottes ist das Geschehen des Sich-Verstehens menschlichen Lebens in seiner Tiefenstruktur. In diesem Ereignis wird sich der Mensch der Gebrochenheit seines eigenen Lebens und Handelns inne. Die Motive und Interessen, die zu einer bestimmten Handlung führten, werden ihm deutlich. Das kann durch eine Begegnung mit einem anderen Menschen, ein Wort oder eine Geste eines anderen geschehen. Die reformatorische Tradition hat solche Kommunikationsvorgänge im Blick, wenn sie die Entstehung des individuellen Glaubens an die Kommunikation des Wortes Gottes bindet. Der Sachverhalt reicht freilich weiter, als dass er sich auf die kirchliche Verkündigung beschränken ließe. Das Bewusstwerden der Gebrochenheit und Ambivalenz des eigenen

---

[73] Vgl. C. Geertz, Dichte Beschreibung. Bemerkungen zu einer deutenden Theorie von Kultur, in: ders., Dichte Beschreibung. Beiträge zum Verstehen kultureller Systeme, Frankfurt a.M. 1987, S. 7–43.

[74] Vgl. hierzu C. Taylor, Was ist menschliches Handeln?, in: ders., Negative Freiheit? Zur Kritik des neuzeitlichen Individualismus, Frankfurt a.M. 1992, S. 9–51; ders., Quellen des Selbst. Die Entstehung der neuzeitlichen Identität, Frankfurt a.M. 1996. Vgl. C. Danz, Religion im Zeitalter der Säkularisierung. Überlegungen zur Religion in der modernen Kultur im Anschluss an Charles Taylor, in: M. Kühnlein (Hrsg.), Kommunitarismus und Religion, Berlin 2010, S. 251–262. Vgl. auch N. Slenczka, Problemgeschichte der Christologie, S. 92–98.

[75] M. Luther, BoA V, 125. Vgl. hierzu U. Barth, Luthers Verständnis der Subjektivität des Glaubens, S. 273.

Handelns und des dieses unthematisch steuernden Selbstbildes markiert einen Aspekt des Sich-verständlich-Werdens des Menschen in seinem Leben. Gewiss, eine Erkenntnis der Gebrochenheit des eigenen Selbstverhältnisses ist eine subjektive Deutung, die nur auf dem Boden des eigenen Selbst möglich ist. Dennoch liegt in dem Innewerden der Gebrochenheit des Selbstbezugs die Wahrheit der Selbsterkenntnis – wie rudimentär auch immer.

Die eben dargestellte negative Seite der menschlichen Selbsterkenntnis hat Luther in sein Bußverständnis aufgenommen. Die Buße ist für ihn dasjenige Geschehen, in dem sich der Mensch allererst als Sünder verständlich wird. Das aus der religiösen Kommunikation unableitbare Entstehen des Sündenbewusstseins auf Seiten des Menschen verknüpft Luther mit dem Zorn beziehungsweise dem Gericht Gottes. Dabei ist das Gericht Gottes über den Menschen kein zum Sündenbewusstsein hinzukommender äußerer oder sekundärer Akt, sondern die religiöse Beschreibung und Deutung des eigenen Schuld- und Sündenbewusstseins hinsichtlich ihrer Unbedingtheits- und Totalitätsdimension. Gotteserkenntnis und Selbsterkenntnis des Menschen sind so in der Entstehung des Sündenbewusstseins verbunden, dass mit der Wahrheit der Selbsterkenntnis eine Dämonisierung Gottes verknüpft ist. Gott erscheint im Schuldbewusstsein als strafende Macht.[76]

Luthers religiös-theologische Deutung der Buße als des Geschehens der wahren Selbsterkenntnis des Menschen bezieht sich auf das menschliche Leben, welches sich immer in der Spannung von Gelingen und Verfehlen bewegt. Keinem Menschen liegen die Motive seines eigenen Handelns jederzeit offen zutage. Das Evident-Werden der Ambivalenz des eigenen Lebens kann das Selbstbild des Menschen erschüttern, welches seinem Handeln zugrunde liegt und es steuert. Mit solchen Brüchen in der Tiefenstruktur des Selbst können sich Erfahrungen von Sinnverlust und Sinnlosigkeit verbinden, wie sie Sören Kierkegaard (1813–1855) in seiner Schrift *Die Krankheit zum Tode* eindrucksvoll beschrieben hat.[77]

Der Offenbarungsbegriff vertieft sich hier um die Dimension, welche die lutherische Tradition in der theologischen Kategorie des Gesetzes zusammen-

---

[76] Vgl. E. Hirsch, Christliche Rechenschaft, Bd. 2, S. 16.

[77] S. Kierkegaard, Die Krankheit zum Tode. Eine christlich-psychologische Darlegung zur Erbauung und Erweckung, hrsg. v. G. Perlet, Stuttgart 1997. Charles Taylor hat solche Formen von Selbsterfahrung im Anschluss an William James als Religion der „Zweimalgeborenen" beschrieben. Vgl. C. Taylor, Die Formen des Religiösen in der Gegenwart, Frankfurt a.M. 2002, S. 33–56. Vgl. dazu C. Danz, Religion als Selbstdeutung. Charles Taylors Beitrag zur religionstheoretischen Debatte der Gegenwart, in: M. Kühnlein/M. Lutz-Bachmann (Hrsg.), Unerfüllte Moderne? Neue Perspektiven auf das Werk von Charles Taylor, Berlin 2011, S. 475–492.

gefasst hat.[78] Der Mensch steht immer schon unter der Forderung Gottes. Doch ist hier nicht an ein kodifiziertes oder schriftlich fixiertes Gesetz etwa im Sinne des Dekalogs oder der Bergpredigt gedacht. Gemeint ist vielmehr der Umstand, dass kein Mensch umhin kommt, sein eigenes Leben zu deuten. Identität und Einheit menschlichen Lebens liegen nicht als substantielle Größen vor, sondern sind das Resultat von Selbstdeutungs- und Selbstbeschreibungsprozessen. Das Selbst existiert lediglich als Bild, welches es von sich selbst anfertigt. Nur in ihm kann sich das Selbst für sich darstellen und sich erfassen, und zugleich ist es von dem Selbstbild unterschieden.[79] Allein deshalb kann das Selbst in einen Widerstreit mit sich geraten. Mit der Einsicht in die Unumgänglichkeit, ein Bild seiner Identität zu entwerfen, ist das Geschehen des Sich-verständlich-Werdens menschlichen Lebens noch nicht vollständig beschrieben. Es muss eine weitere Dimension hinzukommen, die sich indes nicht aus der Erfahrung der Verzweiflung und der Sinnlosigkeit ableiten lässt, sie jedoch voraussetzt und auf sie bezogen ist.

Die Entstehung eines neuen Selbstverständnisses, welches die Einsicht in die Ambivalenz und Gebrochenheit menschlichen Seins integriert, ist aus dem zuerst genannten Schritt der Selbsterkenntnis nicht ableitbar. Dass es bei einem Menschen zum Übergang von Schuldbewusstsein und Verzweiflung zur Gewissheit kommt, ist kontingent. Ein solches neues Selbstverständnis, so muss man allerdings sagen, stellt ein vertieftes dar. Die reformatorische Tradition nennt es Glaube und versteht es als Neuschöpfung des Menschen. Die Neuschöpfung bezieht sich jedoch allein auf das Sich-verständlich-Werden des Menschen in seiner Endlichkeit und Gebrochenheit.

Der Übergang von dem Bewusstwerden des eigenen Gebrochenseins zur Gewissheit und damit zu einem neuen und vertieften Selbstverständnis des Menschen ist das, was in der Versöhnungslehre der theologischen Lehrtradition mit dem Begriff Versöhnung eigentlich gemeint ist. In der Lehrtradition wird er als ein stellvertretendes Opfer des Gottmenschen konstruiert, welches als Bedingung der Möglichkeit dieses Übergangs fungiert. Bei einer solchen Konstruktion der Versöhnung bleibt es undeutlich, wie sie dem einzelnen Individuum zugeeignet werden könne.[80] Gleichwohl zielt auch die alte Versöhnungslehre auf

---

[78] Vgl. D. Korsch, Glaubensgewißheit und Selbstbewußtsein. Vier systematische Variationen über Gesetz und Evangelium, Tübingen 1989.
[79] Vgl. F. Wittekind, Zwischen Religion und Gott, S. 379–381; ders., Verlust des Ich? – Methodische Überlegungen zur theologischen Wahrnehmung postmoderner Lebenswelten, in: A. Grözinger/G. Pfleiderer (Hrsg.), „Gelebte Religion" als Programmbegriff Systematischer und Praktischer Theologie, Zürich 2002, S. 131–159; C. Taylor, Quellen des Selbst. Die Entstehung der neuzeitlichen Identität, Frankfurt a.M. 1996.
[80] Vgl. auch G. Ebeling, Dogmatik des christlichen Glaubens, Bd. 2, S. 185. 208f.

die Heilsgewissheit des Einzelnen, für sie kommt der Glaube als ein sekundäres, zweites Element zu dem vorausliegenden objektiven Geschehen lediglich hinzu.

- Die Aufbauelemente der Gotteserkenntnis sind: Gesetz und Evangelium, Gericht und Gnade.
- Gericht und Gnade bilden die Leitgesichtspunkte für die dogmatische Entfaltung der Christologie.
- Christologie ist die Darstellung dieser Dialektik und darin Selbstbeschreibung des Glaubens als eines unableitbaren Geschehens.

Aus dem soeben Erläuterten ergibt sich auch eine weitere Bestimmung des Offenbarungsbegriffs. Das Geschehen der Offenbarung enthält bereits die Versöhnung.[81] Offenbarung, als ein unableitbares und in sich gestuftes Geschehen des Sich-verständlich-Werdens des Menschen, hat durchweg eine soteriologische Dimension. Wenn ein Mensch sich in seinem Leben verständlich wird und sich ihm ein neues und tieferes Verstehen seiner selbst und seines Lebens in der Welt erschließt, dann ‚liegt' aber auch das vor, was mit Gewissheit gemeint ist.

5.2.3. Das Christusbild als Erschlossenheit Gottes

Literatur:

I. U. Dalferth, Der auferweckte Gekreuzigte. Zur Grammatik der Christologie, Tübingen 1994, S. 161–236.

E. Jüngel, Gott als Geheimnis der Welt. Zur Begründung der Theologie des Gekreuzigten im Streit zwischen Theismus und Atheismus, Tübingen ⁶1992.

F. Wagner, Christologie als exemplarische Theorie des Selbstbewußtseins, in: ders., Was ist Theologie? Studien zu ihrem Begriff und Thema in der Neuzeit, Gütersloh 1989, S. 309–342.

F. Wittekind, Zwischen Religion und Gott. Überlegungen zum Selbstverständnis und zur Begründung einer protestantischen dogmatischen Theologie, in: H. Nagl-Docekal/F. Wolfram (Hrsg.), Jenseits der Säkularisierung. Religionsphilosophische Studien, Berlin 2008, S. 351–384.

Die dogmatische Christologie arbeitet die reflexive Struktur des Glaubensaktes als personales Gottesverhältnis aus: Gott ist im und als das Ereignis des Sich-Verstehens beim Menschen. Der Gottesgedanke bezeichnet folglich allein das Geschehen der Durchsichtigkeit im Selbstverhältnis des Bewusstseins im Vollzug des Sich-Bestimmens. In der Christologie geht es deshalb um die Erfassung und das Verstehen des Selbstverhältnisses des Menschen sowie um die Darstellung dieses Sich-Verstehens. Erst in Folge beider Aspekte – des Sich-Verstehens und seiner Darstellung – ist das Christusbild die individuelle Erschlossenheit

---

[81] Karl Barth arbeitet in der *Kirchlichen Dogmatik* den Offenbarungsbegriff völlig zu Recht als Versöhnungslehre aus.

Gottes. Das Selbstverhältnis ist nur im Akt des Sich-Bestimmens wirklich, der freilich ein schon bestimmter Selbstvollzug ist.[82] Es ist also nichts bereits Vorliegendes oder als fixen Personenkern Vorauszusetzendes, sondern der sich selbst bezeichnende und symbolisierende reflexive Selbstvollzug. Doch das Bild des Selbst, so sehr es die einzig mögliche Darstellung des Selbstverhältnisses des Menschen sein kann und darin das Selbst ist, steht als Bild zugleich in Differenz zu ihm. Das Selbstverhältnis hat sich nur in einem selbst entworfenen Bild seiner selbst und ist doch nicht selbst dieses Bild. Die individuelle Erfassung und Darstellung des Verstehens seiner selbst ist der Glaube, und er stellt sich selbst als Gottesverhältnis dar.

Der Glaubensakt als individuelles Geschehen von Reflexivität ist in sich gestuft. Die beiden Momente der Selbsterkenntnis, aus denen sich ein neues und vertieftes Selbstverständnis ergibt, müssen in den Gottesgedanken aufgenommen werden. Andernfalls wäre der Gottesgedanke dem Geschehen des Sich-verständlich-Werdens des Menschen äußerlich und damit kein Ausdruck dieses Vollzugs. Gott ist dann aber auch nicht als das Ereignis seines Kommens gedacht. In den Gottesgedanken muss folglich die Antinomie von Gericht und Barmherzigkeit, Gesetz und Evangelium einbezogen werden. Sie macht die Tiefe und die lebenserschließende Kraft des lutherischen Gottesverständnisses aus: Gott tötet, um lebendig zu machen, er führt in die Hölle, um in den Himmel zu führen, so Luthers oft gebrauchte Formel.[83] Die Antinomie lässt sich gedanklich weder auflösen noch in einer höheren Einheit synthetisieren. Sie löst sich allein in dem reflexiven Geschehen des Sich-Verstehens im Lebensvollzug des Einzelnen auf. Dass Gott Liebe ist, ist bereits die Perspektive des Glaubenden, also des Übergangs von der Verzweiflung zur Gewissheit. Und erst aus dieser Perspektive, wenn sich einem Menschen ein neues und tieferes Verständnis seiner selbst erschlossen hat, erscheint das Schuldbewusstsein als Gericht Gottes. Das Ereignis des Sich-verständlich-Werdens des Menschen, also der Glaube, bezeichnet sich selbst als Gottesverhältnis. Die religiöse Bestimmung der Liebe Gottes ist somit gerade kein allgemeiner Gedanke, sondern die Selbstbeschreibung eines konkreten Vollzugs.

Im Christusbild des Glaubens kommt das Ereignis des Sich-Verstehens des Selbstverhältnisses als personales Gottesverhältnis zur Darstellung. Es ist die Selbstdarstellung des Glaubens und seines eigenen unableitbaren Entstehens in der Geschichte. Die Momente, die als innere Aufbauelemente des Geschehens des Sich-verständlich-Werdens des Menschen unterschieden wurden, näm-

---

[82] Vgl. F. Wittekind, Zwischen Religion und Gott, S. 373–375.
[83] Vgl. nur M. Luther, Disputatio Heidelbergae habita, StA lat.-dt., Bd. I, S. 36–69, bes. S. 39.

lich das kontingente Bewusstwerden der eigenen Gebrochenheit und Ambivalenz sowie der aus diesem Bewusstsein nicht ableitbare, aber es voraussetzende Übergang zu einem neuen und tieferen Selbstverständnis, finden ihren Ausdruck nicht nur im Gottesbild, sondern auch in der Christologie und der Anthropologie. Im Gottesverhältnis des Glaubens erscheinen sie als Gericht und Barmherzigkeit Gottes, im Christusbild als Tod und Auferstehung Jesu Christi und beim Menschen als Schuldbewusstsein und Gewissheit.

Die neutestamentlichen Evangelien als exemplarische religiöse Erzählungen haben ihren Fokus in der Passionsgeschichte sowie der Auferstehung Christi. Der Tod Jesu repräsentiert die Momente der Anfechtung und des Gerichts und die Auferstehung Christi die aus dem Tod unableitbare Entstehung des Glaubens als eines neuen und tieferen Selbstverständnisses des Menschen.[84] Die im Selbstverhältnis liegende Antinomie – dass es sich nur in einem Bild seiner selbst erfassen kann, in ihm jedoch zugleich von sich unterschieden ist – kommt im Christusbild zur Darstellung. Christus ist das Bild des sich in seinem reflexiven Bezug auf sich selbst verständlich gewordenen Selbstverhältnisses.[85] Das auf Kreuz und Auferstehung zentrierte Christusbild beschreibt und stellt den Glauben als ein reflexives Verstehen des Verstehens dar.

Christologie ist somit weder ein Teilgebiet der theologischen Dogmatik noch beschreibt sie eine historische Person, sondern sie ist der Ausdruck der Durchsichtigkeit des Selbstverhältnisses des Bewusstseins für dieses selbst in seinem individuellen Vollzug. Der Glaube als ein reflexiver Akt stellt sich im Christusbild als personales Gottesverhältnis selbst dar. Damit ergibt sich als zusammenfassende Bestimmung des Offenbarungsbegriffs, der als Leitkategorie zur Neubestimmung der Christologie fungierte und an die Stelle der überlieferten Person- und Werkchristologie trat: Die Offenbarung Gottes als Selbstbeschreibung der reflexiven Aktstruktur des Glaubens ist als ein in sich gestuftes Geschehen zu verstehen, das die Momente des sich offenbarenden Gottes, der Versöhnung und der Neuschöpfung enthält.

---

[84] Mit Eberhard Jüngel formuliert: „Diese *ewig neue* Beziehung Gottes auf Gott heißt christologisch Auferstehung von den Toten und ist ontologisch das Sein der Liebe selbst." E. Jüngel, Gott als Geheimnis der Welt, S. 513.
[85] Vgl. F. Wittekind, Zwischen Religion und Gott, S. 381–383.

5.3. Christologie als Religionshermeneutik

Literatur:

D. Korsch, Religionsbegriff und Gottesglaube. Dialektische Theologie als Hermeneutik der Religion, Tübingen 2005.
J. Lauster, Religion als Lebensdeutung. Theologische Hermeneutik heute, Darmstadt 2005.

Die reflexive Struktur des Glaubensaktes, wie sie in der dogmatischen Christologie expliziert wird, beschreibt ein sich in seinem Selbstvollzug durchsichtiges Selbstverhältnis und damit die Basis, welche allen menschlichen Verhältnissen zugrunde liegt. Der vorgeschlagene Wechsel der Perspektive der christologischen Reflexion von der Person zu dem Ereignis Gottes im Geschehen seiner Offenbarung beinhaltet zugleich die Notwendigkeit einer Erweiterung der Christologie zu einer theologischen Theorie der Religion. Die Christologie „ist als modifizierende Anknüpfung an die je vorfindliche Wirklichkeit zu konzipieren, um diese auf ihre Durchsichtigkeit für Gottes gnädige Gegenwart hin fortzubestimmen".[86] Die angesprochene religionshermeneutische Funktion der Christologie ist zunächst im Kontext der Religionstheologie zu erörtern, sodann im christlich-jüdischen Dialog und abschließend mit Bezug auf die komplexen religiösen Lebenswelten der Moderne.

5.3.1. Deabsolutierung der Christologie?

Literatur:

R. Bernhardt, Deabsolutierung der Christologie?, in: M. v. Brück/J. Werbick, (Hrsg.), Der einzige Weg zum Heil? Die Herausforderung des christlichen Absolutheitsanspruchs durch pluralistische Religionstheologien, Freiburg i.Br./Basel/Wien 1993, S. 144–200.
R. Bernhardt, Ende des Dialogs? Die Begegnung der Religionen und ihre theologische Reflexion, Zürich 2005.
C. Danz, Einführung in die Theologie der Religionen, Wien 2005.
J. Hick, The Metaphor of God Incarnate, London 1993.
J. Hick (Hrsg.), Wurde Gott Mensch? Der Mythos vom fleischgewordenen Gott, Gütersloh 1979 (= The Myth of God Incarnate, London 1977. ²1993).
P. Schmidt-Leukel, Gott ohne Grenzen. Eine christliche und pluralistische Theologie der Religionen, Gütersloh 2005.

Zur Signatur moderner Gesellschaften gehört der religiöse Pluralismus. Infolge von ökonomisch bedingter Migration, Globalisierungs- und Modernisierungsprozessen leben die unterschiedlichsten Religionskulturen auf engem Raum zu-

---

[86] Vgl. I. U. Dalferth, Gott für uns, S. 75.

sammen. Deren Koexistenz wirft die Frage nach dem Geltungsanspruch von Religionen sowie dessen argumentativer Begründung auf. Sind alle Religionen wirklich gleich-gültig? Oder muss man zwischen guten und weniger guten Religionen unterscheiden? Unter den Bedingungen der Moderne tritt damit die alte Frage nach der *vera et falsa religio* wieder auf. Welche Funktion spielt die dogmatische Christologie in den Debatten um den religiösen Pluralismus? Sowohl in interreligiösen Diskursen als auch in der sogenannten Theologie der Religionen, wie sie seit den 1970er Jahren zunächst in den USA und dann auch in Europa ausgearbeitet wurde, steht die Christologie im Zentrum der Auseinandersetzungen und gerät vor allem in den Dialogen mit dem Judentum und dem Islam auf den Prüfstand.[87] Gegenüber den beiden abrahamitischen Religionen markiert sie geradezu das Unterscheidungskriterium des Christentums. Die Christologie steht nicht von ungefähr im Fokus der interreligiösen Kontroversen, da sowohl mit der neutestamentlichen (Joh 14,6) als auch mit der traditionellen Christologie die These verbunden ist, dass allein in Jesus Christus Gott und Mensch in einer Person vereinigt sind und aus diesem Grund dem Christentum eine Ausnahmestellung unter den Religionen gebührt. Trinitätslehre, Inkarnationschristologie und Zweinaturenlehre machen das Christentum zu einer göttlichen Stiftung in der Geschichte. Aus der Warte der altkirchlichen Christologie und deren Weiterführung im Mittelalter und im Altprotestantismus erscheinen die nichtchristlichen Religionen als Aberglaube oder doch zumindest als defizitäre Formen. Mit der Christologie scheint folglich das Problem der Absolutheit des Christentums verbunden zu sein,[88] da ihr zufolge nur in Jesus Christus das Heil der Welt und die göttliche Wahrheit zu finden seien, in allen anderen Religionen hingegen sich lediglich Einbildung und das sündhafte Streben des Menschen nach Selbsterlösung erkennen lasse. Eine solche Haltung gegenüber den anderen Religionen bezeichnet man in den religionstheologischen Debatten als *Exklusivismus*. Ihr zufolge ist nur die eigene Religion die wahre, und alle anderen Religionen haben als falsche zu gelten.

Die exklusivistische Position kann auch in moderater Form auftreten und behaupten, dass sich ebenso in anderen Religionen Wahrheit und Heil finde, aber dieses Heil und diese Wahrheit, die auch den nichtchristlichen Religionen zugestanden wird, besitzt die eigene Religion in gesteigerter und unüber-

---

[87] Vgl. nur J. H. Raatschen, Jesus zwischen Juden und Christen. Christologie auf dem Prüfstand, in: DtPfrBl 103 (2003), S. 126–131. Zur Debatte vgl. F. Wittekind, Christologie im 20. Jahrhundert, S. 36–38.
[88] Klassisch zum „Absolutheits"-Problem: E. Troeltsch, Die Absolutheit des Christentums und die Religionsgeschichte (1902/1912), mit den Thesen von 1901 und den handschriftlichen Zusätzen (= Kritische Gesamtausgabe, Bd. 5), hrsg. v. T. Rendtorff in Zusammenarbeit mit S. Pautler, Berlin/New York 1998.

5.3. Christologie als Religionshermeneutik

bietbarer Weise. In den religionstheologischen Debatten nennt man eine solche Einstellung *Inklusivismus*. Einer ihrer gewichtigsten Vertreter ist der römisch-katholische Theologe Karl Rahner. Auf der methodischen Grundlage seiner Transzendentaltheologie hatte Rahner eine Bestimmung des Verhältnisses des Christentums zu den nichtchristlichen Religionen ausgearbeitet, der zufolge auch die nichtchristlichen Heilserfahrungen auf Gott und seinen Heilswillen zurückgeführt werden müssen.[89] Im Christentum, genauer: in der Gestalt Jesus Christus, welche Rahner als unüberbietbare Verwirklichung von Menschsein versteht, ist der Heilswille Gottes vollkommen realisiert.[90] In den religiösen Erfahrungen der nichtchristlichen Religionen ist derselbe Heilswille Gottes wirksam, aber eben unbewusst. Rahner fasste seine dogmatische Rekonstruktion der nichtchristlichen Religionen formelhaft als „anonymes Christentum" beziehungsweise „anonyme Christen" zusammen.[91] Mit seiner Theorie kann der katholische Theologe zwar den Verdacht ausräumen, die nichtchristlichen Religionen seien blinder Aberglaube. Der Preis ist aber die Auflösung ihrer Eigenständigkeit in eine Beschreibung aus christlicher Perspektive.

Religionstheologische Haltungen gegenüber den nichtchristlichen Religionen:
– *Exklusivismus:* Aufgrund der Offenbarung Gottes in Jesus Christus ist allein das Christentum wahre Religion, und alle anderen Religionen sind Aberglaube und Heidentum.
– *Inklusivismus:* Auch in anderen Religionen finden sich Spuren des durch Christus vermittelten Heils, aber im Christentum liegt dieses Heil in unüberbietbarer Weise vor.
– *Pluralismus:* Es gibt mehr als eine wahre Religion, so dass der Offenbarung in Christus kein Superioritätsanspruch zukommen kann.

Angesichts des mit der Christologie verknüpften Absolutheitsanspruchs des Christentums verwundert es nun nicht, dass vorgeschlagen wurde, den Stellenwert der Christologie abzubauen, sie geradezu zu deabsolutieren. Insbesondere Theologen, die der sogenannten pluralistischen Religionstheologie zuzuordnen sind, wie der englische Theologe John Hick (1922–2012), der amerikanische Katholik Paul F. Knitter (geb. 1939) oder im deutschsprachigen Raum Perry Schmidt-Leukel (geb. 1954), haben sich dafür ausgesprochen, im Rahmen einer theologischen Begründung der Gleich-Gültigkeit der nichtchristlichen Religio-

---

[89] K. Rahner, Das Christentum und die nichtchristlichen Religionen, in: ders., Schriften zur Theologie, Bd. V, Einsiedeln ²1964, S. 136–158. Vgl. dazu C. Danz, Einführung in die Theologie der Religionen, Wien 2005, S. 66–68.
[90] Vgl. hierzu K. Rahner, Grundkurs des Glaubens. Einführung in den Begriff des Christentums, Freiburg i.Br./Basel/Wien 1985, S. 180–312. Zur Christologie Rahners vgl. S. Loiero, „… damit keiner zugrunde gehe". Zur Notwendigkeit und Bedeutung einer existentiellen Christologie in der fortgeschrittenen Moderne im Anschluss an Karl Rahner und Edward Schillebeeckx, Innsbruck 2005.
[91] Vgl. K. Rahner, Das Christentum und die nichtchristlichen Religionen, S. 154.

nen mit dem Christentum die Christologie einer Neubestimmung zu unterziehen. Hierzu wurde im Anschluss an den amerikanischen Theologen Schubert M. Ogden (geb. 1928) zwischen einer konstitutiven und einer repräsentativen Christologie unterschieden.[92] Die konstitutive versteht – dieser Unterscheidung zufolge – die durch den Gottmenschen Jesus Christus vollbrachte Versöhnung als Bedingung für das göttliche Gnadenhandeln. Im Unterschied dazu fasst eine repräsentative Christologie die Erscheinung Jesu Christi als Repräsentation und Manifestation des universalen göttlichen Heilswillens auf.[93]

Unterscheidung von konstitutiver und repräsentativer Christologie:
- *Konstitutive Christologie:* Christus bewirkt durch sein Werk die Versöhnung von Gott und Mensch.
- *Repräsentative Christologie:* Christus bringt in seinem Leben und Werk den universalen göttlichen Heilswillen zur Darstellung.

Einer der wichtigsten Vertreter der pluralistischen Religionstheologie ist der englische Theologe John Hick. Er hat nicht nur eine systematisch besonders reflektierte pluralistische Religionstheologie vorgelegt, sondern auch in zahlreichen Publikationen für eine Neubestimmung der dogmatischen Christologie plädiert.[94]

Die methodischen Grundlagen von Hicks pluralistischer Religionstheologie, wie er sie in seinem Hauptwerk *An Interpretation of Religion* ausgearbeitet hat, bilden ein empirisch zugespitzter Erfahrungsbegriff, eine darauf aufbauende Theorie der religiösen Erfahrung sowie die kategoriale Unterscheidung zwischen dem ‚Realen an sich' und dem ‚Realen, wie es von Menschen erfahren wird'.[95] Hick setzt das Reale an sich, welches strikt transzendent ist und folglich nicht mit seinen Manifestationen zusammenfällt, als den Grund der Religion

---

[92] Vgl. S. M. Ogden, Is there only one true Religion or are there many?, Dallas 1992. Vgl. dazu R. Bernhardt, Christus – Repräsentant göttlicher Selbstmitteilung. Zur Unterscheidung zwischen konstitutiver und repräsentativer Christologie, in: C. Danz/F. Hermanni (Hrsg.), Wahrheitsansprüche der Weltreligionen. Konturen gegenwärtiger Religionstheologie, Neukirchen-Vluyn 2006, S. 171–189.

[93] Vgl. R. Bernhardt, Christus – Repräsentant göttlicher Selbstmitteilung, S. 172: „Die *repräsentative* Christologie geht demgegenüber von einer supralapsarischen Konstitution des göttlichen Heilshandelns im ewigen Heilswillen Gottes aus. Im historischen Christusgeschehen vollzieht sich nicht die ein-für-allemal entscheidende Restitution der menschlichen Gottesbeziehung, sondern die einzigartige paradigmatische Darstellung des göttlichen Heilshandelns in einer Person."

[94] J. Hick, The Metaphor of God Incarnate, London 1993; ders. (Hrsg.), The Myth of God Incarnate, London 1977. ²1993. Zur Debatte um Hicks Inkarnationsverständnis vgl. I. U. Dalferth, Der auferweckte Gekreuzigte, S. 2–37; M. Buntfuß, Inkarnation als Interaktion. Zur religiösen Distanzreduktion der Inkarnationsmetapher, in: J. Frey/J. Rohls/R. Zimmermann (Hrsg.), Metaphorik und Christologie, Berlin/New York 2003, S. 299–317.

[95] J. Hick, An Interpretation of Religion. Human Responses to the Transcendent, New Haven 1989. Zu Hicks Religionstheologie vgl. C. Danz, Einführung in die Theologie der

5.3. Christologie als Religionshermeneutik

an. Die geschichtlichen Religionen hingegen versteht er als kulturspezifische Deutungen von Erfahrungen des Realen an sich. Mit den religiösen Erfahrungen verbindet Hick eine Umwandlung der Menschen von der Selbstzentriertheit zu einer Ausrichtung auf das Reale an sich.[96] Da das Reale an sich der gemeinsame transzendente Bezugspunkt sowie Grund aller großen Weltreligionen sein soll und keine einzelne Religion einen privilegierten Zugang zu dem transzendenten Realen an sich hat, kann auch keine geschichtliche Religion begründet den Anspruch erheben, den anderen in irgendeiner Form überlegen zu sein. Aus der Perspektive des Realen an sich sind alle Religionen – so sie nur Antworten auf eine Manifestation des transzendenten Realen sind – gleich-gültig.

In diese Begründung des religiösen Pluralismus zeichnet Hick seine Neubestimmung der Christologie ein. Allerdings bleibt zu konstatieren, dass seine Überlegungen zur Neubestimmung der Christologie im Wesentlichen durch die Aporien der überlieferten altkirchlichen Christologie bedingt und zunächst unabhängig von seinen religionstheologischen Überlegungen entstanden sind. In seinem Buch *The Metaphor of God Incarnate*, welches seine früheren Überlegungen zur Inkarnationschristologie aufnimmt und weiterführt,[97] unterzieht er die altkirchliche Christologie einer radikalen Kritik und plädiert dafür, die Inkarnationsvorstellung als Metapher zu verstehen.

„(1) In so far as Jesus was doing God's will, God was acting through him on earth and was in this respect ‚incarnate' in Jesus' life; (2) In so far as Jesus was doing God's will he ‚incarnated' the ideal of human life lived in openness and response to God; (3) In so far as Jesus lived a life of self-giving love, or *agape*, he ‚incarnated' a love that is a finite reflection of the infinite divine love."[98]

Die Inkarnationsvorstellung ist für Hick der metaphorische Ausdruck für das Gottesverhältnis Jesu. In seiner Deutung erscheint Jesus von Nazareth als ein Mensch, der „sich auf die intensivste und überwältigendste Weise der Realität Gottes bewusst war. […] Sein Geist war offen auf Gott hin, und sein Leben war eine ständige Antwort auf göttliche Liebe, die sich sowohl als unendlich barmherzig als auch als unendlich fordernd erweist."[99] Jesus Christus wird von Hick nicht mehr als ein Mensch verstanden, der sich aufgrund seiner Verbindung mit Gott in seiner Person von allen anderen Menschen qualitativ unterscheidet. Vielmehr ist der Mann aus Nazareth ein Mensch, der in seinem Leben durchgehend

---

Religionen, S. 154–160; R. Bernhardt, Der Absolutheitsanspruch des Christentums. Von der Aufklärung bis zur Pluralistischen Religionstheologie, Gütersloh 1990, S. 199–225.
[96] Vgl. J. Hick, An Interpretation of Religion, S. 299–315.
[97] J. Hick (Hrsg.), The Myth of God Incarnate, London 1977, ²1993.
[98] J. Hick, The Metaphor of God Incarnate, S. 105.
[99] J. Hick, Jesus und die Weltreligionen, in: R. Kirste/P. Schwarzenau/U. Tworuschka (Hrsg.), Neue Herausforderungen für den interreligiösen Dialog, Balve 2002, S. 48–71, hier S. 54.

von Gott bestimmt ist. Im Unterschied etwa zur Christologie Schleiermachers ebnet Hick freilich auch die von dem Berliner Theologen noch beibehaltene qualitative Differenz zu den anderen Menschen ein. Besteht zwischen Jesus und den anderen Menschen keine qualitative Differenz mehr, sondern bestenfalls ein quantitativer oder gradueller Unterschied, dann kommen auch andere Menschen in Betracht, die in ihrem Leben ebenso von Gott bestimmt sind wie Jesus von Nazareth. Damit ist der Mann aus Nazareth auch nicht mehr die einzige Manifestation des Göttlichen in der Welt. Die Behauptung, dass sich nur das Christentum einem gleichsam göttlichen Ursprung verdankt und die anderen Religionen nicht, lässt sich dann aber nicht länger aufrechterhalten. Die von Hick ausgeführte Christologie kann man zusammenfassend als eine Reformulierung der Christologie Schleiermachers unter Ausschaltung der Realisierung des Urbildes in der geschichtlichen Gestalt Jesus von Nazareth charakterisieren.[100]

Hick depotenziert die Christologie, weil sie in ihrer tradierten Form einer theologischen Begründung der Gleich-Gültigkeit der nichtchristlichen Religionen mit dem Christentum im Wege stand. Alle Religionen sind menschliche Antworten auf eine Manifestation des Göttlichen beziehungsweise Realen an sich, welches jedoch mit keiner einzelnen Religion zusammenfällt. Nun ist allerdings zu fragen, ob die von Hick vorgeschlagene Depotenzierung der Christologie wirklich hilfreich für einen interreligiösen Dialog ist. Die Kritiker von Hicks pluralistischer Religionstheologie bestreiten das vehement und werfen ihm vor, die Besonderheit und Identität des Christentums zu verwässern.

Hicks Kritik am christologischen Dogma sowie der überlieferten Versöhnungslehre, darauf ist zunächst zu verweisen, bewegt sich durchaus auf der Linie jener Angriffe, der diese dogmatischen Lehrstücke seit der Aufklärung ausgesetzt sind. Die Konstruktion der Person des Christus als Einheit von Gott und Mensch ist unter den Erkenntnisbedingungen der Neuzeit ebenso wenig aufrecht zu erhalten wie ein stellvertretendes Sühneopfer für die Sünden der Menschheit. Insofern ist Hick in seiner Kritik am christologischen Dogma zuzustimmen. Eine andere Frage ist es allerdings, ob Hicks Lösungsvorschlag überzeugt. Das aber ist nicht der Fall, weil Hick die Voraussetzung der von ihm kritisierten dogmatischen Christologie teilt, es sei ihre Aufgabe, eine gleichsam objektive historische Tatsache der Geschichte zu beschreiben. Allein auf Grund dieser Voraussetzung ist Hick der Meinung, dass eine Gleich-Gültigkeit der nichtchristlichen Religionen mit dem Christentum nur dann theologisch zu begründen sei, wenn die Christologie depotenziert wird.

---

[100] John Hick nimmt in seiner Christologie Überlegungen von D. M. Baillie, Gott war in Christus. Eine Studie über Inkarnation und Versöhnung, Göttingen 1959, auf und führt sie weiter.

5.3. Christologie als Religionshermeneutik

Die Christologie John Hicks:
- Eine theologische Begründung der Gleich-Gültigkeit der nichtchristlichen Religionen ist nur möglich, wenn die Christologie depotenziert wird.
- Die Inkarnation ist als Metapher zu verstehen.
- Ausgangspunkt der Christologie ist Jesus von Nazareth: ein menschliches Leben, welches für Gott offen ist.
- Damit besteht:
  a.) zwischen Christus und anderen Menschen keine qualitative Differenz und
  b.) zwischen Christus und anderen Religionsstiftern keine qualitative Differenz.

In ähnlicher Weise und aus ähnlichen Motiven wie John Hick haben Perry Schmidt-Leukel und Reinhold Bernhardt (geb. 1957) eine repräsentative Christologie ausgearbeitet. Schmidt-Leukel geht in seiner Fassung einer pluralistischen Religionstheologie nicht nur von einer ähnlichen kategorialen Differenz zwischen dem Absoluten an sich und seinen Erscheinungen aus wie John Hick, sondern er kommt auch in seinen christologischen Überlegungen zu einer nur in Details differierenden Position.[101] Jesus von Nazareth wird als ein „Mittler göttlicher Offenbarung" verstanden, der „weder in gradualistischer noch in funktionalistischer Hinsicht die einzige Inkarnation der göttlichen Wirklichkeit ist".[102] Reinhold Bernhardt plädiert zwar wie Hick und Schmidt-Leukel dafür, dass sowohl unter den Erkenntnisbedingungen der Moderne als auch wegen der Unverzichtbarkeit einer positiven Wertschätzung der nichtchristlichen Religionen die Christologie nicht als eine konstitutive, sondern als eine repräsentative auszuarbeiten sei. Sie erhält allerdings bei ihm eine andere Begründung. Im Unterschied zu Hick und Schmidt-Leukel, deren Anliegen er teilt, findet bei Bernhardt die Standortrelativität der Religionstheologie stärkere Beachtung.[103] Das pluralistische Modell von Hick und Schmidt-Leukel führe nämlich, so Bernhardt, dazu, die Binnensicht der Religionen in die übergeordnete Außensicht des Realen aufzulösen. Um das zu vermeiden, votiert der Basler Theologe dafür, dass sich interreligiöse Relationen nur aus einer geschichtlich entstandenen Perspektive beschreiben lassen und im interreligiösen Dialog von einem Pluralismus solcher Perspektiven auszugehen ist. Dieser mutuale Inklusivismus reformuliert damit den religionstheologischen Pluralismus als eine „Pluralität sich wechselseitig überlagernder inklusivistischer Religionsperspektiven".[104] Für eine christliche Religionstheologie ist mit seinem Ansatz die Kon-

---

[101] Vgl. P. Schmidt-Leukel, Gott ohne Grenzen. Eine christliche und pluralistische Theologie der Religionen, Gütersloh 2005, S. 270–304.
[102] P. Schmidt-Leukel, Gott ohne Grenzen, S. 296. 294.
[103] Vgl. dazu R. Bernhardt, Ende des Dialogs?, S. 206–219. Zu Bernhardts Konzeption der Religionstheologie vgl. C. Danz, Einführung in die Theologie der Religionen, S. 97–101.
[104] R. Bernhardt, Prinzipieller Pluralismus oder mutualer Inklusivismus als hermeneutisches Paradigma einer Theologie der Religionen, in: P. Koslowski (Hrsg.), Die spekulative

sequenz verbunden, das Verhältnis zu den nichtchristlichen Religionen nicht im Rückgriff auf eine übergeordnete Metaperspektive zu beschreiben, sondern auf Modelle der eigenen religiösen Tradition zurückzugreifen. Ein geeignetes Theologumenon hierzu sieht Bernhardt in der Trinitätslehre.[105]

In diesen konzeptionellen Rahmen zeichnet Bernhardt eine Christologie ein, welche die mit der überlieferten dogmatischen Christologie verbundenen Absolutheitsmomente abbaut. Dafür greift er auf die von Ogden eingeführte Unterscheidung von konstitutiver und repräsentativer Christologie zurück und arbeitet eine Repräsentations-Christologie aus.

„Gegenüber einer Gleichsetzung der Person Jesu Christi mit Gottes Logos und der mit ihr korrespondierenden konstitutiven Soteriologie, die davon ausgeht, dass Gottes Heil in Christus (mit der Menschwerdung des ‚Wortes' und/oder im ‚Kreuz' Christi) grundgelegt ist, versteht die hier favorisierte *relative* Christologie/Soteriologie das Christusgeschehen nicht als Ursprung, sondern als Vermittlung des Heils, das (protologisch betrachtet) von Ewigkeit herkommt und (eschatologisch betrachtet) am Ende der Zeit in Vollgestalt, als Erlösung der Schöpfung, verwirklicht sein wird."[106]

Im Anschluss an die überlieferte Logos- sowie die Geistchristologie versteht Bernhardt Jesus Christus als eine Manifestation des universalen göttlichen Heilswillens. Auch Bernhardt setzt in seiner Neubestimmung der Christologie voraus, dass es deren Aufgabe sei, Aussagen über die geschichtliche Gestalt Jesus von Nazareth zu machen. Um eine positive Würdigung der nichtchristlichen Religionen zu ermöglichen, müssen die überlieferten christologischen Aussagen als Darstellung des universalen göttlichen Heilswillens reformuliert werden.

Die von der pluralistischen Religionstheologie vorgeschlagenen Neubestimmungen der Christologie werden jedoch weder der Aufgabe der Christologie noch dem Anliegen einer positiven Würdigung der nichtchristlichen Religionen durch die christliche Theologie gerecht. Einerseits erscheint die Verknüpfung der Christologie mit dem Problem der Absolutheit des Christentums unbegründet, und andererseits ist die Kritik an dem überlieferten christologischen Lehrbegriff und dessen vermeintlichen Absolutheitsprätentionen selbst noch einer solchen Christologie verpflichtet. Wird die Christologie jedoch als eine Selbstdarstellung der reflexiven Struktur des Glaubensaktes ausgearbeitet, dann impliziert sie weder ein Urteil über andere Religionen, noch fordert sie im Interesse einer Anerkennung anderer Religionen eine Depotenzierung. Denn

---

Philosophie der Weltreligionen. Ein Beitrag zum Gespräch der Weltreligionen im Vorfeld der EXPO 2000 Hannover, Wien 1997, S. 17–31, hier S. 23.

[105] Vgl. R. Bernhardt, Trinitätstheologie als Matrix einer Theologie der Religionen, in: Ökumenische Rundschau 49 (2000), S. 287–301; ders., Ende des Dialogs?, S. 219–225.

[106] R. Bernhardt, Ende des Dialogs?, S. 229.

indem die Christologie die Selbstdurchsichtigkeit des religiösen Bewusstseins beschreibt – und nichts anderes ist ihre Aufgabe – ist sie ja gerade der Ausdruck der geschichtlichen Kontingenz des eigenen Sich-Verstehens des Menschen. Zur Einsicht in die geschichtliche Kontingenz des Selbstverständnisses gehört jedoch das Wissen darum, dass es neben der eigenen Position und Sicht auch andere gibt. Andere Religionen – so die aus der vorgeschlagenen Christologie resultierende Konsequenz für eine Theologie der Religionen – sind in ihrer Eigenart anzuerkennen. Religionen können sich nur als konkrete geschichtliche und soziokulturelle Erscheinungen mit ihren eigenen Symbolwelten begegnen. Für einen interreligiösen Dialog, der ja der Verständigung und dem Austausch zwischen den Religionen dienen möchte, wäre es allerdings verhängnisvoll, wenn die religiösen Gewissheitsmomente, die sich ja immer mit konkreten Formen und Bildern verbinden, pauschal unter Exklusivismus-Verdacht gestellt werden sollten. Denn damit würde die religiöse Sphäre insgesamt desavouiert. Ein interreligiöser Dialog wäre dann aber sinnlos.

5.3.2. Christologie im christlich-jüdischen Dialog

Literatur:

B. Klappert, Miterben der Verheißung. Beiträge zum jüdisch-christlichen Dialog, Neukirchen-Vluyn 2000.
H.-J. Kraus, Aspekte der Christologie im Kontext alttestamentlich-jüdischer Tradition, in: E. Brocke/J. Seim (Hrsg.), Gottes Augapfel. Beiträge zur Erneuerung des Verhältnisses von Christen und Juden, Neukirchen-Vluyn 1986, S. 1–23.
F.-W. Marquardt, Das christliche Bekenntnis zu Jesus dem Juden. Eine Christologie, 2 Bde., München 1990/91.
J. Moltmann, Der Weg Jesu Christi. Christologie in messianischen Dimensionen, München 1989.
E. Schönemann, Bund und Tora. Kategorien einer im christlich-jüdischen Dialog verantworteten Christologie, Göttingen 2006.
W. Zager, Jesus aus Nazareth – Lehrer und Prophet. Auf dem Weg zu einer neuen liberalen Christologie, Neukirchen-Vluyn ²2008.

Die neuere historische Jesusforschung versteht, in breitem Konsens, den Mann aus Nazareth als einen galiläischen Juden. Der Frage, welche Konsequenzen sich aus diesem Forschungsresultat für die dogmatische Christologie ergeben, ist an dieser Stelle noch einmal gesondert nachzugehen, denn zum einen betrifft es das Verhältnis von dogmatischer Christologie und historischem Jesus und zum anderen das Verhältnis zwischen Christentum und Judentum. Und kein anderer Punkt dürfte zwischen den beiden Religionen umstrittener sein als die Christologie. Das Christentum ist scheinbar, was es ist, allein durch seinen Bezug auf die geschichtliche Gestalt Jesus von Nazareth. Er ist die verbindliche Offenbarung Gottes. Aus jüdischer Perspektive mag der Nazarener eine bedeutende religiöse Persönlichkeit gewesen sein, aber keinesfalls der Messias oder der Sohn Gottes.[107]

Durch die Einbeziehung der historischen Kritik in die dogmatische Christologie seit der Aufklärung hatte die Erforschung Jesu eine besondere Nuance erhalten. Reimarus ordnete den Mann aus Nazareth in das zeitgenössische Judentum ein und fasste das Christentum als eine Erfindung der Jünger Jesu auf. In der Debatte um die *Fragmente eines Ungenannten* wurde, etwa von Semler, die Differenz zwischen Jesus und dem Judentum betont, um das Christentum an seine Stiftergestalt zurückzubinden. In der Folgezeit verstärkte sich diese Tendenz noch: Der Wunsch nach engem Anschluss der dogmatischen Christologie an den historischen Jesus entfernte diesen immer weiter vom antiken Judentum. Im 20. Jahrhundert kam es jedoch in der Forschung zu einem Wandel. Die christologische Debatte löste vor dem Hintergrund der Resultate der neutestamentlichen Wissenschaft die dogmatische Christologie von dem historischen Jesus ab. So konnten Bultmann und Barth den Nazarener folgerichtig in das antike Judentum einordnen, da der historische Jesus für beide ohne jegliche dogmatische Relevanz ist.[108] Der christliche Glaube, so die grundlegende Überzeugung, beginnt mit dem Ostergeschehen beziehungsweise dem Osterglauben der frühen Christen. Der Bezugspunkt des Christusbildes ist nicht mehr der Mann aus Nazareth, sondern der Glaube und seine Geschichte. Der Verzicht auf eine Anbindung der dogmatischen Christologie an den historischen Jesus ging allerdings insbesondere bei lutherischen Theologen mit einer rein binnentheologischen Beschreibung des Verhältnisses zwischen Christentum und Judentum mit den theologischen Kategorien von Gesetz und Evangelium oder mit der älteren Oppositionsfigur von altem und neuem Bund einher.[109] Deutlich wird das etwa an der Debatte über den Christustitel. Für Paul Althaus ist er ein „Eigenname", und die daraus resultierende Aufgabe der Christologie wird dann als „Lehre von (Jesus) Christus" und gerade nicht „von Jesus als Christus" formuliert.[110] In der akademischen Theologie trat damit die religionsgeschichtliche Betrachtung des Verhältnisses beider Religionen zurück. Diese binnentheologischen Beschreibungen des Verhältnisses zwischen

---

[107] Vgl. W. Homolka, Jesus von Nazareth im Spiegel jüdischer Forschung, Berlin/Teetz 2009, S. 74; S. Ben-Chorin, Bruder Jesus. Der Nazarener in jüdischer Sicht, München 1977. [11]1988.

[108] Vgl. R. Bultmann, Das Verhältnis der urchristlichen Christusbotschaft zum historischen Jesus, S. 448 f.

[109] Vgl. etwa P. Althaus, Mission und Religionsgeschichte, in: ZSTh 5 (1927/28), S. 550–590. 722–736.

[110] P. Althaus, Die christliche Wahrheit, Bd. 2, S. 211.

5.3. Christologie als Religionshermeneutik

Christentum und Judentum kamen freilich einem latenten Antisemitismus entgegen oder beförderten ihn sogar.[111]
Vor dem Hintergrund der verheerenden Geschichte des 20. Jahrhunderts wurden in der protestantischen Theologie nach dem Zweiten Weltkrieg Stimmen laut, die für eine Neubestimmung der dogmatischen Christologie plädierten, welche den christlich-jüdischen Dialog befördern sollte. Einer der gewichtigsten Entwürfe dazu stammt von Friedrich-Wilhelm Marquardt (1928–2002), der im Anschluss an die Bundestheologie Karl Barths[112] das Judesein Jesu von Nazareth in den Mittelpunkt der dogmatischen Christologie rückte.[113] Marquardt will in seiner Christologie dem jüdischen Nein zu Jesus Christus einen positiven Sinn abgewinnen.[114] Aus diesem Grund ordnete er Jesus Christus so in die Geschichte Israels ein, dass den Christen durch ihn der Zugang zum Bund Gottes mit Israel eröffnet wird. Mit seiner Konzeption entspricht Marquardt zwar dem von der neueren historischen Forschung herausgearbeiteten Befund – Jesus von Nazareth gehört in das zeitgenössische Judentum –, aber die dogmatische Deutung dieser Erkenntnis läuft tendenziell auf eine Reintegration des Christentums in das Judentum hinaus. Auch die von Bertold Klappert (geb. 1939) vorgetragenen christologischen Überlegungen, welche ausdrücklich einer Neubestimmung des christlich-jüdischen Verhältnisses dienen sollen, sind von diesem Dilemma nicht ganz frei. Zwar betont Klappert stärker als Marquardt die Differenz zwischen Christentum und Judentum, aber auch in seiner Christologie wird das Christentum durch Jesus Christus zu einem Miterben der Verheißung, die dem Judentum gilt.[115] Neubestimmungen der Christologie, wie sie von Marquardt und Klappert vorgelegt wurden, werden freilich weder dem Christentum noch dem Judentum wirklich gerecht, weil sie sowohl die religionsgeschichtliche als auch die dogmatische Dimension des christologischen Problems unterbelichten. Der neuralgische Punkt ihrer Entwürfe liegt in dem

---

[111] Schon der späte Strauß lokalisiert Jesus in einem Galiläa, welches in Kontrast zum Judentum steht. Vgl. D. F. Strauß, Der alte und der neue Glaube, S. 47–91. Zur Debatte über einen ‚arischen Jesus' vgl. H. Moxnes, Jesus and the Rise of Nationalism, S. 117 f.; S. Heschel, The Aryan Jesus. Christianity, Nazis and the Bible, Princeton 2007.

[112] Vgl. K. Barth, Die Kirchliche Dogmatik, Bd. IV/1, Zürich 1953, S. 22–70 (2. Der Bund als Voraussetzung der Versöhnung). Vgl. dazu B. Klappert, Die Öffnung des Israelbundes für die Völker. Karl Barths Israeltheologie und die Bundestheologie der reformierten Reformation, in: ders., Miterben der Verheißung. Beiträge zum jüdisch-christlichen Dialog, Neukirchen-Vluyn 2000, S. 390–406.

[113] F.-W. Marquardt, Das christliche Bekenntnis zu Jesus, dem Juden. Eine Christologie, 2 Bde., Gütersloh 1991/92. Zur Christologie Marquardts vgl. E. Schönemann, Bund und Tora. Kategorien einer im christlich-jüdischen Dialog verantworteten Christologie, Göttingen 2006, S. 61–75; U. Kühn, Christologie, S. 83–85.

[114] So auch J. Moltmann, Der Weg Jesu Christi, S. 45–55.

[115] B. Klappert, Miterben der Verheißung. Beiträge zum jüdisch-christlichen Dialog, Neukirchen-Vluyn 2000, S. 203–240.

ungeklärten Status der Rückbindung der dogmatischen Christologie an den historischen Jesus.

Dieses Problem ist auch in den jüngeren Veröffentlichungen zu einer Christologie im christlich-jüdischen Dialog nicht gelöst.[116] So hat der katholische Theologe Helmut Hoping eine Christologie im Kontext einer Israel-Theologie konzipiert und Kriterien für eine „Israel bejahende[] Christologie" aufgestellt.[117] Die von dem Freiburger Theologen vorgeschlagenen Kriterien sind erstens „die volle Anerkennung des Judeseins Jesu und dessen theologischer Bedeutsamkeit". Zweitens darf die Christologie „nicht unabhängig von den messianischen Hoffnungen des Volkes Israels" entwickelt werden.[118] Und schließlich ist drittens seitens der christlichen Theologie „die uneingeschränkte Bejahung der bleibenden Erwählung und Sendung des Volkes Israels" zu fordern.[119]

Kriterien einer Israel bejahenden Christologie (Helmut Hoping):
– Anerkennung des Judeseins Jesu in seiner theologischen Bedeutsamkeit
– Christologie im Kontext der messianischen Hoffnungen Israels
– Anerkennung und Bejahung der bleibenden Erwählung und Sendung Israels

Die drei von Hoping aufgestellten Kriterien einer Christologie sollen zu einer theologischen Anerkennung des Judentums und seiner göttlichen Erwählung führen. Hierzu sind freilich die alten dogmatisch-christologischen Überbietungsansprüche des Christentums abzubauen. Das betrifft vor allem die binnentheologische Beschreibung des Verhältnisses beider Religionen unter Aufnahme der theologischen Kategorien von Gesetz und Evangelium, wie sie für das Luthertum signifikant ist. Im Anschluss an die jüdische Jesusforschung von Joseph Klausner (1874–1958) bis David Flusser (1917–2000) versteht Hoping den Mann aus Nazareth als einen Juden und sein Wirken als das Ziel des Gesetzes und nicht, wie die theologische Tradition, als dessen Aufhebung.[120] Die Einbindung Jesu in das Judentum und die diesem geltenden Verheißungen sollen bei Hoping freilich nicht darauf hinauslaufen, die Unterschiede zwischen beiden Religionen zu nivellieren. Zwischen den messianischen Hoffnungen Israels und der Messianität Jesu besteht aller Gemeinsamkeiten ungeachtet eine Differenz. Sie liegt darin, dass Jesus „der leidende und von den Toten auferweckte Messias" ist, „der als der menschgewordene Sohn Gottes mit der präexistenten Weisheit

---

[116] Vgl. auch J. Moltmann, Der Weg Jesu Christi, S. 45–55.
[117] H. Hoping, Einführung in die Christologie, Darmstadt 2004, S. 147. Zu Hopings Christologie vgl. C. Danz, Zur Christologie, S. 199–204.
[118] So auch J. Moltmann, Der Weg Jesu Christi, S. 52 f.
[119] H. Hoping, Einführung in die Christologie, S. 147.
[120] Es ist ein Manko der Christologie Hopings, dass er zwar wie die neuere historische Jesusforschung Jesus in das Judentum einordnet, auf diese jedoch kaum Bezug nimmt.

5.3. Christologie als Religionshermeneutik 235

und dem göttlichen Logos identifiziert wird".[121] Diese Differenz in der messianischen Erwartung nimmt Hoping auf in einem Modell der Relationierung von Christentum und Judentum, welches weder auf eine Substitution Israels durch die Kirche noch auf eine durch Christus den Heiden ermöglichte Partizipation an dem einen Bund Gottes hinauslaufen soll.[122] Weil in der Substitutionstheorie dem Judentum alle ihm geltenden Verheißungen dadurch abgesprochen werden, dass sie in der Kirche als erfüllt gesetzt werden, kann es folglich gegenüber dem Christentum auch nur als eine defizitäre Religion in den Blick kommen. Im Partizipationsmodell hingegen werden die Differenzen zwischen den beiden Religionen beziehungsweise ihren messianischen Hoffnungen aufgehoben, und das Christentum wird tendenziell in das Judentum aufgelöst.

Eine konstruktive Alternative erkennt Hoping in dem von ihm vorgeschlagenen christologisch-eschatologischen Zugehörigkeitsmodell: Aufgrund „ihrer gemeinsamen göttlichen Erwählung [gehören] Israel und Kirche untrennbar zusammen" und sind „bleibend aufeinander verwiesen".[123] Die Differenz besteht nun darin, dass die beiden Religionen gemeinsame messianische Hoffnung im Christentum und im Judentum in „divergierenden Selbstdeutungen" auftritt. Während das Judentum der messianischen Erlösung noch harrt, ist für das Christentum der messianische Erlöser bereits gekommen. Da auch das Christentum ein zweites Kommen des Messias kennt und erst mit dem zweiten Kommen die Vollendung des messianischen Reiches verbindet, liegen im Judentum und im Christentum unterschiedliche Beschreibungen der messianischen Erwartung vor, die aber in ihrer eschatologischen Hoffnung zusammenstimmen. „Der eine ‚Bund' und das eine endzeitliche messianische Gottesvolk sind, wenn auch keine rein futurischen Größen, so doch entscheidende Verheißungsbegriffe. Denn sie verweisen auf die Vollendung des in Christus begründeten Heils, die nach Röm 11,26 f. auch Israel umfassen wird."[124]

- *Substitutionsmodell:* Das Christentum/die Kirche tritt an die Stelle der Israel geltenden messianischen Verheißung.
- *Partizipationsmodell:* Heiden gewinnen durch Christus Anteil an dem Bund Gottes mit Israel.
- *Christologisch-eschatologisches Zugehörigkeitsmodell:* Kontinuität und Diskontinuität zeigen sich in den Selbstbeschreibungen der messianischen Hoffnungen.

---

[121] H. Hoping, Einführung in die Christologie, S. 148 f.
[122] Vgl. H. Hoping, Einführung in die Christologie, S. 149–151. Zur Diskussion um das sogenannte Partizipationsmodell, wie es u.a. von Klappert vertreten wird, vgl. auch E. Schönemann, Bund und Tora, S. 127–142.
[123] H. Hoping, Einführung in die Christologie, S. 150.
[124] Ebd.

Hoping möchte eine Christologie ausarbeiten, welche die Israel geltenden Verheißungen anerkennt und somit den christlich-jüdischen Dialog auf eine neue Basis stellt. Dies bedeutet freilich nicht, dass dadurch, wie etwa in der pluralistischen Religionstheologie, auch das Judentum als mit dem Christentum gleichgültige Religion anerkannt werden soll. Denn es kann nur „eine einzige Heilsordnung geben."[125] Zum religionstheologischen Inklusivismus gibt es keine Alternative. Hoping verknüpft nun nicht nur den Inklusivismus, sondern auch die Christologie mit der modernen Debatte um jene Absolutheit des Christentums, die nicht in seiner geschichtlichen Gestalt ihre Begründung findet, wohl aber in dem „universalen Wahrheitsanspruch der endgültigen Offenbarung Gottes in der kenotischen Proexistenz des auferweckten Gekreuzigten, in dem uns jene Liebe begegnet, über die hinaus Größeres nicht gedacht werden bzw. geschehen kann".[126] Aus der Perspektive des römisch-katholischen Christentums kann dem Judentum zwar weder seine messianische Hoffnung noch seine Erwählung und Sendung abgesprochen werden, aber gegenüber der eigenen Religion ist und bleibt das Judentum defizitär. Das, was sich von Wahrheit und Heiligkeit im Judentum nur in Spuren findet, liegt in der Offenbarung Gottes in Jesus Christus in unüberbietbarer Fülle und Vollendung vor. Im Rahmen dieses inklusivistischen Modells kommt die Verhältnisbestimmung von Christentum und Judentum, aller eschatologischen Rhetorik ungeachtet, über eine Depotenzierung des Judentums als bloßer Vorstufe zum Christentum kaum hinaus. Die von Hoping vorgeschlagene Israel bejahende Christologie vermag nicht nur nicht zu einer positiven Würdigung des Judentums in seinen unterschiedlichen Formen durchzudringen, sondern sie bleibt auch hinter den Problemanforderungen der Moderne zurück.[127]

Die historische Forschung der Gegenwart hat herausgestellt, dass Jesus von Nazareth sowohl dem Judentum als auch dem Christentum angehört. Die christlichen Deutungen des Nazareners unterscheiden sich signifikant von jüdischen Sichtweisen. Während das Christentum Jesus als die Offenbarung Gottes in der Geschichte und als Erlöser versteht, mag das Judentum in ihm allenfalls einen bedeutenden Menschen erblicken. Beides schließt sich nicht aus, denn religiöse Deutungen stehen immer schon in einem religionsgeschichtlichen Kontext und sind nie neutrale Beschreibungen. In der vorgeschlagenen Rekonstruktion der dogmatischen Christologie als einer Selbstbeschreibung des Glaubens als

---

[125] H. Hoping, Einführung in die Christologie, S. 151. So auch E. Schönemann, Bund und Tora, S. 223–233.

[126] H. Hoping, Einführung in die Christologie, S. 152.

[127] Auch die Untersuchung von E. Schönemann, Bund und Tora, kommt über den für die römisch-katholische Kirche signifikanten Superiorismus nicht hinaus. Vgl. hierzu C. Danz, Zur Christologie, S. 210–214.

eines geschichtlichen Geschehens wurde dieser für jede Deutung konstitutive Zirkel aufgenommen und zum Thema der religiösen Reflexion gemacht. Zum Sich-Verstehen des Menschen gehört jedoch das Wissen um die Standortgebundenheit der eigenen religiösen Perspektive, neben der es auch andere gibt, die nicht mit der eigenen Sicht zur Deckung kommen, ja ihr sogar widersprechen. Zu einem konstruktiven Umgang mit der Vielfalt von religiösen Deutungen gelangt man nicht durch deren noch so kunstvolle Reintegration in die eigene religiöse Binnenperspektive, sondern allein durch deren Anerkennung. Deshalb kann der christlich-jüdische Dialog nur dann konstruktiv sein, wenn weder das Judentum in das Christentum noch umgekehrt das Christentum in das Judentum eingeebnet wird. Beide sind eigenständige Religionen mit sehr unterschiedlichen und auch religionsintern höchst pluralen Sichten nicht nur der eigenen religiösen Identität, sondern auch des Verhältnisses zur jeweils anderen Religion.

5.3.3. Christologie als theologische Religionstheorie

Literatur:

C. Danz, Der Jesus der Exegeten und der Christus der Dogmatiker. Die Bedeutung der neueren Jesusforschung für die systematisch-theologische Christologie, in: NZSTh 51 (2009), S. 186–204.
C. Danz, Theologie als Religionskritik. Zum Kritikpotential der Religion, in: K. Appel/C. Danz/R. Potz/S. Rosenberger/A. Walser (Hrsg.), Religion in Europa heute. Sozialwissenschaftliche, rechtswissenschaftliche und hermeneutisch-religionsphilosophische Perspektiven, Göttingen 2012, S. 24–37.
J. Lauster, Christologie als Religionshermeneutik, in: C. Danz/M. Murrmann-Kahl (Hrsg.), Zwischen historischem Jesus und dogmatischem Christus. Zum Stand der Christologie im 21. Jahrhundert, Tübingen ²2011, S. 239–257.
F. Wagner, Metamorphosen des modernen Protestantismus, Tübingen 1999.
F. Wittekind, Dogmatik als Selbstbewusstsein gelebter Religion. Zur Möglichkeit theologiegeschichtlicher Beschreibung der reflexiven Transformation der Religion, in: C. Danz/J. Dierken/M. Murrmann-Kahl (Hrsg.), Religion zwischen Rechtfertigung und Kritik. Perspektiven philosophischer Theologie, Frankfurt a.M. 2005, S. 123–152.

Der Beitrag der dogmatischen Christologie für die Wahrnehmung und analytische Erfassung der Transformationen des religiösen Feldes wird in der jüngsten Gegenwart äußerst marginal eingeschätzt. Die in der Dogmatik beschriebene Religion, so der Einwand, sei ein normatives Theologenkonstrukt, welches die gelebte Religion verzerre und verfehle. „Wegen ihrer selbstinszenierten religionstheoretischen und religionsempirischen Enthaltsamkeit hat die Theologie längst dafür gesorgt, ihre im Neuprotestantismus erworbene Religionsdeutungskompetenz an Sozialwissenschafter und Sozial- und Kulturhistoriker abzutreten, die auf den Feldern der Religions- und konfessionellen Milieuforschung zunehmend die Stimmführerschaft übernehmen."[128] Seit der „Sattelzeit der Moderne" um 1800 haben sich die religiösen Lebenswelten zunehmend von dogmatischen Religionsbeschreibungen und normativen Vorgaben emanzipiert.[129] Um die vielfältigen religiösen Formen in der modernen Gesellschaft, den Wandel der religiösen Semantiken in den konfessionellen Milieus erforschen zu können, seien viel eher psychologische, sozial- oder religionswissenschaftliche Methoden anzuwenden als eine theologische Dogmatik. Theologen, insbesondere systematischen, gehe es allein um ihren Glauben und der, so der Verdacht, werde zur Norm, dem sich jede Religion beugen müsse.[130] Deshalb könne nur ein vorurteilsloser und neutraler Zugriff auf die Religion in ihren vielfältigen Ausprägungen, wie er von den Religions- und Sozialwissenschaften gewährleistet und praktiziert werde, eine dem Phänomen angemessene Analyse bieten. Allein, auch nichttheologische Beschreibungen der Religion sind Konstruktionen der religiösen Binnensicht und des religiösen Bewusstseins, und nichts spricht dafür, dass sie einer dogmatischen Darstellung etwas voraus haben.[131]

Die dogmatische Christologie – so lässt sich das bisher Erörterte zusammenfassen – expliziert die reflexive Struktur von Durchsichtigkeit im Selbstverhältnis des Menschen. Dadurch ist sie jedoch unmittelbar anschlussfähig für eine Beschreibung und Aufklärung des religiösen Bewusstseins in seinen Vollzügen. Als eine solche Theorie der Religion ist sie in der Lage, die vielfältigen Formen der religiösen Selbstdeutung in der Moderne zu beschreiben. Theologie und Religion stellen freilich unterschiedliche Explikationsstufen von Reflexivität im Selbstverhältnis dar. Die lebensweltliche Religion ist keine Theologie, und umgekehrt kann die akademische Theologie nicht an die Stelle der religiösen Vollzüge treten oder sie gar ersetzen wollen. Die Unterscheidung beider ist jedoch eine von der Theologie vorgenommene Differenzierung. Im Interesse an der Autonomie der Religion unterscheidet sich die Theologie von der lebensweltlichen Religion.[132] Gleichwohl muss die Theologie dem religiösen Bewusstsein eine reflexive Durchsichtigkeit in ihren Akten zusprechen. Anderenfalls wäre die dogmatische Theologie – wie in Hegels Bestimmung des Verhältnisses von

---

[128] Vgl. F. Wagner, Metamorphosen des modernen Protestantismus, S. 231.
[129] Vgl. I. U. Dalferth, „Was Gott ist, bestimme ich!". Theologie im Zeitalter der Cafeteria-Religion, in: ThLZ 121 (1996), Sp. 415–430; C. Taylor, Die Formen des Religiösen in der Gegenwart, S. 71–96.
[130] Vgl. H.-J. Greschat, Wie unterscheiden sich Religionswissenschaftler von Theologen?, in: ZMR 64 (1980), S. 259–267, bes. S. 267.
[131] Vgl. F. Wittekind, Dogmatik als Selbstbewusstsein gelebter Religion. Zur Möglichkeit theologiegeschichtlicher Beschreibung der reflexiven Transformation der Religion, in: C. Danz/J. Dierken/M. Murrmann-Kahl (Hrsg.), Religion zwischen Rechtfertigung und Kritik. Perspektiven philosophischer Theologie, Frankfurt a.M. 2005, S. 123–152.
[132] Vgl. F. Wittekind, Dogmatik als Selbstbewusstsein gelebter Religion, S. 123 f.

5.3. Christologie als Religionshermeneutik

Vorstellung und Begriff – der Ort, an dem allein über die Wahrheit der Religion gewusst wird. So sehr also die Theologie, wie andere mit der Religion befasste Wissenschaft auch, die Binnensicht des religiösen Bewusstseins nur konstruieren kann, so sehr muss sie den religiösen Akten ein reflexives Wissen um sich selbst zuschreiben.

Indem die Christologie die Selbstdurchsichtigkeit der reflexiven Struktur des religiösen Aktes sowie dessen Selbstdarstellung auf der Ebene der Wissenschaft beschreibt, ist sie selbst bereits eine theologische Theorie der Religion. Das ‚Wesen' der Religion liegt in ihrem individuellen Vollzug, in dem sie zugleich mit ihrem Subjekt sowie ihrem Gehalt entsteht. In ihm erfasst sich das Subjekt in der Reflexivität seines Selbstbezugs und stellt sein Sich-Verstehen in symbolischen Formen dar. Das Subjekt kann nur vermittels eines von ihm selbst geschaffenen Bildes von sich zu sich selbst kommen, von dem es zugleich unterschieden ist. Darin kommt zum Ausdruck, dass das Selbstverhältnis des Menschen sich selbst entzogen ist. Kommt es zu sich selbst, dann nur als ein sich selbst fremdes. Selbstheit und Andersheit haben ihren Ort im Selbstbezug, der sich im Ereignis des Sich-Verstehens in seiner inneren Reflexivität erfasst und darstellt.

Mit dem Selbstverhältnis, seinem Wissen um sich und seiner Selbstdarstellung ist die moderne Lebenswelt und ihre Religion erreicht. Auch die sogenannte Religion der Moderne existiert nicht anders denn als Formen der Selbstbeschreibung und Selbstdeutung. Sie thematisiert den Aufbau von Identität im Schnittpunkt von Individualität und Sozialität unter den Bedingungen einer funktional ausdifferenzierten Gesellschaft.[133] Durch die Herauslösung des Individuums aus vorgegebenen Sozialformen und Traditionen in Folge des gesellschaftlichen Modernisierungsprozesses kommt es für den Einzelnen zu einem gegenüber früheren Gesellschaftsformationen ungeahnten Freiheitsgewinn. Er fordert freilich seinen Preis, und der wird bezahlt mit einem Verlust an traditionalen Sicherheiten und einem erhöhten Reflexions- und Konstitutionsdruck beim Aufbau einer eigenen Identität. Das Subjekt entsteht erst im Akt seiner Beschreibung und im Spiel mit unterschiedlichen Rollen. Es ist nichts anderes als der Vollzug seiner Symbolisierung und Selbstdarstellung. In den vielfältigen Formen religiöser Selbstwahrnehmung schlägt sich dies in der Verflüssigung von Innen- und Außengrenzen von Religionen ebenso nieder wie in zahllosen neuen synkretistischen Religionsformen. „Die Individuen machen aus ihrer ‚religiösen Erfahrung', was sie können, ohne sich allzu viele Gedanken darum zu

---

[133] Vgl. A. Honer/R. Kurt/J. Reichertz (Hrsg.), Diesseitsreligion. Zur Deutung der Bedeutung moderner Kultur, Konstanz 1999; N. Luhmann, Individuum, Individualität, Individualismus, in: ders., Gesellschaftsstruktur und Semantik. Studien zur Wissenssoziologie der modernen Gesellschaft, Bd. 3, Frankfurt a.M. 1993, S. 149–258; F. Wagner, Metamorphosen des modernen Protestantismus, S. 167–190.

machen, wie das alles auf der Ebene der Gesellschaft zusammenpaßt oder wie es das Schicksal der verschiedenen Kirchen beeinflußt."[134]

Die dogmatische Christologie beschreibt nichts anderes als solche Vollzüge der Selbstdarstellung des Sich-Verstehens des Menschen in seinem Selbstverhältnis. Indem sie die Funktionalität der Gehalte und Selbstbilder für die Beschreibung der Durchsichtigkeit des Subjekts in seinem Selbstverhältnis analysiert, leistet sie einen entscheidenden Beitrag nicht nur zur Wahrnehmung der gegenwärtigen Religionskultur, sondern auch zum Aufbau und zur Auslegung religiöser Individualität. Mit dem Christusbild als dem reflexiven Ausdruck des Sich-Verstehens des Subjekts in seinem Selbstvollzug enthält die Christologie freilich auch ein Kriterium zur normativen Reflexion der religiösen Lebenswelten der Moderne: das Sich-Verstehen und die Durchsichtigkeit desjenigen Aktes, in dem das Subjekt zugleich mit seinen Gehalten entsteht.

---

[134] C. Taylor, Die Formen des Religiösen in der Gegenwart, S. 97.

Bibliographie

Althaus, P., Der „historische Jesus" und der biblische Christus. Zum Gedächtnis Martin Kählers, in: ders., Theologische Aufsätze, Bd. 2, Gütersloh 1935, S. 162–168.
Althaus, P., Mission und Religionsgeschichte, in: ZSTh 5 (1927/28), S. 550–590. 722–736.
Althaus, P., Die christliche Wahrheit. Lehrbuch der Dogmatik, Gütersloh ³1952.
Anacker, U./Baumgartner, H. M., Art.: Geschichte, in: Handbuch philosophischer Grundbegriffe, Bd. 2, hrsg. v. H. Krings/H. M. Baumgartner/C. Wild, München 1973, S. 547–557.
Andresen, C., Logos und Nomos, Berlin 1955.
Aner, K., Die Theologie der Lessingzeit, Halle 1929.
Anselm von Canterbury, Cur deus homo. Warum Gott Mensch geworden, lateinisch-deutsch, Darmstadt ⁵1993.
Assmann, J., Das kulturelle Gedächtnis. Schrift, Erinnerung und politische Identität in frühen Hochkulturen, München 1992.
Aulen, G., Die drei Haupttypen des christlichen Versöhnungsgedankens, in: ZSTh 8 (1930), S. 501–538.
Axt-Piscalar, C., Ohnmächtige Freiheit. Studien zum Verhältnis von Subjektivität und Sünde bei August Tholuck, Julius Müller, Sören Kierkegaard und Friedrich Schleiermacher, Tübingen 1996.
Axt-Piscalar, C., Der Sohn des Vaters. Adolf von Harnacks Christologie, in: ThZ 63 (2007), S. 120–147.
Axt-Piscalar, C., Wolfhart Pannenberg (Hrsg.), Offenbarung als Geschichte, in: C. Danz (Hrsg.), Kanon der Theologie. 45 Schlüsseltexte im Portrait, Darmstadt 2009, S. 296–302.
Baillie, D. M., Gott war in Christus. Eine Studie über Inkarnation und Versöhnung, Göttingen 1959.
Bangs, C., Art.: Arminianer, in: RGG⁴, Bd. 1, Tübingen 1998, Sp. 772–778.
Bannach, K., Die Lehre von der doppelten Macht Gottes bei Wilhelm von Ockham. Problemgeschichtliche Voraussetzungen und Bedeutung, Wiesbaden 1975.
Barth, K., Sechzehn Antworten an Herrn Professor von Harnack, in: ders., Offene Briefe 1909–1935 (= Gesamtausgabe. V. Briefe), hrsg. v. D. Koch, Zürich 2001, S. 62–67.
Barth, K., Der Christ in der Gesellschaft, in: ders., Das Wort Gottes und die Theologie. Gesammelte Vorträge, München 1929, S. 33–69.
Barth, K., Die christliche Dogmatik im Entwurf. Bd. 1: Die Lehre vom Wort Gottes. Prolegomena zur christlichen Dogmatik, München 1927.
Barth, K., Die christliche Dogmatik im Entwurf. Erster Band: Die Lehre vom Wort Gottes. Prolegomena zur christlichen Dogmatik 1927, hrsg. v. G. Sauter, Zürich 1982.
Barth, K., Die Kirchliche Dogmatik, Bd. I–IV, Zürich 1932–1967.
Barth, R., Liberale Jesusbilder versus dogmatische Christologie. Konstellationen des 19. Jahrhunderts, in: C. Danz/M. Murrmann-Kahl (Hrsg.), Zwischen historischem Jesus und dogmatischem Christus. Zum Stand der Christologie im 21. Jahrhundert, Tübingen ²2011, S. 111–139.

242 Bibliographie

Barth, U., Christentum und Selbstbewußtsein. Versuch einer rationalen Rekonstruktion des systematischen Zusammenhangs von Schleiermachers subjektivitätstheoretischer Deutung der christlichen Religion, Göttingen 1983.

Barth, U., Die Christologie Emanuel Hirschs. Eine systematische und problemgeschichtliche Darstellung ihrer geschichtsmethodologischen, erkenntnistheoretischen und subjektivitätstheoretischen Grundlagen, Berlin/New York 1992.

Barth, U., Die Dialektik des Offenbarungsgedankens. Luthers Theologia crucis, in: ders., Aufgeklärter Protestantismus, Tübingen 2004, S. 97–123.

Barth, U., Gott als Grenzbegriff der Vernunft. Kants Destruktion des vorkritisch-ontologischen Theismus, in: ders., Gott als Projekt der Vernunft, Tübingen 2005, S. 235–262.

Barth, U., Gott als Projekt der Vernunft, Tübingen 2005.

Barth, U., Hermeneutik der Evangelien als Prolegomena zur Christologie, in: C. Danz/M. Murrmann-Kahl (Hrsg.), Zwischen historischem Jesus und dogmatischem Christus. Zum Stand der Christologie im 21. Jahrhundert, Tübingen ²2011, S. 275–305.

Barth, U., Kants Religionsformel, in: C. Danz/R. Langthaler (Hrsg.), Kritische und absolute Transzendenz. Religionsphilosophie und Philosophische Theologie bei Kant und Schelling, Freiburg i.Br./München 2006, S. 30–42.

Barth, U., Luthers Verständnis der Subjektivität des Glaubens, in: NZSTh 34 (1992), S. 269–291.

Barth, U., Protestantismus und Kultur. Systematische und werkbiographische Erwägungen zum Denken Paul Tillichs, in: C. Danz/W. Schüßler (Hrsg.), Paul Tillichs Theologie der Kultur. Aspekte – Probleme – Perspektiven, Berlin/Boston 2011, S. 13–37.

Barth, U., Mündige Religion – Selbstdenkendes Christentum. Deismus und Neologie in wissenssoziologischer Perspektive, in: ders., Aufgeklärter Protestantismus, Tübingen 2004, S. 193–216.

Barth, U., Die Religionsphilosophie der westeuropäischen Aufklärung. Deismus in England und Frankreich, in: ders., Gott als Projekt der Vernunft, Tübingen 2005, S. 127–144.

Barth, U., Schleiermachers Reden als religionstheoretisches Modernisierungsprogramm, in: S. Vietta/D. Kemper (Hrsg.), Ästhetische Moderne in Europa. Grundzüge und Problemzusammenhänge seit der Romantik, München 1997, S. 441–474.

Barth, U., Die Umformungskrise des modernen Protestantismus. Beobachtungen zur Christentumstheorie Falk Wagners, in: ders., Religion in der Moderne, Tübingen 2003, S. 167–199.

Baumgartner, H. M., Kontinuität und Geschichte. Zur Kritik und Metakritik der historischen Vernunft, Frankfurt a.M. 1997.

Baumotte, M. (Hrsg.), Die Frage nach dem historischen Jesus. Texte aus drei Jahrhunderten, Gütersloh 1984.

Baur, F. C., Die christliche Lehre von der Dreieinigkeit und Menschwerdung Gottes in ihrer geschichtlichen Entwicklung, 3. Teil: Die neuere Geschichte des Dogma, von der Reformation bis in die neueste Zeit, Tübingen 1843.

Baur, F. C., Kritische Untersuchungen über die kanonischen Evangelien, ihr Verhältnis zueinander, ihren Charakter und Ursprung, Tübingen 1847.

Bayer, O./Gleede, B. (Hrsg.), Creator est creatura. Luthers Christologie als Lehre von der Idiomenkommunikation, Berlin/New York 2007.

Becker, J., Jesus von Nazaret, Berlin/New York 1996.

Beilby, J. K./Eddy, P. R. (Ed.), The Historical Jesus. Five Views, Downers Grove 2009.

Die Bekenntnisschriften der evangelisch-lutherischen Kirche, Göttingen ⁹1982.

Bibliographie 243

Ben-Chorin, S., Bruder Jesus. Der Nazarener in jüdischer Sicht, München 1967.
Berger, K., Wer war Jesus wirklich? Stuttgart 1995.
Berger, K./McLachlan Wilson, R., Art.: Gnosis/Gnostizismus I. und II., in: TRE, Bd. 13, Berlin/New York 1984, S. 519–550.
Bernhardt, R., Der Absolutheitsanspruch des Christentums. Von der Aufklärung bis zur Pluralistischen Religionstheologie, Gütersloh 1990.
Bernhardt, R., Christus – Repräsentant göttlicher Selbstmitteilung. Zur Unterscheidung zwischen konstitutiver und repräsentativer Christologie, in: C. Danz/F. Hermanni (Hrsg.), Wahrheitsansprüche der Weltreligionen. Konturen gegenwärtiger Religionstheologie, Neukirchen-Vluyn 2006, S. 171–189.
Bernhardt, R., Deabsolutierung der Christologie?, in: M. v. Brück/J. Werbick (Hrsg.), Der einzige Weg zum Heil? Die Herausforderung des christlichen Absolutheitsanspruchs durch pluralistische Religionstheologien, Freiburg i.Br./Basel/Wien 1993, S. 144–200.
Bernhardt, R., Ende des Dialogs? Die Begegnung der Religionen und ihre theologische Reflexion, Zürich 2005.
Bernhardt, R., Prinzipieller Pluralismus oder mutualer Inklusivismus als hermeneutisches Paradigma einer Theologie der Religionen, in: P. Koslowski (Hrsg.), Die spekulative Philosophie der Weltreligionen. Ein Beitrag zum Gespräch der Weltreligionen im Vorfeld der EXPO 2000 Hannover, Wien 1997, S. 17–31.
Bernhardt, R., Trinitätstheologie als Matrix einer Theologie der Religionen, in: Ökumenische Rundschau 49 (2000), S. 287–301.
Beutel, A., Martin Luther. Eine Einführung in Leben, Werk und Wirkung, Leipzig ²2006.
Bialas, W./Raulet, G. (Hrsg.), Die Historismusdebatte in der Weimarer Republik, Frankfurt a.M. 1996.
Bibliothek der Kirchenväter. Frühchristliche Apologeten und Märtyrerakten. Aus dem Griechischen und Lateinischen übersetzt, Bd. 1, Kempten/München 1913.
Biedermann, A. E., Christliche Dogmatik, Bd. 2, Berlin ²1885.
Bienert, W. A., Art.: Modalismus, in: RGG⁴, Bd. 5, Tübingen 2002, Sp. 1370–1371.
Blanton, W., Displacing Christian Origins. Philosophy, Secularity and the New Testament, Chicago 2007.
Blumenberg, H., Säkularisierung und Selbstbehauptung, Frankfurt a.M. 1974.
Bockmuehl, M. (Ed.), The Cambridge Companion to Jesus, Cambridge 2001.
Böhm, T., Die Christologie des Arius. Dogmengeschichtliche Überlegungen unter besonderer Berücksichtigung der Hellenisierungsfrage, St. Ottilien 1991.
Böhm, T., Art: Monarchianismus, in: RGG⁴, Bd. 5, Tübingen 2002, Sp. 1405–1408.
Bommarius, A. (Hrsg.), Fand die Auferstehung wirklich statt? Eine Diskussion mit Gerd Lüdemann, Düsseldorf/Bonn 1995.
Bornkamm, G., Jesus von Nazareth, Stuttgart 1956. ³1959.
Bornkamm, K., Christus – König und Priester. Das Amt Christi bei Luther im Verhältnis zur Vor- und Nachgeschichte, Tübingen 1998.
Bousset, W., Kyrios Christos. Geschichte des Christusglaubens von den Anfängen des Christentums bis Irenaeus, Göttingen 1913. ²1921.
Braun, H., Jesus. Der Mann aus Nazareth und seine Zeit, Stuttgart 1964. ²1969.
Brecht, M., Martin Luther. Sein Weg zur Reformation 1483–1521, Berlin (Ost) 1981.
Breidert, M., Die kenotische Christologie des 19. Jahrhunderts, Gütersloh 1977.
Brennecke, H. C., Art.: Lucian von Antiochien, in: TRE, Bd. 21, Berlin/New York 1991, S. 474–479.

Bultmann, C./Vollhardt, F. (Hrsg.), Lessings Religionsphilosophie im Kontext. Hamburger Fragmente und Wolfenbütteler Axiomata, Berlin/New York 2011.

Bultmann, R., Die Bedeutung des geschichtlichen Jesus für die Theologie des Paulus, in: ders., Glauben und Verstehen, Bd. 1, Tübingen ⁸1980, S. 188–213.

Bultmann, R., Theologische Enzyklopädie, hrsg. v. E. Jüngel/K. W. Müller, Tübingen 1994.

Bultmann, R., Die Frage nach dem messianischen Bewußtsein Jesu und das Petrus-Bekenntnis, in: ZNW 19 (1919/20), S. 165–174.

Bultmann, R., Die Geschichte der synoptischen Tradition, Göttingen 1921.

Bultmann, R., Glauben und Verstehen, Bd. 1, Tübingen ⁸1980.

Bultmann, R., Jesus, Tübingen 1926. ¹⁰1988.

Bultmann, R., Kirche und Lehre im Neuen Testament, in: ders.: Glauben und Verstehen, Bd. 1, Tübingen ⁸1980, S. 153–187.

Bultmann, R., Neues Testament und Mythologie. Das Problem der Entmythologisierung der neutestamentlichen Verkündigung, in: H.-W. Bartsch (Hrsg.), Kerygma und Mythos. Ein theologisches Gespräch, Hamburg ³1954, S. 15–48.

Bultmann, R., Theologie des Neuen Testaments, hrsg. v. O. Merk, Tübingen ⁷1977.

Bultmann, R., Das Verhältnis der urchristlichen Christusbotschaft zum historischen Jesus, in: ders., Exegetica. Aufsätze zur Erforschung des Neuen Testament, hrsg. v. E. Dinkler, Tübingen 1967, S. 445–469.

Buntfuß, M., Inkarnation als Interaktion. Zur religiösen Distanzreduktion der Inkarnationsmetapher, in: J. Frey/J. Rohls/R. Zimmermann (Hrsg.), Metaphorik und Christologie, Berlin/New York 2003, S. 299–317.

Buntfuß, M., Verlust der Mitte oder Neuzentrierung? Neuere Wege in der Christologie, in: NZSTh 46 (2004), S. 348–363.

Burger, M., Personalität im Horizont absoluter Prädestination. Untersuchungen zur Christologie des Johannes Duns Scotus und ihrer Rezeption in modernen theologischen Ansätzen, Münster 1994.

Calvin, J., Catechismus Genevensis, 1545 [1541], in: E. Hirsch, Hilfsbuch zum Studium der Dogmatik. Die Dogmatik der Reformatoren und der altevangelischen Lehrer quellenmäßig belegt und verdeutscht, Berlin/Leipzig 1937, S. 69–71.

Calvin, J., Institutio christianae religionis [1559], in: C. R., Bd. 30, Braunschweig 1864.

Calvin, J., Opera selecta, Bd. 3, München 1967.

Chan, M. L. Y., Christology from Within and Ahead. Hermeneutics, Contingency and the Quest for Transcontextual Criteria in Christology, Leiden/Boston/Köln 2001.

Châtillon, J., Art.: Hugo von St. Viktor, in: TRE, Bd. 15, Berlin/New York 1986, S. 629–635.

Claussen, J. H., Die Jesus-Deutung von Ernst Troeltsch im Kontext der liberalen Theologie, Tübingen 1997.

Colpe, C., Art.: ὁ υἱός τοῦ ἀνθρώπου, in: ThWNT, Bd. 8, Stuttgart 1969, S. 403–481.

Colpe, C., Die religionsgeschichtliche Schule. Darstellung und Kritik ihres Bildes vom gnostischen Erlösermythos, Göttingen 1961.

Conzelmann, H., Die Mitte der Zeit. Studien zur Theologie des Lukas, Tübingen 1954. ⁷1993.

Cramer, K., Die subjektivitätstheoretischen Prämissen von Schleiermachers Bestimmung des religiösen Bewußtseins, in: D. Lange (Hrsg.), Friedrich Schleiermacher 1768–1834. Theologe – Philosoph – Pädagoge, Göttingen 1985, S. 129–162.

Crossan, J. D., The Historical Jesus. The Life of a Mediterranean Jewish Peasant, San Francisco 1991.
Crossan, J. D., Der historische Jesus, München ²1995.
Crossan, J. D., Jesus. Ein revolutionäres Leben, München 1996.
Cyranka, D., Lessing im Reinkarnationsdiskurs. Eine Untersuchung zu Kontext und Wirkung von G. E. Lessings Texten zur Seelenwanderung, Göttingen 2005.
Cyril of Alexandria, Select Letters, ed. and transl. by L. R. Wickham, Oxford 1983.
Dalferth, I. U., Der auferweckte Gekreuzigte. Zur Grammatik der Christologie, Tübingen 1994.
Dalferth, I. U., Gott für uns. Die Bedeutung des christologischen Dogmas für die christliche Theologie, in: ders./J. Fischer/H.-P. Großhans (Hrsg.), Denkwürdiges Geheimnis. Beiträge zur Gotteslehre. Festschrift für Eberhard Jüngel zum 70. Geburtstag, Tübingen 2004, S. 51–75.
Dalferth, I. U., Gott. Philosophisch-theologische Denkversuche, Tübingen 1992.
Dalferth, I. U., „Was Gott ist, bestimme ich!". Theologie im Zeitalter der Cafeteria-Religion, in: ThLZ 121 (1996), Sp. 415–430.
Dalferth, I. U., Volles Grab, leerer Glaube. Zum Streit um die Auferweckung des Gekreuzigten, in: ZThK 95 (1998), S. 379–409.
Dalferth, I. U., Jesus Christus – Zeichen für Gottes Zuwendung. Die Bedeutung der Person Jesu für den christlichen Glauben, in: G. Linde/R. Purarthofer/H. Schulz/P. Steinacker (Hrsg.), Theologie zwischen Pragmatismus und Existenzdenken. Festschrift für Hermann Deuser zum 60. Geburtstag, Marburg 2006, S. 231–244.
Dalferth, I. U., Jenseits von Mythos und Logos. Die christologische Transformation der Theologie, Freiburg i.Br./Basel/Wien 1993.
Danto, A. C., Analytische Philosophie der Geschichte, Frankfurt a.M. 1974.
Danz, C., Die philosophische Christologie F. W. J. Schellings, Stuttgart-Bad Cannstatt 1996.
Danz, C., Zur Christologie. Tendenzen der gegenwärtigen Debatte (Teil I und II), in: ThR 74 (2009), S. 194–218. 263–289.
Danz, C., Einführung in die evangelische Dogmatik, Darmstadt 2010.
Danz, C., Einführung in die Theologie der Religionen, Wien 2005.
Danz, C., Die Geschichtlichkeit der Offenbarung. Die Bedeutung Schellings für die christologische Debatte der Gegenwart, in: S. Dietzsch/G. F. Frigo (Hrsg.), Vernunft und Glauben. Ein philosophischer Dialog der Moderne mit dem Christentum. Père Xavier Tilliette SJ zum 85. Geburtstag, Berlin 2006, S. 107–126.
Danz, C., Glaube als Evident-Werden Gottes. Die Überwindung des Historismus bei Friedrich Gogarten, in: ders., Gott und die menschliche Freiheit. Studien zum Gottesbegriff in der Neuzeit, Neukirchen-Vluyn 2005, S. 88–101.
Danz, C., Gott und die menschliche Freiheit. Studien zum Gottesbegriff in der Neuzeit, Neukirchen-Vluyn 2005.
Danz, C., Der Jesus der Exegeten und der Christus der Dogmatiker. Die Bedeutung der neueren Jesusforschung für die systematisch-theologische Christologie, in: NZSTh 51 (2009), S. 186–204.
Danz, C., Religion als Freiheitsbewußtsein. Eine Studie zur Theologie als Theorie der Konstitutionsbedingungen individueller Subjektivität bei Paul Tillich, Berlin/New York 2000.

Danz, C., Religion als Selbstdeutung. Charles Taylors Beitrag zur religionstheoretischen Debatte der Gegenwart, in: M. Kühnlein/M. Lutz-Bachmann (Hrsg.), Unerfüllte Moderne? Neue Perspektiven auf das Werk von Charles Taylor, Berlin 2011, S. 475–492.

Danz, C., Religion im Zeitalter der Säkularisierung. Überlegungen zur Religion in der modernen Kultur im Anschluss an Charles Taylor, in: M. Kühnlein (Hrsg.), Kommunitarismus und Religion, Berlin 2010, S. 251–262.

Danz, C., Theologie als Religionskritik. Zum Kritikpotential der Religion, in: K. Appel/ders./R. Potz/S. Rosenberger/A. Walser (Hrsg.), Religion in Europa heute. Sozialwissenschaftliche, rechtswissenschaftliche und hermeneutisch-religionsphilosophische Perspektiven, Göttingen 2012, S. 24–37.

Danz, C./Dierken, J./Murrmann-Kahl, M. (Hrsg.), Religion zwischen Rechtfertigung und Kritik. Perspektiven philosophischer Theologie, Frankfurt a.M. 2005.

Danz, C./Murrmann-Kahl, M. (Hrsg.), Zwischen historischem Jesus und dogmatischem Christus. Zum Stand der Christologie im 21. Jahrhundert, Tübingen 2010. ²2011.

Davies, P. R./Brooke, G. J./Callway, P. R., Qumran. Die Schriftrollen vom Toten Meer, Darmstadt 2002.

Dembowski, H., Einführung in die Christologie, Darmstadt 1976.

Dettloff, W., Art.: Duns Scotus I., in: TRE, Bd. 19, Berlin/New York 1982, S. 218–231.

Deuser, H., Kleine Einführung in die Systematische Theologie, Stuttgart 1999.

Dibelius, M., Die Formgeschichte des Evangeliums, Tübingen 1919. ⁶1971.

Dibelius, M., Jesus, Berlin ²1947.

Dierken, J., Glaube und Lehre im modernen Protestantismus. Studien zum Verhältnis von religiösem Vollzug und theologischer Bestimmtheit bei Barth und Bultmann sowie Hegel und Schleiermacher, Tübingen 1996.

Dierken, J., Selbstbewußtsein individueller Freiheit. Religionstheoretische Erkundungen in protestantischer Perspektive, Tübingen 2005.

Dierken, J., Sittlichkeit und Religion. Erwägungen zur Aufgabe moderner systematischer Theologie im Anschluß an Wilhelm Herrmann, in: ZThK 92 (1995), S. 376–395.

Dierken, J., Philosophische Theologie als Metaphysik der Endlichkeit. Variationen einiger Grundmotive Falk Wagners, in: C. Danz/J. Dierken/M. Murrmann-Kahl (Hrsg.), Religion zwischen Rechtfertigung und Kritik. Perspektiven philosophischer Theologie, Frankfurt a.M. 2005, S. 81–103.

Dierksmeier, C., Das Noumenon Religion. Eine Untersuchung zur Stellung der Religion im System der praktischen Vernunft Kants, Berlin/New York 1998.

Dormeyer, D., Einführung in die Theologie des Neuen Testaments, Darmstadt 2010.

Dormeyer, D., Art.: Form/Gattung. III. Neues Testament, in: RGG⁴, Bd. 3, Tübingen 2000, Sp. 190–196.

Dormeyer, D., Das Markusevangelium als Idealbiographie von Jesus Christus, dem Nazarener, Stuttgart 1999.

Dörnemann, H., Freundschaft als Paradigma der Erlösung. Eine Reflexion auf die Verbindung von Gnadenlehre, Tugendlehre und Christologie in der Summa theologiae des Thomas von Aquin, Würzburg 1997.

Drobner, H. R., Person-Exegese und Christologie bei Augustinus. Zur Herkunft der Formel Una Persona, Leiden 1986.

Dunn, J. D. G., Jesus Remembered. Christianity in the Making, Vol. 1, Grand Rapids/Cambridge 2003.

Dünzl, F., Kleine Geschichte des trinitarischen Dogmas in der Alten Kirche, Freiburg i.Br./Basel/Wien 2006.

Ebeling, G., Die Bedeutung der historisch-kritischen Methode für die protestantische Theologie und Kirche, in: ders., Wort und Glaube, Tübingen ³1967, S. 1–49.
Ebeling, G., Dogmatik des christlichen Glaubens, Bd. 2, Tübingen ²1982.
Ebeling, G., Die Evidenz des Ethischen und die Theologie, in: ders., Wort und Glaube, Bd. II, Tübingen 1969, S. 1–41.
Ebeling, G., Die Frage nach dem historischen Jesus und das Problem der Christologie, in: ders., Wort und Glaube, Tübingen ³1967, S. 300–318.
Ebeling, G., Jesus und Glaube, in: ders., Wort und Glaube, Tübingen ³1967, S. 203–254.
Ebeling, G., Die Krise des Ethischen und die Theologie. Erwiderung auf W. Pannenbergs Kritik, in: ders., Wort und Glaube, Bd. II, Tübingen 1969, S. 42–55.
Ebeling, G., Der Sühnetod Jesu als Glaubensaussage. Eine hermeneutische Rechenschaft, in: Die Heilsbedeutung des Kreuzes für Glaube und Hoffnung des Christen. ZThK Beiheft 8 (1990), S. 3–28.
Ebeling, G., Theologie und Verkündigung. Ein Gespräch mit Rudolf Bultmann, Tübingen 1962. ²1963.
Ebeling, G., Das Wesen des christlichen Glaubens, Tübingen 1959.
Ebeling, G., Wort Gottes und Hermeneutik, in: ders., Wort und Glaube, Tübingen ³1967, S. 319–348.
Eberhard, J. A., Neue Apologie des Sokrates, oder Untersuchung der Lehre von der Seligkeit der Heiden, Bd. 2, Berlin/Stettin 1778.
Eberlein-Braun, K., Erkenntnis und Interpretation. Kritisches Denken unter den Voraussetzungen der Moderne bei Theodor W. Adorno und Karl Barth, Tübingen 2011.
Ebner, M., Art.: Speisegebote/Speiseverbote/Speisegesetze. III. Neues Testament, in: RGG⁴, Bd. 7, Tübingen 2004, Sp. 1552 f.
Eckstein, H.-J./Welker, M. (Hrsg.), Die Wirklichkeit der Auferstehung, Neukirchen-Vluyn 2002.
Elert, W., Der christliche Glaube. Grundlinien der lutherischen Dogmatik, Hamburg ⁴1956.
Essen, G., Die Freiheit Jesu. Der neuchalkedonische Enhypostasiebegriff im Horizont neuzeitlicher Subjekt- und Personphilosophie, Regensburg 2001.
Essen, G., Geschichte als Sinnproblem. Zum Verhältnis von Theologie und Historik, in: ThPh 71 (1996), S. 321–333.
Essen, G., Das Geschichtsdenken der Moderne als Krise der Christologie. Historische Vergewisserung in systematischer Absicht, in: C. Danz/M. Murrmann-Kahl (Hrsg.), Zwischen historischem Jesus und dogmatischem Christus. Zum Stand der Christologie im 21. Jahrhundert, Tübingen ²2011, S. 141–155.
Essen, G., Historische Vernunft und Auferweckung Jesu. Theologie und Historik im Streit um den Begriff geschichtlicher Wirklichkeit, Mainz 1995.
Evans, C. A., Jesus and his Contemporaries. Comparative Studies, Leiden 1995.
Evans, D. B., Art.: Leontius von Byzanz, in: TRE, Bd. 21, Berlin/New York 1991, S. 5–10.
Fackre, G., Christology in Context. The Christian Story. A Pastoral Systematics, Grand Rapids 2006.
Famerée, J., Ephesus and Nestorius: A Christological misunderstanding. The contribution of André de Halleux, in: S. G. Hall (Ed.), Jesus Christ Today. Studies of Christology in Various Contexts, Berlin/New York 2009, S. 105–124.
Fehling, R., „Jesus ist für unsere Sünden gestorben". Eine praktisch-theologische Hermeneutik, Stuttgart 2010.

Fischer, J., Wahrer Gott und wahrer Mensch. Zur bleibenden Aktualität eines alten Bekenntnisses, in: NZSTh 37 (1995), S. 165–204.
Fischer, J., Zur Hermeneutik christologischer Aussagen, in: U. H. J. Körtner (Hrsg.), Jesus im 21. Jahrhundert. Bultmanns Jesusbuch und die heutige Jesusforschung, Neukirchen-Vluyn ²2006, S. 189–198.
Flasch, K., Das philosophische Denken im Mittelalter. Von Augustin zu Machiavelli, Stuttgart 1987.
Fleischer, D., Bekehrung oder Vernunft? Johann Salomo Semlers Plädoyer für ein wissenschaftliches Theologiestudium, in: J. S. Semler, Anleitung zu nützlichem Fleisse in der ganzen Gottesgelehrsamkeit für angehende Studiosos Theologiae, eingeleitet und neu hrsg. v. D. Fleischer, Waltrop 2001, S. V-LIII.
Fleischer, D., Auf der Suche nach der Wahrheit. Johann Salomo Semlers Position im Fragmentenstreit, in: J. S. Semler, Beantwortung der Fragmente eines Ungenanten insbesondere vom Zweck Jesu und seiner Jünger, neu hrsg. v. D. Fleischer, Waltrop 2003, S. 1–106.
Flusser, D., Jesus in Selbstzeugnissen und Bilddokumenten, Reinbek bei Hamburg 1968.
Frank, F. H. R., Zur Theologie A. Ritschl's, Erlangen/Leipzig 1888. ³1891.
Frey, J., Der historische Jesus und der Christus der Evangelien, in: J. Schröter/R. Brucker (Hrsg.), Der historische Jesus. Tendenzen und Perspektiven der gegenwärtigen Forschung, Berlin/New York 2002, S. 273–336.
Frey, J./Stegemann, H. (Hrsg.), Qumran kontrovers. Beiträge zu den Textfunden vom Toten Meer, Paderborn 2002.
Freyne, S., Galilee from Alexander the Great to Hadrian. A Study of Second Temple Judaism, Notre Dame-Wilmington 1980.
Frickenschmidt, D., Evangelium als Biographie. Die vier Evangelien im Rahmen antiker Erzählkunst, Tübingen/Basel 1997.
Fuchs, E., Zur Frage nach dem historischen Jesus. Gesammelte Aufsätze, Bd. 2, Tübingen 1960.
Fuchs, E., Glaube und Erfahrung. Zum christologischen Problem im Neuen Testament. Gesammelte Aufsätze, Bd. 3, Tübingen 1965.
Gabler, J. P., Ueber den Engel, der nach Luc. XXII, 43 Jesum gestärkt haben soll, in: ders., Kleinere theologische Schriften, Bd. 1, hrsg. v. T. A. Gabler/J. G. Gabler, Ulm 1831, S. 1–55.
Geerlings, W., Christus exemplum. Studien zur Christologie und Christusverkündigung Augustins, Mainz 1978.
Geertz, C., Dichte Beschreibung. Beiträge zum Verstehen kultureller Systeme, Frankfurt a.M. 1987.
Geertz, C., Dichte Beschreibung. Bemerkungen zu einer deutenden Theorie von Kultur, in: ders., Dichte Beschreibung. Beiträge zum Verstehen kultureller Systeme, Frankfurt a.M. 1987, S. 7–43.
Geiger, A., Das Judenthum und seine Geschichte von der Zerstörung des zweiten Tempels bis zum Ende des zwölften Jahrhunderts. In zwölf Vorlesungen. Nebst einem Anhange: Offenes Sendschreiben an Herrn Professor Dr. Holtzmann, Breslau 1865–1871.
Gelder, K., Glaube und Erfahrung. Eine kritische Auseinandersetzung mit Gerhard Ebelings „Dogmatik des christlichen Glaubens" im Kontext der gegenwärtigen evangelisch-theologischen Diskussion, Neukirchen-Vluyn 1992.
Gilg, A., Weg und Bedeutung der altkirchlichen Christologie, München 1989.
Gogarten, F., Die religiöse Entscheidung, Jena 1921.

Graf, F. W., Geschichte durch Übergeschichte überwinden. Antihistorisches Geschichtsdenken in der protestantischen Theologie der 1920er Jahre, in: W. Küttler/J. Rüsen/E. Schulin (Hrsg.), Geschichtsdiskurs, Bd. 4: Krisenbewußtsein, Katastrophenerfahrungen und Innovationen 1880–1945, Frankfurt a.M. 1997, S. 217–244.

Graf, F. W., Kritik und Pseudo-Spekulation. David Friedrich Strauß als Dogmatiker im Kontext der positionellen Theologie seiner Zeit, München 1982.

Graf, F. W., Die „antihistoristische Revolution" in der protestantischen Theologie der zwanziger Jahre, in: J. Rohls/G. Wenz (Hrsg.), Vernunft des Glaubens. Wissenschaftliche Theologie und kirchliche Lehre. Festschrift zum 60. Geburtstag von Wolfhart Pannenberg, Göttingen 1988, S. 377–405.

Greive, W., Der Grund des Glaubens. Die Christologie Wilhelm Herrmanns, Göttingen 1976.

Greschat, H.-J., Wie unterscheiden sich Religionswissenschaftler von Theologen?, in: ZMR 64 (1980), S. 259–267.

Greshake, G., Der dreieine Gott. Eine trinitarische Theologie, Freiburg i.Br./Basel/Wien 1997.

Grillmeier, A., Jesus der Christus im Glauben der Kirche, Bd. 1, Freiburg i.Br./Basel/Wien ³1990; Bd. 2/1, Freiburg i.Br./Basel/Wien ²1991; Bd. 2/2, Freiburg i.Br./Basel/Wien 1989.

Gunton, C. E., Yesterday and Today. A Study of Continuities in Christology, London ²1997.

Hägglund, B., Geschichte der Theologie. Ein Abriß, Gütersloh ²1993.

Hahn, F., Christologische Hoheitstitel. Ihre Geschichte im frühen Christentum, Göttingen 1964.

Hampel, V./Weth, R. (Hrsg.), Für uns gestorben. Sühne – Opfer – Stellvertretung, Neukirchen-Vluyn 2010.

Hardy, E. R., Art.: Cyrillus von Alexandrien, in: TRE, Bd. 8, Berlin/New York 1981, S. 254–260.

Häring, N., Art.: Gilbert Porreta, in: TRE, Bd. 13, Berlin/New York 1984, S. 266–268.

Haering, T., Gehört die Auferstehung Jesu zum Glaubensgrund? Amica exegesis zu Prof. D. Max Reischle's „Der Streit über die Begründung des Glaubens auf den geschichtlichen Jesus Christus", in: ZThK 7 (1897), S. 331–351.

Haering, T., Der christliche Glaube. Dogmatik, Stuttgart ²1922.

Harnack, A., Art.: Monarchianismus, in: RE³, Bd. 13, Leipzig 1903, S. 303–336.

Harnack, A. v., Grundriß der Dogmengeschichte, Tübingen 1889. ⁷1931.

Harnack, A. v., Lehrbuch der Dogmengeschichte, 3 Bde., Darmstadt 1980 (ND der 4. Auflage Tübingen 1909).

Harnack, A. v., Mission und Ausbreitung des Christentums in den ersten drei Jahrhunderten, 2 Bde., Leipzig ³1915.

Harnack, A. v., Das Wesen des Christentums. Sechzehn Vorlesungen vor Studierenden aller Fakultäten im Wintersemester 1899/1900 an der Universität Berlin (1900), hrsg. v. C.-D. Osthövener, Tübingen 2005.

Hartlich, C./Sachs, W., Der Ursprung des Mythosbegriffs in der modernen Bibelwissenschaft, Tübingen 1952.

Hauptmann, P., Art.: Sozinianer/Sozinianismus, in: RGG⁴, Bd. 7, Tübingen 2004, Sp. 1519–1521.

Hauschild, W.-D., Lehrbuch der Kirchen- und Dogmengeschichte, Bd. 1, Gütersloh 1995.

Hegel, G. W. F., Enzyklopädie der philosophischen Wissenschaften im Grundrisse (1830), hrsg. v. F. Nicolin/O. Pöggeler, Hamburg [8]1991.
Hegel, G. W. F., Vorlesungen über die Philosophie der Religion, Bd. 1–3, hrsg. v. W. Jaeschke, Hamburg 1993–1995.
Heiligenthal, R., Der verfälschte Jesus. Eine Kritik moderner Jesusbilder, Darmstadt 1997. [2]1999.
Heim, S. M., Saved from Sacrifice. A Theology of the Cross, Grand Rapids/Cambridge 2006.
Heit, A., Versöhnte Vernunft. Eine Studie zur systematischen Bedeutung des Rechtfertigungsgedankens für Kants Religionsphilosophie, Göttingen 2006.
Hengel, M., Der Sohn Gottes. Die Entstehung der Christologie und die jüdisch-hellenistische Religionsgeschichte, Tübingen 1975.
Hennecke, E., Neutestamentliche Apokryphen in deutscher Übersetzung, 2 Bde., hrsg. v. W. Schneemelcher, Tübingen [6]1997.
Herder, J. G., Sämmtliche Werke, Bd. XIX, hrsg. v. B. Suphan, Berlin 1880.
Herrmann, W., Die christologischen Arbeiten der neusten Zeit, in: ThLZ 1 (1876), Sp. 116–119. 142–147.
Herrmann, W., Der geschichtliche Christus als Grund unseres Glaubens, in: ders., Schriften zur Grundlegung der Theologie, Bd. 1, hrsg. v. P. Fischer-Appelt, München 1966, S. 149–185.
Herrmann, W., Die Metaphysik in der Theologie, in: ders., Schriften zur Grundlegung der Theologie, Bd. 1, hrsg. v. P. Fischer-Appelt, München 1966, S. 1–80.
Herrmann, W., Der Verkehr des Christen mit Gott. Im Anschluß an Luther dargestellt, Stuttgart 1886. [7]1921.
Heschel, S., The Aryan Jesus. Christianity, Nazis and the Bible, Princeton 2007.
Hick, J., An Interpretation of Religion. Human Responses to the Transcendent, New Haven 1989.
Hick, J., Jesus und die Weltreligionen, in: R. Kirste/P. Schwarzenau/U. Tworuschka (Hrsg.), Neue Herausforderungen für den interreligiösen Dialog, Balve 2002, S. 48–71.
Hick, J., The Metaphor of God Incarnate, London 1993.
Hick, J. (Hrsg.), Wurde Gott Mensch? Der Mythos vom fleischgewordenen Gott, Gütersloh 1979 (= The Myth of God Incarnate, London 1977. [2]1993).
Hirsch, E., Geschichte der neuern evangelischen Theologie im Zusammenhang mit den allgemeinen Bewegungen des europäischen Denkens, Bd. IV, Gütersloh 1952.
Hirsch, E., Hilfsbuch zum Studium der Dogmatik. Die Dogmatik der Reformatoren und der altevangelischen Lehrer quellenmäßig belegt und verdeutscht, Berlin/Leipzig 1937.
Hirsch, E., Jesus Christus der Herr. Theologische Vorlesungen, Göttingen 1926. [2]1929.
Hirsch, E., Leitfaden zur christlichen Lehre, Tübingen 1938.
Hirsch, E., Christliche Rechenschaft, bearb. v. H. Gerdes, neu hrsg. v. H. Hirsch, 2 Bde., Tübingen 1989.
Hirsch, E., Das Wesen des reformatorischen Christentums, hrsg. v. A. v. Scheliha, Waltrop 2000.
Hödl, L., Art.: Petrus Lombardus, in: TRE, Bd. 26, Berlin/New York 1996, S. 296–303.
Hollaz, D., Examinis theologici acroamatici [Leipzig 1707], Frankfurt/Leipzig 1733.
Holtzmann, H. J., Die synoptischen Evangelien. Ihr Ursprung und ihr geschichtlicher Charakter, Leipzig 1863.
Homolka, W., Jesus von Nazareth. Im Spiegel jüdischer Forschung, Berlin/Teetz 2009.

Honer, A./Kurt, R./Reichertz, J. (Hrsg.), Diesseitsreligion. Zur Deutung der Bedeutung moderner Kultur, Konstanz 1999.
Hoping, H., Einführung in die Christologie, Darmstadt 2004.
Hornig, G., Johann Salomo Semler. Studien zu Leben und Werk des Hallenser Aufklärungstheologen, Tübingen 1996.
Horsley, R. A., The Message and the Kingdom, Minneapolis 1997.
Horstmann, A., Der Mythosbegriff vom frühen Christentum bis zur Gegenwart, in: Archiv für Begriffsgeschichte 23 (1979), S. 7–54. 60–85.
Hugo von St. Victor, De sacramentis christianae fidei, in: Opera omnia II, hrsg. v. J.-P. Migne [= Patrologia Latina, Bd. 176], Paris 1854, S. 173–618.
Hünermann, P., Jesus Christus – Wort Gottes in der Zeit. Eine systematische Christologie, Münster 1994.
Jaeger, F./Rüsen, J., Geschichte des Historismus. Eine Einführung, München 1992.
Jäger, J. W., Systema Theologicum II. De Adventu sponsoris aeterni in carnem, Tübingen 1717.
Jaeger, W., Die Theologie der frühen griechischen Denker, Stuttgart 1953.
Jaeschke, W., Die Religionsphilosophie Hegels, Darmstadt 1983.
Jaeschke, W., Die Vernunft in der Religion. Studien zur Grundlegung der Religionsphilosophie Hegels, Stuttgart-Bad Cannstatt 1986.
Janßen, H.-G., Christologie – Soteriologie – Satisfaktionslehre, in: J. Manemann/J. B. Metz (Hrsg.), Christologie nach Auschwitz, Münster 1998, S. 38–43.
Jeremias, J., Das Königtum Gottes in den Psalmen. Israels Begegnung mit dem kanaanäischen Mythos in den Jahwe-König-Psalmen, Göttingen 1987.
Jüngel, E., Zur dogmatischen Bedeutung der Frage nach dem historischen Jesus, in: ders., Wertlose Wahrheit. Zur Identität und Relevanz des christlichen Glaubens. Theologische Erörterungen III, München 1990, S. 214–242.
Jüngel, E., Gott als Geheimnis der Welt. Zur Begründung der Theologie des Gekreuzigten im Streit zwischen Theismus und Atheismus, Tübingen 1977. [6]1992.
Jüngel, E., Jesu Wort und Jesus als Wort Gottes. Ein hermeneutischer Beitrag zum christologischen Problem, in: ders., Unterwegs zur Sache. Theologische Bemerkungen, München 1972, S. 126–144.
Jüngel, E., Paulus und Jesus. Eine Untersuchung zur Präzisierung der Frage nach dem Ursprung der Christologie, Tübingen 1962. [7]2004.
Junker, M., Das Urbild des Gottesbewußtseins. Zur Entwicklung der Religionstheorie und Christologie Schleiermachers von der ersten zur zweiten Auflage der Glaubenslehre, Berlin/New York 1990.
Kaftan, J., Dogmatik, Freiburg i.Br./Leipzig/Tübingen 1897.
Kähler, M., Art.: Christologie. Schriftlehre, in: RE[3], Bd. 4, Leipzig 1898, S. 4–16.
Kähler, M., Einleitung, in: ders., Dogmatische Zeitfragen. Alte und neue Ausführungen zur Wissenschaft der christlichen Lehre. Zweites Heft: Zur Lehre von der Versöhnung, Leipzig 1898, S. 39–62.
Kähler, M., Geschichte der protestantischen Dogmatik im 19. Jahrhundert, hrsg. v. E. Kähler, München 1962.
Kähler, M., Der sogenannte historische Jesus und der geschichtliche, biblische Christus, neu hrsg. v. E. Wolf, München [2]1956.
Kähler, M., Das Kreuz. Grund und Maß der Christologie, in: ders., Schriften zu Christologie und Mission. Gesamtausgabe der Schriften zur Mission, mit einer Bibliographie, hrsg. v. H. Frohnes, München 1971, S. 292–350.

Kähler, M., Die Wissenschaft der christlichen Lehre von dem evangelischen Grundartikel aus im Abrisse dargestellt, Leipzig 1883. ³1905 (ND Waltrop 1994).
Kant, I., Werke, 10 Bde., hrsg. v. W. Weischedel, Darmstadt 1983.
Kaplan, G., Answering the Enlightenment. The Catholic Recovery of Historical Revelation, New York 2006.
Kärkkäinen, V.-M., Christology. A Global Introduction, Grand Rapids 2003.
Karpp, H. (Hrsg.), Textbuch zur altkirchlichen Christologie. Theologia und Oikonomia, Neukirchen-Vluyn 1972.
Käsemann, E., Das Problem des historischen Jesus, in: ders., Exegetische Versuche und Besinnungen, Bd. 1, Göttingen ⁶1976, S. 187–214.
Käsemann, E., Sackgassen im Streit um den historischen Jesus, in: Exegetische Versuche und Besinnungen, Bd. 2, Göttingen ²1965, S. 31–68.
Kasper, W., Christologie von unten? Kritik und Neuansatz gegenwärtiger Christologie, in: ders., Jesus der Christus. Grundriß und Aufsätze zur Christologie, Leipzig 1981, S. 387–413.
Kasper, W., Jesus der Christus, Mainz 1978.
Kasper, W., Jesus der Christus. Grundriß und Aufsätze zur Christologie, Leipzig 1981.
Kelber, W. H., Der historische Jesus. Bedenken zur gegenwärtigen Diskussion aus der Perspektive mittelalterlicher, moderner und postmoderner Hermeneutik, in: J. Schröter/R. Brucker (Hrsg.), Der historische Jesus. Tendenzen und Perspektiven der gegenwärtigen Forschung, Berlin/New York 2002, S. 15–66.
Kessler, H., Sucht den Lebenden nicht bei den Toten. Die Auferstehung Jesu Christi in biblischer, fundamentaltheologischer und systematischer Sicht, Würzburg 1995.
Kienzler, K., Logik der Auferstehung. Eine Untersuchung zu Rudolf Bultmann, Gerhard Ebeling und Wolfhart Pannenberg, Freiburg i.Br./Wien 1976.
Kierkegaard, S., Die Krankheit zum Tode. Eine christlich-psychologische Darlegung zur Erbauung und Erweckung, hrsg. v. G. Perlet, Stuttgart 1997.
Klappert, B., Miterben der Verheißung. Beiträge zum jüdisch-christlichen Dialog, Neukirchen-Vluyn 2000.
Klappert, B., Die Öffnung des Israelbundes für die Völker. Karl Barths Israeltheologie und die Bundestheologie der reformierten Reformation, in: ders., Miterben der Verheißung. Beiträge zum jüdisch-christlichen Dialog, Neukirchen-Vluyn 2000, S. 390–406.
Klein, D., Hermann Samuel Reimarus (1694–1768). Das theologische Werk, Tübingen 2009.
Klitzsch, I., Die „Theologien" des Petrus Abaelardus. Genetisch-kontextuelle Analyse und theologiegeschichtliche Lektüre, Leipzig 2010.
Koch, T., Die sachgemäße Form einer gegenwärtigen Beziehung auf den geschichtlichen Jesus – Erwägungen im Anschluß an Albert Schweitzers Kritik des christologischen Denkens, in: K.-M. Kodalle (Hrsg.), Gegenwart des Absoluten – philosophisch-theologische Diskurse zur Christologie, Gütersloh 1984, S. 37–67.
Koch, T., Jesus von Nazareth, der Mensch Gottes. Eine gegenwärtige Besinnung, Tübingen 2004.
Kocka, J./Nipperdey, T. (Hrsg.), Theorie und Erzählung in der Geschichte, München 1979.
Köckert, H./Krötke, W. (Hrsg.), Theologie als Christologie. Zum Werk und Leben Karl Barths. Ein Symposium, Berlin (Ost) 1988.
Kodalle, K.-M. (Hrsg.), Gegenwart des Absoluten – philosophisch-theologische Diskurse zur Christologie, Gütersloh 1984.

Köhn, A., Der Neutestamentler Ernst Lohmeyer. Studien zu Biographie und Theologie, Tübingen 2004.
König, J. F., Theologia positiva acroamatica (Rostock 1664), hrsg. v. A. Stegmann, Tübingen 2006.
Körner, B., Der wirkliche, der ‚historische Jesus' im eigentlichen Sinne. Überlegungen zu einer Aussage im Jesus-Buch des Papstes, in: ThPh 86 (2011), S. 95–112.
Korsch, D., Glaubensgewißheit und Selbstbewußtsein. Vier systematische Variationen über Gesetz und Evangelium, Tübingen 1989.
Korsch, D., Vere homo. Die Menschheit Jesu Christi nach Karl Barths Versöhnungslehre, in: ders., Dialektische Theologie nach Karl Barth, Tübingen 1996, S. 178–187.
Korsch, D., Martin Luther. Eine Einführung, Tübingen ²2007.
Korsch, D., Religionsbegriff und Gottesglaube. Dialektische Theologie als Hermeneutik der Religion, Tübingen 2005.
Korsch, D., Dialektische Theologie nach Karl Barth, Tübingen 1996.
Korsch, D., Art.: Versöhnung III., in: TRE, Bd. 35, Berlin/New York 2003, S. 22–40.
Korthaus, M., Kreuzestheologie. Geschichte und Gehalt eines Programmbegriffs in der evangelischen Theologie, Tübingen 2007.
Körtner, U. H. J., Art.: Akkommodation I., in: RGG⁴, Bd. 1, Tübingen 1998, Sp. 254.
Körtner, U. H. J., Christus als Wort Gottes. Entwicklung und Verwendung einer christologischen Grundmetapher vom Johannesevangelium bis zu Gerhard Ebeling, in: J. Frey/J. Rohls/R. Zimmermann (Hrsg.), Metaphorik und Christologie, Berlin/New York 2003, S. 255–279.
Körtner, U. H. J., Gottes Wort in Person. Rezeptionsästhetische und metapherntheoretische Zugänge zur Christologie, Neukirchen-Vluyn 2011.
Körtner, U. H. J., Historischer Jesus – geschichtlicher Christus. Zum Ansatz einer rezeptionsästhetischen Christologie, in: K. Huizing/ders./P. Müller, Lesen und Leben. Drei Essays zur Grundlegung einer Lesetheologie, Bielefeld 1997, S. 99–135.
Körtner, U. H. J., Hermeneutische Theologie. Zugänge zur Interpretation des christlichen Glaubens und seiner Lebenspraxis, Neukirchen-Vluyn 2008.
Körtner, U. H. J. (Hrsg.), Jesus im 21. Jahrhundert. Bultmanns Jesusbuch und die heutige Forschung, Neukirchen-Vluyn ²2006.
Koselleck, R., Die Herausbildung des modernen Geschichtsbegriffs, in: Geschichtliche Grundbegriffe. Historisches Lexikon zur politisch-sozialen Sprache in Deutschland, Bd. 2, Stuttgart 1975, S. 647–717.
Koselleck, R., Historia Magistra Vitae. Über die Auflösung des Topos im Horizont neuzeitlich bewegter Geschichte, in: ders., Vergangene Zukunft. Zur Semantik geschichtlicher Zeiten, Frankfurt a.M. 1979, S. 38–66.
Köster, H., Art.: Formgeschichte/Formkritik II., in: TRE, Bd. 11, Berlin/New York 1983, S. 286–299.
Kratz, R. G., Art.: Tempel/Heiligtum, in: A. Berlejung/C. Frevel (Hrsg.), Handbuch theologischer Grundbegriffe zum Alten und Neuen Testament, Darmstadt 2006, S. 385–389.
Kratz, R. G./Merk, O., Art.: Redaktionsgeschichte/Redaktionskritik I. und II., in: TRE, Bd. 28, Berlin/New York 1997, S. 367–384.
Kraus, H.-J., Aspekte der Christologie im Kontext alttestamentlich-jüdischer Tradition, in: E. Brocke/J. Seim (Hrsg.), Gottes Augapfel. Beiträge zur Erneuerung des Verhältnisses von Christen und Juden, Neukirchen-Vluyn 1986, S. 1–23.
Kühn, U., Christologie, Göttingen 2003.

Lang, B., Jesus der Hund. Leben und Lehre eines jüdischen Kynikers, München 2010.
Lange, D., Glaubenslehre, 2 Bde., Tübingen 2001.
Lange, D., Historischer Jesus oder mythischer Christus. Untersuchungen zu dem Gegensatz zwischen Friedrich Schleiermacher und David Friedrich Strauß, Gütersloh 1975.
Lapide, P., Ist das nicht Josephs Sohn? Jesus im heutigen Judentum, Stuttgart 1976.
Lapide, P./Luz, U., Der Jude Jesus. Thesen eines Juden, Antworten eines Christen, Düsseldorf/Zürich 1970.
Lash, N., Up and Down in Christology, in: S. Sykes/D. Holmes (Ed.), New Studies in Theology, London 1980, S. 31–41.
Laube, M., Theologische Selbstklärung im Angesicht des Historismus. Überlegungen zur theologischen Funktion der Frage nach dem historischen Jesus, in: KuD 54 (2008), S. 114–137.
Lauster, J., Christologie als Religionshermeneutik, in: C. Danz/M. Murrmann-Kahl (Hrsg.), Zwischen historischem Jesus und dogmatischem Christus. Zum Stand der Christologie im 21. Jahrhundert, Tübingen ²2011, S. 239–257.
Lauster, J., Religion als Lebensdeutung. Theologische Hermeneutik heute, Darmstadt 2005.
Leff, G./Leppin, V., Art.: Ockham/Ockhamismus, in: TRE, Bd. 25, Berlin/New York 1995, S. 6–18.
Leibniz, G. W., Monadologie, hrsg. v. H. Glockner, Stuttgart 1990.
Lessing, G. E., Über den Beweis des Geistes und der Kraft, in: ders., Werke in drei Bänden, hrsg. v. H. G. Göpfert, Bd. 3, München/Wien 1982, S. 349–354.
Lessing, G. E., Die Erziehung des Menschengeschlechts, in: ders., Werke in drei Bänden, hrsg. v. H. G. Göpfert, Bd. 3, München/Wien 1982, S. 637–658.
Lessing, G. E., Gegensätze des Herausgebers, in: ders., Werke in drei Bänden, hrsg. v. H. G. Göpfert, Bd. 3, München/Wien 1982, S. 327–348.
Lessing, G. E., Die Religion Christi, in: ders., Werke in drei Bänden, hrsg. v. H. G. Göpfert, Bd. 3, München/Wien 1982, S. 595–596.
Lienhard, M., Martin Luthers christologisches Zeugnis. Entwicklung und Grundzüge seiner Christologie, Göttingen 1980.
Lindemann, A., Zur Einführung. Die Frage nach dem historischen Jesus als historisches und theologisches Problem, in: U. H. J. Körtner (Hrsg.), Jesus im 21. Jahrhundert. Bultmanns Jesusbuch und die heutige Jesusforschung, Neukirchen-Vluyn ²2006, S. 1–21.
Link, H.-G., Geschichte Jesu und Bild Christi. Die Entwicklung der Christologie Martin Kählers in Auseinandersetzung mit der Leben-Jesu-Theologie und der Ritschl-Schule, Neukirchen-Vluyn 1975.
Löhr, W. A., Basilides und seine Schule. Eine Studie zur Theologie- und Kirchengeschichte des zweiten Jahrhunderts, Tübingen 1996.
Löhr, W. A., Theodotus der Lederarbeiter und Theodotus der Bankier – ein Beitrag zur römischen Theologiegeschichte des zweiten und dritten Jahrhunderts, in: ZNW 87 (1996), S. 101–125.
Loiero, S., „... damit keiner zugrunde gehe". Zur Notwendigkeit und Bedeutung einer existentiellen Christologie in der fortgeschrittenen Moderne im Anschluss an Karl Rahner und Edward Schillebeeckx, Innsbruck 2005.
Loofs, F., Leitfaden zum Studium der Dogmengeschichte, 2 Teile, hrsg. v. K. Aland, Halle 1950.

Lorenz, C., Kann Geschichte wahr sein? Zu den narrativen Geschichtsphilosophien von Hayden White und Frank Ankersmit, in: J. Schröter/A. Eddelbüttel (Hrsg.), Konstruktion von Wirklichkeit. Beiträge aus geschichtstheoretischer, philosophischer und theologischer Perspektive, Berlin/New York 2004, S. 33–63.

Lüdemann, G., Die Auferstehung Jesu, in: A. Bommarius (Hrsg.), Fand die Auferstehung wirklich statt? Eine Diskussion mit Gerd Lüdemann, Düsseldorf/Bonn 1995, S. 11–29.

Lüdemann, G., Die Auferstehung Jesu. Historie, Erfahrung, Theologie, Göttingen 1994.

Luhmann, N., Individuum, Individualität, Individualismus, in: ders., Gesellschaftsstruktur und Semantik. Studien zur Wissenssoziologie der modernen Gesellschaft, Bd. 3, Frankfurt a.M. 1993, S. 149–258.

Luther, M., D. Martin Luthers Werke. Kritische Gesamtausgabe, Weimar 1883 ff.

Luther, M., Ausgewählte Schriften, 6 Bde., hrsg. v. K. Bornkamm/G. Ebeling, Frankfurt a.M. 1982.

Luther, M., Studienausgabe, 6 Bde., hrsg. v. H.-U. Delius, Berlin 1980–1999.

Luther, M., Lateinisch-deutsche Studienausgabe, 3 Bde., hrsg. v. W. Härle/J. Schilling/G. Wartenberg, Leipzig 2005–2009.

Luther, M., Werke in Auswahl, 8 Bde., hrsg. v. O. Clemen, Bonn 1912 ff. ND Berlin 1955.

Mahlmann, T., Das Axiom des Erlebnisses bei Wilhelm Herrmann, in: NZSTh 4 (1962), S. 11–88.

Mahlmann, T., Das neue Dogma der lutherischen Christologie. Problem und Geschichte seiner Begründung, Gütersloh 1969.

Manemann, J./Metz, J. B. (Hrsg.), Christologie nach Auschwitz, Münster 1998.

Marheineke, P. K., Die Grundlehren der christlichen Dogmatik als Wissenschaft, Berlin ²1827.

Markschies, C., Art.: Enhypostasie/Anhypostasie, in: RGG⁴, Bd. 2, Tübingen 1999, Sp. 1315 f.

Markschies, C., Art.: Gnosis/Gnostizismus. II. Christentum, in: RGG⁴, Bd. 3, Tübingen 2000, Sp. 1045–1053.

Markschies, C., Art.: Origenes, in: RGG⁴, Bd. 6, Tübingen 2003, Sp. 657–662.

Markschies, C., Alta trinità beata. Gesammelte Studien zur altkirchlichen Trinitätstheologie, Tübingen 2000.

Markschies, C., Gibt es eine einheitliche „kappadozische Trinitätstheologie"? Vorläufige Erwägungen zu Einheit und Differenzen neunizänischer Theologie, in: Marburger Jahrbuch Theologie, Bd. X: Trinität, Marburg 1998, S. 51–94.

Markschies, C., Valentinus Gnosticus? Untersuchungen zur valentinianischen Gnosis mit einem Kommentar zu den Fragmenten Valentins, Tübingen 1992.

Marquardt, F.-W., Das christliche Bekenntnis zu Jesus dem Juden. Eine Christologie, 2 Bde., München 1990/91.

Marxen, W., Der Evangelist Markus. Studien zur Redaktionsgeschichte des Evangeliums, Göttingen 1956. ²1959.

Mason, S., Jews, Judaeans, Judaizing, Judaism: Problems of Categorization in Ancient History, in: JSJ 38 (2007), S. 457–512.

Mason, S., Josephus, Judea, and Christian Origins. Methods and Categories, Peabody 2009.

McCormack, B., Barths grundsätzlicher Chalcedonismus?, in: Zeitschrift für dialektische Theologie 18 (2002), S. 138–173.

McGuckin, J. A., St. Cyrill of Alexandria, the Christological Controversy. Its History, Theology, and Texts, Leiden 1994.

Melanchthon, P., Loci communes 1521. Lateinisch-Deutsch, hrsg. v. H. G. Pöhlmann, Gütersloh ²1997.
Menke, K.-H., Jesus ist Gott der Sohn. Denkformen und Brennpunkte der Christologie, Regensburg 2008.
Moltmann, J., Der gekreuzigte Gott. Das Kreuz Christi als Grund und Kritik christlicher Theologie, München ⁵1987.
Moltmann, J., Der Weg Jesu Christi. Christologie in messianischen Dimensionen, München 1989.
Moxnes, H., Jesus and the Rise of Nationalism. A New Quest for the Nineteenth-Century Historical Jesus, London/New York 2012.
Moxter, M., Erzählung und Ereignis. Über den Spielraum historischer Repräsentation, in: J. Schröter/R. Brucker (Hrsg.), Der historische Jesus. Tendenzen und Perspektiven der gegenwärtigen Forschung, Berlin/New York 2002, S. 67–88.
Moxter, M., Kultur als Lebenswelt. Studien zum Problem einer Kulturtheologie, Tübingen 2000.
Mühlenberg, E., Art.: Apollinaris von Laodicea, in: TRE, Bd. 3, Berlin/New York 1978, S. 362–371.
Mühlenberg, E., Das Dogma von Chalkedon. Ängste und Überzeugungen, in: Chalkedon. Geschichte und Aktualität, hrsg. v. J. van Oort/J. Roldanus, Leuven 1997, S. 1–23.
Mühling, M., Versöhnendes Handeln – Handeln in Versöhnung. Gottes Opfer an die Menschen, Göttingen 2005.
Mühling, M./Wendte, M. (Hrsg.), Entzogenheit in Gott. Beiträge zur Rede von der Verborgenheit der Trinität, Utrecht 2005.
Müller, E. F. K., Art.: Jesu Christi dreifaches Amt, in: RE³, Bd. 8, Leipzig 1900, S. 733–741.
Müller, E. F. K., Art.: Stand Christi, doppelter, in: RE³, Bd. 18, Leipzig 1906, S. 755–759.
Müller, H.-P., Art.: Monotheismus und Polytheismus II. Altes Testament, in: RGG⁴, Bd. 5, Tübingen 2002, Sp. 1459–1462.
Müller, P., Sohn und Sohn Gottes: Übergänge zwischen Metapher und Titel. Verbindungslinien zwischen Metaphorik und Titelchristologie am Beispiel des Sohnestitels, in: J. Frey/J. Rohls/R. Zimmermann (Hrsg.), Metaphorik und Christologie, Berlin/New York 2003, S. 75–92.
Müller, U. B., Die Entstehung des Glaubens an die Auferstehung Jesu. Historische Aspekte und Bedingungen, Stuttgart 1998.
Münch-Labacher, G., Cyrill von Alexandrien. Gottessohnschaft Jesu, in: W. Geerlings (Hrsg.), Theologen der christlichen Antike. Eine Einführung, Darmstadt 2002, S. 115–128.
Murrmann-Kahl, M., Christologische Komplexität – Überlegungen im Anschluß an Falk Wagners Konzeptionen, in: C. Danz/M. Murrmann-Kahl (Hrsg.), Zwischen historischem Jesus und dogmatischem Christus. Zum Stand der Christologie im 21. Jahrhundert, Tübingen ²2011, S. 159–187.
Murrmann-Kahl, M., „Mysterium trinitatis"? Fallstudien zur Trinitätslehre in der evangelischen Dogmatik des 20. Jahrhunderts, Berlin/New York 1997.
Murrmann-Kahl, M., „Wiederkehr des Verdrängten"? Theologiegeschichtliche und systematisch-theologische Erwägungen zum Streit um die Auferstehung Jesu, in: A. Bommarius (Hrsg.), Fand die Auferstehung wirklich statt? Eine Diskussion mit Gerd Lüdemann, Düsseldorf/Bonn 1995, S. 83–115.

Neugebauer, G., Tillichs frühe Christologie. Eine Untersuchung zu Offenbarung und Geschichte bei Tillich vor dem Hintergrund seiner Schellingrezeption, Berlin/New York 2007.

Niebuhr, K.-W., Rez.: J. Ratzinger/Benedikt XVI., Jesus von Nazareth. Erster Teil, in: ThLZ 132 (2007), Sp. 800–803.

Nietzsche, F., Unzeitgemäße Betrachtungen. Zweites Stück: Vom Nutzen und Nachteil der Historie für das Leben, in: ders., Kritische Studienausgabe, Bd. 1, hrsg. v. G. Colli/M. Montinari, München 1990, S. 243–334.

Nowak, K., Bürgerliche Bildungsreligion? Zur Stellung Adolf von Harnacks in der protestantischen Frömmigkeitsgeschichte der Moderne, in: ZKG 99 (1988), S. 326–353.

Nowak, K., Die „antihistoristische Revolution". Symptome und Folgen der Krise historischer Weltorientierung nach dem Ersten Weltkrieg in Deutschland, in: H. Renz/F. W. Graf (Hrsg.), Umstrittene Moderne. Die Zukunft der Neuzeit im Urteil der Epoche Ernst Troeltschs, Troeltsch-Studien, Bd. 4, Gütersloh 1987, S. 133–171.

O'Collins, G., Christology. A Biblical, Historical and Systematic Study of Jesus, Oxford ²2009.

Oexle, O. G., Geschichte im Zeichen des Historismus. Studien zu Problemgeschichten der Moderne, Göttingen 1996.

Oexle, O. G., Max Weber – Geschichte als Problemgeschichte, in: ders., Das Problem der Problemgeschichte 1880–1932, Göttingen 2001, S. 9–37.

Ogden, S. M., Is there only one true Religion or are there many?, Dallas 1992.

Öhler, M., Essen, Ethnos, Identität – der antiochenische Zwischenfall (Gal 2,11–14), in: W. Weiß (Hrsg.), Der eine Gott und das gemeinschaftliche Mahl. Inklusion und Exklusion biblischer Vorstellungen von Mahl und Gemeinschaft im Kontext antiker Festkultur, Neukirchen-Vluyn 2011, S. 158–199.

Öhler, M., Die Evangelien als Kontinuitätskonstrukte, in: C. Danz/M. Murrmann-Kahl (Hrsg.), Zwischen historischem Jesus und dogmatischem Christus. Zum Stand der Christologie im 21. Jahrhundert, Tübingen ²2011, S. 87–109.

Ohst, M., Der theologie- und kirchengeschichtliche Hintergrund des Atheismusstreits, in: K.-M. Kodalle/ders. (Hrsg.), Fichtes Entlassung. Der Atheismusstreit vor 200 Jahren, Würzburg 1999, S. 31–47.

Oort, J. van, Art.: Elkesaiten, in: RGG⁴, Bd. 2, Tübingen 1999, Sp. 1227 f.

Origenes, Vier Bücher von den Prinzipien, hrsg. v. H. Görgemanns/H. Karpp, Darmstadt 1976. ²1985.

Ostermeyer, K.-H., Armenhaus und Räuberhöhle? Galiläa zur Zeit Jesu, in: ZNW 96 (2005), S. 147–170.

Paget, J. C., Art.: Judenchristentum. II. Alte Kirche, in: RGG⁴, Bd. 4, Tübingen 2001, Sp. 603–605.

Pannenberg, W., Dogmatische Erwägungen zur Auferstehung Jesu, in: ders., Grundfragen systematischer Theologie, Bd. II, Göttingen 1980, S. 160–173.

Pannenberg, W., Grundfragen systematischer Theologie. Gesammelte Aufsätze, Göttingen 1967.

Pannenberg, W., Grundzüge der Christologie, Gütersloh ²1966.

Pannenberg, W., Die Krise des Schriftprinzips, in: ders., Grundfragen systematischer Theologie. Gesammelte Aufsätze, Göttingen 1967, S. 11–21.

Pannenberg, W., Systematische Theologie, 3 Bde., Göttingen 1988–1993.

Pannenberg, W., Dogmatische Thesen zur Lehre von der Offenbarung, in: ders. (Hrsg. in Verbindung mit R. Rendtorff, U. Wilckens, T. Rendtorff), Offenbarung als Geschichte, Göttingen 1961, S. 91–114.

Pannenberg W. (Hrsg. in Verbindung mit R. Rendtorff, U. Wilckens, T. Rendtorff), Offenbarung als Geschichte, Göttingen 1961. ²1963.

Peppermüller, R., Art.: Abaelard, in: TRE, Bd. 1, Berlin/New York 1977, S. 7–17.

Perrone, L., Art.: Origenistische Streitigkeiten, in: RGG⁴, Bd. 6, Tübingen 2003, Sp. 666–668.

Pesch, O. H., Thomas von Aquin. Grenze und Größe mittelalterlicher Theologie, Mainz 1988.

Petrus Lombardus, Sententiae in IV Libris Distinctae. Editiones Collegii S. Bonaventurae ad Claras Aquas Grottaferrata (Romae) 1971.

Pfleiderer, G., Karl Barths praktische Theologie. Zu Genese und Kontext eines paradigmatischen Entwurfs systematischer Theologie im 20. Jahrhundert, Tübingen 2000.

Pfleiderer, O., Religionsphilosophie auf geschichtlicher Grundlage, Berlin 1878.

Plasger, G., Die Not-wendigkeit der Gerechtigkeit. Eine Interpretation zu „Cur deus homo" von Anselm von Canterbury, Münster 1993.

Quenstedt, J. A., Theologia didactico-polemica, sive sistema theologicum, in duas sectiones, didacticam et polemicam, divisum [1685], Wittenberg 1691.

Raatschen, J. H., Jesus zwischen Juden und Christen. Christologie auf dem Prüfstand, in: DtPfrBl 103 (2003), S. 126–131.

Rahner, K., Das Christentum und die nichtchristlichen Religionen, in: ders., Schriften zur Theologie, Bd. V, Einsiedeln ²1964, S. 136–158.

Rahner, K., Der dreifaltige Gott als transzendenter Urgrund der Heilsgeschichte, in: J. Feiner/M. Löhrer (Hrsg.), Mysterium salutis. Grundriß heilsgeschichtlicher Dogmatik, Bd. 2, Einsiedeln/Zürich/Köln 1967, S. 317–401.

Rahner, K., Grundkurs des Glaubens. Einführung in den Begriff des Christentums, Freiburg i.Br./Basel/Wien 1985.

Ranke, L. v., Geschichten der romanischen und germanischen Völker von 1494–1514 (= Sämmtliche Werke, Bd. 33/34), Leipzig ³1885.

Ratzinger, J./Benedikt XVI., Jesus von Nazareth. Erster Teil: Von der Taufe im Jordan bis zur Verklärung, Freiburg i.Br./Basel/Wien 2007.

Ratzinger, J./Benedikt XVI., Jesus von Nazareth. Zweiter Teil: Vom Einzug in Jerusalem bis zur Auferstehung, Freiburg i.Br./Basel/Wien 2011.

Reimarus, H. S., Apologie oder Schutzschrift für die vernünftigen Verehrer Gottes, 2 Bde., hrsg. v. G. Alexander, Frankfurt a.M. 1972.

Reimarus, H. S., Kleine gelehrte Schriften. Vorstufen zur Apologie oder Schutzschrift für die vernünftigen Verehrer Gottes, Göttingen 1994.

Reimarus, H. S., Von dem Zwecke Jesu und seiner Jünger, in: M. Baumotte (Hrsg.), Die Frage nach dem historischen Jesus. Texte aus drei Jahrhunderten, Gütersloh 1984, S. 11–21.

[Reimarus, H. S.,] Von dem Zwecke Jesu und seiner Jünger. Noch ein Fragment des Wolfenbüttelschen Ungenannten, hrsg. v. G. E. Lessing, Braunschweig 1778.

Reischle, M., Der Glaube an Christus und die geschichtliche Erforschung seines Lebens, Leipzig 1893.

Reischle, M., Der Streit über die Begründung des Glaubens auf den „geschichtlichen" Jesus Christus, in: ZThK 7 (1897), S. 171–264.

Rendtorff, T. (Hrsg.), Die Realisierung der Freiheit. Beiträge zur Kritik der Theologie Karl Barths, Gütersloh 1975.
Reventlow, H. Graf, History of Biblical Interpretation, Vol. 4: From the Enlightenment to the Twentieth Century, Atlanta 2010.
Rieger, H.-M., Anselm von Canterbury, Cur Deus homo (1098), in: C. Danz (Hrsg.), Kanon der Theologie, Darmstadt ³2012, S. 59–65.
Rieger, H.-M., Der Gottesdienst des Gekreuzigten. Zum systematisch-theologischen Problemniveau von Anselms „Cur deus homo", in: NZSTh 47 (2005), S. 173–197.
Rieske-Braun, U., Duellum mirabile. Studien zum Kampfmotiv in Martin Luthers Theologie, Göttingen 1999.
Ringleben, J., Jesus. Ein Versuch zu begreifen, Tübingen 2008.
Ristow, H./Matthiae, K. (Hrsg.), Der historische Jesus und der kerygmatische Christus. Beiträge zum Christusverständnis in Forschung und Verkündigung, Berlin (Ost) 1960. ²1961.
Ritschl, A., Die christliche Lehre von der Rechtfertigung und Versöhnung, Bd. 3: Die positive Entwicklung der Lehre, Bonn 1874. ³1888. ⁴1895.
Ritschl, A., Unterricht in der christlichen Religion, Bonn 1875. ⁴1890.
Ritschl, O., Albrecht Ritschls Leben, Bd. 1, Freiburg i.Br. 1892.
Ritter, A. M., Art.: Arianismus, in: TRE, Bd. 3, Berlin/New York 1978, S. 692–719.
Ritter, A. M., Dogma und Lehre in der Alten Kirche, in: C. Andresen/ders. (Hrsg.), Handbuch der Dogmen- und Theologiegeschichte, Bd. 1: Die Lehrentwicklung im Rahmen der Katholizität, Göttingen ²1999.
Robinson, J. M., Der wahre Jesus? Der historische Jesus im Spruchevangelium Q, in: ZNT 1 (1998), S. 17–26.
Robinson, J. M., Jesus und die Suche nach dem ursprünglichen Evangelium, Göttingen 2007.
Rohls, J., Vorbild, Urbild und Idee. Zur Christologie des 19. Jahrhunderts, in: J. Frey/ders./R. Zimmermann (Hrsg.), Metaphorik und Christologie, Berlin/New York 2003, S. 219–241.
Roloff, J., Neues Testament, Neukirchen-Vluyn ⁶1995.
Rosenau, H., „Was sagen die Leute, wer ich sei?" (Mk 8,27) – Überlegungen zu einer sapientialen Christologie, in: Marburger Jahrbuch Theologie, Bd. XXIII: Christologie, Leipzig 2011, S. 113–140.
Rosenkranz, K., Encyklopädie der theologischen Wissenschaften, Halle 1831.
Rothe, R., Zur Dogmatik, Gotha ²1869.
Ruddies, H., Christologie und Versöhnungslehre bei Karl Barth, in: Zeitschrift für dialektische Theologie 18 (2002), S. 174–189.
Rudolph, K., Die Gnosis. Wesen und Geschichte einer spätantiken Religion, Leipzig ²1980.
Ruhstorfer, K., Christologie, Paderborn/München/Wien/Zürich 2008.
Rüsen, J., Anmerkungen zum Thema Christologie und Narration, in: K.-M. Kodalle (Hrsg.), Gegenwart des Absoluten – philosophisch-theologische Diskurse zur Christologie, Gütersloh 1984, S. 90–96.
Rüsen, J., Faktizität und Fiktionalität der Geschichte – Was ist Wirklichkeit im historischen Denken?, in: J. Schröter/A. Eddelbüttel (Hrsg.), Konstruktion von Wirklichkeit. Beiträge aus geschichtstheoretischer, philosophischer und theologischer Perspektive, Berlin/New York 2004, S. 19–32.

Rüsen, J., Geschichte und Norm – Wahrheitskriterien der historischen Erkenntnis, in: W. Oelmüller (Hrsg.), Normen der Geschichte, Paderborn/München/Wien/Zürich 1979, S. 110–139.
Rüsen, J., Historische Vernunft. Grundzüge einer Historik I. Die Grundlagen der Geschichtswissenschaft, Göttingen 1983.
Sanders, E. P., The Historical Figure of Jesus, London/New York 1993.
Sanders, E. P., Jesus and Judaism, London ³1991.
Sanders, E. P., Sohn Gottes. Eine historische Biographie, Stuttgart 1996.
Scheliha, A. v., Kyniker, Prophet, Revolutionär oder Sohn Gottes? Die ‚dritte Runde' der Frage nach dem historischen Jesus und ihre christologische Bedeutung, in: ZNT 2 (1999), S. 22–31.
Schenda, R., Stand und Aufgaben der Exemplaforschung, in: Fabula. Zeitschrift für Erzählforschung 10 (1969), S. 69–85
Schenkel, D., Das Charakterbild Jesu. Ein biblischer Versuch, Wiesbaden 1864.
Schleiermacher, F., Der christliche Glaube 1821–1822, 2 Bde., hrsg. v. H. Peiter, Studienausgabe, Berlin/New York 1984.
Schleiermacher, F., Der christliche Glaube nach den Grundsätzen der Evangelischen Kirche im Zusammenhange dargestellt (1830/31), hrsg. v. M. Redeker, Berlin/New York 1999.
Schleiermacher, F., Das Leben Jesu, hrsg. v. K. A. Rütenik, Berlin 1864.
Schleiermacher, F., Über die Religion. Reden an die Gebildeten unter ihren Verächtern (1799), hrsg. v. G. Meckenstock, Berlin/New York 1999.
Schmidt, K.-L., Der Rahmen der Geschichte Jesu, Berlin 1919.
Schmidt, W. H., Alttestamentlicher Glaube in seiner Geschichte, Berlin (Ost) ³1987.
Schmidt-Biggemann, W., Einleitung, in: H. S. Reimarus, Kleine gelehrte Schriften. Vorstufen zur Apologie oder Schutzschrift für die vernünftigen Verehrer Gottes, Göttingen 1994, S. 9–65.
Schmidt-Leukel, P., Gott ohne Grenzen. Eine christliche und pluralistische Theologie der Religionen, Gütersloh 2005.
Schnelle, U., Offenbarung und/oder Erkenntnis der Vernunft? Zur exegetischen und hermeneutischen Begründung von Glaubenswelten, in: C. Landmesser/A. Klein (Hrsg.), Offenbarung – verstehen oder erleben? Hermeneutische Theologie in der Diskussion, Neukirchen-Vluyn 2012, S. 119–137.
Schönemann, E., Bund und Tora. Kategorien einer im christlich-jüdischen Dialog verantworteten Christologie, Göttingen 2006.
Schramm, T., Die dritte Runde. Der historische Jesus im Spiegel der neueren Forschung, in: E. Brandt/P. S. Fiddes/J. Molthagen (Hrsg.), Gemeinschaft am Evangelium. Festschrift für Wiard Popkes zum 60. Geburtstag, Leipzig 1996, S. 257–280.
Schröder, M., Die kritische Identität des neuzeitlichen Christentums. Schleiermachers Wesensbestimmung der christlichen Religion, Tübingen 1996.
Schröter, J., Die aktuelle Diskussion über den historischen Jesus und ihre Bedeutung für die Christologie, in: C. Danz/M. Murrmann-Kahl (Hrsg.), Zwischen historischem Jesus und dogmatischem Christus. Zum Stand der Christologie im 21. Jahrhundert, Tübingen ²2011, S. 67–86.
Schröter, J., Jesus und die Anfänge der Christologie. Methodologische und exegetische Studien zu den Ursprüngen des christlichen Glaubens, Neukirchen-Vluyn 2001.
Schröter, J., Der erinnerte Jesus als Begründer des Christentums? Bemerkungen zu James D. G. Dunns Ansatz in der Jesusforschung, in: ZNT 10 (2007), S. 47–53.

Schröter, J., Jesus im Kontext. Die hermeneutische Relevanz der Frage nach dem historischen Jesus in der gegenwärtigen Diskussion, in: ThLZ 134 (2009), Sp. 905–928.
Schröter, J., Jesus von Nazaret. Jude aus Galiläa – Retter der Welt, Leipzig 2006. ²2009.
Schröter, J., Konstruktion von Geschichte und die Anfänge des Christentums: Reflexionen zur christlichen Geschichtsdeutung aus neutestamentlicher Perspektive, in: ders./A. Eddelbüttel (Hrsg.), Konstruktion von Wirklichkeit. Beiträge aus geschichtstheoretischer, philosophischer und theologischer Perspektive, Berlin/New York 2004, S. 201–219.
Schröter, J., Rez.: J. Ratzinger/Benedikt XVI., Jesus von Nazareth. Erster Teil, in: ThLZ 132 (2007), Sp. 798–800.
Schröter, J./Brucker, R. (Hrsg.), Der historische Jesus. Tendenzen und Perspektiven der gegenwärtigen Forschung, Berlin/New York 2002.
Schröter, J./Eddelbüttel, A. (Hrsg.), Konstruktion von Wirklichkeit. Beiträge aus geschichtstheoretischer, philosophischer und theologischer Perspektive, Berlin/New York 2004.
Schröter, M., Aufklärung durch Historisierung. Johann Salomo Semlers Hermeneutik des Christentums, Berlin/Boston 2011.
Schulz, S., Q. Die Spruchquelle der Evangelisten, Zürich 1972.
Schwarz, R., Gott ist Mensch. Zur Lehre von der Person Christi bei den Ockhamisten und bei Luther, in: ZThK 63 (1966), S. 289–351.
Schweitzer, A., Geschichte der Leben-Jesu-Forschung, Tübingen ⁹1984 (ND der 7. Auflage).
Schwöbel, C., Christologie und trinitarische Theologie, in: ders., Gott in Beziehung. Studien zur Dogmatik, Tübingen 2002, S. 257–291.
Schwöbel, C., God: Action and Revelation, Kampen 1992.
Schwöbel, C., Gott in Beziehung. Studien zur Dogmatik, Tübingen 2002.
Schwöbel, C., Kirche als Communio, in: Marburger Jahrbuch Theologie, Bd. VIII: Kirche, Marburg 1996, S. 11–46.
Schwöbel, C., „Wer sagt denn ihr, dass ich sei?" (Mt 16,15). Eine systematisch-theologische Skizze zur Lehre von der Person Christi, in: Marburger Jahrbuch Theologie, Bd. XXIII: Christologie, Leipzig 2011, S. 41–58.
Schwöbel, C., Trinitätslehre als Rahmentheorie des christlichen Glaubens, in: Marburger Jahrbuch Theologie, Bd. X: Trinität, Marburg 1998, S. 129–154.
Schwöbel, C. (Ed.), Trinitarian Theology Today. Essays on Divine Being and Act, Edinburgh 1995.
Seibt, K., Art.: Marcell von Ancyra, in: TRE, Bd. 22, Berlin/New York 1992, S. 83–89.
Selnecker, N., Praefatio zu: Martin Chemnitz, De duabus naturis in Christo. De hypostatica carum unione, Leipzig 1578.
Semler, J. S., Beantwortung der Fragmente eines Ungenanten insbesondere vom Zweck Jesu und seiner Jünger, Halle 1779 (ND Waltrop 2003).
Sinn, D., Art.: Ereignis, in: HWP, Bd. 2, Basel 1972, Sp. 608 f.
Slenczka, N., Christus, in: A. Beutel (Hrsg.), Luther Handbuch, Tübingen 2005, S. 381–392.
Slenczka, N., Der Glaube und sein Grund. F. H. R. von Frank, seine Auseinandersetzung mit A. Ritschl und die Fortführung seines Programms durch L. Ihmels, Göttingen 1998.
Slenczka, N., Problemgeschichte der Christologie, in: Marburger Jahrbuch Theologie, Bd. XXIII: Christologie, Leipzig 2011, S. 59–111.

Slenczka, R., Geschichtlichkeit und Personsein Jesu Christi. Studien zur christologischen Problematik der historischen Jesusfrage, Göttingen 1967.
Söding, T. (Hrsg.), Das Jesus-Buch des Papstes. Die Antwort der Neutestamentler, Freiburg i.Br. 2007.
Sparn, W., Art.: Jesus Christus V., in: TRE, Bd. 17, Berlin/New York 1988, S. 1–16.
Stegemann, W., Jesus und seine Zeit, Stuttgart 2010.
Steiff, S., „Novis linguis loqui". Martin Luthers Disputation über Joh 1,14 „verbum caro factum est" aus dem Jahre 1539, Göttingen 1993.
Steiger, J. A., Die communicatio idiomatum als Achse und Motor der Theologie Luthers. Der ‚fröhliche Wechsel' als hermeneutischer Schlüssel zu Abendmahlslehre, Anthropologie, Seelsorge, Naturtheologie, Rhetorik und Humor, in: NZSTh 38 (1996), S. 1–28.
Stierle, K., Geschichte als Exemplum – Exemplum als Geschichte. Zur Pragmatik und Poetik narrativer Texte, in: R. Koselleck/W.-D. Stempel (Hrsg.), Geschichte – Ereignis und Erzählung, München 1973, S. 347–375.
Stock, K., Einleitung in die Systematische Theologie, Berlin/New York 2011.
Strauß, D. F., Der Christus des Glaubens und der Jesus der Geschichte. Eine Kritik des Schleiermacher'schen Lebens Jesu, Berlin 1865 (ND Waltrop 2000).
Strauß, D. F., Der alte und der neue Glaube. Ein Bekenntniß, Bonn 1872.
Strauß, D. F., Die christliche Glaubenslehre in ihrer geschichtlichen Entwicklung und im Kampf mit der modernen Wissenschaft, Bd. 2, Tübingen/Stuttgart 1841 (ND Darmstadt 2009).
Strauß, D. F., Das Leben Jesu, kritisch bearbeitet, Bd. 1 und 2, Tübingen 1835/36. ²1837.
Strauß, D. F., Der Schenkel'sche Handel in Baden, in: ders., Der Christus des Glaubens und der Jesus der Geschichte, Berlin 1865 (ND Waltrop 2000), S. 224–240.
Strecker, C., Der erinnerte Jesus aus kulturwissenschaftlicher Perspektive, in: ZNT 10 (2007), S. 18–27.
Strutwolf, H., Gnosis als System. Zur Rezeption der valentinianischen Gnosis bei Origenes, Göttingen 1993.
Taylor, C., Die Formen des Religiösen in der Gegenwart, Frankfurt a.M. 2002.
Taylor, C., Was ist menschliches Handeln?, in: ders., Negative Freiheit? Zur Kritik des neuzeitlichen Individualismus, Frankfurt a.M. 1992, S. 9–51.
Taylor, C., Quellen des Selbst. Die Entstehung der neuzeitlichen Identität, Frankfurt a.M. 1996.
Teller, W. A., Wörterbuch des Neuen Testaments zur Erklärung der christlichen Lehre, Berlin 1772.
Tetz, M., Art.: Athanasius von Alexandrien, in: TRE, Bd. 4, Berlin/New York 1979, S. 333–349.
Theißen, G., Jesus als historische Gestalt. Beiträge zur Jesusforschung. Zum 60. Geburtstag von Gerd Theißen, hrsg. v. A. Merz, Göttingen 2003.
Theißen, G., Die Religion der ersten Christen. Eine Theorie des Urchristentums, Gütersloh 2000.
Theißen, G., Der Schatten des Galiläers. Historische Jesusforschung in erzählender Form, München ²1987.
Theißen, G./Merz, A., Der historische Jesus. Ein Lehrbuch, Göttingen 1996.
Theißen, G./Winter, D., Die Kriterienfrage in der Jesusforschung. Vom Differenzkriterium zum Plausibilitätskriterium, Fribourg 1997.
Thomas von Aquin, Summa theologica, Bd. 25, Salzburg/Leipzig 1934.

Tillich, P., Christologie und Geschichtsdeutung, in: ders., Der Widerstreit von Raum und Zeit. Schriften zur Geschichtsphilosophie, Stuttgart ²1963, S. 83–96.

Tillich, P., Dogmatik-Vorlesung (Dresden 1925–1927), hrsg. v. W. Schüßler/E. Sturm, Berlin/New York 2005.

Tillich, P., Die christliche Gewißheit und der historische Jesus, in: ders., Briefwechsel und Streitschriften. Theologische, philosophische und politische Stellungnahmen und Gespräche, hrsg. v. R. Albrecht/R. Trautmann, Frankfurt a.M. 1983, S. 31–50.

Tillich, P., Die religionsgeschichtliche Konstruktion in Schellings positiver Philosophie, ihre Voraussetzungen und Prinzipien, in: ders., Frühe Werke, hrsg. v. G. Hummel/D. Lax, Berlin/New York 1997, S. 154–272.

Tillich, P., Systematische Theologie, Bd. 1, Stuttgart ²1956; Bd. 2, Stuttgart 1958; Bd. 3, Stuttgart 1966.

Toit, D. du, Erneut auf der Suche nach Jesus. Eine kritische Bestandsaufnahme der Jesusforschung am Anfang des 21. Jahrhunderts, in: U. H. J. Körtner (Hrsg.), Jesus im 21. Jahrhundert. Bultmanns Jesusbuch und die heutige Forschung, Neukirchen-Vluyn ²2006, S. 91–134.

Töllner, J. G., Der Thätige Gehorsam Jesu Christi, Breslau 1768.

Torrance, I. R., Chemists or terminologists? The Christological debate from Apollinaris to Severus of Antioch, in: S. G. Hall (Ed.), Jesus Christ Today. Studies of Christology in Various Contexts, Berlin/New York 2009, S. 125–139.

Torrance, I. R., Art.: Severus von Antiochien, in: TRE, Bd. 31, Berlin/New York 2000, S. 184–186.

Troeltsch, E., Die Absolutheit des Christentums und die Religionsgeschichte (1902/1912), mit den Thesen von 1901 und den handschriftlichen Zusätzen (= Kritische Gesamtausgabe, Bd. 5), hrsg. v. T. Rendtorff in Zusammenarbeit mit S. Pautler, Berlin/New York 1998.

Troeltsch, E., Die Bedeutung der Geschichtlichkeit Jesu für den Glauben, in: ders., Die Absolutheit des Christentums und die Religionsgeschichte und zwei Schriften zur Theologie, hrsg. v. T. Rendtorff, Gütersloh ²1985, S. 132–163.

Troeltsch, E., Der Deismus, in: ders., Aufsätze zur Geistesgeschichte und Religionssoziologie, hrsg. v. H. Baron (= Gesammelte Schriften, Bd. 4), Tübingen 1925 (ND Aalen 1966), S. 429–487.

Troeltsch, E., Glaubenslehre. Nach Heidelberger Vorlesungen aus den Jahren 1911 und 1912, hrsg. v. G. v. le Fort, München/Leipzig 1925.

Troeltsch, E., Das Historische in Kants Religionsphilosophie. Zugleich ein Beitrag zu den Untersuchungen über Kants Philosophie der Geschichte, in: Kant-Studien 9 (1904), S. 21–154.

Troeltsch, E., Der Historismus und seine Probleme. Erstes Buch: Das logische Problem der Geschichtsphilosophie (1922) (= Kritische Gesamtausgabe, Bd. 16,1 und 16,2), hrsg. v. F. W. Graf in Zusammenarbeit mit M. Schloßberger, Berlin/New York 2008.

Troeltsch, E., Die Krisis des Historismus, in: ders., Schriften zur Politik und Kulturphilosophie (1918–1923) (= Kritische Gesamtausgabe, Bd. 18), hrsg. v. G. Hübinger, Berlin/New York 2002, S. 437–455.

Troeltsch, E., Ueber historische und dogmatische Methode in der Theologie. Bemerkungen zu dem Aufsatze „Über die Absolutheit des Christentums" von Niebergall, in: ders., Zur religiösen Lage, Religionsphilosophie und Ethik (= Gesammelte Schriften, Bd. 2), Tübingen 1913. ²1922, S. 729–753.

Troeltsch, E., Rez.: Paul Wernle, Jesus (1916), in: ders., Rezensionen und Kritiken (1915–1923) (= Kritische Gesamtausgabe, Bd. 13), hrsg. v. F. W. Graf, Berlin/New York 2010, S. 95–101.
Troeltsch, E., Was heißt „Wesen des Christentums"?, in: ders., Zur religiösen Lage, Religionsphilosophie und Ethik (= Gesammelte Schriften, Bd. 2), Tübingen 1913. ²1922, S. 386–451.
Uthemann, K.-H., Art.: Leontius von Byzanz, in: RGG⁴, Bd. 5, Tübingen 2002, Sp. 272 f.
Uthemann, K.-H., Leontius von Jerusalem, in: RGG⁴, Bd. 5, Tübingen 2002, Sp. 273 f.
Die apostolischen Väter. Griechisch-deutsche Parallelausgabe auf der Grundlage der Ausgaben von F. X. Funk/K. Bihlmeyer/M. Whittaker mit Übersetzungen v. M. Dibelius/D.-A. Koch neu übersetzt u. hrsg. v. A. Lindemann/H. Paulsen, Tübingen 1992.
Vermes, G., Jesus der Jude. Ein Historiker liest die Evangelien, Neukirchen-Vluyn 1993.
Verweyen, H. (Hrsg.), Osterglaube ohne Auferstehung? Diskussion mit Gerd Lüdemann, Freiburg i. Fr./Basel/Wien 1995.
Vocht, C. De, Art.: Maximus Confessor, in: TRE, Bd. 22, Berlin/New York 1992, S. 298–304.
Vogelsang, E., Die Anfänge von Luthers Christologie nach der 1. Psalmenvorlesung, Berlin/Leipzig 1929.
Vogelsang, E., Der angefochtene Christus bei Luther, Berlin/Leipzig 1932.
Voigt, F., Die historische Methode in der Theologie. Zu Ernst Troeltschs Programm einer theologischen Standortepistemologie, in: F. W. Graf (Hrsg.), „Geschichte durch Geschichte überwinden". Ernst Troeltsch in Berlin, Gütersloh 2006, S. 135–153.
Vollenweider, S., Christozentrisch oder Theozentrisch? Christologie im Neuen Testament, in: Marburger Jahrbuch Theologie, Bd. XXIII: Christologie, Leipzig 2011, S. 19–40.
Vollenweider, S. (Hrsg.), Horizonte neutestamentlicher Christologie. Studien zu Paulus und zur frühchristlichen Theologie, Tübingen 2002.
Wagner, F., Die Aufhebung der religiösen Vorstellung in den philosophischen Begriff, in: ders., Was ist Theologie? Studien zu ihrem Begriff und Thema in der Neuzeit, Gütersloh 1989, S. 204–232.
Wagner, F., Christologie als exemplarische Theorie des Selbstbewußtseins, in: ders., Was ist Theologie? Studien zu ihrem Begriff und Thema in der Neuzeit, Gütersloh 1989, S. 309–342.
Wagner, F., Systematisch-theologische Erwägungen zur neuen Frage nach dem historischen Jesus, in: ders., Was ist Theologie? Studien zu ihrem Begriff und Thema in der Neuzeit, Gütersloh 1989, S. 289–308.
Wagner, F., Der Gedanke der Persönlichkeit Gottes bei Ph. Marheineke. Repristination eines vorkritischen Theismus, in: NZSTh 10 (1968), S. 44–88.
Wagner, F., Theologische Gleichschaltung – Zur Christologie bei Karl Barth, in: ders., Was ist Theologie? Studien zu ihrem Begriff und Thema in der Neuzeit, Gütersloh 1989, S. 93–125.
Wagner, F., Zur gegenwärtigen Lage des Protestantismus, Gütersloh 1995.
Wagner, F., Metamorphosen des modernen Protestantismus, Tübingen 1999.
Wagner, F., Zur Pseudoproduktivität von Mißverständnissen in der Hegel-Schule: Der Gedanke der Persönlichkeit Gottes bei K. Rosenkranz und K. L. Michelet, in: NZSTh 12 (1970), S. 313–337.
Wagner, F., Religion und Gottesgedanke. Philosophisch-theologische Beiträge zur Kritik und Begründung der Religion, Frankfurt a.M. 1996.

Wagner, F., Was ist Religion? Studien zu ihrem Begriff und Thema in Geschichte und Gegenwart, Gütersloh ²1991.
Wagner, F., Theologische Universalintegration: Richard Rothe (1799–1867), in: F. W. Graf (Hrsg.), Profile des neuzeitlichen Protestantismus. Bd. 1: Aufklärung – Idealismus – Vormärz, Gütersloh1990, S. 265–286.
Wagner, F., Verantwortung des Bösen. Theologisch-philosophische Überlegungen zum Subjekt des Bösen, in: A. Schuller/W. v. Rahden (Hrsg.), Die andere Kraft. Zur Renaissance des Bösen, Berlin 1993, S. 134–148.
Wagner, F., Vorlesung über Christologie (Wintersemester 1989/90 in Wien), in: C. Danz/M. Murrmann-Kahl (Hrsg.), Zwischen historischem Jesus und dogmatischem Christus. Zum Stand der Christologie im 21. Jahrhundert, Tübingen ²2011, S. 309–401.
Weber, M., Die „Objektivität" sozialwissenschaftlicher und sozialpolitischer Erkenntnis, in: ders., Schriften zur Wissenschaftslehre, Stuttgart 1991, S. 21–101.
Weber, O., Grundlagen der Dogmatik, Bd. 2, Berlin (Ost) 1964.
Wedderburn, A. J. M., Jesus and the Historians, Tübingen 2010.
Weinhardt, J., Wilhelm Herrmanns Stellung in der Ritschlschen Schule, Tübingen 1996.
Weiß, J., Die Predigt Jesu vom Reiche Gottes, Göttingen 1892. ²1900.
Weiß, W. (Hrsg.), Der eine Gott und das gemeinschaftliche Mahl. Inklusion und Exklusion biblischer Vorstellungen von Mahl und Gemeinschaft im Kontext antiker Festkultur, Neukirchen-Vluyn 2011.
Weiße, C. H., Die Evangelienfrage in ihrem gegenwärtigen Stadium, Leipzig 1856.
Weiße, C. H., Die Evangelische Geschichte kritisch und philosophisch bearbeitet, 2 Bde., Leipzig 1838.
Welker, M., Gottes Offenbarung. Christologie, Neukirchen-Vluyn 2012.
Welker, M., Die Wirklichkeit der Auferstehung, in: H.-J. Eckstein/ders. (Hrsg.), Die Wirklichkeit der Auferstehung, Neukirchen-Vluyn 2002, S. 311–331.
Wellhausen, J., Einleitung in die drei ersten Evangelien, Berlin 1905.
Wenz, G., Christus. Jesus und die Anfänge der Christologie, Göttingen 2011.
Wenz, G., Geschichte der Versöhnungslehre in der evangelischen Theologie der Neuzeit, 2 Bde., München 1984.
Wenz, G., Ostern als Urdatum des Christentums, in: I. Broer/J. Werbick (Hrsg.), „Der Herr ist wahrhaft auferstanden" (Lk 24,34), Stuttgart 1988, S. 133–157.
Wenz, G., Vom apostolischen Osterzeugnis. Notizen zu Gedanken Hans-Georg Geyers, in: D. Korsch/H. Ruddies (Hrsg.), Wahrheit und Versöhnung. Theologische und philosophische Beiträge zur Gotteslehre, Gütersloh 1989, S. 167–189.
Wenz, G., Theologie ohne Jesus? Anmerkungen zu Paul Tillich, in: KuD 26 (1980), S. 128–139.
Wenz, G., Wolfhart Pannenbergs Systematische Theologie. Ein einführender Bericht, Göttingen 2003.
Wernle, P., Die Quellen des Lebens Jesu, Halle 1904.
Wickham, L. R., Art.: Eutyches/Eutychianischer Streit, in: TRE, Bd. 10, Berlin/New York 1982, S. 558–565.
Wiedenroth, U., Krypsis und Kenosis. Studien zu Thema und Genese der Tübinger Christologie im 17. Jahrhundert, Tübingen 2011.
Williams, R., Art.: Jesus Christus III., in: TRE, Bd. 16, Berlin/New York 1987, S. 745–759.
Wimmer, R., Kants kritische Religionsphilosophie, Berlin/New York 1990.

Wintzek, O., Ermächtigung und Entmächtigung des Subjekts. Eine philosophisch-theologische Studie zum Begriff Mythos und Offenbarung bei D. F. Strauß und F. W. J. Schelling, Regensburg 2008.

Wirsching, J., Gott in der Geschichte. Studien zur theologiegeschichtlichen Stellung und systematischen Grundlegung der Theologie Martin Kählers, Waltrop 1998.

Wittekind, F., Christologie im 20. Jahrhundert, in: C. Danz/M. Murrmann-Kahl (Hrsg.), Zwischen historischem Jesus und dogmatischem Christus. Zum Stand der Christologie im 21. Jahrhundert, Tübingen ²2011, S. 13–45.

Wittekind, F., Dogmatik als Selbstbewusstsein gelebter Religion. Zur Möglichkeit theologiegeschichtlicher Beschreibung der reflexiven Transformation der Religion, in: C. Danz/J. Dierken/M. Murrmann-Kahl (Hrsg.), Religion zwischen Rechtfertigung und Kritik. Perspektiven philosophischer Theologie, Frankfurt a.M. 2005, S. 123–152.

Wittekind, F., Eschatologie zwischen Religion und Geschichte. Zur Genese der Theologie Bultmanns, in: U. H. J. Körtner (Hrsg.), Die Gegenwart der Zukunft. Geschichte und Eschatologie, Neukirchen-Vluyn 2008, S. 55–84.

Wittekind, F., Grund- und Heilsoffenbarung. Zur Ausformung der Christologie Tillichs in der Auseinandersetzung mit Karl Barth, in: C. Danz/M. Dumas/W. Schüßler/M. A. Stenger/E. Sturm (Hrsg.), Jesus of Nazareth and the New Being in History (= International Yearbook for Tillich Research, Vol. 6), Berlin/Boston 2011, S. 89–119.

Wittekind, F., Geschichtliche Offenbarung und die Wahrheit des Glaubens. Der Zusammenhang von Offenbarungstheologie, Geschichtsphilosophie und Ethik bei Albrecht Ritschl, Julius Kaftan und Karl Barth (1909–1916), Tübingen 2000.

Wittekind, F., Zwischen Religion und Gott. Überlegungen zum Selbstverständnis und zur Begründung einer protestantischen dogmatischen Theologie, in: H. Nagl-Docekal/F. Wolfram (Hrsg.), Jenseits der Säkularisierung. Religionsphilosophische Studien, Berlin 2008, S. 351–384.

Wittekind, F., ‚Sinndeutung der Geschichte'. Zur Entwicklung und Bedeutung von Tillichs Geschichtsphilosophie, in: C. Danz (Hrsg.), Theologie als Religionsphilosophie. Studien zu den problemgeschichtlichen und systematischen Voraussetzungen der Theologie Paul Tillichs, Wien 2004, S. 135–172.

Wittekind, F., Verlust des Ich? – Methodische Überlegungen zur theologischen Wahrnehmung postmoderner Lebenswelten, in: A. Grözinger/G. Pfleiderer (Hrsg.), „Gelebte Religion" als Programmbegriff Systematischer und Praktischer Theologie, Zürich 2002, S. 131–159.

Wittekind, F., Die Vernunft des Christusglaubens. Zu den philosophischen Hintergründen der Christologie der Marburger Dogmatik, in: C. Danz/W. Schüßler/E. Sturm (Hrsg.), Wie viel Vernunft braucht der Glaube?, Wien 2005, S. 133–157.

Wittkau, A., Historismus. Zur Geschichte des Begriffs und des Problems, Göttingen ²1994.

Wolff, J., Luthers Arbeit an christologischen Metaphern, in: J. Frey/J. Rohls/R. Zimmermann (Hrsg.), Metaphorik und Christologie, Berlin/New York 2003, S. 179–198.

Wolff, J., Metapher und Kreuz. Studien zu Luthers Christusbild, Tübingen 2005.

Wrede, W., Das Messiasgeheimnis in den Evangelien. Zugleich ein Beitrag zum Verständnis des Markusevangeliums, Göttingen 1901.

Wright, T./Neill, S., The Interpretation of the New Testament 1861–1986, Oxford ²1988.

Wucherpfennig, A., Art.: Valentinianismus, in: RGG⁴, Bd. 8, Tübingen 2005, Sp. 873–875.

Wüstenberg, R. K., Christologie. Wie man heute theologisch von Jesus sprechen kann, Gütersloh 2009.

Zager, W., Bergpredigt und Reich Gottes, Neukirchen-Vluyn 2002.
Zager, W., Einführung, in: D. F. Strauß, Das Leben Jesu, kritisch bearbeitet (Auswahl), Waltrop 2003, S. XV-XXXIX.
Zager, W., Gottesherrschaft und Endgericht in der Verkündigung Jesu. Eine Untersuchung zur markinischen Jesusüberlieferung einschließlich der Q-Parallelen, Berlin/ New York 1996.
Zager, W., Jesus aus Nazareth – Lehrer und Prophet. Auf dem Weg zu einer neuen liberalen Christologie, Neukirchen-Vluyn ²2008.
Zager, W., Jesus und die frühchristliche Verkündigung. Historische Rückfragen nach den Anfängen, Neukirchen-Vluyn 1999.
Ziebritzki, H., Heiliger Geist und Weltseele. Das Problem der dritten Hypostase bei Origenes, Plotin und ihren Vorläufern, Tübingen 1994.
Zimmermann, R., Paradigmen einer metaphorischen Christologie. Eine Leseanleitung, in: J. Frey/J. Rohls/ders. (Hrsg.), Metaphorik und Christologie, Berlin/New York 2003, S. 1–34.
Zintzen, C. (Hrsg.), Der Mittelplatonismus, Darmstadt 1981.

Glossar

Adoptianismus antike christologische Position: Jesus wurde durch seine Taufe zum Sohn Gottes adoptiert
ἀναμαρτησία griech., Sündlosigkeit der menschlichen Natur Christi
Anhypostasie griech., Personlosigkeit der menschlichen Natur in der Person Christi
assumptio lat., Aufnahme der menschlichen Natur in die Person des Logos; mittelalterliche christologische Konzeption

Chalcedonense Lehrentscheidung des Konzils von Chalcedon (451), der zufolge göttliche und menschliche Natur in der Person des Christus unvermischt, unverändert, ungetrennt und ungeteilt sind
christologisch-eschatologisches Zugehörigkeitsmodell Kontinuität und Diskontinuität in den Selbstbeschreibungen der messianischen Hoffnungen
Christologische Hoheitstitel Würdebezeichnungen Jesu Christi im Neuen Testament (Menschensohn, Herr, Gottessohn, Christus etc.)
communicatio idiomatum Lehre von der wechselseitigen Mitteilung der Eigenschaften (lat. *idioma*) der beiden Naturen in der Person Christi (Idiomenkommunikation)
communicatio naturarum lat., Durchdringung der beiden Naturen in Christus
concupiscentia lat., sinnliche Begierde; von Augustin mit der Erbsünde identifiziert
confessio oris lat., Bekenntnis; Bestandteil des mittelalterlichen Bußsakraments
contritio cordis lat., Reue des Herzens; Bestandteil des mittelalterlichen Bußsakraments

de officio Christi lat., Lehre vom Werk Christi
de munere Christi triplice lat., Lehre vom dreifachen Amt Christi
de statibus Christi lat., Lehre von den beiden Ständen Christi
Doketismus Anschauung, der zufolge Christus nur zum Schein (griech. *dokesis*) einen menschlichen Leib hatte
Dynamismus altkirchliche Lehre, nach der Jesus Christus in seiner Taufe den Geist Gottes und eine göttliche Kraft (griech. *dynamis*) erhalten hat
Dyophysitismus griech., Lehre von zwei Naturen in dem Mensch gewordenen Gottessohn (Gegensatz: Monophysitismus)
Dyotheletismus Lehre von den zwei Willen (griech. *thelema*) in der Person Christi

Enhypostasie die menschliche Natur in Christus hat ihre Person (griech. *hypostasis*) im göttlichen Logos
Exklusivismus religionstheologische Position, für die nur die eigene Religion die wahre ist und alle anderen blinder Aberglaube sind
extra Calvinisticum Anschauung, dass das Endliche das Unendliche nicht in sich aufnehmen kann (*finitum non capax infinitum*)

fides apprehensiva lat., Christus ergreifender Glaube
fides historica lat., historischer Glaube; die bloße Kenntnis (lat. *notitia*) der evangelischen Geschichte

fides qua creditur lat., der Glaube, durch den geglaubt wird; der Glaubensakt
fides quae creditur lat., der Glaube, der geglaubt wird; der Glaubensinhalt
Fiducial-Glaube ein reines, inhaltsloses Vertrauen
finitum non capax infinitum lat., das Endliche kann das Unendliche nicht aufnehmen (= *extra Calvinisticum*)
Fragmentenstreit Streit um die von Gotthold Ephraim Lessing veröffentlichten *Fragmente des Wolfenbüttelschen Ungenannten* (Hermann Samuel Reimarus) im letzten Drittel des 18. Jahrhunderts

genus apotelesmaticum lat., jede der beiden Naturen ist an den besonderen Werken der anderen beteiligt
genus idiomaticum lat., die Eigenschaften der beiden Naturen werden der ganzen Person beigelegt
genus majestaticum lat., die menschliche Natur empfängt realen Anteil an den Eigenschaften der göttlichen Natur
genus tapeinoticum lat., Teilhabe der göttlichen Natur an den Leiden der menschlichen
Gnosis griech., spätantike Bewegung, die durch einen Dualismus von Geist und Materie charakterisiert ist; Erlösung ist Erkenntnis

Habitustheorie mittelalterliche christologische Position, der zufolge die Einheit der beiden Naturen in Christus keine seinsmäßige Einheit ist, sondern eine habituelle
Höllenfahrt Christi (lat. *descensus ad inferos*); Lehre, der zufolge Christus nach seinem Tod in die Hölle hinabgestiegen ist (nach Mt 12,40; 1. Petr 3,19)
homoios griech., wesensgleich; dogmatische Position, für die Gott Vater und Christus wesensgleich sind; das Konzil von Nicäa (325) lehnte diese Formulierung ab
homoousios griech., wesenseins; die auf dem Konzil von Nicäa (325) dogmatisch fixierte Lehre, nach der Gott Vater und Christus wesenseins sind
hypostasis griech., Wesenheit (lat. *substantia*); in den christologischen Debatten wird der Begriff für die Person Jesu Christi gebraucht

Inkarnation Fleischwerdung des Logos nach Joh 1,14
Inklusivismus religionstheologische Position, der zufolge auch in anderen Religionen Spuren des Heils zu finden sind, die aber in der eigenen Religion in unüberbietbarer Weise vorliegen
intercessio lat., Fürbitte oder Fürsprache des erhöhten Christus bei Gott für die Menschen

kenosis griech., Selbstentäußerung; nach Phil 2,5–11 hat Christus Knechtsgestalt angenommen und sich seiner göttlichen Gestalt entäußert
Kenosisstreit Streit zwischen den Theologen der Tübinger und Gießener Fakultät (1616) über die Bestimmungen der Allmacht, Allpräsenz etc. Christi im Stand der Erniedrigung

Logoschristologie christologische Konzeption, welche Christus als den ewigen Logos versteht, der als Weltvernunft die Schöpfung durchwaltet und in Christus Fleisch geworden ist
Logos-Mensch-Schema christologisches Modell der antiochenischen Theologie: der Logos nimmt in seiner Menschwerdung einen ganzen Menschen an

Glossar   271

Logos-Sarx-Schema christologisches Modell der alexandrinischen Theologie: in der Menschwerdung durchdringt die göttliche Natur das menschliche Fleisch (griech. *sarx*)

Modalismus antike christologische Position, die behauptet, Christus sei eine Erscheinungsweise (lat. *modus*) Gottes

Monarchianismus antike christologische Position, welche Christus als einen mit göttlicher Kraft erfüllten Menschen versteht, um am strengen Monotheismus festzuhalten

Monophysitismus in Christus sind göttliche und menschliche Natur (griech. *physis*) zu einer göttlichen Natur verbunden; das Konzil von Chalcedon (451) lehnte diese Lehre ab

Monotheletismus Lehre von einem Willen (griech. *thelema*) in der Person Christi; das Konzil von Konstantinopel (681) lehnte die Lehre ab

Nestorianer Anhänger des Patriarchen Nestorius von Konstantinopel, aus denen eine eigene Kirche hervorgegangen ist; die christologische Position von Nestorius wurde auf dem Konzil von Ephesus als dyophysitisch verworfen

notitia lat., Kenntnis; Bestandteil des altlutherischen Glaubensbegriffs

officium propheticum lat., das prophetische Amt Christi (Verkündigung)
officium regium lat., das königliche Amt Christi
officium sacerdotale lat., das priesterliche Amt Christi
ousia griech., Wesen; in der Trinitätslehre das göttliche Wesen oder die göttliche Natur im Allgemeinen

Partizipationsmodell die Heiden gewinnen durch Christus Anteil an dem Bund Gottes mit Israel
Patripassianismus lat., modalistische Lehre aus dem 2. Jahrhundert; in Christus habe Gottvater selbst gelitten
φύσις griech., Natur
Pluralismus religionstheologische Position, der zufolge es mehr als eine wahre Religion gibt; alle Religionen sind gleich-gültig
potentia Dei absoluta lat., die Ordnung, nach der Gott handelt, steht selbst noch in seiner Freiheit und Macht, d.h. sie ist kontingent
potentia Dei ordinata lat., Gott handelt nach einer von ihm selbst gesetzten Ordnung
Präexistenz Christi im Anschluss an Joh 1,1 gebildete Lehre von der Ewigkeit des Logos
Prosopon griech., Rolle im antiken Theater, Person

satisfactio lat., die durch den Gottmenschen durch seinen stellvertretenden Tod erbrachte Genugtuung für die Sünden der Menschheit
satisfactio operis lat., Bestandteil des mittelalterlichen Bußsakraments
singularis animae et corporis excellentia lat., die einzigartige Vortrefflichkeit und Besonderheit von Seele und Leib Jesu Christi
status exaltationis lat., Stand der Erhöhung Christi nach Phil 2,5–11
status exinanitionis lat., Stand der Erniedrigung/Entäußerung Christi nach Phil 2,5–11
Subordinatianismus Auffassung, nach der der Sohn oder Logos Gott-Vater untergeordnet ist
Subsistenztheorie mittelalterliche christologische Position, der zufolge die beiden Naturen in der Person Christi verbunden sind, ohne ihre Eigentümlichkeiten zu verlieren

Substitutionsmodell das Christentum tritt an die Stelle der Israel geltenden messianischen Verheißung

theologia crucis lat., Offenbarungstheologie Martin Luthers: Gott offenbart sich stets unter dem Gegenteil verborgen (lat. *sub contrario*)
theotokos griech., Gottesgebärerin; Würdetitel für Maria
thesaurus ecclesiae griech., der Gnadenschatz der Kirche, der durch die überreichen Verdienste Christi sowie der Heiligen erworben wurde

Ubiquität lat., die Allgegenwart der menschlichen Natur Christi im Stand der Erhöhung
unio personalis lat., die bleibende Vereinigung der beiden Naturen in Christus
unitio personalis lat., der Akt der personalen Vereinigung der beiden Naturen in Christus
vera et falsa religio lat., wahre und falsche Religion

Voluntarismus Betonung des Willens vor der Vernunft; spätmittelalterlicher Nominalismus

Personenregister

Alexander III. (Papst) 84
Alexander der Große 32
Alexander von Alexandrien 64–66
Alexander von Hales 82
Althaus, Paul 144, 170, 187, 232
Ammonius Sakkas 62
Anselm von Canterbury 79–81, 85, 100
Antenagoras 61
Apollinaris von Laodicea 68 f., 71, 76
Archimandrit Eutyches 73
Arius 64–67
Arminius, Jacobus 106
Artemon 59
Assmann, Jan 200
Athanasius von Alexandrien 65 f., 68, 71
Augustinus 81

Barth, Karl 23, 28, 145, 152–157, 159, 165, 167 f., 173 f., 177 f., 232 f.
Basilides 60
Basilius von Caesarea 67
Baur, Ferdinand Christian 20, 127, 129, 131
Ben-Chorin, Schalom 34
Benedikt XVI. 7 f.
Bernhardt, Reinhold 229 f.
Biedermann, Alois Emanuel 129
Bonaventura 82
Borg, Markus J. 37
Bornkamm, Günther 26, 28, 35, 45
Bultmann, Rudolf 7, 23–26, 28, 35, 145, 158, 161, 165, 167, 174, 183, 186 f., 210, 232

Calvin, Johannes 99
Cassirer, Ernst 43
Clemens von Alexandrien 61
Colpe, Carsten 51
Conzelmann, Hans 26 f.
Crossan, John Dominic 32, 36 f.
Cyrill von Alexandrien 70 f., 73, 75

Dalferth, Ingolf U. 173, 176–178, 188
Danto, Arthur C. 39, 198
Dibelius, Martin 24
Diodor von Tarsus 72
Dioskur 73
Domnus von Antiochien 73
Droysen, Johann Gustav 39, 198
Dunn, James D. G. 42 f.

Ebeling, Gerhard 159–164, 167 f., 188 f.
Eberhard, Johann August 107
Eichhorn, Johann Gottfried 16, 18
Elert, Werner 170
Eusebius von Caesarea 64, 66
Eusebius von Dorylaeum 73
Eusebius von Nikomedien 64, 66
Evans, Craig A. 34

Feuerborn, Justus 105
Fischer, Johannes 192
Flavian von Konstantinopel 73
Flavius Josephus 33
Flusser, David 34, 234
Frank, Franz Hermann Reinhold 181 f.
Fuchs, Ernst 165, 188

Gabler, Johann Philipp 197
Geertz, Clifford 43
Gerhard, Johann 99
Gilbert von Poitiers 82 f.
Gogarten, Friedrich 145
Gregor von Nazianz 71
Gregor von Nyssa 71
Greshake, Gisbert 173
Gunton, Colin E. 178

Härle, Wilfried 4
Harnack, Adolf von 8, 23, 55, 74 f., 143, 145
Hegel, Georg Wilhelm Friedrich 125 f., 238
Hengel, Martin 51

274 Personenregister

Heraklius 77
Herder, Johann Gottfried 18
Herodes Antipas 33
Herrmann, Wilhelm 22 f., 133–137,
 139–141, 144, 147, 162, 182
Heyne, Christian Gottlob 18
Hick, John 225–229
Hippolyt von Rom 61
Hirsch, Emanuel 215
Holtzmann, Heinrich Julius 20
Hoping, Helmut 4, 234–236
Hosius von Cordoba 65 f.
Hugo von St. Victor 82

Irenäus 61

Johannes Duns Scotus 82, 84 f.
Jüngel, Eberhard 159, 165–168, 173, 176 f.,
 188 f.
Julian von Halikarnassus 76
Justin der Märtyrer 58, 61 f.
Justinian I. 77

Kähler, Martin 8, 22 f., 130, 135–141,
 144 f.
Käsemann, Ernst 25 f., 28 f., 47, 165, 169,
 188
Kant, Immanuel 107 f., 115–119, 127,
 197 f., 215
Kasper, Walter 173, 184 f.
Kierkegaard, Sören 218
Klappert, Bertold 233
Klausner, Joseph 234
Knitter, Paul F. 225
Konstantin I. 65
Koselleck, Reinhart 108, 202
Kühn, Ulrich 4

Lange, Dietz 4 f.
Lapide, Pinchas 34
Latomus 91
Leibniz, Gottfried Wilhelm 110
Leontius von Byzanz 76
Leontius von Jerusalem 76
Lessing, Gotthold Ephraim 16, 113–115,
 118
Lohmeyer, Ernst 25
Lucian 63 f.

Lüdemann, Gerd 5 f.
Luther, Martin 1, 10, 85–93 , 96, 99 f.,
 103, 130, 135, 182, 212, 215, 217 f., 221

Marcell von Ancyra 65
Marcian 69
Marheineke, Philipp Konrad 126
Marquardt, Friedrich-Wilhelm 233
Marxen, Willi 27
Maximus Confessor 78
Melanchthon, Philipp 182
Meletius von Antiochia 67
Mentzer, Balthasar 100, 105
Moltmann, Jürgen 173, 184

Nestorius 70, 72 f.
Nicolai, Melchior 105
Nietzsche, Friedrich 198
Noetus von Smyrna 62

Ogden, Schubert M. 226, 230
Origenes 61–63, 71
Osiander, Andreas 98 f.
Osiander, Lucas 105

Pannenberg, Wolfhart 168–173, 183,
 185–189
Paul von Samosata 58–60, 63, 72
Petrus Abaelard 81 f., 84
Petrus Lombardus 82–84
Philo von Alexandrien 33
Praxeas 62

Rahner, Karl 173, 178, 225
Ranke, Leopold von 196
Reimarus, Hermann Samuel 15–17, 20,
 51, 109, 111–115, 232
Ritschl, Albrecht 130–133, 137, 139–141,
 182
Rosenkranz, Karl 126
Rothe, Richard 211 f.
Rüsen, Jörn 199, 201
Rufinus von Aquileia 62 f.

Sabellius 58, 62
Sanders, Ed Parish 37
Satornil 60
Schelling, Friedrich Wilhelm Joseph 147

Schenkel, Daniel 130, 139
Schleiermacher, Friedrich 4, 6, 19, 107, 119–123, 127–130, 133, 138, 191, 228
Schmidt, Karl-Ludwig 24
Schmidt-Leukel, Perry 225, 229
Schröter, Jens 32, 37–39, 42 f., 207
Schweitzer, Albert 8, 10, 15, 20–23, 36 f., 41, 144, 197, 199
Schwöbel, Christoph 173, 178–180
Semler, Johann Salomo 16, 111–113, 232
Sergius von Konstantinopel 77
Severus von Antiochia 75 f.
Sophronius 78
Sozzini, Fausto 106
Strauß, David Friedrich 5, 8, 17–20, 44, 124, 126–133, 140 f., 182 f.

Tatian 61
Teller, Wilhelm Abraham 107
Tertullian 61
Theißen, Gerd 30, 43, 51 f.
Theodor von Mopsuestia 72
Theodoret 73
Theodotus der Wechsler (Theodor der Jüngere) 59
Theodotus von Byzanz (Theodor der Gerber) 59

Theophilus von Antiochia 61
Tholuck, August 133, 136
Thomas von Aquin 83 f.
Thummius, Theodor 105
Tillich, Paul 22, 145, 147–152, 159, 168
Töllner, Johann Gottlieb 107
Troeltsch, Ernst 6, 22 f., 143 f., 146–148, 173, 194 f., 210

Valentin 60
Vermes, Geza 37, 42

Wagner, Falk 173–177
Weber, Max 198
Weiß, Johannes 15, 20, 37
Weiße, Christian Hermann 19 f.
Wellhausen, Julius 34 f.
Wenz, Gunther 207
White, Hayden 39
Wilhelm von Ockham 84 f.
Wittgenstein, Ludwig 198
Wolff, Christian 16
Wrede, William 19, 21, 27
Wüstenberg, Ralf K. 4

Zager, Werner 8 f.
Zimmermann, Ruben 3

Sachregister

Adoptianismus 58, 61–64
– heidenchristliche Variante 59 f.
– judenchristliche Variante 58 f.
Akkommodationslehre 14
Amt Christi 95, 99–103, 214
– officium propheticum 100, 102
– officium regium 102 f.
– officium sacerdotale 100–102
Anhypostasie 76 f., 94 f., 166, 190
Assumptionstheorie
 (Hugo von St. Victor) 82
Auferstehung Jesu als historisches
 Ereignis (Pannenberg) 170 f.

Bild
– Bild des inneren Lebens Jesu
 (Herrmann) 133–136
– Bild Jesu 130 f., 140
Buße
– Buße als wahre Selbsterkenntnis
 (Luther) 86 f., 218
Bußsakrament (Mittelalter) 86
– confessio cordis 86
– confessio oris 86
– satisfactio operis 86

Chalcedonense 74–78
Christentum
– Entstehung des Christentums 42,
 49–54
Christologie
– alexandrinische Christologie 70 f.,
 73–75
– antiochenische Christologie 70, 72–75
– Christologie als Beschreibung dessen,
 was im Wirken Jesu implizit zur
 Sprache gekommen ist (Ebeling)
 161 f.
– Christologie als Selbstbeschreibung
 des Glaubens in seiner Gebrochenheit
 des Selbstbezugs und in seiner
 Unableitbarkeit (Barth, KD) 157

– Christologie als Selbstbeschreibung
 des Glaubensgeschehens in seiner
 geschichtlichen Einbindung (Danz)
 9–11, 146, 204 f., 209 f., 231, 236–240
– Christologie als Selbstbeschreibung
 des sich in seiner eigenen Reflexivität
 und Geschichtlichkeit erfassenden
 Selbstverhältnisses des Bewusstseins
 (Tillich) 149
– Christologie von oben – von unten 1 f.,
 169, 173, 178 f., 181–185
– implizite – explizite Christologie 41,
 167 f., 185–189
– konstitutive – repräsentative Christologie 226, 229 f.
– trinitätstheologische Grundlegung der
 Christologie *siehe Trinität*
christologische Hoheitstitel 57 f.
communicatio naturarum 95 f.
communicatio idiomatum 77, 91–93,
 96–99, 103, 107
– genus apotelesmaticum 96, 98
– genus idiomaticum 96–98
– genus majestaticum 96–98, 103 f.
– genus tapeinoticum 98 f.

de officio Christi *siehe Amt Christi*
Differenzkriterium 29–32, 35, 169
Doketismus 60 f., 78
– gnostischer Doketismus 58
Dyophysitismus 76 f.
Dyotheletismus 56 f., 78

Enhypostasie 76 f., 82, 95, 123, 166, 190
Ethos als Ausdrucksform von Religion
 (Theißen) 45 f.
Evangelium
– Johannes-Evangelium als Geschichts-
 quelle 19 f.
– Thomas-Evangelium 32
– Urevangelium 19 f.
Exegese, kanonische 8

Sachregister

Exklusivismus 224 f.
extra Calvinisticum 98

fides historica – fides apprehensiva (Luther) 88–90, 216
fides qua creditor – fides quae creditur 203
Formkritik 24 f., 27
Fragmentenstreit 16, 114

Gerechtigkeit Gottes als Glaube (Luther) 86 f., 89
Gericht Gottes als Geschehen des unableitbaren Sich-durchsichtig-Werdens der Selbsterkenntnis in der Gebrochenheit ihres Selbstbildes (Danz) 217–220
Geschichte
– Geschichte als gegenwartsbezogene Konstruktion 28, 39 f., 197–203
– Geschichte als objektives Realgeschehen 196 f.
– Geschichte als Wirklichkeits- und Reflexionsbegriff 108
– hermeneutischer Geschichtsbegriff 160 f.
Geschichtswissenschaft 6, 194
– Prinzipien der Geschichtswissenschaft 194–196
Glaube
– Entstehung des Glaubens als Kommen der Gottesherrschaft (Jüngel) 166
– Glaube als Bewusstsein der geschichtlichen Deutung der Geschichte (Tillich) 148 f., 151
– Glaube als personales Geschehen der Wahrheit in der Geschichte (Kähler) 140 f.
– Glaube als Sich-Verstehen des Menschen in seiner Geschichtlichkeit (Danz) 203, 216
– Glaube als wahre ethische Selbsterkenntnis des Menschen (früher Barth) 153
Gnostizismus 60
Gott
– Gott als Geist im Sinne eines gegenseitigen Anerkennungsverhältnisses (Wagner) 175 f.

– Gottesgedanke als Geschehen der Durchsichtigkeit im Selbstverhältnis des Bewusstseins im Vollzug des Sich-Bestimmens (Danz) 220–222
– Gottesgedanke als Postulat der Beziehbarkeit von Sittlichkeit und Naturnotwendigkeit (Kant) 117

Habitustheorie (Petrus Abaelard) 82, 84
historische Jesus-Forschung – dogmatisches Christusbild 1 f., 5, 7–9, 14, 21–24, 38 f., 109, 124, 129, 137, 140 f., 144–148, 150–152, 159–161, 168 f., 171 f., 177–179, 182, 185, 204 f., 208 f., 232 f.
historischer Jesus
– historischer Jesus als faktisches Element in dem Ereignis Jesus als der Christus (Tillich) 151
– historischer Jesus als gegenwartsbezogene Konstruktion aus den Quellen 21, 137, 206 f.
– historischer Jesus als Repräsentation des geschichtlich personalen Vollzugs des Glaubens 147 f., 150–152, 156 f., 161 f., 165, 167, 188 f., 207
– historischer Jesus – erinnerter Jesus 39–41, 207
– Jesus als rein historische Gestalt 15 f., 34, 109, 111, 115
historisch-kritische Methode 6, 108 f., 111
Historismus 143 f., 160
– „Krisis des Historismus" (Troeltsch) 147, 173, 210
homoios 65 f.
homoousios 65–67, 70, 74
Hypostase 75
– Christus als Hypostase in zwei Naturen (patristische Theologie)
hypostasis – ousia (Kappadozier) 71, 179

Inklusivismus 225, 229, 236
intercessio (officium sacerdotale) 102

Jesus
– Jesus als Apokalyptiker 20
– Jesus als ein von Gott bestimmter Mensch (Hick) 227–229

Sachregister 279

- Jesus als eschatologischer Prophet und Apokalyptiker (Sanders, Schröter) 37 f.
- Jesus als jüdischer Charismatiker (Vermes) 37
- Jesus als jüdischer Kyniker (Crossan) 36 f.

Jesus als Jude 6, 16 f., 35–38, 42–49, 111 f., 208, 231–234

Jesus Christus
- Jesus Christus als allein von Gott bewerkstelligte Realisierung des Reiches Gottes in der Geschichte (früher Barth) 153 f.
- Jesus Christus als Bild des sich in seinem reflexiven Bezug auf sich selbst verständlich gewordenen Selbstverhältnisses (Danz) 213 f., 222
- Jesus Christus als geschichtliche Offenbarung Gottes (Herrmann, Ritschl) 131–134, 140
- Jesus Christus als geschichtliche Realisierung des Urbildes der Frömmigkeit (Schleiermacher) 121–123, 127
- Jesus Christus als Grund und Inhalt des Glaubens (Herrmann) 135 f., 147, 162, 182
- Jesus Christus als Hypostase in zwei Naturen (patristische Theologie) 62, 77
- Jesus Christus als Ideal der moralischen Vollkommenheit (Kant) 117 f.
- Jesus Christus als individueller Vollzug der Wahrheit Gottes in der Geschichte (Kähler) 138–140
- Jesus Christus als Lehrer der Unsterblichkeit der Seele (Lessing) 114 f.
- Jesus Christus als Lehrer der Vernunftreligion (Semler) 112, 115
- Jesus Christus als Manifestation des universalen göttlichen Heilswillens (Bernhardt) 230
- Jesus Christus als Repräsentant der Entstehung des Glaubens in der Buße (Luther) 90
- Jesus Christus als Selbstexplikation an der Stelle des Andersseins (Wagner) 174 f.

Judentum
- Judentum als Religion oder Ethnie 31 f., 36
Judentum – Christentum 232–237
- christologisch-eschatologisches Zugehörigkeitsmodell 235
- Partizipationsmodell 235
- Substitutionsmodell 235

Kenosisstreit 105
Kriterium der vielfachen unabhängigen Bezeugung von Überlieferungen 32

Leben-Jesu-Forschung 6, 8–10, 13, 131, 137, 182, 187, 197, 199
- erste Phase *(Aufklärung bis 20. Jhd.)* 13–25
- zweite Phase *(1950–1980)* 25–30, 158 f., 167 f., 174 f., 186, 207
- dritte Phase *(ab 1980)* 3, 5, 30–41, 207, 231 f.
Logos
- Logos-Mensch-Schema 70
- Logos-Sarx-Schema 70
Logoschristologie 58, 61–65

Menschheit als Verwirklichung der Idee der Gottmenschheit (Strauß) 128
Menschsein Christi 68 f., 71 f., 76, 83 f., 86, 97, 107, 123, 182, 193
Modalismus 58, 62
Monarchianismus 62, 64
- dynamischer Monarchianismus (Paul von Samosata) 59 f., 72
- modalistischer Monarchianismus (Sabellius) 58
Monophysitismus 57, 75–78, 95, 190
Monotheletismus 57, 78
Mythos
- Mythos als Ausdrucksform von Religion (Theißen) 44 f.
- Mythos als Denken der Menschheit auf der Stufe ihrer Kindheit 18 f.

Neonizänianismus 67
nestorianischer Streit 69 f.
Neues Testament
- NT als Mythos (Strauß) 124, 126 f., 140

Sachregister

Nominalismus 84 f.
notitia 89

Offenbarung
- Offenbarung Gottes als Gotteserkenntnis und wahre menschliche Selbsterkenntnis (Barth, KD) 155 f.
- Offenbarung Gottes als Manifestation – Inspiration (Rothe) 211 f.
- Offenbarung Gottes als Wissen des Glaubens um seine Unableitbarkeit (Danz) 210–212
- Offenbarung Gottes in der Geschichte als indirekte Offenbarung (Pannenberg) 168 f.

Patripassianismus 62
Person Christi 95–99, 190 f., 193
Person – Prinzip Christi (Baur) 129
Plausibilitätskriterium 31
Pluralismus 225–230, 236

Quellenkritik 24, 27, 32 f.

Reales an sich als Grund aller Religionen (Hick) 226 f.
Redaktionskritik 27
Religion
- lebensweltliche Religion – Theologie *siehe theologische Religionstheorie*
- natürliche, geoffenbarte, Vernunftreligion (Lessing) 114
- natürliche Religion 116
- Privatreligion – öffentliche Religion (Semler) 111 f.
- Religion als Gefühl schlechthinniger Abhängigkeit (Schleiermacher) 119–121
- Religion Jesu – christliche Religion (Reimarus) 17 f.
- Religion: Wahrheit in Form der Vorstellung (Hegel) 125 f.
Ritus als Ausdrucksform von Religion (Theißen) 47–49
Religionstheorie, theologische 237–240

Satisfaktion
- satisfactio (Anselm von Canterbury) siehe *Versöhnungslehre (Anselm von Canterbury)*
- satisfactio (officium sacerdotale) 98, 100–102, 107 f., 121, 214 f.
Schriftprinzip der altprotestantischen Theologie 14, 108
singularis animae et corporis exellentia der menschlichen Natur Christi 94
Soteriologie als Bezugspunkt der Christologie 65, 68, 70, 87, 92, 138, 151, 156, 178–180
Stände Christi 95, 103–105, 184
- status exaltationis 103–105
- status exinanitionis 103–105
Subordinatianismus 62 f., 67
Subsistenztheorie (Gilbert von Poitiers) 82 f.

theologia crucis (Luther) 87
Theologie
- hermeneutische Theologie 160 f., 165
- historische Theologie (Semler) 111
- Theologie – Religion (Semler) 111 f.
Theologie der Religionen 224
Trinität
- dogmatische Fixierung der Trinitätslehre 56–68
- Trinität als Explikation des Verstehens Gottes durch den Menschen (Dalferth) 177 f.
- trinitätstheologische Grundlegung der Christologie 172–180

unio naturarum 98
unio personalis seu hypostatica 95, 97 f., 100, 103
unitio personalis 95 f.

Versöhnung als Entstehung eines neuen Selbstverständnisses (Danz) 219 f.
Versöhnungslehre
- subjektive – objektive Versöhnungslehren 215 f.
- Versöhnungslehre (Altprotestantismus) *siehe satisfactio (officium sacerdotale)*

- Versöhnungslehre (Anselm von Canterbury) 79–81, 100 f.

Voluntarismus 84 f.
- potentia dei absoluta – potentia dei ordinata 84

Wahrheit
- kontingente Geschichtswahrheit – notwendige Vernunftwahrheit 110 f., 113 f.

Werk Christi *siehe Amt Christi*

Zweinaturenlehre 1, 4, 10, 94, 106 f., 109, 122, 124, 140, 163, 171, 185, 190, 193, 210
- in der patristischen Theologie 68 f., 71–78, 82, 91, 134, 137
- im Mittelalter 79, 81–84, 86, 93
- bewusstseinstheoretische Reformulierung der Zweinaturenlehre (Schleiermacher) 123
- Reformulierung der Zweinaturenlehre als Selbstunterscheidung Jesu von Gott (Pannenberg) 171 f.
- Zweinaturenlehre als Ausdruck der Einheit von Gott und Mensch in der Buße (Luther) 91–93

Abendmahl
Herausgegeben von Hermut Löhr

Lebendiges »Sakrament der Einheit« oder Zankapfel der Konfessionen? Das Abendmahl (oder die »Eucharistie«) ist von Anfang an zentrales Erkennungs- und Identitätsmerkmal des Christentums.

Der Band widmet sich den historischen Ursprüngen, den unterschiedlichen Bedeutungszuschreibungen, den damit verbundenen Kontroversen wie auch der Vielfalt gegenwärtiger Formen des Abendmahls. Darüber hinaus bietet er aus evangelisch-theologischer Sicht eine Antwort auf die Frage, wie die Gegenwart Christi im Mahl heute verstanden werden kann. Der Bezug auf die Mahlfeiern Israels (u. a. die Pesach-Nacht) und andere Mahlfeiern der Antike (z. B. Symposien und Vereinsmähler) ergänzen das Bild in religions- und kulturwissenschaftlicher Perspektive.

Die Darstellung vermittelt so in verständlicher Form ein umfassendes Bild der gegenwärtigen theologischen wie außertheologischen Forschungen zum Abendmahl und gibt zahlreiche Hinweise zur weiteren Beschäftigung mit dem Thema.

Mit Beiträgen von:
Stefan Beyerle, Corinna Dahlgrün, Volker Leppin, Hermut Löhr, Notger Slenczka

2012. XI, 257 Seiten
(UTB S 3499/ Themen der Theologie 3).
ISBN 978-3-8252-3499-7
Broschur

Mohr Siebeck
Tübingen
info@mohr.de
www.mohr.de